김명호 | 중국인 이야기 ❶

김명호 | **중국인 이야기** ❶

한길사

중국인 이야기 ❶

지은이 김명호
펴낸이 김언호

펴낸곳 (주)도서출판 한길사
등록 1976년 12월 24일 제74호
주소 10881 경기도 파주시 광인사길 37
홈페이지 www.hangilsa.co.kr
전자우편 hangilsa@hangilsa.co.kr
전화 031-955-2000~3 **팩스** 031-955-2005

부사장 박관순 **총괄이사** 김서영 **관리이사** 곽명호
영업이사 이경호 **경영이사** 김관영
편집 백은숙 노유연 김지연 김대일 김지수 최현경 김영길
관리 이주환 문주상 이희문 원선아 이진아
디자인 창포 031-955-2097
인쇄 예림 **제본** 예림바인딩

제1판 제 1쇄 2012년 6월 8일
제1판 제17쇄 2021년 2월 25일

값 19,000원
ISBN 978-89-356-6211-1 04900
ISBN 978-89-356-6212-8 (세트)

- 잘못 만들어진 책은 구입하신 서점에서 바꿔드립니다.
- 이 도서의 국립중앙도서관 출판시도서목록(CIP)은 서지정보유통지원시스템 홈페이지(seoji.nl.go.kr)와
  국가자료공동목록시스템(www.nl.go.kr/kolisnet)에서 이용하실 수 있습니다.
  (CIP제어번호: CIP2014026883)

> 내버려둬라.
> 나는 조용한 것보다 시끄러운 게 좋다.
> 새로운 것이 탄생할 때는 시끄러운 법이다.
> 어린 시절, 마을에서 돼지새끼가 태어날 때도
> 온 동네가 밤새도록 꽥꽥 소리로
> 시끄러웠다.
>
> ― 마오쩌둥

책을 내면서 덧붙이는 말 | 지은이 김명호

6년째 중국에 관한 글을 연재하게 됐다. 40년 가까이, 중국은 나의 연구 대상이 아니었다. 그냥 놀이터였다. 책·잡지·영화·노래·경극·새벽시장, 크고 작은 음식점 돌아다니며 즐기기만 했지 뭘 쓰려고 생각해본 적은 없다.

말장난 못지않게 글장난도 시간 낭비라고 생각해서가 아니다. 일기건 편지건, 남들이 쓴 걸 보기만 했지 직접 써본 적이 거의 없기 때문이다.

"일단 써놓고, 맘에 들 때까지 고치면 된다"는 마오쩌둥의 문장론을 어디선가 본 기억이 있다. 말이 쉽지 아무나 하는 게 아니라는 걸 하면서야 깨달았다. 늦게 깨닫길 천만다행이다.

20여 년간, 내게 수많은 이야기를 들려준 중국의 '문화노인'들이 연재 도중 대부분 세상을 떠났다. 이제는 베이징이나 홍콩·타이페이를 가도 만날 사람이 거의 없다. 어떻게 해야 그들의 영혼을 달랠 수 있을지, 몰라서 답답하다.

『중앙일보』홍석현 회장께 출판을 앞두고 경의를 표한다. 『중앙선데이』가 아니었다면 이런 낯선 내용을 연재할 신문은 없다고 아직도 확신한다.

김언호 선생도 마찬가지다. 몇 년간 짜증 한 번 안 내고 기다려준 것이 내게는 커다란 숙제다.

내 친구 장섭이는 그 바쁜 틈에 나 동무 해주느라 고생을 많이 했다. 영원한 청춘 우정(宇庭) 이중근(李重根) 선생께서 처음부터 보셨다는 말을 듣고 참으로 몸 둘 바를 몰랐다. 그간 선생의 교육한류를 제대로 이해 못 한 것이 정말 부끄럽다.

중국인 이야기 ❶

006 | 책을 내면서 덧붙이는 말

015 | 참새 소탕전의 추억
021 | 류사오치는 마오쩌둥의 속마음을 읽지 못했다
067 | 마오쩌둥, 장하오의 관을 메다
073 | 물과 햇빛과 바람을 싫어한 천하명장 린뱌오
095 | 문화대혁명을 뒤에서 음모한 캉성

103 | 전쟁을 하면서도 학문과 자유를 키운 시난연합대학
119 | 두부와 혁명
143 | 잊혀진 사상가 장선푸
155 | 우리 가슴에 대나무 한 그루씩을 심자
167 | 최고 권력자 장제스의 쟁우 후스
185 | 시베리아 추위도 장징궈의 웃음 앗아가지 못했다
207 | 영원한 자유주의자 레이전
213 | 장제스와 비극적인 대논객 천부레이

| 221 | 북벌부인 천제루
| 231 | 마오의 장정부인 허쯔전
| 241 | 마오의 딸들
| 247 | 무장한 여인
| 259 | 중공의 청춘
| 277 | 장춘차오를 감옥문에서 기다리던 원징

| 285 | 중화인민공화국 국가를 작곡한 녜얼
| 295 | 중국 현대미술의 반역자
| 323 | 예술은 사회와 인민의 것이다
| 345 | 세상물정 모르는 화가들

| 365 | 마오쩌둥식 중·소외교
| 379 | 짜고 친 포격전
| 403 | 문화대혁명의 와중에서
| 425 | 아편과 혁명

437 ┃ 『성경』을 든 첩보의 영웅
449 ┃ 정보의 천재 리커눙
459 ┃ 댄서들의 난동
463 ┃ 상하이 황제
481 ┃ 20세기의 여불위

493 ┃ 강산을 사랑했지만 미인을 더 사랑한 사람
505 ┃ 위안스카이와 한국인 부인들
517 ┃ 푸이의 황후와 황비

541 ┃ 참고문헌

백화百花가 만발하자 전국의 언론기관들이 비판의 포문을 열었다. 베이징의 신화서점이 류사오치와 덩샤오핑의 사진과 책들을 쌓아놓고 불태웠다. 전국의 분점들도 뒤를 따랐다. 류사오치는 죽음을 예감했던지 자녀들을 불러 유언을 남겼다. "살 날이 얼마 남지 않았다. 내가 죽으면 엥겔스처럼 화장해서 바다에 뿌려라. 5대양을 떠돌며 전 세계를 보고 싶다. 나는 평생을 무산계급으로 살았다. 너희들에게 남겨줄 것이 아무것도 없다."

참새 소탕전의 추억

"수천 년간 우리 양식을 수탈한 죄악,
이제야 관계를 청산할 때가 왔다."

참새 섬멸 총지휘부를 만들고

1955년 한 농민이 "참새들 때문에 농사를 지을 수가 없다"는 탄원서를 중국공산당 중앙당에 보냈다. 농업부는 동물연구의 권위자에게 자문을 구했다. "참새의 식성에 대해 체계적인 연구를 한 적이 없다. 박멸이 필요한지 감히 말할 수 없다"는 답변이 돌아왔다. 그러나 며칠 후 마오쩌둥의 입에서 "1~2년 내에 전국의 쥐·참새·파리·모기를 소멸해야 한다"는 말이 나왔다. '4해'(四害)라는 용어가 처음 출현했다. 2년 후 한 회의 석상에서 마오는 다시 "4해를 소멸시킨 후라야 인민들의 위생을 강구할 수 있다. 내년 봄에는 모든 역량을 총동원해야 한다"고 재천명했다.

전국문화예술인연 주석 궈모뤄(郭沫若)는 동작이 빨랐다. "수천 년간 우리의 양식을 수탈하며 저질러온 죄악, 이제야 관계를 청산할 때가 왔다"며 참새들에게 선전을 포고해야 한다고 주장했다. 참새를 규탄하는 시(詩)들이 쏟아져 나왔다. 동물학자들은 입도 뻥긋 못했다. 참새의 편을 들었다간 기상천외한 봉변을 당하고도 남을 상황이었다.

베이징시는 '참새 섬멸 총지휘부'를 신설했다. 디데이(D-day)는 1958년 4월 19일이었다. 새벽 4시부터 노동자·농민·간부·학생·군인, 남녀노소 할 것 없이 빗자루·몽둥이·장대·봉걸레·회초리 등을 지참하고 숨을 죽였다. 유혹섬멸구로 선정된 830개 지역에 독극물이 든 과자를 무더기로 쌓아놓고 200개 전구에는 명사수들을 매복시켰다.

새벽 5시 총지휘관의 명령이 떨어지자 온갖 구호와 표어가 적힌 깃발들이 각 진지에서 솟아올랐다. 성곽과 모든 건물의 옥상은 인산인해였다. 붉은 깃발이 나부끼는 가운데 무기들을 치켜들며 구호를 외쳐대기 시작했다. 세숫대야·물통을 두들겨대고, 있는 힘을 다해 꽹과리를 쳐댔다. 폭죽이 연달아 터지고 자동차들은 경적을 울렸다. 베이징 시민 300만 명이 동시에 투입된 인간과 참새의 전쟁, '인작대전'(人雀大戰)의 서막은 인류가 수천 년간 치러온 그 어떤 전쟁보다도 장엄하고 요란했다.

기습에 놀란 참새들은 사방으로 흩어졌지만 허사였다. 땅과 건물 위에서 고함들을 질러대며 깃발과 무기들을 휘둘러대는 바람에 앉을 곳이 없었다. 허공을 헤매다가 추락하는 참새들이 속출했다. 휴식을 취하기 위해 나뭇가지에라도 앉았다간 돌멩이와 총알 세례를 받았다. 인적이 없는 곳으로 몰린 참새들은 과자를 먹고 파닥거렸다.

첫날 참새 8만 3,249마리를 사살했다. 죽거나 포로가 된 참새들을 가득 실은 차량들이 베이징에서 가장 넓은 창안가(長安街)를 누볐다. 해마다 10월 1일 국경절이 되면 어김없이 해오던 3일 동안의 군

시민들이 '인작대전'의 전리품을 들고 4해(四害) 전람회장으로 향하고 있다.
'하루 전과'(一日戰果)라는 문구가 이채롭다.

사 퍼레이드 못지않았다. 40여 만 마리를 포살하자 베이징 시내에서 참새소리가 사라졌다.

섬멸작전은 전국으로 퍼져나갔다. 쓰촨성(四川省)에서는 전투지역을 1,000개로 나누어 20만 명만 투입하는 선진적인 방법을 채택했다. 동네마다 새총의 명사수들이 출현했다. 칭다오(靑島)에서는 하루에 6,412마리를 포살한 사람이 전국적인 영웅으로 등장했다. 1958년 한 해에 전국에서 참새 2억 1천만 마리를 소탕했다.

벌레들이 중국 천지에 들끓었다

이듬해 봄 전국의 논밭에 예년보다 많은 해충이 발생했다. 도시도 예외가 아니었다. 골목과 가로수에 벌레들이 들끓었다. 전혀 예상하지 못한 후유증이었다.

조류학자가 과일생산 지역과 베이징 근교의 농촌에서 848마리의 참새를 수집해 조사했다. 계절마다 차이는 있었지만 참새들이 가장 많이 먹은 것은 해충이었다. 천적이 멸종되다시피 하니 벌레들이 기승을 부릴 수밖에 없었다. 참새를 복권(平反)시켜야 한다는 연구결과를 『인민일보』에 발표했지만 참새의 복권은 삼국시대의 '간웅'(奸雄) 조조(曹操)의 명예를 복권시키는 것보다 더 힘든 일이었다. 참새는 여전히 수탈자였다.

해충 피해에 대한 보고가 전국에서 올라오고 과학자들의 연구결과가 계속 발표되자 마오쩌둥은 참새를 복권시켰다. 대신 바퀴벌레가 '4해'의 한자리를 차지했다.

참새 소탕전을 즐긴 것은 아이들이었다. 인민의 적을 때려잡는 광경은 보기만 해도 통쾌했다. 파닥거리는 참새들을 줄줄이 꿰어서 갖고 노는 것에 비하면 다른 놀이들은 싱거웠다. 멋진 추억이었다.

　10년 후 이들은 홍위병(紅衛兵) 완장을 찼다. 참새와의 전쟁 때 보고 익혔던 솜씨들을 원 없이 발휘했다. 참새와의 전쟁은 문화대혁명 전초전의 하나였다.

류사오치는 마오쩌둥의 속마음을 읽지 못했다

"내버려둬라, 나는 조용한 것보다 시끄러운 것이 좋다."

자본가가 없으면 되는 일이 없다던 마오쩌둥

창당 초기 중국공산당의 기층세력은 거의가 도시 노동자였다. 도시를 포기하고 농촌을 근거지로 삼자 농민과 수공업자들이 대거 참여하면서 그 색채가 변했다. 토호들의 땅을 몰수하고 토지를 재분배하다보니 뭐든지 평등해야 한다며 '평균주의'라는 말까지 등장했다.

동북과 화북 지역에서 승리한 인민해방군은 도시에 입성한 후에도 농촌에서 하던 습관을 버리지 못했다. 원자재를 몰수하고 공장을 폐허로 만드는 경우가 비일비재했다. 스자좡(石家庄)에서는 빈민들에게 공평하게 나눠준다며 사유재산까지 닥치는 대로 강탈하는 사건까지 발생했다. 몇 명을 총살시키고 계엄령을 선포한 후에야 사태가 겨우 가라앉았다.

국·공내전 말기, 톈진(天津)에는 4만여 명의 공상업 종사자와 10만여 명의 공장노동자가 있었다. 베이핑(北平)은 톈진의 3분의 1 정도였다. 먹고 마시는 것을 비롯해 입고, 신고, 닦는 것 모두를 이들에게 의존했다. 그만큼 이 지역의 공장주들은 생산과 공급 능력이 뛰어났다.

1949년 1월, 인민해방군이 톈진과 베이핑을 장악했다. 톈진시 군관회와 시정부는 출범 몇 개월이 지나도록 공장주들에게 뭘 어떻게 하라거나 의견을 묻지 않았다. 자본가들과 접촉했다가 무슨 날벼락을 맞을지 몰랐기 때문이다.

노동자들은 공장주를 상대로 경영 참여와 임금 인상을 요구했다. 끝장을 보자며 청산(淸算)투쟁도 벌였다. 불과 한 달 만에 58개 공장에서 청산투쟁이 벌어졌다. 『톈진일보』를 비롯한 언론기관도 허구한 날 자본가들을 착취자라면서 매도했다.

자본가들은 공황상태에 빠졌다. 청산투쟁을 두려워하고, 공산당이 노동자들의 이익에만 치중할까봐 겁을 냈다. 앞으로 노동자들을 관리하는 것도 큰 문제였다. 공장 가동을 중지하고 생활필수품을 시장에 풀지 않았다. 시설을 남쪽으로 이전하거나 재산을 정리해 홍콩으로 향하는 자본가들이 속출했다. 그래도 노동자들은 태연했다.

"도망가게 내버려둬라. 공장문을 닫아도 상관없다. 우리가 힘을 합쳐서 운영하면 된다."

같은 해 4월, 중공 화북국 서기 보이보(薄一波)가 중앙에 두 도시의 생산력 저하와 물가폭등, 생활필수품 부족, 노사관계를 우려하며 자본가들의 정서가 심상치 않다는 보고서를 제출했다. 몇 달 전 마오쩌둥은 보이보에게 "도시를 접수할 때 관료자본은 몰수해라. 공상업 종사자들은 우리가 보호해야 한다. 건드리지 말고 원상태 그대로 놔둬라"면서 좌경 풍조가 성행할 것을 우려한 적이 있었다.

마오쩌둥은 2인자 류사오치(劉少奇)에게 "지금 우리는 자본가들과 단결해야 한다. 동지들이 감히 말을 못하지만 자본가가 없으면 되

1963년 중난하이에서
중국공산당 주석 마오쩌둥(오른쪽)과
국가주석 류사오치(왼쪽)가
나란히 앉아 있다.

는 일이 없다"며 해결을 위임했다. 류사오치는 마오쩌둥이 농촌에서 게릴라전을 벌이는 동안 도시에서 활동한 노동운동과 지하공작 전문가였다.

두 사람은 동향(同鄕)이었다. 평지에 우뚝 솟은 산봉우리 남쪽이 마오쩌둥의 고향이고 류사오치는 서쪽마을에서 태어났다. 거리는 9킬로미터 남짓했다. 땅 덩어리가 큰 나라이다 보니 이 정도면 한동네나 마찬가지였다. 나이는 마오가 5살 많고 키도 2센티미터 더 컸다. 마오쩌둥은 1893년 12월 26일생이고 류사오치는 1898년 11월 24일이었다. 마오의 키가 182센티미터였고 류는 180센티미터였다. 두 번째 부인이 형장의 이슬로 사라지고, 세 번째 부인과 헤어진 사연들도 비슷했다.

류사오치, 자본가들을 만나 착취유공론을 펴다

톈진에 온 류사오치는 간부들, 특히 노조 간부들을 모아놓고 좌경화를 비판했다.

"자본가들은 투쟁대상이 아니다. 쟁취대상이다. 우리는 합작과 투쟁을 병행해야 한다. 투쟁만 하고 합작을 거부하는 것은 착오다. 합작만 강조하며 투쟁을 뒤로 하는 것도 마찬가지다."

류사오치는 내자본가와 중소기업인들도 만났다. 중국현대사에 '톈진강화'(天津講話)로 기록될 엄청난 발언들을 쏟아내기 시작했다.

1949년 5월 2일, 초대 톈진시장 황징(黃敬: 현 상하이 서기 위정성俞正聲의 부친. 마오쩌둥 부인 장칭江青의 첫 번째 남편. 본명은 위치웨이俞啓威)이 톈진과 화북지역을 대표하는 공상계 유력인사, 중소기업인 128명과 류사오치의 좌담회를 마련했다.

중공의 2인자와 대면한 자본가들은 공상업자들의 존재를 인정할 것인지, 공장 재가동에 필요한 원자재 공급의 해결을 위해 정부가 나설 의지가 있는지를 집중적으로 물었다. 중국공산당의 정책과 노사 간의 모순에 관한 정부의 기본정책에 관해서도 궁금해했다.

류사오치는 자본가들이 알고 싶어하는 것을 금방 파악했다. 중공은 신민주주의를 제창하며 국영경제와 소농경제, 소기업과 중소기업 위주의 자본주의 경제를 표방한 적이 있었다. 대기업은 필요 없다는 거나 다름없었다. 공장이 몰수당할 것을 우려하는 것은 당연했다.

좌담회 참석자들은 자신이 자본가라는 점에는 이의를 제기하지 않았지만 착취자 취급당하는 것을 언짢아 하는 표정이었다.

탕산(唐山)과 톈진에 방직공장과 시멘트 공장을 운영하는 민족자본가 저우수타오(周叔)는 특히 불만이 많았다.

"아들과 딸이 모두 공산당원이다. 스스로 자본가라고 생각해본 적이 없다. 공업입국이 나의 꿈이었다. 수십 년간 시멘트 공장을 운영하며 돈이 쌓이자 방직공장을 차렸다. 지금 네 번째 공장을 건설 중이다. 공장 수가 늘어나게 되면 착취당하는 노동자는 점점 많아지고 나는 대자본가가 된다. 청산운동이 벌어지면 총살감이다. 뭘 어떻게 해야 좋을지, 출로가 보이지 않으니 답답하다."

류사오치는 저우수타오의 질의를 꼼꼼히 메모했다. 저우수타오는 청나라 최고의 지방관이었던 량장(兩江: 안후이·장시) 총독과 량광(兩廣: 광둥·광시) 총독을 역임한 저우푸즈(周馥之)의 손자였다. 『춘추경전집해』(春秋經傳集解)를 펴낸 고전학자였고 톈진 해방 직전 『자본론』과 마오쩌둥의 『신민주주의론』을 읽고, 중공의 도시 상공업 정책에 관한 의견서를 당 선전부에 제출한 진보적 기업인이었다.

자본가들의 발언이 끝나자 류사오치가 입을 열었다. "나는 자본가와 착취라는 용어를 좋아하지 않는다. 대치할 만한 단어가 만들어질 때까지 그냥 자본가라는 말을 쓰겠다"며 서두를 뗐다.

류사오치는 자본주의 공업이 중국에 필요하다는 것을 강조하며 착취유공론(搾取有功論)을 전개했다.

"자본주의 시대의 착취는 봉건시대의 착취에 비해 진보적이라는 것이 우리의 생각이다. 착취하는 사람이 없는 것보다 있는 편이 좋다. 오늘날 일자리를 잃은 노동자들은 자본가들이 공장문을 열기를 고대한다. 착취를 당해야 실업(失業)을 면할 수 있기 때문이다."

자본가들은 숨을 죽이며 자타가 공인하는 마르크스주의자의 발언에 귀를 기울였다.

"중국을 해방시키지 않은 상태에서 내가 찾아왔다면 여러분들은 나를 문 안에도 들이지 않았을 것이다. 누가 뭐래도 이제는 공산당의 천하다. 그러나 우리는 공산(共産)을 바라지 않는다. 공산은 아주 요원한 장래에나 가능할지 모르는, 어쩌면 영원히 실행될 수 없는 일이기 때문이다."

류사오치는 저우수타오를 향해 한마디 했다.

"형편만 되면 공장을 계속 늘려나가라. 전력을 다해 잘 관리하며 더 많은 사람들에게 일자리와 봉급을 주고 착취해라. 자본가들의 착취는 국가와 인민에게 많은 도움을 줬다. 국가는 사회생산력 제고에 애쓴 공로를 잊지 않겠다."

이어서 류사오치는 자본가들을 격려했다.

"그간 자본가들은 외세와 관료들에게 철저히 착취당했다. 지금은 공적을 쌓아야 할 때다. 아직은 노후하지도, 부패하지도 않았다. 청년시대나 다를 바 없다. 발전 가능이 무궁무진하다."

설득력이 있었지만 자본가들에게 투항했다는 말을 듣고도 남을 내용이었다.

"나는 좌경유치병 환자였다"

자본가들에게 착취유공론을 편 류사오치를 시장 황징이 치스린(起士林)으로 안내했다. 치스린은 1901년 독일인이 세운, 당대 최고의 양식집이었다.

류사오치는 점심도 먹는 둥 마는 둥 "민생을 위한 공상업은 계속 발전시켜야 한다"며 착취유공론을 계속했다.

"한때 많은 농민들이 동북으로 이주한 적이 있었다. 이유는 간단하다. 그곳에 가야 대지주들에게 적당히 착취당하며 먹고 살 수 있기 때문이었다."

동석했던 사회주의 경제학자 첸자쥐(千家駒)가 반론을 제기했다.

"지금 중국에는 불필요한 산업이 많다. 한 예로 화장품 공업 같은 것들은 더 이상 존재가치가 없다. 앞으로 여성동지들은 소박하게 살아야 한다. 화장할 필요가 없다."

류사오치가 웃으며 말을 받았다.

"여성들이 화장을 안 하면 사람 사는 세상이 아니다. 화장품 공업 발전 여부는 우리가 결정할 문제가 아니다. 인민들이 필요로 하면 저절로 발전하게 마련이다."

1975년, 첸자쥐는 회고록을 펴내며 26년 전 톈진에서 류사오치와 함께했던 몇 시간을 회상했다.

"당시 류사오치는 중공의 2인자이며 당내 최고의 마르크스주의 이론가였다. 자본가들과의 대화와 치스린에서의 점심은 내게 깊은 인상을 남겼다. 그의 발언을 들으며 내가 얼마나 유치했던가를 깨달았다. 나야말로 좌파들이 걸리기 쉬운 '좌경유치병'(左傾幼稚病) 환자였다. 얼마 후 상하이에 갔다. 가는 곳마다 류사오치의 착취유공론을 선전하고 다녔다."

마오, 마음에 들지 않는 류사오치

류사오치의 톈진강화는 효과가 있었다. 국민당 세력권인 양쯔강 이남이나 홍콩으로 이주했던 자본가들이 하나둘 돌아오기 시작했다.

류사오치의 자본가 옹호는 마오쩌둥의 연합정부론에 근거한 경제정책이었지만 수십 년간 풍파가 그치지 않았다. 발단은 마오쩌둥이었다. 류사오치의 주장이 정책(政策)적이었다면 마오쩌둥의 주장은 책략(策略)적 성격이 강했다. 류사오치는 이 점을 간과했다.

마오쩌둥은 옆에서 장단 맞추기가 힘든 지도자였다. 말과 생각이 틀리고, 어제와 오늘이 다를 때가 많았다. 류사오치의 톈진강화를 계기로 시장이 안정되자 생각이 바뀌기 시작했다. 톈진강화 직후 톈진시 서기 황커청(黃克誠)에게 느닷없이 물었다.

"앞으로 우리가 해야 할 가장 중요한 일이 뭐냐?"

"경제건설이다."

마오쩌둥은 고개를 가로저었다.

"틀렸다. 계급투쟁이다. 자산계급 문제를 해결해야 한다."

황커청은 정신이 번쩍 들었다.

톈진강화 14년 후인 1963년 1월, 전국 공상연합 민주당파 인사와의 좌담회에 참석한 국가주석 류사오치 (사진 가운데 왼손에 담배를 들고 있는 사람).

마오쩌둥은 말로는 자본가들에게 관용과 단결을 강조했지만 내심 자본가들에게 경계를 느슨히 한 적이 없었다. 국가주석 류사오치의 자산계급에 대한 지나친 표현이 맘에 들 리가 없었다. 류사오치는 툭하면 검토 대상이 됐다. 편들어주는 사람은 덩샤오핑(鄧小平) 정도가 유일했다.

동북의 당·정·군 대권을 장악하고 중앙정부 부주석과 혁명군사위원회 부주석까지 겸하고 있던 가오강(高崗)은 자타가 공인하는 마오쩌둥의 첫 번째 후계자였다. 가는 곳마다 류사오치를 대놓고 비판했다.

"생각이나 행동거지가 미숙하다. 백구(白區: 국민당 점령지역)에서 지하공작만 하다보니 군사방면이나 근거지 건설 경험이 없다."

소련에서 돌아온 후에는 "스탈린은 류사오치를 싫어한다. 저우언라이도 신통치 않게 본다. 나를 제일 좋아한다"는 말을 공공연히 하고 다녔다.

가오강은 덩샤오핑을 같은 편으로 끌어들여 류사오치를 몰락시키고자 작정을 했다. 덩샤오핑이 마오에게 달려가 일러바치리라고는 생각도 못했다.

1949년 5월 27일, 천이(陳毅)가 지휘하는 제3야전군이 중국 제1의 공업도시 상하이를 점령하자 강남 최대의 밀가루 공장과 20여 개의 가족기업을 대표하던 룽이런(榮毅仁)이 중공의 정책을 지지하고 나섰다. 착취유공론을 편 류사오치의 자본가 옹호정책은 그만큼 파급효과가 컸다.

베이징의 약방주인 웨쑹성(樂松生)도 룽이런의 뒤를 이었다. 웨쑹성은 1669년, 강희제(康熙帝) 초년, 천하 명의(名醫) 웨셴양(樂顯揚)이 간판을 내걸고, 옹정제(雍正帝) 시절인 1723년부터 청나라가 몰락하기까지 188년간, 황실에 약품을 납품하던 동인당(同仁堂)의 당주로 설립자 웨셴양의 13세손이었다. 중공은 이들에게 '홍색자본가'라는 기상천외한 칭호를 선사했다.

1953년 열린 재경공작회의에서 류사오치가 마오쩌둥이 추진하던 토지개혁과 농업 합작화, 공사합영(公私合營)을 비판하고 나섰다. 마오쩌둥은 류사오치의 이름을 거론하며 위협조로 말했다.

"너라는 인간은 애초부터 사회주의 길을 가려는 각오를 한 적이 없었다."

이날 마오쩌둥은 회의 참석자들로부터 동조 발언을 이끌어내지 못했다. 당시에는 흔히 있는 일이었지만 연단을 내려오는 마오쩌둥의 얼굴에 경악한 모습이 역력했다. 먹고 사는 문제를 해결한 류사오치에게 힘이 실릴 수밖에 없었다.

"일하는 방법이 다를 뿐 시간이 지나면 해결될 일"

마오쩌둥은 옌안(延安)시절부터 애지중지하던 동북왕 가오강을 베이징으로 불러 올렸다. 국가계획위원회 주임에 임명하며 극비 지령을 내렸다.

"1929년 8월, 류사오치가 동북에서 국민당에게 체포된 적이 있었다. 당시 상황을 조사해라."

죽지 않고 살아서 풀려난 것을 보면 뭔가 수상하다는 식이었다.

마오쩌둥의 신임에 흥분한 가오강은 귀신도 모르게 임무를 완성했다. 후일 문화대혁명이 발발하자 류사오치를 체포하고 반도(叛徒)로 규정하는 근거가 될 자료들을 마오에게 건넸다.

가오강은 류사오치의 추종자들을 같은 편으로 끌어들이기 위해 동분서주했지만 하는 족족 들통이 났다. 당내에 분란이 일어날 기미가 보이자 마오쩌둥은 가오강을 버렸다. 류사오치를 일거에 무너뜨리기에는 역부족이었다.

류사오치가 마오쩌둥의 불만을 모를 리 없었다. "일하는 방법이 다를 뿐, 시간이 지나면 저절로 해결될 일"이라며 마오쩌둥과의 대결은 염두에도 두지 않았다. 대신 가오강에게 권한을 침해당한 정무원 총리 저우언라이(周恩來)와 연합했다. "주석의 깃발을 멋대로 휘두르고, 반당 활동을 자행한다"며 가오강을 공격했다. 저우언라이는 그렇다 치더라도 지난날의 동지 천윈(陳雲)에게마저 호된 비판을 당한 가오강은 다량의 수면제를 삼켰다.

가오강 사망 1개월 후인 1954년 9월, 정무원은 제223차 회의에서 전격적으로 공사합영안을 통과시켜 마오쩌둥의 체면을 살려줬다. 국가자본주의 시대가 열리자 룽이런에게는 상하이 부시장 겸 방직부 부부장, 웨쑹성에게는 베이징 부시장 자리를 안겨줬다.

류사오치의 천거로 당 총서기에 선출된 덩샤오핑은 "국내의 중요한 모순이 적과의 모순인 시대는 이미 지났다. 현재 우리가 직면한 가장 중요한 모순은 낙후한 생산력과 날로 수요가 증가되는 인민의 물질문화 간의 모순"이라며 대놓고 류사오치의 정책을 지지했다. 후일 류사오치에 이어 당내 두 번째 주자파(走資派)로 몰리기에 손색이 없는 발언이었다. 경제보다는 계급투쟁이 먼저라는 마오쩌둥의 주장에 정면으로 배치되는 '계급투쟁 종식론'이나 다름없었다.

대약진운동의 실패

1958년 8월 17일부터 2주간, 베이다이허(北戴河)에서 열린 중앙정치국 확대회의는 "전 국민이 1,070만 톤 철강생산을 위해 분투할 것"과 "인민공사 설립"을 통과시켰다. 대약진운동(大躍進運動)의 시작이었다.

대약진운동은 소련의 흐루쇼프가 "마오쩌둥이 방구 한번 시원하게 갈기려다 바지에 똥쌌다"며 빈정댈 정도로 철저히 실패한 정치운동이었다. 1959년부터 3년간 계속된 대기황(大饑荒)도 한몫을 했다. 1998년, 중공 중앙당교가 펴낸 책자에 "1959년부터 61년까지 비정상 사망과 출산 감소로 인구가 4,000여 만 명 줄어들었다"고 인정할 정도로 20세기 최대의 기근(饑饉)이었다. 마오쩌둥의 과도한 실험정신이 빚어낸 정책적 착오였다.

1962년 1월 11일, 베이징에서 '7000인 대회'가 열렸다. 전국의 성·자치구·현·공기업·군부대의 5급 간부 이상 7,118명이 참석해 24일간 열린, 전대미문의 대형 회의였다. 중앙을 대표해 국가주석 류사오치가 공작보고를 했다.

류사오치는 "성적은 중요하지 않다. 결점과 착오가 중요하다"며 그간의 좌경화를 비판했다. 후난(湖南)에 갔을 때 농민에게 들었다는 말을 인용했다.

"하늘이 내린 재앙은 30퍼센트에 불과하다. 나머지는 인간이 만든 재난(人禍)이다."

대약진운동을 지지한 마오쩌둥에 대한 완곡한 비판이었다. 총서기 덩샤오핑 등 고위지도자들과 합세해 소련식 민주집중제(民主集中制)를 실행해야 한다고 역설했다.

마오쩌둥의 심기가 편할 리 없었다. 권위에 대한 도전이며 개인숭배에 대한 비판이었다. 옌안시절 '마오쩌둥 사상'이라는 말을 만든 사람도 류사오치였고, "마오쩌둥 만세"를 처음 부른 사람도 류사오치였다.

분위기가 심상치 않자 마오쩌둥도 "그간 중앙당이 범한 모든 착오는 내 책임이 제일 크다. 간접적인 착오도 첫 번째 책임은 내가 져야 한다"며 이들의 의견에 동조했다.

의심벽이 심한 마오쩌둥은 후계자로 여겼던 류사오치의 충성심에 회의를 품기 시작했다. 후계자 주제에 스탈린이 죽자마자 시신에 칼을 들이댄 소련의 흐루쇼프보다 더하면 더했지 덜할 사람이 아니었다.

마오 편에 선 국방부장 린뱌오

류사오치의 보고 이틀 후, 그간 말 한 마디 없던 국방부장 린뱌오

(林彪)가 발언에 나섰다. 린뱌오는 평소 군사문제 외에는 의견을 내세운 적이 없었다. 당의 업무에 관해서도 덩샤오핑의 주장을 답습하는 정도였다.

"최근 몇 년간 곤란한 일이 많았지만 인민과 당은 새로운 것을 창조했다. 우리의 방향은 정확했다. 비판을 받는 것도 당연하다. 실행 과정에서 착오가 있었지 노선의 착오는 아니다."

린뱌오의 발언은 불세출의 전략가답게 논리가 정연하고 설득력이 있었다. "물질은 잃었지만 정신적으로 많은 것을 얻었다"며 그간의 손실을 학비에 비유했다.

"어린애가 소학에 입학해 대학을 마칠 때까지 생산을 기대하는 것은 어리석은 짓이다. 소요되는 물질과 시간은 낭비가 아니다. 학비를 충분히 부담해야 사람 노릇하기 때문이다."

린뱌오는 군대도 예로 들었다.

"우리는 전쟁 중이 아니라도 총 쏘고, 대포 갈기는 게 일이다. 수많은 실탄과 포탄을 허비하고 막대한 양의 기름을 하늘과 바다에서 허비한다. 당장 얻는 것은 아무것도 없다."

린뱌오는 책임론도 거론했다.

문혁이 시작되면서 마오쩌둥(왼쪽 첫째)의 옆자리를 린뱌오(왼쪽 둘째)가 차지했다. 1966년 9월. 공식 석상에서 모습을 감추기 직전의 류사오치(왼쪽 셋째). 곤혹스러운 표정이 역력하다.

"모든 문제는 마오 주석의 지시를 제대로 수행하지 못했기 때문이다. 시키는 대로 했다면 아무 문제도 발생하지 않았을 것이다. 주석은 우리의 영혼이다."

마오쩌둥은 숨통이 트이는 것 같았다. 저우언라이가 린뱌오의 발언에 중요한 군사기밀이 포함돼 있었다고 하자 "비밀은 무슨 놈의 비밀"이냐며 핀잔을 줬다.

자신의 계획을 잠시 중단한 마오

대약진운동의 실패로 마오쩌둥은 체면에 금이 갔다. 붉은 깃발 난무하던 정치운동도 동력을 상실했다. 대신 류사오치와 추종자들이 요직을 차지했다.

류사오치와 덩샤오핑의 지지를 등에 업은 중공 중앙당은 경제문제에 주력했다. 몇 년이 지나자 변화가 눈에 보였다. 3년 만에 원유 생산량이 650만 톤을 초과했다. 그 정도면 자급자족에 충분한 양이었다. 농업용 전기 소모량도 대약진운동이 시작되던 1958년에 비해 10배 이상 증가했다. 최초의 핵실험에 성공하고, 초보적이지만 전국적인 의료·보건·위생망 구축도 시도했다. 농산물 수확도 44퍼센트 이상 증가했다. 국력 증강과 생활 수준 향상은 시간문제였다.

마오쩌둥의 생각은 류사오치와 달랐다. 1956년 헝가리 사태가 발생했을 때 "동유럽 국가들의 기본문제는 계급투쟁을 제대로 못했기 때문이다. 계급투쟁을 통해 무산계급을 훈련시켜야 한다. 아군과 적군, 옳은 것과 그른 것, 유심론과 유물론을 구분하려면 그 방법밖에 없다"고 공언했던 것처럼 정권의 안정은 물론이고 인간과 사회를 개조하려면 계급투쟁이 유일했다. 먹고 사는 문제는 언제고 맘만 먹으면 할 수 있는 일이라고 생각했다.

시행착오를 통감한 마오쩌둥은 자신의 계획을 잠시 중단했다. "무산계급과 자산계급 간의 모순, 사회주의로 향하는 길과 자본주의가 가는 길에 발생하는 모순, 이것이 우리가 당면한 가장 큰 모순이다. 베이징 공기가 형편없다"며 수도를 떠났다. 항저우(杭州)와 쑤저우(蘇州)에 머무르며 계급투쟁 이론을 진일보시킨 대규모 정치운동을 구상하기 시작했다. 한동안 잠잠하던 투쟁의욕이 꿈틀거리기 시작했다.

레이펑 찬양이 마오에 대한 충성으로

마오쩌둥은 무슨 일이건 포기하는 성격이 아니었다. 군대를 완전 장악하고 계급투쟁의 중요성을 각인시킨 후 개인숭배를 확고히 하기 위해 두 팔을 걷어붙였다. 총리 저우언라이를 통해 군구(軍區)를 재조정하고 군구사령관의 지휘권을 박탈했다. 국방부장이나 원수(元帥)들은 하루 아침에 행정업무나 보는 장식물로 전락했다. 마오쩌둥이 주재하는 중앙군사위원회가 지휘관에서 사병에 이르기까지 전군의 동향과 지휘권을 장악해버렸다.

1962년 8월 15일, 22세의 해방군 전사 레이펑(雷鋒)이 군대에서 흔히 발생하는 사고로 목숨을 잃었다. 7개월 후, 마오쩌둥은 레이펑이 남긴 일기를 보라며 "레이펑 동지를 배우자"는 운동을 벌였다. 일기에 "녹슬지 않는 못이 되어 조국을 위해 봉사하겠다. 조국의 번영

『마오쩌둥 선집』을 읽고 있는
해방군 전사 레이펑.

없이 개인의 행복은 없다"는 내용이 있었지만, 더 중요한 건 "생전에 칭찬받던 모든 선행이 마오 주석의 훈도 때문"이라는 대목이었다. 그의 일기에는 "마오에 대한 충성이 당과 국가에 대한 충성"이라는 구절이 끝없이 반복됐다.

대장·원수 할 것 없이 2년 7개월 남짓 군대 밥을 먹은 사병의 무덤에 화환을 바치고 머리를 조아렸다. 전국의 청소년들은 레이펑 찬양에 날을 지새웠다.

레이펑 찬양은 마오쩌둥에 대한 찬양으로 이어졌다. 마오에 대한 충성은 당과 국가에 대한 충성을 의미했다. 비난하는 사람은 당과 국가의 반역자였다.

류사오치도 레이펑을 찬미하는 성명서를 발표했다. 개인숭배의 광풍이 얼마 후 자신의 목을 겨누는 무기가 되리라고는 생각도 못했다. 실권을 잃은 마오의 푸념이겠거니 했다. 엄청난 착각이었다. 덩샤오핑도 마찬가지였다.

지식을 존중했지만 지식인은 무시한 마오

1962년 9월에 열린 전당대회에서 마오쩌둥은 계급투쟁을 강도 높게 강조했다.

"해마다 강조해도 부족하지 않다. 매달 강조하고 매일 강조해야 한다. 단 하루도 계급투쟁을 잊어서는 안 된다."

눈에 살기가 가득했다.

마오쩌둥은 지식을 존중했지만 지식인은 무시했다. 선비의 모자에 소변을 봤던 한(漢) 고조(高祖) 유방(劉邦)보다 더하면 더했지 덜하지 않았다. 이유도 분명했다.

"거지근성 강하고, 고마워할 줄 모르고, 남 평계대기 좋아하고, 정확히 알지도 못하는 주제에 온갖 잘난 척은 다하고 무책임하다."

마오쩌둥은 특히 시정부가 장악하고 있던 베이징의 문화 · 학술계에 불만이 많았다. 1964년 5월, 중앙 선전부가 올린 보고서에 "문학인연합회 산하 기관들의 간행물을 보면 15년간 당의 정책을 뭐 하나 제대로 집행하지 못했다. 지식인들이 노동자 · 농민 · 군인들을 대변하지 않고 수정주의자 주변만 맴돈다. 언제 무슨 엉뚱한 짓을 할지 모른다"는 취지의 메모를 적어 돌려보낼 정도였다.

1966년 5월 4일, 중앙정치국 확대회의가 열렸다. 16일 회의에서 당 중앙위원회가 제출한 통지(五一六通知)를 통과시켰다. 통지문에 마오쩌둥의 추가 지시사항이 적혀 있었다.

"당 · 정부 · 군대 · 문화계 할 것 없이 모든 영역에 자산계급을 대표하는 사람들이 섞여 있다. 이들을 쓸어버려야 한다. 예를 들면 소련의 흐루쇼프 같은 인물이다. 지금도 이들은 우리 바로 옆에서 잠자고 있다."

누구라고 이름은 명기하지 않았지만 흐루쇼프 정도의 최고위급이라면 당내에 류사오치밖에 없었다.

'5·16통지'를 계기로 무산계급문화대혁명, 이른바 '문혁'이 본격적으로 시작됐다. 평소 혁명에 관한 마오의 정의는 명쾌했다. "뒤집어엎는 것"이었다. 마오쩌둥의 총구가 류사오치와 그의 추종자들을 정조준했다.

5월 23일, 정치국 확대회의는 베이징시 서기 겸 시장 펑전(彭眞)과 당 선전부장 겸 문화부장 루딩이(陸定一), 해방군 총참모장 뤄루이칭(羅瑞卿), 군사위원회 비서장 양상쿤(楊尙昆)의 직무정지를 의결했다. 펑전은 감옥으로 끌려가고 성질 급한 뤄루이칭은 옥황상제 만나러 가겠다며 건물에서 투신했지만 실패했다.

이틀 후, 베이징대학 학생식당 벽에 "베이징시와 대학이 문화대혁명을 저지하려 한다"는 대자보가 나붙었다. 자리에서 쫓겨난 네 명을 흉악한 귀신들이라 단정, 이들을 타도하고 마오 주석을 보호해야 한다는 내용이었다. 사본을 받아본 마오쩌둥은 연신 탁자를 쳐대며 싱글벙글했다.

"신문이나 방송은 뭐 하는 거냐?"

사흘 전 마오의 지시로 언론기관을 접수한 사람들은 신바람이 났다.

"반당분자들을 타도하자!"

『인민일보』가 대자보 전문을 게재하고 방송이 연일 보도하자 초·중·고교와 대학들이 아수라장으로 변했다. 흥분이 극에 달한 청소년들과 대학생들은 홍위병 완장을 차고 교실과 집 안을 뛰쳐나왔다.

구호를 외치며 광장과 공원을 휩쓸고 다녔다.

"위대한 영수 마오 주석을 보호하기 위해 끝까지 분투하자! 마오 주석에 반대하는 반당분자들을 타도하자!"

흥분과 광기는 폭력을 유발했다. 6월 18일, 수천 년 중국 교육사에 영원히 남을 사건이 발생했다. 베이징대학에 진입한 홍위병들이 교수 60여 명을 끌어내 얼굴에 먹물을 뿌리고 몽둥이 찜질을 퍼부었다. 시험문제를 어렵게 내거나 학생지도를 엄격하게 했던 교사들도 있었지만 그런 꼴 당해도 싼 사람들이 대부분이었다. 반죽음이 된 교장은 머리통을 두 손으로 감싼 채 이리저리 끌려 다니며 얻어터졌다.

베이징 시정부가 와해되고, 피비린내가 중국 천지를 뒤덮을 징조였지만 류사오치는 여전히 상황을 제대로 파악하지 못했다. 우한, 항저우, 상하이를 오가는 마오쩌둥에게 베이징으로 돌아와 수습방법을 지시해달라는 전보를 보냈다.

마오쩌둥은 건강과 안전을 이유로 귀경을 거부했다. 평소처럼 『자치통감』(資治通鑑)과 당시(唐詩)를 뒤적이며 류사오치와 덩샤오핑 등 당권파들이 헛발질하기만 기다렸다.

홍위병들의 난동은 순식간에 확산됐다. 베이징의 55개 대학과 100여 개 중학교에서 연일 참극이 벌어졌다. 교장이나 교사들은 축구공 신세로 전락했다. 나이 든 교장들은 살아서 교문 밖을 나가기 힘들었다. 맞아 죽기 싫은 사람들은 수면제를 복용하거나 호수에 몸을 던졌다.

『마오쩌둥 어록』을 들고 춤을 추는 사람들.
문혁시절 중국인들은 집체무를 익히기 시작했다.
어디서나 모였다 하면 이런 광경을 연출했다.

마오쩌둥의 진의를 파악하지 못한 류사오치와 덩샤오핑은 공작조(工作組)를 파견해 홍위병 운동을 진압하기로 합의했다. 평소에 하던 전통적인 방법이었다. 두 사람은 마오의 동의를 구하기 위해 항저우로 갔다.

마오쩌둥은 "어린애들이 해방 며칠 만에 사도(師道)의 존엄성을 날려버렸구나. 몇 명 죽었다고 해서 황급히 공작조를 파견할 필요는 없다"며 손사래를 쳤다. 류사오치는 연신 고개를 끄덕이며 마오의 의견을 경청했지만 뜻은 굽히지 않았다. 덩샤오핑도 "베이징으로 돌아와 당의 일상 업무를 주재해달라"고 매달렸다.

마오쩌둥이 입을 열었다.

"병이 완치되지 않았다. 돌아갈 형편이 못 된다. 베이징의 일은 국가주석과 당 총서기인 두 사람이 알아서 처리하면 된다. 공작조를 꼭 파견해야 한다면 회의를 열어 토의해보도록 해라."

인간이란 급할 때일수록 제 편할 대로 해석하게 마련이다. 류사오치와 덩샤오핑은 마오쩌둥이 파놓은 함정에 몸을 던졌다. 당 중앙의 명의로 각급 학교에 공작조를 파견했다.

학교를 점령한 공작조들은 류사오치의 지시대로 학생운동 지도자들을 격리 수용하고 대자보 게재와 시위, 대형 성토대회를 금지시켰다. 가두 시위도 불허했다.

"공작조를 신뢰하기 바란다."

"공작조가 정한 규정에 반대하는 것은 당 중앙에 반대하는 행위다."

이 같은 현수막과 벽보를 학교 곳곳에 내걸었다. 집회를 열어 모든 운동이 "제한된 범위 내에서 이뤄질 것"을 요구했다. 1만여 명의 학생들이 우파로 둔갑하고 교사 수천 명이 이들에게 동조했다.

70세 마오, 30리 장강을 유유히 헤엄치다

마오쩌둥의 원격조종을 받은 '중앙문화대혁명소조'는 당 중앙의 지시를 무시했다. 학생들을 부추겨 공작조의 활동을 억제시켰다. 당도 두 파로 갈라지고 학생들도 공작조를 지지하는 세력과 조반파(造反派)로 양분됐다. 서로 치고받았다. 피가 튀겼다.

목숨을 걸고 마오 주석을 보호하겠다고 나선 조반파 중에는 과격한 학생들이 많았다. 숫자나 전투력에서도 공작조를 압도했다. 2주 만에 39개 대학에서 공작조들을 내몰았다. 칭화대학에 상주하며 공작조를 지휘하던 류사오치의 부인 왕광메이(王光美)도 캠퍼스에서 쫓겨났다.

머리가 빨리 돌아가는 사람들은 판세를 감지했다.

"베이징의 대학과 중·고등학교에서 발생한 피비린내 나는 투쟁은 류사오치·덩샤오핑의 당 중앙과 마오쩌둥·린뱌오의 당 중앙 간에 벌어진 대리전이다."

마오쩌둥은 고향 후난성 샹탄현(湘潭) 사오산(韶山)으로 거처를 옮겼다. 사방이 산으로 둘러싸인 곳에 은거하며 중앙문혁소조와 총리 저우언라이에게만 자신의 위치를 알렸다.

마오쩌둥은 성 서기 화궈펑(華國鋒)과 소일하며 부인 장칭(江靑)에게 편지를 보냈다.

"내 몸 안에 있는 호랑이와 원숭이의 기가 꿈틀거린다. 호랑이는 원숭이의 보좌를 받아야 질주할 수 있다. 천하대란(天下大亂)을 거쳐야 대치(大治)에 도달할 수 있다. 7, 8년에 한 번씩 꼭 치러야 한다. 물질은 변하는 법이 없다. 분쇄시켜야 한다. 이건 하나의 연습이다. 좌파와 우파, 입장을 정하지 못하고 동요하는 중간파 할 것 없이 모두에게 교훈이 돼야 한다."

마오쩌둥은 혁명 의지를 확고히 했다.

1966년 7월 12일, 고향에서 요양 중이던 마오쩌둥은 후베이성 우한으로 거처를 옮겼다. 16일 오후, 우창(武昌) 연안에 건장한 청년들과 수영복 차림으로 나타나 장강(양쯔강)에 몸을 던졌다. 30리를 유유히 횡단하며 만천하에 체력을 과시했다.

뭍에 오른 마오쩌둥은 수행원들에게 "사람들은 장강이 크다고 한다. 크다고 해서 무서워할 건 없다. 이 세상에는 큰 것들이 많다. 따지고 보면 별것도 아닌 것들이다. 미국도 마찬가지다. 유일하게 무서워해야 할 것이 있다. 사람은 자신의 몸을 두려워할 줄 알아야 한다"며 그간 나돌던 중병설을 일거에 날려버렸다. 73세 때였다.

전국의 신문에 마오가 장강을 건너는 모습이 대문짝만하게 실렸다. 류사오치는 건강 회복을 축하할 방법이 없었다. 홍위병 운동을 진압하기 위해 각급 학교에 공작조를 파견한 다음부터 마오쩌둥은 류사오치의 전화를 받지 않았다. 전보를 보내도 회답이 없었다.

"학생운동 진압은 북양군벌이나 하던 짓"

7월 18일 오후, 마오쩌둥의 전용열차가 9개월 만에 베이징에 들이닥쳤다. 국방부장 린뱌오를 비롯한 친위세력이 베이징지구를 완전히 장악한 것을 확인한 후였다. 류사오치와 덩샤오핑은 헐레벌떡, 사전에 알려주지 않은 총리 저우언라이를 원망하며 달려갔지만 마오를 만나지 못했다. 이미 역 구내를 빠져나간 후였다.

중난하이(中南海)로 돌아온 류사오치는 좌불안석이었다. 해질 무렵 베트남의 호찌민에게 편지를 한 통 보내고 산책길에 나섰다. 저녁도 먹는 둥 마는 둥 했다.

류사오치가 사는 푸루쥐(福祿居)와 마오쩌둥의 거처 쥐샹수우(菊香書屋)는 오솔길 하나로 통해 있었다. 평소 류사오치는 이 길을 유난히 좋아했다. 매일 저녁, 부인 왕광메이와 호수로 산책 나가다 보면 어김없이 마오쩌둥이 창문을 열고 담배를 피우고 있었다. 그럴 때마다 류사오치는 창 밖에서 고개를 치켜들고, 마오쩌둥은 창 밖으로 고개를 빼든 채 온갖 싱거운 소리 나누다 헤어지곤 했다. 보통 한 시간 정도였지만 남 흉보거나 옛날에 사귀던 여자 이야기라도 나오는 날에는 어찌나 재미있던지 두 시간을 훌쩍 넘길 때도 많았다. 베이징 골목 어디서나 흔히 볼 수 있는 그런 정경이었다.

이날 마오쩌둥의 창문은 평소와 달랐다. 커튼이 쳐지고 굳게 닫혀 있었다. 영원히 열릴 것 같지 않았다. 류사오치는 마오쩌둥의 집 정

청대 대귀족의 사저였던 칭화대 교문을
파괴하는 홍위병 조반파들.

문으로 갔다. 주차장에 자동차가 여러 대 서 있었다. 저우언라이의 차를 확인한 류사오치가 집 안으로 들어가려 하자 경호원이 제지했다.

"주석은 휴식 중이다. 아무도 만날 수 없다. 다른 날 약속을 잡기 바란다."

저우언라이가 나오고 있었다. 입을 훔치는 것을 보니 방금 밥을 먹고 나오는 것 같았다. 류사오치는 황급히 나무 뒤로 자신의 모습을 숨겼다.

그날 밤 류사오치는 왕광메이를 시켜 저우언라이에게 전화를 했다. 저우언라이는 "마오 주석과 회의를 마치고 오는 길이다. 류사오치 동지가 보이지 않아 의아했다"며 능청을 떨었다. 마오쩌둥의 성격을 누구보다 잘 아는 류사오치였다. 어쩌면 중국 천지에 숨을 곳이 없을지 모른다는 생각이 들었다.

이튿날 마오쩌둥은 당 주석 자격으로 회의를 소집했다.

"공작조 파견은 엄청난 착오다. 학생운동 진압은 북양군벌이나 하던 짓이다. 공작조를 파견해 학생운동을 진압한 사람들은 말로가 좋을 수 없다."

류사오치는 자신의 귀를 의심했다.

저우언라이는 동작이 빨랐다. 7월 27일, '문화대혁명 적극분자대회'를 열어 공작조 철수를 선언하며 류사오치와 덩샤오핑에게 자아비판을 요구했다. 우레와 같은 박수가 터지고 "마오 주석 만세"가 장내에 진동했다. 류사오치는 사방을 둘러봤다. 덩샤오핑은 사색이 돼 있었다.

"사령부를 포격하라!"

중국공산당은 창당 이래, 위기에 직면했을 때마다 최고 거물 한두 명을 희생양으로 만들곤 했다. 1966년 8월 1일, 중공 중앙위원회 전체회의가 열렸다. 시작된 지 3개월 남짓한 문혁의 방향과 실행방법을 결정하는 회의였다.

마오쩌둥이 류사오치 · 저우언라이 · 주더 · 천원 · 덩샤오핑 등 정치국 상무위원들과 입장하자 회의가 시작됐다. 회의 주석은 류사오치, 비서장은 저우언라이였다.

저우언라이가 건네준 종이 쪽지를 받아 든 류사오치는 중앙문혁소조원과 각 대학의 조반파 영수들이 회의장에 앉아 있는 것을 보고 어안이 벙벙했다.

류사오치가 개막을 선포하자 모두 기립했다. 평소 하던 대로 국제가를 부를 차례였다. 류사오치는 귀를 의심했다. 민가(民歌) 같지만 분명히 민가는 아니고, 행진곡 비슷하면서도 행진곡은 아닌 이상한 노래였다.

"대항해를 하려면 조타수에게 의지해야 한다.
만물이 태양에 의지해 성장하듯이
혁명을 하려면 의지할 것은
마오쩌둥 사상밖에 없다."

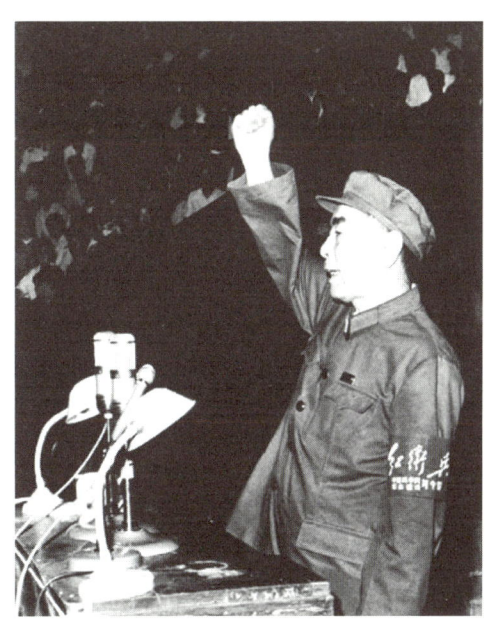

홍위병 완장을 차고 마오쩌둥 만세를 부르는 저우언라이. 문혁이 더 오래갔던 이유가 저우언라이 때문이라고 이야기하는 사람들이 많다.

이런 내용이었다. 가사를 잘 모르다 보니 입술을 우물거리는 수밖에 없었다. 힐끗 보니 마오쩌둥도 마찬가지였다. 저우언라이는 목이 터져라 부르고 있었다.

저우언라이가 회의 규정을 설명했다.

"회의 기간 동안 외출과 전화·서신 발송을 불허한다. 참석자들은 숙소 밖에서 숙박할 수 없다. 사사로운 조직활동을 하지 마라. 문건과 자료는 회의가 끝나면 모두 회수한다."

류사오치는 30분간 발언했다. 사령부라는 용어를 썼다.

"지난 4년간, 정치국과 상무위원들은 마오 주석의 지휘를 받았다. 당 중앙에는 한 개의 사령부, 마오 주석이 영도하는 무산계급 사령부가 있을 뿐이다. 나와 다른 동지들은 참모나 조수에 불과하다."

이어서 각급 학교에 공작조 파견한 일을 거론했다.
"깊이 반성하고 책임을 지겠다. 이번 회의에서 검토받기를 원한다."
덩샤오핑도 류사오치와 비슷한 발언을 했다.
"모든 잘못은 서기처가 저질렀다. 총서기인 내게 책임이 있다."
류사오치는 마오쩌둥을 슬쩍 쳐다봤다. 바로 옆에 꼿꼿이 앉아 눈길 한 번 안 주더니 휴식시간이 되자 회의장을 떠나버렸다. 뒷모습이 다시는 돌아올 사람 같지 않았다.

그날 밤 마오쩌둥은 캉성(康生), 천보다(陳伯達), 장칭 등 문혁소조원 7명을 호출했다.

"내가 없는 사이에 학생운동을 진압했다. 이건 국민당이 하던 백색공포다. 그러고도 중앙에 사령부가 하나밖에 없다니 어처구니가 없다. 지금 베이징에는 두 개의 사령부가 있다. 무산계급을 대표하는 나와 린뱌오, 그리고 너희들이 한 개의 사령부다. 다른 사령부는 자산계급을 대표하며 백색공포를 자행했다. 홍색공포가 백색공포를 제압해야 한다. 내게 방법이 있다. 나는 아직 발언을 안 했다. 회의장에 가서 내 뜻을 전하라."

마오쩌둥은 회의 기간을 연장하라고 지시했다. 이어서 칭화대학 부속중학 홍위병들에게 전달하라며 친필 편지를 건넸다. 원래 회의는 6일까지였다.

8월 5일 점심 무렵, 중난하이에 있는 제1식당 담벼락에 큼지막한 대자보가 한 장 나붙었다. 필체만으로도 작성자가 누구인지를 한눈에 알 수 있는 대자보였다. 맨 끝에 마오쩌둥(毛澤東), 이름 석자가 선명했다.

"사령부를 포격하라!"
(砲打司令部)

제목부터가 엄청났다.

"동지들은 읽어주기 바란다. 지난 50여 일간 중앙과 지방의 지도급 동지들은 도에 어긋나는 행동을 했다. 자산계급 편에 서서 무산계급 문화대혁명에 타격을 가했다. 시비가 전도되고 흑백을 뒤섞어 놓았다. 다른 의견을 탄압하며 자산계급의 위풍을 만천하에 떨쳤다. 독초는 제거해야 한다."

사령부가 있으면 사령관이 있게 마련, 이름은 거론하지 않았지만 국가주석 류사오치에 대한 적의를 만천하에 공표한 거나 다름없었다. 그날 밤 저우언라이는 다롄(大連)에서 요양 중인 국방부장 린뱌오에게 급전을 보냈다.

서열 2위에서 8위로 추락한 류사오치

린뱌오는 건국 이후 항상 환자였다. 몸이 아프건 안 아프건 건강을 이유로 요양만 다녔다. 무슨 일이 있어도 마오쩌둥에게 "책임지겠다고 큰소리 안 치고, 쓸데없는 건의 안 하고 심기 상할 짓 안 한다"는 삼불주의(三不主義)와 "주석이 한마디 하면 맞장구치며, 칭찬만 하고, 좋은 소식만 전한다"는 삼요주의(三要主義)가 처신의 기본전략이었다. 공식 석상에는 거의 참석하지 않았다.

전문을 받아본 린뱌오는 일기장을 펼쳤다. 3개월 전 일기에서 저우언라이의 이름을 지워버리고 다롄을 떠났다. 린뱌오는 5월 23일 중앙정치국 확대회의에서 베이징 서기 펑전과 군사위원회 비서장 양상쿤 등의 직무가 정지되는 것을 보고 "첫걸음에 불과하다. 다음은 류사오치·저우언라이·덩샤오핑의 차례다. 모두 마오쩌둥의 음모다"라는 일기를 남긴 적이 있었다.

8월 6일, 린뱌오가 회의장에 나타나자 참석자들은 경악했다. 누가 뭐래도 천하의 린뱌오였다. 육·해·공군을 장악하고 있는 대전략가의 입에서 무슨 말이 나올지 긴장했다.

"문화대혁명의 최고사령관은 우리의 마오 주석이다. 주석은 엉뚱한 방향으로 나가던 국면을 만회시켰다. 주석이 그렇게 하지 않았더라면 문화대혁명은 요절하고 우리는 자산계급에 철저히 패배했을 것이다."

해방군 최고책임자의 이 한마디는 전군이 마오쩌둥 편이라는 것을 의미했다.

사람 사는 세상에 옳고 그른 것은 애초부터 없었다. 명분이나 핑계도 결국은 그게 그거였다. 무슨 싸움이건 같은 편이냐 아니냐가 가장 중요했다.

회의는 거칠 게 없었다. 린뱌오 발언 다음날, 흔히들 '16조'(十六條)라 부르는 문화대혁명 결의안이 통과되었다. 혁명은 투쟁 목표와 방향이 분명해야 했다. "자본주의를 추구한 당권파와 자산계급 반동학술 권위자"를 타도와 비판의 대상으로 규정했다.

회의 마지막 날 중앙정치국 상무위원 11명을 선출했다. 류사오치는 서열 2위에서 8위로 추락하고 린뱌오는 6위에서 2위로 급상승했다. 당의 유일한 부주석직까지 폐찼다.

"새로운 것이 탄생할 때는 시끄러운 법"

마오쩌둥은 거처를 인민대회당으로 옮겼다. 12월 13일 밤 류사오치는 마오가 보낸 차를 타고 인민대회당으로 갔다. 문 앞에 나와 있던 마오는 류사오치의 손을 잡고 부인과 딸들의 안부를 물었다. 정말 복잡한 사람이었다.

류사오치가 과오를 시인했다.

"내 잘못이 크다. 노선 착오였다. 간부들은 당의 소중한 자산이다. 내가 책임을 지겠다. 국가주석과 중앙당 상무위원, 마오쩌둥 선집 편찬위원회 주임직을 사임하겠다. 집사람과 애들 데리고 옌안이나 고향에 가서 농부가 되겠다. 문혁은 빨리 끝날수록 좋다."

마오쩌둥은 답변을 안 했다. 수십 년간 생사고락을 함께한 동지를 완전히 제거하기로 작정한 사람이, 이별의식을 위해 마련한 자리인 줄 류사오치는 몰랐다.

칭화대학 조반파 영수가 "반혁명 수정주의 두목, 중국 최대의 주자파 류사오치를 타도하자"는 구호를 들고 나왔다. 뭔가, 아주 든든한 구석이 없으면 불가능한 구호였다. 홍위병들은 류사오치가 사는 중난하이를 포위했다. 낮밤 할 것 없이 꽹과리를 두드리며 구호를 외쳐댔다. "혁명은 죄가 아니다. 조반은 도리에 맞는 행위"라며 "류사오치 타도"를 외쳐댔다. 어찌나 시끄러운지 잠들 수가 없었

1961년 9월, 제2차 세계대전의 영웅
영국의 몽고메리 원수(오른쪽)가 중국을 방문했을 때
마오쩌둥에게 후계자 문제를 물었다.
그때까지만 해도 류사오치(왼쪽)는 명실공히 일순위였다.

다. 마오쩌둥은 잠자는 시간만이라도 중지시키려는 경호원들을 제지했다.

"내버려둬라. 나는 조용한 것보다 시끄러운 게 좋다. 새로운 것이 탄생할 때는 시끄러운 법이다. 어린 시절, 마을에서 돼지새끼가 태어날 때도 온 동네가 밤새도록 꽥꽥 소리로 시끄러웠다."

마오쩌둥과 류사오치는 1922년 상하이에서 처음 만났다. "다톈샤"(打天下), 천하를 놓고 싸울 때는 가깝기가 한몸 같았지만, "쭤톈샤"(坐天下), 천하에 군림하자 남은 건 결별이었다. 과정도 처절했다.

1967년 새해가 밝았다. 중난하이의 조반파들이 류사오치의 집 담장에 "중국의 흐루쇼프를 타도하고 마오 주석을 보호하자"는 대자보를 내붙였다.

류사오치는 군중 집회에 나가 소견을 밝히고 싶었다. 베이징 건축공업학원 홍위병 총부가 공개검토장에 나오라고 요구하자 마오쩌둥에게 편지를 보냈다. 며칠 전 류사오치는 마오에게 "공부 열심히 하고, 행동 조심하라"는 말을 들은 적이 있었다. "1월 7일 4시 이전까지 출석하라는 통지를 받았다. 나가도 좋을지 주석의 지시대로 하겠다."

마오는 류사오치가 공개된 장소에 나가는 것을 바라지 않았다. 급히 총리 저우언라이를 불렀다. 1월 7일 새벽, 저우언라이는 건축공업학원 학생대표를 접견했다. 갑자기 불려온 학생들에게 "억지로 끌어낼 것 없다"며 행동을 제지시켰다.

일주일 후, 중앙문혁소조의 최말단 격인 치번위(戚本禹)가 중공 중앙판공청 사람들을 불러 눈알을 부라렸다.

"류사오치와 덩샤오핑 모두 중난하이에서 편안한 나날을 보내고 있다. 너희들은 도대체 뭐 하는 것들이냐."

대충 이런 투였다.

그날 밤 중난하이의 조반파들이 류사오치의 집에 들이닥쳤다. 처음에는 멈칫했지만 이럴 때일수록 숨은 실력을 발휘하는 사람이 꼭 있게 마련이다. 평소 얌전하던 청소부가 여덟 가지 죄목을 열거하며 답변을 요구했다. 류사오치의 멱살을 잡고 왕광메이의 머리채를 한 차례 쥐고 흔들었다. 명색이 국가주석이었지만 신화가 깨지는 건 순식간이었다.

류사오치는 옷걸이에 걸려 있던 홍위병 완장도 압수당했다. 사연이 있는 완장이었다. 1년 전 여름부터 가을까지 마오쩌둥은 여덟 차례에 걸쳐 홍위병 1,300만 명을 사열한 적이 있었다. 8월 18일 열린 첫 번째 사열 대상은 베이징의 조반파 100만 명이었다. 이날 마오쩌둥은 계란 네 개와 찐빵 두 개, 잘 요리한 돼지고기 네 덩어리를 받아든 홍위병들을 아침 7시 반부터 6시간 동안 천안문 성루에서 사열했다. 시작 무렵 홍위병 대장들이 마오에게 완장을 채워줬다. 린뱌오·저우언라이·천보다 등에게도 채워줬지만 류사오치와 덩샤오핑은 한번 흘겨보고 그냥 지나쳤다.

그날 밤 덩샤오핑이 류사오치의 집으로 헐레벌떡 달려왔다. 한참 주변을 살피더니 "이거 없으면 큰일난다. 어렵게 구했다. 꼭 차고 다녀야 한다"며 주고 간 완장이었다.

1967년 3월 21일, 중앙정치국 상무위원회는 '류사오치와 왕광메이의 역사 문제에 관한 전담조' 구성을 의결했다. 마오쩌둥의 부인 장칭과 중앙문혁소조 고문 캉성, 공안부장 셰푸즈(謝富治)의 지휘를 받는 특별수사본부 같은 거였다. 방어 능력을 완전히 상실한 류사오치는 연금 상태에 들어갔다. 중난하이 조반파들은 류사오치 부부에게 밥·청소·빨래를 직접 하라고 통보했다.

백화(百花)가 만발하자 전국의 언론기관들이 '중국의 흐루쇼프'라면서 비판의 포문을 열었다. 베이징의 신화서점이 류사오치와 덩샤오핑의 사진과 책들을 쌓아놓고 불태웠다. 전국의 분점들도 뒤를 따랐다.

류사오치는 죽음을 예감했던지 자녀들을 불러 유언 비슷한 말을 했다.

"살날이 얼마 남지 않았다. 내가 죽으면 엥겔스처럼 화장해서 바다에 뿌려라. 5대양을 떠돌며 전 세계를 보고 싶다. 나는 평생을 무산계급으로 살았다. 너희들에게 남겨줄 것이 아무것도 없다."

출당에 격분한 류사오치

1967년 7월 4일, 중공 중앙판공청 주임 왕둥싱(汪東興)이 류사오치를 찾아왔다. 당 중앙의 의견이라며 베이징 건축공업학원의 조반파 앞으로 자술서 비슷한 것을 제출해달라고 요구했다. 왕둥싱은 국·공내전 시절부터 마오쩌둥의 분신이나 다름없는 사람이었다.

류사오치는 초등학교 반장이 담임선생에게 제출하는 반성문 같은 자술서를 작성했다.

"나는 지난해 7월 18일, 마오 주석이 베이징으로 돌아오기 전까지 당 중앙의 일상 공작을 주재했다. 문혁 초기 공작조를 파견해 학생운동을 진압했고, 50여 일간 공작조를 지지하는 바람에 이들의 착오를 가중시켰다. 지난해 8월 5일, 마오 주석의 '사령부를 포격하라'는 대자보를 본 후에야 내가 얼마나 큰 착오를 범했는지 알았다. 그전까지는 정말 몰랐다."

같은 해 9월 초, 총리 저우언라이가 '류사오치와 가족들의 처리방안'을 들고 린뱌오에게 달려갔다. "류사오치를 푸루쥐 전원(前院)에 격리시켜 단독 심사한다. 왕광메이는 미국 중앙정보국의 특수요원이다. 공안부에서 체포해 따로 심사할 필요가 있다. 자녀들은 중난하이에서 내보낸다"는 내용이었다. 린뱌오는 고개를 끄덕이며 마오 주석에게 보고하라고 지시했다.

린뱌오가 동의했다는 보고를 받은 마오는 저우언라이를 힐끗 쳐다봤다. 이어서 문을 향해 팔을 휘저었다. 알았으니 나가라는 뜻이었다. 다음날 마오는 베이징을 떠났다.

9월 13일 새벽 3시 40분, 군용 지프 한 대가 푸루쥐 문전에서 시동을 껐다. 검은 그림자 몇 개가 왕광메이의 침실로 들어가 체포영장을 제시했다. 달빛이 유난히 밝은, 베이징의 전형적인 가을밤이었다.

가족들과 헤어진 류사오치는 위장병과 당뇨병에 시달렸다. 설사도 멈추지 않았다. 수전증이 심해 침상을 오르내리기 힘들어도 감시원

문혁이 발생하자 류사오치는 비명횡사하고,
일가족도 수난을 당했다.
1967년 1월 6일, 칭화대학에서 열린 비판대회에 강제로
끌려나온 류사오치의 부인 왕광메이.
1978년 겨울, 보석으로 풀려날 때까지 12년간 영어의 몸이 됐다.

들은 모른 체했다. 끼니때마다 밥그릇을 바닥에 놓고 나가버렸다. 류사오치는 얼굴을 밥그릇에 대고 허우적거렸다. 목욕은커녕 세수도 못하고 면도와 이발도 못했다. 악취가 풍기고 온몸이 붉은 반점투성이로 변해갔다. 얼핏 보면 나병환자 같았지만 여전히 국가주석이었다.

1968년, 새해가 되자 마오쩌둥은 총리 저우언라이에게 류사오치 관련 심사조 조장을 겸하게 했다. 그해 여름부터 류사오치는 고열에서 헤어나지 못했다. 폐에도 이상이 왔다. 의사가 언제라도 사망할 수 있다고 하자 할 수 없이 병원에 입원시켰다.

10월 13일부터 2주간 열린 중국공산당 중앙위원회 전체회의는 류사오치에게 출당조치를 내렸다. 마오쩌둥은 저우언라이에게 모든 회의를 진행시켜 저우의 퇴로도 완전히 차단시켰다.

11월 24일은 류사오치의 70회 생일이었다. 감시원이 라디오를 머리맡에 놓고 나갔다. 웅장한 음악과 함께 24일 전에 끝난 중앙위원회 소식이 흘러나왔다. "반도(叛徒), 내간(內奸), 공적(公敵), 당 부주석 류사오치 출당·제명" 등 온갖 흉악한 용어들이 튀어나왔다. 엄청난 생일 선물이었다. 분노가 치민 류사오치는 숨을 제대로 쉬지 못했다. 온몸이 땀범벅이 되고 구토가 그치지 않았다. 완전히 식물인간으로 변했다.

1969년 3월, 우수리 강변에서 중·소 양군이 무력 충돌했다. 당시 몽골 경내에는 소련의 대규모 탱크부대가 주둔하고 있었다. 48시간이면 베이징까지 도달할 수 있는 거리였다. 린뱌오는 "소련이 중국을 침략했을 경우 류사오치를 내세워 괴뢰정부를 구성할 가능성이 있다"며 비밀장소로 이전시킬 것을 지시했다.

　허난성 카이펑(開封)에 진청(金成)은행 대형금고가 있었다. 온갖 전화(戰禍)를 겪으면서도 끄떡없을 정도로 견고한 1930년대의 대표적인 건축물이었다. 이곳에서 류사오치는 27일 만에 세상을 떠났다. 1921년 중국공산당에 입당한 지 48년 만이었다. 류사오치 사망 직전, 인민해방군 총참모장 황융성(黃永勝)은 중앙군관회를 대표해 왕광메이에게 사형 판결을 내렸다. 저우언라이의 동의를 그날로 받아냈다.

　왕광메이 옆에 어슬렁거리던 저승사자를 밀어낸 사람은 마오쩌둥이었다. 최종 결재를 받으러 온 저우언라이에게 마오는 "판결을 유보해라. 조사를 엄격히 하되 관대하게 처리하고 잘 보호하라"고 천천히 말했다.

마오쩌둥, 장하오의 관을 메다

"죽어서 더욱 위대해진 사람, 우리 당의 큰 손실이다."

소련 관계 재개가 당권 장악의 길

1942년, 중·일전쟁이 가장 치열했을 때였다. 3월 9일, 중국공산당이 옌안에 홍색 근거지를 정한 이래 가장 성대한 장례식이 열렸다. 주인공은 얼마 전 세상을 떠난 장하오(張浩)였다.

장하오와 마오쩌둥은 1921년 후난성 창사(長沙)의 방직공장 노동자 숙소에서 처음 인연을 맺었다. 두 사람은 2년 후 다시 만났지만 인력거꾼 파업을 함께 지휘하고 또 헤어졌다.

1924년 1월, 광둥성(廣東省) 광저우(廣州)에서 국·공합작이 성사되자 장하오는 마오쩌둥과 함께 개인 자격으로 국민당에 입당했다. 둘 다 공산당원 신분을 유지한 채 입당한 이중 당적자(黨籍者)였다. 마오쩌둥이 국민당 후보 중앙위원에 선출되는 것을 보고 장하오는 모스크바로 떠났다.

3년 후, 북벌군을 지휘하던 장제스가 상하이에서 정변을 일으키는 바람에 국·공 관계가 파열되기 전까지 마오쩌둥은 광저우에서 농민 강습소를 열며 농민교육에 열을 올렸다. 그사이 모스크바에서 정보교육을 받고 귀국한 장하오는 국민정부군 특무부대장을 지냈다.

1927년 국·공이 완전히 갈라서자 마오쩌둥은 창사에서 무장폭동을 일으키고 산 속으로 들어갔다. 지하로 잠입한 장하오는 마오쩌둥을 대신해 후난성위원회를 재건했다. 만주성(滿洲省)위원회를 번듯하게 만든 사람도 장하오였다. 여러 차례 체포된 적이 있었지만 아무리 얻어맞아도 신분이 밝혀지지 않는 바람에 항상 무혐의로 풀려났다. 대신 성한 곳이 단 한 군데도 없을 정도로 몸은 만신창이가 됐다.

장하오는 소련에 아는 사람이 많았다. 특히 스탈린과의 관계가 나쁘지 않았다. 출옥 후 다시 코민테른 주재 중공 대표 자격으로 유럽을 거쳐 모스크바로 갔다. 마오쩌둥이 장정으로 중국 천지를 헤매고 있을 때였다.

1935년 7월, 장하오는 코민테른이 파견한 대표 자격으로 장정 중인 마오쩌둥 앞에 나타났다. 가장 강력한 병력을 소유하고 있던 장궈타오(張國燾)가 장정 도중 새로운 당 중앙을 선포하는 바람에 공산당이 분열의 위기에 처해 있던 때였다. 마오쩌둥은 벼랑 끝에 몰려 있는 신세나 다름없었다. 당시 중국공산당은 코민테른의 휘하에 있었지만 소련과 연락이 끊어진 지 오래였다. 장정으로 두절 상태였던 소련과의 관계를 재개시킬 수 있는 사람이 당권을 장악하는 것이 당연했다.

장하오는 코민테른이 파견한 대표 자격으로 장궈타오를 설득해 당의 분열을 막고 마오쩌둥의 지위를 확고하게 했다.

장하오는 중·일전쟁 초기 129사단의 정치위원이었다. 고문 후유증으로 자주 실신을 하는 등 건강에 문제가 많았다. 사단장은 당 중앙에 장하오의 치료를 건의하며 새로운 정치위원을 보내줄 것을 요구했다. 마오쩌둥은 장하오를 옌안으로 강제 소환하고 덩샤오핑을

마오쩌둥이 직접 장하오의 주검이 들어 있는 관을 메고 있다.
가운데 맨 앞이 마오, 넷째가 양상쿤 전 국가주석,
왼쪽 안경 쓴 사람이 주더, 마오의 바로 뒤는 쉬터리,
오른쪽은 장하오의 부인과 아들.

후임으로 내보냈다.

장하오는 뭐든지 해야 직성이 풀리는 성격이었다. 간호하는 사람이 잠깐 한눈을 팔면 밖으로 뛰쳐나가 일거리를 만들곤 했다. 노동자 학교를 만들고 그곳에서 강의했다.

1938년 가을, 장하오는 중국공산당 6차 대회에서 마오쩌둥의 추천으로 중앙위원에 선출됐다. 아무도 반대하는 사람이 없었다. 회의가 끝난 후 기념촬영을 했다. 장하오가 맨 뒷줄 오른쪽 끝에 린뱌오와 함께 서 있는 것을 발견한 마오쩌둥은 장하오가 있는 곳으로 자리를 옮겼다. 린뱌오·장하오와 함께 끝줄 제일 구석에 서 있는 모습을 후세에 남겼다. 린뱌오는 장하오의 사촌동생이었다.

"매일 장하오의 감시를 받겠다"

1940년 4월 30일, 장하오는 국제 노동절 경축식에 참석해 연설하던 중 뇌출혈로 쓰러졌다. 생명은 건졌지만 반신불수가 되었다. 병원에 입원해 있는 동안 마오쩌둥은 틈만 나면 장하오의 옆을 지켰다.

이듬해 8월, 일본군 폭격기가 옌안을 공습했다. 폭탄 하나가 장하오가 있는 동굴 위에 떨어졌다. 진동과 폭음이 그치지 않았다. 타격을 받아 심장이 세 배로 부어올랐고 폐에도 물집이 생겼다.

마오쩌둥이 소련에 도움을 청하자 스탈린이 비행기를 보내왔다. 장하오는 소련행을 완강히 거절했다.

"나는 어차피 오래 살지 못한다. 남의 나라 땅에서 죽고 싶지 않다. 죽어도 여기서 죽겠다. 스탈린의 성의를 생각해서라도 빈 비행기를 보낼 수 없으니 이참에 다른 부상자와 희생당한 열사들의 자녀를 보내도록 해라."

장하오의 고집을 꺾을 사람이 없었다.

마오쩌둥은 명의들을 총동원해 장하오를 치료하게 했다. 없는 돈에 상하이와 충칭에서 용하다는 의사들을 모셔오고 시도 때도 없이 병실을 찾았다. 2년간 온갖 정성을 다했지만 장하오는 소생하지 못했다. "타오화링(桃花嶺) 꼭대기에 묻어달라"는 유언을 남기고 세상을 떠났다.

마오쩌둥은 장하오를 중앙대강당에 안치한 후 주더(朱德), 런비스(任弼時), 천윈(陳雲), 예젠잉(葉劍英) 등과 돌아가며 시신을 지켰다.

타오화링은 당 중앙과 마오쩌둥의 거처가 한눈에 내려다보이는 곳이었다. "주석의 숙소가 빤히 내려다보이는 곳에 무덤을 쓸 수 없다"며 반대하는 사람들이 많았지만 마오쩌둥은 "매일 장하오의 감시를 받겠다"고 고집을 부렸다. 다들 따를 수밖에 없었다.

옌안의 각계 인사 1만여 명이 참석한 가운데 중앙당교 광장에서 영결식이 열렸다.

제주(祭主)는 런비스였다. 리커눙(李克農)이 제문을 읽고 캉성은 약력을 보고했다. 마오쩌둥은 "죽어서 더욱 위대해진 사람"이라는 만장(挽章)으로 장하오와 영원히 이별했다.

마오쩌둥은 "장하오의 죽음은 우리 당의 큰 손실이다. 난감하기 그지없다. 동지들의 심정도 나와 같으리라 믿는다"며 함께 영구를 메자고 제의했다. 다들 이의가 없었다.

주더·런비스·쉬터리(徐特立) 등이 나섰다. 언덕을 몇 구비 넘으며 타오화링으로 향했다. 1만여 명이 뒤를 따랐다. 그날따라 비가 내렸다.

장하오는 평생 수십 개의 가명을 사용했다. 본명은 린위잉(林育英)이다. 린위난(林育南), 린위룽(林育容)과 함께 흔히들 '린씨 삼형제'라고 부른다. 린위룽은 문혁시절 마오쩌둥의 후계자로 당강(黨綱)에까지 명기되었다가 몰락한 린뱌오의 본명이다. 그래서 그런지 장하오가 오래 살았더라면 린뱌오의 운명도 많이 바뀌었을 거라고 말하는 사람이 아직도 많다.

마오쩌둥이 직접 관을 멘 것은 장하오가 처음이자 마지막이었다. 시신을 손수 안장했고 비문도 직접 썼다. 장례식이 끝난 후 공산당에 입당하겠다는 사람들이 늘어났다.

물과 햇빛과 바람을 싫어한 천하명장 린뱌오

"한밤의 외로운 학처럼 혼자 왔다
혼자 가는 것이 나의 소원이다."

8년 항일전쟁은 국·공 양군의 역량 키워

1945년 8월 9일, 소련 홍군 150만 명이 탱크 5,000여 대를 앞세우고 소·만국경을 넘었다. 동북(東北)에 진입한 소련 홍군은 전투기 5,000여 대의 지원을 받으며 일본 관동군에게 총공세를 퍼부었다. 8월 18일, 관동군사령관이 항복을 선언함으로써 소련은 15년간 일본의 치하에 있던 동북 3성을 완전히 해방시켰다. 선양(瀋陽), 창춘(長春) 등 대도시에 장제스(蔣介石)와 함께 레닌과 스탈린의 초상화가 나란히 걸렸다.

아무리 해방군이라도 소련 홍군은 남의 나라 군대였다. 중국 영토에서 나가라는 시위가 연일 벌어졌다. 소련군의 철수는 시간문제였다.

국·공이 합작해서 치른 8년간의 항일전쟁은 양당의 역량을 증강시켰다. 700만 대군을 거느린 군사위원회 위원장 장제스의 위세는 하늘을 찌를 듯했다. 공산당도 마찬가지였다. 항일전쟁 이전 3만에 불과했던 병력이 100여 만으로 늘어났다. 관할 구역의 인구도 1억을 돌파했다.

무주공산이나 다름없는 동북에 중공은 선수를 쳤다. 선양에 동북국을 신설해 4명의 정치국원과 전체 중앙위원의 3분의 1을 파견하기로 하고 병력도 이동시켰다. 산둥성 황현(黃縣)에 집결한 신사군(新四軍)과 팔로군(八路軍)은 주야를 가리지 않고 목선을 이용해 발해만을 건넜다.

산하이관(山海關)에 집결한 병력도 동북으로 향했다. 펑전(彭眞), 린뱌오, 뤄룽환(羅榮桓), 천윈(陳雲), 장원톈(張聞天), 가오강(高崗), 리푸춘(李富春), 황커청(黃克誠) 등 지휘관들은 개별적으로 동북에 잠입했다. 이들은 동북의 항일 명장 뤼정차오(呂正操), 저우바오중(周保中) 등과 합류해 동북민주연군(東北民主聯軍: 제4야전군의 전신)을 설립했다. 총병력은 10만 명을 약간 웃돌았다. 마오쩌둥은 펑전을 동북국 서기 겸 정치위원에 임명했다. 린뱌오는 총사령관이었다.

국민당도 군함과 수송기를 동원해 미국식 장비를 갖춘 최정예 60여만 명을 동북으로 집결시켰다.

1946년 1월, 소련 홍군이 국민당 정부의 선양 접수에 동의하자 장제스는 이 중국 최대의 공업도시에 최정예 30만을 주둔시킨 후 부인 쑹메이링(宋美齡)과 아들 장징궈(蔣經國)를 파견해 민주연군의 선양 철수를 소련군에게 끈질기게 요구했다. 소련군은 장제스의 요청을 수용했다.

소련군이 선양에 이어 창춘마저 국민당 측에 내주자 민주연군은 기습으로 창춘을 점령했다. 1개월 후 국민당군이 쓰핑(四平), 번시(本溪), 창춘의 민주연군에게 전면 공세를 가하자 민주연군 총사령관 린뱌오는 전군을 도시에서 철수시켰다.

린뱌오가 도시에서 병력을 철수하려 하자 펑전은 반대했다. 용감함과 패기 외에는 내놓을 게 없는 린뱌오의 부하들은 노골적으로 불만을 드러냈다.

"예전의 린뱌오가 아니다. 8년간 소련에서 병치레하더니 총기가 사라졌다."

마오쩌둥도 린뱌오를 오해했지만 잠시였다. 린뱌오를 동북국 서기와 총사령관 겸 정치위원에 임명하는 심상치 않은 인사를 단행했다. 펑전은 부서기 겸 부정치위원으로 한 단계 내려앉았다.

린뱌오, 장제스의 역사적 오판을 유도하다

린뱌오는 도시에서 철수시킨 병력을 농촌으로 분산시켰다. 몇백 년 동안 민간에 떠돌던 "창춘을 먹는 자가 동북을 먹는다" "동북을 취한 자가 천하를 얻는다"는 말이 쌍방의 통수권자들에게 어떤 영향을 끼쳤는지는 알 길이 없지만, 5월 30일 국방부장을 대동하고 창춘을 방문한 장제스는 공산당 군대의 전술이 국·공합작 이전 유격전을 벌이던 시절에 비해 어떤지 궁금했다. 지휘관들의 대답은 한결같았다.

"신통치 않았습니다. 특별히 달라진 게 없습니다."

"공산당과 린뱌오의 부대가 고작 이 정도라면……"

장제스는 무력으로 중공과의 모순을 해결하겠다는 결심을 했다. 돌이킬 수 없는 치명적인 오판이었다.

1946년 6월 26일, 내전이 폭발했다. 조정을 위해 동분서주하던 미국의 마셜 원수는 "미국인들이 낸 세금을 엉뚱한 곳에서 탕진하게 생겼다"는 묘한 말을 남기고 중국을 떠났다.

7월 7일, 린뱌오는 동북국 확대회의를 소집해 7·7결의(七七決議)를 통과시켰다. 부서기 가운데 한 명인 천윈은 보고서를 발표했다.

> "승패는 농민들에게 달렸다. 도시에서 철수해야 한다. 자동차를 버리고 군화도 벗어 던지고 농민복으로 갈아입자. 문무와 남녀를 막론하고, 자격이 있건 없건, 농촌에 들어가 농민들이 공산당원의 품격을 살필 수 있는 기회를 주자. 지위가 높을수록 너절한 일에 열중해야 한다."

근거지 옌안에서 철수해 촌구석을 전전하던 마오쩌둥도 "혁명은 폭동이다. 농민들이 승패를 좌우한다. 도시 몇 개를 얻는 것보다 농민 열 명의 지지가 더 중요하다. 국민당은 토지문제를 해결할 능력이 없다"며 미국인 기자에게 호언장담했다. 린뱌오에게 "우리 사이에 오해는 없다"는 전문을 발송했다.

농촌 경험이 풍부한 중국공산당은 농민들의 심리를 꿰뚫어볼 줄 알았다. 토지개혁을 필두로 악질 지주와 토비(土匪), 일본에 부역한 한간(漢奸), 아편 상인들을 색출해 1만 5,000여 명을 처단했다. 농민들은 현(縣)위원회 서기의 집무실을 제집처럼 드나들었다.

민심이 서서히 공산당 쪽으로 기울기 시작했다. 적극적인 모병으로 병력도 20여 만 명으로 불어났다. 이제 남은 것은 전쟁밖에 없었다. 공산당은 2년 만에 전세를 역전시켰다. 장백산 언저리까지 철수

1948년 11월 2일, 린뱌오가 지휘하는 동북야전군이 동북을 완전히 점령했다. 마오쩌둥·주더·린뱌오의 초상화를 앞세우고 동북 최대의 도시 선양에서 벌어진 동북해방 환영식.

했던 민주연군은 1947년 4월부터 방어에서 공격으로 전략을 수정했다.

린뱌오의 대군은 추계공세를 펼쳐 국민당군을 선양 등 24개 도시에 몰아넣어 고립시켰다. 이듬해 3월부터 펼친 동계공세에서는 선양·창춘·진저우(錦州)의 국민당군을 완전히 포위해버렸다. "머무르면 죽고 나오면 산다"는 전단을 끊임없이 성 안에 살포했다. 3개의 대도시를 제외한 동북 전역은 순식간에 공산당의 천하로 변했다.

1947년 9월 12일, 국·공내전 3대 전역(戰役)의 하나인 '요심전역'(遼瀋戰役)이 폭발했다. 2개월에 걸친 전투에서 린뱌오의 대군은 완벽한 승리를 거두었다. 31시간 만에 진저우 국민당군 12만을 전멸시켰고 장군 43명을 포로로 잡았다. 병력도 230여 만으로 증가했다. 창춘에 주둔하던 국민당 제60군 군단장과 동북지구 부사령관 겸 제1병단 사령관은 투항했다.

1948년 11월 2일, 동북야전군의 선양 입성은 중화인민공화국 개국의 전주곡이었다. 구경 나온 시민들은 깜짝 놀랐다. 떠나갈 듯한 꽹과리 소리와 마오쩌둥·주더·린뱌오의 초상화만 없었다면 완벽한 미군들이었다. 탱크·차량·대포 할 것 없이 모두가 미제였다. "장제스가 우리의 보급대장"이라는 마오의 말은 빈말이 아니었다.

8일 후에는 국민당 최후의 기동부대를 전멸시키고 동북 전역을 장악했다. 천하명장 린뱌오가 장제스의 오판을 유도한 지 2년 6개월 만이었다.

린뱌오는 기습의 명수

린위룽(林育容)은 16세 때 한 살 위인 동네 여자 아이에게 노골적인 정서(情書)를 보냈다. 말주변이 워낙 없다보니 어쩔 수 없었다. 상대가 유부녀였다는 말도 있지만 확실하지는 않다. 모욕적인 답장을 받자 자존심이 상한 건 그렇다 치더라도 소문이 나는 바람에 더 이상 마을에 붙어 있을 수가 없었다. 고향을 떠나기로 작정하고 형들을 따라 광저우(廣州)에 왔다.

광저우는 북방을 장악한 군벌세력 타도의 중심지였다. 도처에 혁명의 열기가 폭발 일보 직전이었다. 린위룽은 황푸군관학교(黃埔軍官學校)에 입학해 공산당에 입당했다. 교문 앞에 크게 붙어 있는 "부귀영화나 고관대작을 꿈꾸는 사람은 필요 없다. 죽음이 두렵지 않은 사람만 들어와라"는 글귀가 마음에 들었다. 그럴 만한 나이였다.

군복을 걸친 린위룽은 난생 처음이자 마지막으로 점쟁이를 찾아갔다. 원래 이름으로는 연대장 정도가 고작이라는 말을 듣고 린뱌오(林彪)로 개명했다.

19세 때 첫 전투에 참가했다. 해보니 별것도 아니었다. 1927년 4월, 북벌 중이던 장제스가 정변을 일으켜 국·공합작을 파열시키자 공산당이 주도한 두 차례의 무장폭동에 참가했다. 실패한 폭동이었다. 내친 김에 징강산(井岡山)에 올랐다. 하다 보니 젊은 나이에 중앙소비에트의 창설자 중 한 사람이 됐다.

린뱌오는 기습의 명수였다. 항상 상대방의 허를 찔렀다. 국민당군의 포위를 여러 차례 격파했다. 남들보다 진급이 빨랐다. 장정(長征)이 시작되자 홍군 주력부대의 하나인 제1군단을 지휘했다. 최연소 군단장이었다. 수줍음을 잘 타고 조금만 쑥스러워도 얼굴이 빨개지 곤 했다. 말도 거의 없었다. 명령할 때만 말을 했다.

항일군정대학(抗日軍政大學) 교장 시절 중·일전쟁이 발발하자 다시 출전했다. 핑싱관(平型關)에서 일본군 1,000여 명을 몰살시키고 다량의 군수물자를 획득했다. 국민당군과 공산당군을 통틀어 중국군이 거둔 최초의 승리였다. 린뱌오는 그 후에도 계속 이겼다. '상승장군'의 출현에 전 중국이 떠들썩했다.

한밤의 외로운 학처럼 고독을 즐겼다

군정대학 졸업생들의 린뱌오에 대한 회상은 거의 비슷하다.

"장군 같은 구석이 한 군데도 없었다. 체격도 왜소했다. 그러나 장막 안에서 전술과 전략을 구사해 천리 밖에서 승리를 거두는 원수(元帥)의 자질을 갖춘 인물이었다."

린뱌오는 국·공내전의 3대 전역 가운데 두 곳을 승리로 이끌었다. 그가 지휘한 제4야전군은 동북 전체를 해방시켰고, 톈진을 점령해 베이핑(北平)을 고립시킨 후 무혈 입성했다. 여세를 몰아 광둥(廣東), 광시(廣西) 등 6개 성을 해방시킨 후 하이난다오(海南島)까지 평정했다. 중국 역사상 이런 부대는 없었다.

스탈린은 그를 "전쟁의 천재" "장군 15명이 합쳐진 사람"이라고 했다. 장제스는 "전쟁마귀"라고 불렀다. 그러나 린뱌오는 "한밤의 외로운 학(鶴)처럼 혼자 왔다 혼자 가는 것"이 소원이었다. 촌스러운 소원 같지만 실제로 공산정권 수립 후 외부와 단절된 생활을 했다. 옛 부하들이 찾아와도 만나지 않았고 원수 계급장을 받는 날도 아프다며 나가지 않았다.

1966년 10월, 마오쩌둥의 부인 장칭이 중화인민공화국 원수이며 부총리 겸 국방부장인 린뱌오를 찾아왔다. 감기에 걸렸다는 장칭의 말에 린뱌오는 특유의 감기론을 폈다.

"물(水)은 한성(寒性)이다. 찬 기운이 모공을 통해 진입하면 내장의 더운 기운(火)과 충돌해 모순이 발생한다. 그게 바로 감기다. 나는 1958년부터 목욕을 하지 않았고, 63년 이후로는 세수를 하지 않았다. 감기에 걸리지 않으려면 목욕과 세수를 절대 하지 마라."

표정이 워낙 진지하다 보니 장칭도 고개를 끄덕였다. 실제로 린뱌오는 산수화(山水畵)만 봐도 식은땀을 흘릴 정도로 물을 무서워했다. 린뱌오는 50년대 이후부터 복장에도 관심이 많았다. 모양이나 색상이 아니라 옷의 온도였다. "0.5도 차이만 나도 냉기를 느끼거나 땀이 난다. 온도의 장악이 건강의 관건이다"며 외투는 10도, 속옷은 1도짜리 여러 벌을 껴입었다.

린뱌오는 "긴장해서 땀이 난다"며 부동자세로 보고하는 것을 싫어했다. 빛은 싫어하는 정도가 아니라 무서워했다. 빛을 차단시킨 방 안에 혼자 있기를 좋아했다. 집무실도 없었다. 잡기는 해본 적도 없고 배우려 하지도 않았다. 운동과 등산은 원래 싫어했고 사냥이나 낚시는 할 줄도 몰랐지만 물과 햇빛과 바람을 무서워했기 때문에 할 수

린뱌오의 출현으로 동북해방전쟁은 전기를 마련했다.
1947년 하얼빈에서 고급간부회의를 주재하는 린뱌오(가운데).
가오강·장원톈·천윈·뤼정차오 등
전설적인 혁명가들이 대거 참석했다.

도 없었다. 아는 노래가 한 곡도 없었고 주말마다 열렸던 중난하이의 댄스파티에 단 한 번도 참석한 적이 없었다. TV와 신문은 거들떠보지 않았다. 의학사전과 지구의 보는 게 유일한 취미였다.

맹물에 데친 배추를 주로 먹었고, 누런콩(黃豆)을 항상 주머니에 넣고 다니며 먹었다. 딸의 애칭도 더우더우(豆豆)였다.

린뱌오는 항상 환자였다. 한국전 참전도 병을 이유로 거부했다. 통증을 수반하거나 병상에 누워 있어야 하는 병이 아니었다. 무서워하는 것 몇 가지 외에는 긴장·설사·식은땀 등이었다. 대놓고 말하는 사람은 없었지만 정신병자로 낙인이 찍혔다.

환자로 위장해 자신을 보호하고 상황을 저울질해보는 것은 중국의 전통적인 정치행위 중 하나였다. 린뱌오가 정신병자였는지 아니면 관직이 올라갈수록 더 청교도적이며 고행승(苦行僧) 같았던 생활습관 때문에 정신병자로 보였는지 아직은 알 길이 없다.

"류사오치의 전철을 밟지 마라"

1969년 4월에 열린 중국공산당 제9차 전국대표대회는 문화대혁명과 린뱌오의 지위를 합법화시키는 잔치였다. 린뱌오를 마오쩌둥의 후계자로 당강(黨綱)에 명기했다. 당의 유일한 부주석에 국방부장까지 겸한 린뱌오는 총참모부와 후근부, 공군과 해군까지 완전히 장악했다. 부인 예췬(葉群)도 해방군 총참모장 황융성(黃永勝), 공군사령관 우파셴(吳法憲), 부총참모장 겸 후근부장 추후이쭤(邱會作), 부총참모장 겸 해군 정치위원 리쭤펑(李作鵬) 등 4명의 심복과 함께 정치국에 진입했다. 중국 천지에 어느 누구도, 당권과 군권을 움켜쥔 린뱌오의 천하가 멀지 않았다는 것을 부인할 수 없었다.

린뱌오의 거처인 마오자완(毛家灣) 2호에 군구사령관과 정치위원, 성(省)혁명위원회 주임들의 발길이 줄을 이었다. 린뱌오는 사람 만나기를 싫어했다. 마오쩌둥과 직접 관련된 문제가 아니면 예췬이 알아서 하게 내버려뒀다. 린뱌오는 예췬의 능력을 대수롭지 않게 봤지만 마오는 그 반대였다. 귀찮은 것을 싫어하는 린뱌오에게는 천만다행이었다.

마오쩌둥은 의심이 많고, 생활방식이 다채로운 사람이었다. 예췬은 이 점을 누구보다 잘 알았다. 틈만 나면 린뱌오에게 주지시켰다.

"류사오치의 전철을 밟지 마라. 매사에 무조건 복종해라."

린뱌오와 예췬 사이에 1남 1녀가 있었다. 딸 린리헝(林立衡)은 항일전쟁 말기인 1944년 옌안에서 태어났고, 아들 린리궈(林立果)는 1946년 하얼빈(哈爾濱)에서 태어났다. 둘 다 베이징대학을 졸업한 준재(俊才)였다. 손에서 책을 놓는 법이 없고 뭐든지 깊이 파고들었다.

마오쩌둥도 린뱌오를 완전히 자기 사람으로 만들기 위해 신경을 썼다. 문혁 초기 툭하면 대학생인 린리궈를 중난하이로 불렀다. 같이 놀고 사진도 여러 장 찍었다. 예췬과 밥 먹을 때마다 애들의 혼인 문제를 슬쩍 내비치곤 했다. 마오의 부인 장칭은 더 노골적이었다. 저우언라이는 "축하주 마실 날만 기다리겠다"며 너스레를 떨었다.

예췬이 판단하고 결정할 문제가 아니었다. 린뱌오에게 "총리가 중매에 나서려고 작정을 한 것 같다. 내가 농담 그만하라고 했지만 포기할 사람이 아니다. 다시 이야기가 나오지 않게 하려면 아이들 결혼을 서둘러야 한다. 직접 나서서 며느리와 사윗감을 구해라."

린뱌오는 담백한 사람이었다.

"마오 주석 아이들과 우리 아이들이 인연을 맺는 것은 정략결혼이다. 쓰레기들이나 하는 짓이다. 지들 맘에 드는 사람 만나 연애하게 내버려둬라. 일반 간부나 평범한 집안 자녀일수록 좋다. 고급 간부 집 애들 중에서 억지로 찾으려고 하지 마라."

아들 린리궈는 행동거지가 늙은 호랑이(老虎)라는 아명(兒名)에 걸맞았다. 방학만 되면 군부대에 들어가 자신을 단련했다. 무선전신과 모든 무기를 자유자재로 다뤘다. 군용트럭은 물론이고 헬기와 수륙양용 탱크, 해군 함정도 린리궈의 손에 들어가면 장난감이었다.

린뱌오의 며느리 간택작전

공군사령관 우파셴은 이 23세의 청년을 공군사령부 작전부 부부장에 발탁했다. "문무를 겸전한 장군 집안의 호랑이, 전도가 무량한 소년 영웅"이라며 치켜세웠다. 나무랄 데가 없는 자녀들이었지만 예췬이 보기에는 문제가 많았다. 젊은 시절 난징(南京)의 유명한 바람둥이였던 엄마를 닮지 않고 아버지를 닮아 내성적이고 연애에 소질들이 없었다. 결혼 못할 짓들만 골라서 하고 다녔다.

예췬이 "우리 아이들은 이런 일에 소질이 없다. 사방을 둘러봐라. 손자 없는 집이 없다. 자유연애 하게 내버려두면 평생 손자 구경 못한다. 마오 주석이 사돈 맺자고 하면 어쩔 거냐. 지위가 지위이다 보니 여기저기 고르러 다닐 수도 없다. 옛날 부하들 중에 아들 딸 가진

린뱌오와 예췬 사이의 유일한 딸인 린리헝(왼쪽 둘째)은
생김새가 린뱌오를 빼닮았다.
1971년 9월 13일 새벽, 부모와 남동생이 몽골에서
비행기 추락으로 사망하자 4인방에 의해
혹독한 격리심사를 받았다. 마오쩌둥의 지시로
풀려났을 때 사람 몰골이 아니었다.
1960년 홍콩에 인접한 광둥성 뤄후(羅湖)에서
마오쩌둥의 딸 리너(李訥 · 왼쪽 첫째),
원수 녜룽전(聶榮臻)의 딸 녜리(聶力 · 오른쪽 둘째),
광둥 제1서기 타오주(陶鑄)의 딸 타오쓰량
(陶斯亮 · 오른쪽 첫째)과 함께.

사람이 많을 테니 사람 시켜서 찾아보라"고 하자 린뱌오도 그제야 고개를 끄덕이며 동의했다.

린뱌오는 간단한 것을 좋아했다. 한마디로 결론을 내렸다.

"국·공내전 시절 진저우에 주둔한 적이 있었다. 그 지역 여자애들이 늘씬하고 예쁘더라."

린뱌오는 "내버려둬도 결혼 못하는 아이들은 없다. 알아서 해라. 생각만 해도 골머리가 아프다"며 손사래를 쳤다. 예췬에게 일임하겠다는 것과 마찬가지였다.

린뱌오의 집 안에 극장이 하나 있었다. 매일 밤 기록물이나 외국영화들을 상영했다. 단순한 귀부인에서 정치적인 '제2부인'으로 변신한 예췬은 밤마다 장군들을 가족들과 함께 초청했다. 최측근인 황융성·우파셴·리쭤펑·추후이쭤 외에 장텅자오(江騰蛟)의 부인이 고정 멤버였다. 이들은 영화는 보지 않고 예췬의 거실에 모여 린뱌오의 사위와 며느릿감 물색에 몰두했다. 조건부터 정했다.

사위 후보는 조건이 까다롭지 않았다.

"용모가 준수하고 신장은 170센티미터 이상. 괴상한 취미가 없고 가족에 이상한 병력이 없을 것. 집안은 어려울수록 좋다. 사상은 진보적이고 당원이면 좋지만 청년당원도 무방하다. 대학은 인문계라야 한다. 행동거지가 단정하고, 학식보다는 교양이 중요하다."

며느릿감은 사위에 비해 범위와 조건이 엄격했다.

"연령은 16세에서 20세, 17세에서 19세가 가장 좋다. 키는 160에서 165센티미터, 신체는 너무 뚱뚱해도 안 되고 너무 말라도 안 된다. 눈은 둥그렇게 커야 하고 쌍꺼풀이 있어야 하지만 눈동자에 슬픈 기색이 없어야 한다. 얼굴은 참외형, 수박 같으면 볼 필요도 없다. 피부도 중요하다. 흰색과 붉은빛이 적절히 조화를 이루고 이마에 주름살이 없어야 한다. 코는 위치를 잘 봐라. 정중앙에 붙어 있어야 하고 너무 크거나 작으면 안 된다. 콧구멍이 들여다보여도 안 된다. 입술은 작고 치아는 깨끗해야 한다. 신체는 모든 부위의 대칭이 중요하다. 교육은 중학교 정도면 된다. 가정이나 부모의 출신 성분도 중요하지만 열거한 모든 조건에 결함이 없으면 크게 따질 필요 없다."

5천 년 중국 역사상 마지막 '선비'選妃 작업

부인들은 남편의 사무실(辦公室) 주임을 겸하고 있었다. 육·해·공 3군의 상황을 누구보다 잘 알았다. 전국의 성과 자치구에 있는 부하와 친구들에게 주변에 미혼의 미인과 미남이 있으면 연락해달라고 온종일 전화통에 매달렸다. 성과가 신통치 않자 사윗감은 일단 뒤로 미뤘다.

미인이나 모델 선발대회 같은 것이 없다 보니 어느 구석에 뭐가 있는지 알 길이 없었다. 함부로 여기저기 나다니기 힘든 입장들이라 활동 범위도 좁았다.

추후이쭤의 부인 후민(胡敏)이 고향 시안(西安)에서 미인을 한 명 추천받았다. 별명이 양귀비(楊貴妃)였다. 우파셴의 부인도 군대 예술학원에서 양저우(揚州) 출신 미녀를 발견했다. 서시(西施)가 재현했다며 큰소리를 쳤다.

모두 예췬에게 퇴짜 맞았다. 린리궈도 고개를 흔들었다. 결혼 적령기의 미혼녀 1억여 명 중에서 한 명을 추려내자니 보통 일이 아니었다. 공군과 해군의 문예공작단에서 여자 연기자를 선발한다며 후보감을 물색하기로 했다. 출신 지역은 강남으로 한정했다. 강남 여자들은 아무리 화가 나도 남자에게 물건을 집어던지거나 두들겨 패는 일이 거의 없고 세수를 안 해도 표가 덜 났다. 북쪽 여자들에 비해 늙는 속도도 느렸다.

총참모부 명의로 강남 각 성의 대학과 전문학교, 극단·병원·방직공장 등 여자들이 많이 모여 있는 곳에 예술단원을 모집한다며 극비문건을 발송했다.

"얼굴에 주름살과 점이 없어야 한다. 보일 듯 말 듯한 주근깨는 없는 것보다 있는 게 낫다. 치아가 삐뚤빼뚤하거나 황색이어서는 안 되고 너무 크거나 작아도 안 된다. 눈에 흰자위가 많아도 안 된다. 두발에 황색 기운이 도는 것도 안 된다. 두 손은 갸름하되 손가락이 너무 짧으면 안 된다. 부분은 하나같이 예뻐도 전체가 보기싫으면 안 된다. 다리가 너무 길어도 안 된다. 걷는 자세가 보기좋아야 한다. 말하는 모습을 세심히 관찰해라."

이렇게 조건들도 구체적으로 명기했다. 부인네들은 지역을 분담했다. 작전명은 '린푸쉬안페이'(林府選妃: 린씨 왕부의 왕비 선발)였다. 시안·쑤저우·항저우·난징·우한·창사·상하이의 해당 기관들이 분주해지기 시작했다. 총지휘자는 예췬이었다. 미모의 여성들이 영문도 모른 채 이리저리 불려 다니며 온갖 조사를 받았다. 장정과 항일전쟁, 국·공내전을 치른 여성 혁명가들이 신중국 수립 20년 만에 5,000년 중국 역사상 마지막 '선비'(選妃) 작업에 팔을 걷고 나선 결과, 당시 20세였던 난징군구 전선가무단의 무용수 장닝(張寧)을 최종 후보로 선정했다. 세계적인 뉴스거리였다.

난징군구 가무단원 장닝을 낙점

장닝은 1949년에 태어났다. 중화인민공화국과 동갑이었다. 일곱 살 때 군인이었던 부친을 잃고 열 살 때 인민해방군 예술단에 들어가 엄격한 교육을 받은 무용수였다. '중국청년예술가대표단' 단원의 신분으로 15세 때부터 동남아와 동구권 국가들을 누비고 다녔다.

장닝을 찾아낸 사람은 총참모부 부총장 추후이쭤의 부인 후민이었다. 후민은 한때 장쑤성(江蘇省)의 한 병원에 근무한 적이 있었다. 예췬은 선비공작이 지지부진하자 "하는 일들이 뭐 이래. 장쑤성엔 미인이 널렸다던데"라며 후민에게 투덜댔다. 후민은 불안했다. 난징에 내려가 병원·학교·가무단을 이 잡듯이 뒤졌다. 기를 쓰고 움직이는 모습을 보여주지 않았다간 어느 귀신에게 물려갈지 몰랐다.

"난징군구 전선가무단에 장닝이라는 애가 있다"고 말해주는 사람이 있었다. 사진 한 장 구해 보물처럼 모시고 귀경했다. 예췬의 맘에 들건 말건 그건 다음 문제였다. 장닝은 베이징의 부총장 부인에게 편지를 전해주라는 출장명령을 받았다.

재미(在美) 역사가 탕더강(唐德剛)은
장닝을 5천 년 중국 역사상 최후의
'경국경성'(傾國傾城)의 미인이라고 표현했다.
1965년 인도네시아에서 현지 무용단원들을
지도하는 장닝(가운데).

역에 도착하자 괴상한 일들이 벌어지기 시작했다. 마중 나왔다는 사람들이 시꺼먼 승용차에 태우더니 공군초대소로 데리고 갔다. 별채에 있는 최고급 방을 배정해줬다. 4인방의 한 사람인 장춘차오(張春橋)의 딸이라며 수군거리는 패들이 있었다.

오후에 부총장 부인이 왔다. 장닝에게 건네받은 편지는 관심도 없다는 듯이 주머니에 푹 쑤셔 넣고 연방 예쁘다는 말만 되풀이했다. 다음날 오전 군복을 입은 두 명의 부인들과 다시 나타났다. 함박웃음을 지으며 고개들을 끄덕였다. 해군정치위원과 공군사령관의 부인이라는 것을 장닝은 알 턱이 없었다.

중국인들은 건강하지만 얼핏 보기에는 환자 같은 병태미(病態美)를 최고의 미인으로 여겼다. 예췬은 장닝이 고전미와 현대미 외에 병태미까지 갖췄다는 후민의 말을 믿지 않았다. "여자는 여자들이 봐서 모른다. 남자들이 봐야 한다"며 젊은 남자 비서들을 장닝이 있는 곳으로 보냈다. 린리궈도 따라나섰다.

세 차례 웃음으로 며느리 간택한 린뱌오

복도에 발소리가 시끄러웠다. 장닝이 있는 방문 앞에 멈추더니 소곤거리는 소리가 들렸다. 장닝이 문을 확 열자 공군 복장을 한 청년이 넘어질 듯이 튀어 들어왔다. 뒷사람들이 떠민 것 같았다. 이어서 대여섯 명이 들어오더니 "초대소에 관한 의견을 들으러 왔다"며 편하게 자리를 잡았다. 장닝은 공군 복장을 한 청년이 방약무인한 자세로 소파에 앉아 자신을 뚫어지게 바라보는 것을 발견했다. 눈이 마주쳐도 피하지 않았다. 잘생긴 얼굴에 재기가 번득거렸다.

이들이 예췬에게 말한 소감도 부인네들의 것과 비슷했다. 린리궈는 아무 말도 하지 않았다. 예췬은 장닝을 경극 공연장으로 데려오게 했다. 장닝을 만나고 돌아온 예췬은 신경질을 부렸다.

"당돌하고 키가 너무 크다. 난징으로 쫓아버려라."

그래도 혹시 몰라서 린리궈에게 물었다. "흥미 없어요"라는 답이 돌아왔다.

린리궈는 사실 장닝이 맘에 들었다. 누이 리헝에게 달려가 속내를 털어놨다.

다음날 장닝은 젊은 남녀의 방문을 받았다. 청년은 구면이었다. 베이징의 날씨와 음식, 여러 나라를 다니며 공연하던 이야기로 꽃을 피웠다. 중공당사(黨史)를 공부했느냐고 묻고는 너나 할 것 없이 파안대소했다. 다들 제대로 아는 게 하나도 없었다. 청년도 얼굴을 붉히며 웃었다.

장닝이 정치적인 문제에 전혀 관심이 없다는 것을 확인한 리헝은 아버지를 찾아갔다. 그날 밤, 예췬은 린뱌오에게 싫은 소리를 들었다. 주먹으로 얻어맞았다는 소리도 있지만 확인할 방법은 없다.

한밤중에 군인들이 장닝을 데리러 왔다. 사진에서만 보던 린뱌오는 병색이 완연했다. 안색은 희다 못해 푸른빛이 돌았다.

장닝을 보더니 씩하고 웃었다. "하기 싫은 일은 하지 말라"면서 또 웃었다. 장닝도 웃었다. "웃음과 말이 없는 사람"이라는 풍문이 생각났다.

잠시 후 린뱌오는 일어났다. 휘청거리며 문 앞까지 가더니 장닝을 향해 돌아섰다. 아주 계면쩍은 웃음을 짓고 사라졌다.

그제야 상황을 파악한 장닝은 온몸에 힘이 빠졌다. 천하의 린뱌오, 이 사람의 며느리가 되겠다고 결심했다.

린뱌오는 불세출의 명장이었다. 전장과 정치판에선 교활하고 총명했지만 평생 그를 지배한 것은 현실에 대한 무관심이었다. 뭐든지 피하려고만 했지 나서려 하지 않았다. 생활방식도 전통적인 정통파 중국인이었다. 문화대혁명 기간 동안 힘이 따르지 못해 착오가 많았고 마음에 위배되는 일을 많이 저질렀지만 아들의 결혼문제는 린뱌오답게 세 차례 웃음으로 처리했다.

문화대혁명을 뒤에서 음모한 캉성

그는 중국 역사상 가장 성공한 모략가였다.

문혁 시절 캉성이 절취해간 고문물 1,200여 점

1980년 가을, 문화대혁명 시절 4인방과 그 추종자들이 절취해간 문물들이 외부에 공개됐다. 5년 전 세상을 떠난 공산당 중앙정치국 상무위원 겸 전국문혁소조 고문이었던 캉성(康生)의 것들이 양과 질에서 단연 1위였다. 문혁소조 주임 천보다, 마오쩌둥의 부인 장칭, 문필가 출신 야오원위안(姚文元)이 그 뒤를 이었지만 다 합쳐도 캉성에게는 미치지 못했다. 문화와 거리가 멀었던 왕훙원(王洪文)과 문물에 관심이 없었던 장춘차오는 단 한 점도 없었다.

캉성의 집에서 압수해온 고서 1만 2,000여 권과 문물 1,200여 점을 본 한 외국인이 "중국에 대부호가 없다고 말하는 사람들은 정신 나간 사람들이다. 이 중에 몇 점만 소유해도 백만장자다. 캉성은 억만장자였다"고 탄성을 질렀다.

틀린 말도 아니었다. 1,000여 년 전의 벼루와 한대(漢代)의 인장, 명품 서화들이 큰 방 몇 개를 꽉 채우고도 모자랐다. 30만 년 된 화석과 2,000년 전의 청동기도 있었다. 고서들 중에는 송(宋)·원(元) 시대의 판본과 판화가 곁들여진 명대(明代)의 음란서적이 많았다.

홍위병들을 부추겨 수장가들의 집에서 탈취해왔거나 박물관에서 잠시 보고 돌려준다며 빌려온 후 떼어먹은 것이 대부분이었다. 캉성은 한번 지나간 듯이 들은 얘기도 잊는 법이 없었다. 누구의 집에 어떤 명품 진본이 있는지를 훤히 꿰뚫고 있었다.

기상천외한 사건을 만들어낸 천하의 계략가

캉성은 1920년대에는 상하이에서 지하공작자로 활동했다. 독일 유학을 마친 후 중공이 소련에 파견한 공산국제(코민테른) 대표단 부단장이었고 옌안 시절에는 중앙당교 교장으로 공산당 이론을 직접 강의했다. 논리가 명쾌하고 어휘가 중복되는 경우가 없었다. 감정도 풍부해 사람들을 긴장시켰다. 듣고 나면 등이 축축하고 한기를 느꼈다고 한다.

1940년대에는 사회부와 조사부를 관장하며 모든 정보를 장악했다. 기상천외한 사건을 많이 만들어내 억울하게 죽은 사람이 많았다. 별명이 사람 목 치는 사형 집행인, '회자수'(劊子手)였다.

1950년대에는 교육혁명과 대약진운동을 부추겨 전 중국을 피곤하게 했다. 한국전쟁 시절 중공군사령관이었던 펑더화이(彭德懷)도 그의 계략에서 벗어나지 못했다.

문화대혁명도 캉성의 치밀한 각본대로 진행됐다. 그의 사고방식에 의하면 단결·통일·합작·우호는 수정주의를 상징했고, 대립·분열·투쟁이 혁명을 의미했다. 덩샤오핑은 반도(叛徒)로 몰렸고 펑더화이의 오랜 동료였던 시진핑(習近平)의 부친 시중쉰(習仲勳)은 죽음의 문턱까지 간 적이 있었다. 마오쩌둥의 의중을 읽을 줄 알았고

산둥의 대지주 집안 출신이었던 캉성의 정치적 판단은
당대에 따를 사람이 없었다. 특히 권력이동에 민감했다.
격변기마다 그가 가는 곳이 승리했다.
문혁 초기인 1966년 6월, 베이징대학 기숙사를 방문해
학생들을 격려하고 있다.

상하이 시절부터 알고 지낸 장칭과의 인연도 절묘하게 활용했다.

문학과 예술에 대한 조예는 대가들을 능가

캉성은 언제 배웠는지 고전문학과 예술에 관해 그야말로 무소불통이었다. 희곡과 소설에 조예가 깊었고 서법과 회화는 당대의 일류 서화가들을 능가했다. 초서는 특히 일품이었다. 양손을 자유자재로 썼다.

일도일각(一刀一刻), 전각(篆刻)의 대가 소리를 듣기에 손색이 없었다. 대화가이며 전각가인 치바이스(齊白石)의 작품들을 촌스럽다며 높이 평가하지 않았다. 치바이스는 원래 목수 출신이었다. "네가 제(齊)라면 나는 노(魯)다. 너는 희지만(白) 나는 붉다(赤). 물(水)은 돌(石)을 뚫는다"며 노적수(魯赤水)라고 각한 인장을 자신의 작품에 찍곤 했다.

그의 문화 수준은 깊이를 헤아리기 힘들 정도였지만 드러낸 적이 없고, 남들이 알아주기도 바라지 않았다. 문을 닫아 걸고 혼자서만 즐겼다. 이유도 분명했다.

"재능이 알려지면 세상살이만 복잡해진다."

중국 역사상 가장 성공한 모략가

캉성은 음험함과 지혜로움을 동시에 갖춘 모략가이며 기재(奇才)였다. 자신이 추종하던 사람들의 몰락을 정확히 예견했고 그의 선택은 항상 적중했다. 한때 리리싼(李立三)의 노선을 추종했지만 왕밍(王明)으로 말을 바꿔 탔고 결국은 마오쩌둥을 지지했다. 이어서 재기가 불가능할 정도로 왕밍에게 치명타를 안겨 마오쩌둥의 지위를 확고하게 해주었고, 말년에는 장칭과 장춘차오도 반당분자라고 마오에게 일러바쳤다.

  모든 음모가와 야심가들의 말로가 좋지 않았지만 캉성은 천수를 누렸다. 문화대혁명이 끝나기 1년 전에 국가부주석 직에 있다가 세상을 떠났다. 장례식도 국장이었다.

  사후에 당적이 박탈되고 열사무덤에서도 쫓겨났지만, 캉성은 중국 역사상 가장 성공한 모략가였다. 이 분야에 관한 한 수천 년 중국 역사에 비견될 인물을 찾기 힘들 정도다. 역사는 재평가를 좋아한다. 문화예술에 관한 식견이 화젯거리가 될지는 몰라도 행적에 대한 재평가가 이루어질 가능성은 전혀 없다.

"신문을 만드는 사람들은 풍랑 속에 떠 있다는 생각을 잊어서는 안 된다. 진실을 보도하는 것이 두려움을 떨칠 수 있는 유일한 방법이다. 당과 정부를 감시해라. 우리 모두 가슴에 대나무를 한 그루씩 심자."

▬ 잡지 『관찰』의 주편 추안핑

전쟁을 하면서도 학문과 자유를 키운 시난연합대학

"상아탑을 나온 우리는 조국이 무엇인가를 알았다."

"난카이 정신은 오늘의 좌절을 딛고 일어선다"

1937년 7월 7일, 동북을 점령하고 있던 일본군이 베이징 교외에서 중국군과 무력 충돌했다. 일본군이 순식간에 톈진과 베이징을 압박하자 중국군은 베이징에서 철수했다. 고도(古都)는 하루아침에 아수라장으로 변했다. 시민들은 "일본군과 싸우는 것은 계란으로 바위를 치는 것과 같다"며 피난 보따리들을 꾸렸다. 잠만 자고 일어나면 하루가 다르게 도시가 썰렁했다.

개학을 준비하느라 한참 분주하던 대학들도 자구책을 찾느라 교직원·학생 할 것 없이 머리를 싸맸다. 8개월 전 시안사변(西安事變)을 계기로 국·공내전을 중지한 중국의 국민정부가 일본에 전면전을 선포하기 전이었다.

중국 최초의 사립대학인 톈진의 난카이대학(南開大學)은 7월 29일과 31일, 일본군의 두 차례에 걸친 폭격으로 치명적인 피해를 입었다. 특히 31일은 공중에서 폭탄을 퍼붓고 100여 명의 일본 기병(騎兵)이 휘발유를 가득 실은 군용차량 2대를 몰고와 도서관과 교수 숙소, 학생 기숙사를 불구덩이로 만들어버렸다. 대학의 상징물이었던

1만 2,000근짜리 종(鐘)도 행방이 묘연했다. 그래도 교장 장보링(張伯苓)은 학생들 앞에서 불굴의 민족정신을 강조했다.

"적들의 폭격으로 훼손된 것은 난카이대학의 물질들이다. 난카이 정신은 오늘의 좌절을 딛고 더욱 분발해야 한다. 나는 물질의 손실을 염려하지 않는다. 본교의 건학이념에 새로운 생명을 부여할 계기로 삼겠다."

중국군이 흔적을 감춘 베이징에 들이닥친 일본군은 베이징대학 지하실을 일본 헌병대의 고문 장소로 탈바꿈시켰다. 밤마다 비명소리가 건물 밖으로 흘러나왔다.

"전시일수록 교육은 계속되어야 한다"

노년의 대학자 천싼리(陳三立)는 아들 천인커(陳寅恪)에게 피난을 지시하고 "국가의 치욕이다. 기절(氣節)을 중요시하는 것이 중국 사대부의 전통이다"며 절식으로 스스로의 삶을 마감했다. 천인커는 부친의 장례절차가 끝나기도 전에 일본대사관이 보낸 만찬 초청장을 받고 베이징을 떠났다.

칭화대학 교수 원이둬(聞一多)는 이탈리아에서 건축학을 공부한 시인이었다. 7월 7일 일본군과 무장충돌이 벌어졌을 때만 해도 부인에게 "피하는 것은 가정에 득이 안 된다. 안전만 추구하다 보면 국가에 도움이 안 된다"는 편지를 보낼 정도로 피난을 망설였지만 일본군이 베이징을 점령하자 어린 자식들을 데리고 피난길에 올랐다.

배 안에서 우연히 시인 장커자(臧克家)와 조우했다. 장커자는 간편한 원이둬의 피난 보따리를 보고 책들을 어떻게 했느냐고 물었다. 원이둬의 대답은 간결했다.

"제 나라 국토를 잃고 피난이나 가는 놈들이 책은 봐서 뭐하느냐!"

수천 년간 이민족에게 국토를 유린당하면서도 교육을 중시하던 민족이었다. 최고통치자 장제스의 전시 교육정책도 간단명료했다.

"전시일수록 교육은 평소와 다름없어야 한다."

쿤밍으로 모인 875명의 학생

국민정부는 일본군의 발길이 닿지 않는 곳으로 70여 개의 대학을 이전했다. 국립인 베이징대학과 칭화대학, 사립인 난카이대학도 후난성 창사로 이전했다. 이들은 연합에 합의하고 1937년 11월 1일, 웨루서원(岳麓書院)에 '국립창사임시대학'을 설립했다. 교수 148명, 학생 1,452명이었다.

그해 말 수도 난징이 함락되고 도살을 감행한 일본군의 창사 공습은 무자비했다. 끝이 보이지 않는 전쟁이었다. 임시 대학은 더 안전한 자리를 물색했다. 시난(西南)에 위치한 윈난성(雲南省) 쿤밍(昆明)으로 학교를 옮기기로 결정했다. 쿤밍은 기후가 사철 봄날이고, 철도를 이용하면 해외 왕래가 수월한 곳이었다. 전시 교육장소로는 최적이었다.

1938년 2월 중순부터 이전이 시작됐다. 학생 875명이 지원했다. 용감하고 성격이 급한 학생들은 군에 지원하거나 낙향했고, 꿈을 좇는 학생들은 혁명 성지 옌안으로 떠난 뒤였다. 체력이 약한 여학생,

교직원 및 그 가족들은 기차로 광둥을 거쳐 홍콩에 도착한 뒤 다시 배를 타고 월남을 경유해 쿤밍에 도착했다.

남학생 244명과 교수 10여 명은 쿤밍까지 보행단을 조직했다. 민심파악, 풍토조사, 표본채집, 신체단련이 목적이었다. 현역 육군중장 황스웨(黃師岳)가 직접 보행단을 인솔하고 후난성 정부는 녹색의 군복과 일용품을 제공했다.

2월 19일 초저녁, 보행단은 웨루서원을 출발해 상강(湘江)을 건넜다. 900여 년 전 후난 순무(巡撫) 주희(朱熹)가 스승을 사별한 웨루서원의 원생들을 가르치기 위해 일과 후 밤마다 배를 저으며 건너던 바로 그 강이었다.

대도시의 대학생활에 익숙했던 보행단은 행군과정에서 상상도 못했던 시련을 겪었다. 모든 악조건이 이들을 엄습했다. 일본군이 퍼부어대는 폭격을 목격하고 악천후에 시달렸다. 해충에 물리지 않은 곳이 없었고 발은 물집투성이였다.

보행단은 이동하는 대학이었다. 후일 중국을 대표하는 철학자로 성장한 런지위(任繼愈)는 연일 울먹거렸다.

"상아탑을 나온 우리는 처음으로 조국이 무엇인지를 인식했다. 얼마나 빈곤하고 큰 나라인지를 그제야 알았다. 평소 사람 축에도 끼지 못한다고 여겼던 아편장수나 하층민도 나라 잃은 백성이 되기를 바라지 않았다. 침략자에 대한 그들의 분노와 불복종의 기세는 우리를 교육시켰다. 우리는 이들을 아껴야 한다는 것을 느꼈다. 이 사람들이 있기에 중국은 망하지 않는다."

런지웨이는 쿤밍에 도착하면 철학사를 전공하기로 작정했다.

대학은 큰 건물이 아니라 큰 학자가 있는 곳

시인 원이둬는 주변의 아름다운 자연을 화폭에 담으며 조국이 처한 현실에 넌덜머리를 냈다. "일본과의 전쟁에 승리하는 날까지 수염을 깎지 않겠다"고 작심했다. 가는 곳마다 민가(民歌)를 수집하며 하층민들의 원시적이고 야만적인 힘에 찬탄을 금치 못했다. 68일에 걸친 3,500리의 장정이 끝난 뒤 인생관이 완전히 바뀐 원이둬는 쿤밍에 도착한 후부터 평소 즐기던 산책도 걷어치웠다.

4월 28일, 보행단은 쿤밍에 도착했다. 먼저 와 있던 여학생들이 꽃다발을 목에 걸어주었다. 이날 서로 눈이 맞아 수많은 커플이 탄생했다. 이들이 연출해낸 수많은 드라마는 후일 『미앙가』(未央歌)라는 장편의 거작을 탄생케 했다.

장정 도중 함께한 체험은 상이한 전통을 자랑하던 세 대학의 교수와 학생들을 융합시켰다. 가르치고 배워야 할 것이 무엇인지 확실히 파악한 뒤인 1938년 8월 국립 시난연합대학은 정식으로 설립을 선포했다. 전란 속에 태어나 8년간 존속한, 비록 유랑대학이었지만 중국 역사상 최고의 학부였다.

시난연합대학은 교장이 없었다. 세 대학의 교장이 상임위원이었다. 베이징대 교장 장멍린(蔣夢麟)과 난카이대 교장 장보링은 전시 수도 충칭(重慶)에 상주하다시피 했다. 칭화대 총장 메이이치(梅貽琦) 혼자서 대학을 끌고 나갔다. 그가 교장이나 다름없었다.

메이이치는 1930년대 입학생들에게 명언을 남겼다.

시난연합대학은 1938년 5월 4일 상하이에서 첫 수업을 시작,
1946년 5월 쿤밍에서 마지막 수업을 했다.
8년간 배출한 3,300여 명의 졸업생 중에는 양전닝(楊振寧)·
리정다오(李政道) 등 노벨물리학상 수상자, 주광야(朱光亞)·덩자셴(鄧稼先)
등 세계적인 과학자, 왕쩡치(汪曾祺)·허치팡(何其芳)·런지위(任繼愈) 등
뛰어난 작가와 학자들이 수없이 많다. 1949년 중앙연구원 원사(院士) 27명,
중국과학원 원사 154명이 시난연합대학에서 교편을 잡았거나 졸업생이었다.
공정원(工程院) 원사는 12명 전원이 시난연합대학 출신이었다.
1947년 4월 27일. 칭화대학 개교 36주년 기념행사에 참석한
시난연합대학 전 교무위원회 주석 메이이치(오른쪽 둘째)와
당시 베이징대학 교장 후스(왼쪽 둘째).

"대학은 큰 건물이 있는 곳이 아니다. 큰 학자가 있는 곳이다."

참교육자였다. 통재교육(通才教育)의 신봉자였고 교수치교(教授治校)의 제창자였다. 그는 실용교육을 경멸했다.

"한 가지 재능만 갖추면 된다는 식의 교육은 장인을 배양하는 것과 다를 바 없다. 대학의 할 일이 아니다. 대학은 교수들이 모든 일을 판단하고 결정해야 한다."

학습환경의 보장 외에 그 어떤 것도 정부에 요구하지 않았고, 간섭도 일체 허용하지 않았다.
1939년 교육부는 교과과정과 교재의 통일, 연합고사 실시를 교육부장 훈령으로 모든 대학에 통보했다. 시난연합대학은 교육부의 훈령을 무시했다. 철학과 교수 펑유란(馮友蘭)으로 하여금 의견을 개진하도록 했다.

"대학은 교육부의 일개 과(科)가 아니다. 훈령대로 한다면 교수는 교육부의 직원과 다를 바 없고, 교과과정을 교육부가 정한다면 부장이 바뀔 때마다 창조와 개혁을 들먹이며 무슨 변덕을 부릴지 모른다. 연구를 진행할 수 없고 학생들에게 혼란을 준다. 바꾸기만 하면 좋아진다는 발상을 이해할 수 없다."

대학의 자율, 학문과 사상의 자유를 지키기 위한 처신

시난연합대학은 쑨원이 제창한 삼민주의(三民主義)를 교과목에 넣는 데는 동의했다. 단 시험을 치르지 않았고 학점에 포함시키지 않았다. 교육부의 교수자격 심사를 거부했고, 학장들은 필히 국민당에 가입하라고 했을 때도 응하는 교수가 없었다.

판자집에 양철지붕을 덮은 기숙사와 교실, 실험실 등 82채의 건물을 짓는 데 1년이 걸렸다. 윈난성 주석 룽윈(龍雲)의 지원을 받았지만 예산 부족으로 창문에 유리는 끼지 못했다. 그래도 기후가 온화한 지역이라 큰 불편은 없었다. 설계자도 량치차오(梁啓超)의 아들인 세계적인 건축가 량스청(梁思成)이었다.

교수들의 생활은 빈곤했다. 일본군의 공습으로 물자 유통이 원활하지 못한 데다 인플레이션으로 인해 한 달 급료는 전쟁 전에 비해 2퍼센트 정도의 구매력밖에 가지지 못했다. 부양가족이 여덟 명이었던 원이둬는 원래 가진 돈이 없었다. 도장을 파서 팔아보라고 권하는 사람이 있었다. 전각(篆刻)의 명인이었던 그는 밤마다 주문받은 도장을 팠다.

교장 메이이치의 부인 한융화(韓詠華)는 장남과 장녀를 군대에 보낸 다음날부터 사회학자 판광단(潘光旦)의 부인과 함께 빵을 만들어 쿤밍의 유서 깊은 빵집 관성위안(冠生園)에 납품했다. 주인이 난생처음 보는 빵이라며 이름을 만들어달라고 하자 한융화는 즉석에서 전쟁에 승리해야 나라가 안정된다며 '딩성가오'(定勝糕)라고 일러줬다. 쿤밍의 명물은 이렇게 탄생했다.

중국의 핵무기 개발에 불멸의 업적을 남긴 화학과 교수 자오중야

항일전쟁 시절 윈난은 룽윈(가운데)의 천하였다.
시난연합대학도 룽윈의 지원을 많이 받았다. 1927년 39세의 나이에
스승을 제거하고 윈난을 장악한 룽윈은 1945년 장제스에게
윈난의 지배권을 박탈당하기 전까지 '윈난왕'의 지위를 누렸다.
장제스의 처남 쑹즈원(宋子文·오른쪽)과는 관계가 돈독했다.
당시의 군벌들 가운데 비교적 헌신적이고 진보적인 군벌이었다.

오(趙忠堯)도 직접 만든 비누를 팔아 생계를 유지하며 후일 중국의 핵무기 개발에 참여하게 되는 인재들을 키워냈다. 거리에 서서 빨래비누를 파는 자오중야오의 모습은 가관이었다고 한다. 여학생들은 길에서 비누장수인 그를 발견하기라도 하면 키득거리며 온 길을 되돌아가곤 했다.

어려운 와중에서도 교수들의 오기는 대단했다. 교육부가 보직 교수들에게 특별판공비를 지급했을 때 "국난의 시기에 가당치 않다. 보조금을 받으면 마음이 편치 않다"며 돌려보냈다.

시난연합대학의 교수들은 어떻게 처신해야 대학의 자율이 보장되는지, 학문과 사상의 자유가 침해받지 않는지, 권력의 애완견이나 금력의 노예가 되지 않는지를 잘 아는 사람들이었다. 전시에 기라성 같은 인재들을 배출한 시난연합대학의 기적은 우연이 아니었다.

시난연합대학에 얽힌 수많은 이야기

빈곤보다 더 두려운 게 일본군의 공습이었다. 1938년 9월 1차 쿤밍공습이 있었고, 1940년부터 1943년까지 3년간은 공습이 빈번했다. 수업 도중 경보가 울리면 교수나 학생 할 것 없이 모두 후문에 붙어 있는 뒷산으로 냅다 달려야 했다. 공습경보와 함께 뛰어 달리는 것은 교수와 학생의 공동필수 과목이었다.

경보가 긴 날은 산속에서 수업을 했다. 진웨린(金岳霖)은 산으로 뛰는 도중 67만 자에 달하는 『지식론』(知識論)의 원고를 분실했다. 다시 쓰는 것 외에는 도리가 없었다.

1941년 8월 공습으로 기숙사·식당·도서관이 파괴되자 교수들

대부분이 교외로 이사했다. 물리학과 교수 우다유(吳大猷)는 마차를 얻어 타고 학교에 오다 굴러 떨어져 뇌진탕으로 혼수상태에 빠지기도 했다. 그러나 다음날도 마차를 타고 나와 토굴 속에 손수 만든 실험실에서 수업을 강행했다. 이렇게 누추한 곳에서 키워낸 제자들 가운데 양전닝(楊振寧)과 리정다오(李政道)는 1957년 노벨물리학상을 공동수상했다.

시난연합대학에 관한 수많은 이야기를 마르지 않는 샘에 비유하는 사람이 많다. 원인 제공자는 교수들이었다. 개성 강한 사람들이 객지의 작은 도시에 뒤섞여 있다 보니 평소에 드러나지 않던 괴팍한 행동들이 돋보였기 때문이다. 거의 대부분이 한두 가지 일화를 남겼다. 그러나 류원뎬(劉文典)을 능가할 사람은 없었다.

1938년 11월, 시난연합대학은 소설가 선충원(沈從文)을 교수로 초빙했다. 교장 메이이치의 결단이었다. 전국을 진동시킨 대사건이었다. 중국의 학계와 문화계가 발칵 뒤집혔다. 전시임을 까먹을 정도였다. 각 분야의 최고라고 자타가 공인하는 학자들이 운집해 있는 시난연합대학이었다. 대를 이은 서향세가(書香世家)에서 태어나 구미의 명문대학에 유학한 학자가 대부분이었다. 베이징대나 칭화대에서 혹독한 수련 과정을 거치며 평가를 받은 사람들이었다.

선충원은 요즘에야 장자제(張家界) 덕분에 많이 알려졌지만 당시에는 아는 사람이 거의 없던 후난성 평황(鳳凰) 출신이었다. 문성각(文星閣)과 문창각(文昌閣)이라는 남녀 초등학교가 있었지만 이름만 거창했지 바위 위에 통나무를 엮어 대충 지은 무허가였다. 선충원은 그곳마저도 제대로 다니지 못했다. 학력은 그렇다 치더라도 연구 업

류원뎬은 20세기 중국을 대표하는 학자의 한 사람이었다.
1923년 34세 때, 『회남홍렬집해』(淮南鴻烈集解)로
학계의 주목을 받았다. 고전학자였지만 신문화운동 시기엔
『신청년』의 영문 편집을 담당하며 스펜서·프랭클린 등의
저작들을 직접 번역할 정도로 영어를 비롯해 서구 언어에 능통했다.
1938년 화베이(華北)를 점령한 일본군이
괴뢰정부를 세우고 고관직을 제의했지만 거절하고
베이핑(北平)을 탈출해 쿤밍에 도착,
시난연합대학에 합류했다. 흔히 타이옌(太炎) 장빙린(章炳麟)을
국학대사(國學大師)라고들 하지만 진정한 의미의 국학대사를
한 사람 꼽으라면 류원뎬이라는 데에 이의를 제기하는
사람이 거의 없다. 한때 쑨원의 비서도 지냈다.

적이 전무한 소설가였다. 학계에 발을 디뎌본 적이 없었다. 선충원이 하루아침에 시난연합대학 교수로 오자 반발하는 교수들이 있었지만 그의 작품을 접한 후부터는 수그러들었다.

"네가 정말 장제스냐?"

류원뎬 한 사람만은 예외였다. 류원뎬은 고전의 대가였다. "중국 역사상 장자(莊子)를 제대로 이해하는 사람은 두 명 반뿐이다"라고 항상 말했다. 장자가 그중 한 사람이고 반은 류원뎬 자신이었다. 다른 한 사람에 대해서는 누구라고 말하지 않았다. 학문의 깊이만큼 문장도 세련되고 품위가 있었다. 붓글씨도 명필이었다. 그러나 성격은 유별난 데가 있었다.

류원뎬은 시난연합대학 교수로 오기 10년 전인 1928년 봄 안후이대학(安徽大學) 교장에 취임하며 남들이 흉내내기 힘든 행동을 했다. 취임식 날 "대학은 관공서가 아니다. 너희들이 올 곳이 아니다"며 축하하러 온 안후이성 주석과 지역 위수사령관을 학교 밖으로 내쫓아버렸다. 쫓겨난 사람과 하객들이 더 쉬쉬하는 바람에 그냥 넘어갔지만 평범한 사건은 아니었다.

같은 해 가을 교내에 좌익이 주동한 격렬한 시위가 발생했다. 때마침 안칭(安慶)에 시찰차 와 있던 장제스가 류원뎬을 만났다. 서로 초면이었다. 류원뎬은 평소 세수를 하지 않고 이 닦는 것을 귀찮아했다. 옷도 한 번 입으면 누더기가 될 때까지 갈아입는 법이 없었다. 평소 류의 책을 즐겨 보던 장제스는 눈을 의심할 수밖에 없었다. 거리에 옮겨놓으면 영락없는 걸인의 몰골이었다. 장제스가 물었다.

"네가 정말 류원뎬이냐?"

류원뎬도 지지 않았다.

"네가 정말 장제스냐?"

장제스가 소요를 일으킨 학생들은 공산당원들이라며 처벌을 요구하자 류원뎬이 대답했다.

"대학에는 교수와 학생만이 있을 뿐이다. 누가 공산당원인지는 알 수도 없고 알고 싶지도 않다. 총사령관이라면 부하들이나 잘 통솔해라. 대학에서 벌어지는 일은 총장인 내가 책임지고 처리한다."

완전 훈계조였다. 대노한 장제스가 질책하자 류가 발끈했다. 장제스의 코를 손가락질하며 "어디서 일개 군벌 따위가……"라는 말을 내뱉는 동시에 한 손을 들어 따귀를 후려칠 태세였다. 순식간에 벌어진 일이었다. 장제스의 경호원들이 황급하게 류원뎬을 끌고 나갔다.

장제스는 식식거리며 계단 위까지 달려와 발버둥치며 끌려 내려가는 류원뎬의 등을 향해 "쩐펑쯔(眞瘋子)!", 정말 미친놈이라고 고래고래 소리를 질러댔다.

장제스와 쑹메이링의 결혼식 주례를 섰던 차이위안페이(蔡元培) 전 베이징대 총장이 소식을 듣고 장제스에게 달려가 사정한 덕택에 총장 직에서 쫓겨나는 것으로 겨우 수습됐다.

류원뎬, 선충원을 매도했지만 또한 알아주었다

군인을 싫어하고 신문학을 거들떠보지 않던 류원뎬의 눈에 선충원이 사람으로 보일 리 없었다. 선충원은 졸병이었지만 군인생활을 오래했고 문학을 제대로 연구한 사람도 아니었다. 그냥 작가였다.

류원뎬은 평소 다니지 않던 학교 부근 찻집을 부지런히 들락거리기 시작했다. 시난연합대학 부근에는 찻집이 많았다. 쿤밍의 순박한 인심이 학생들에게 제공한 또 하나의 교실이었다. 도서관이 비좁았던 탓에 학생들은 인근 찻집에서 독서를 하곤 했다. 가격이 저렴했고 학생들이 오면 찻집 주인은 화로에 물주전자를 올려놓고 나가버렸다. 온종일 앉아 있어도 뭐라 하는 사람이 없기 때문에 학생들이 내내 들락날락하는 곳이었다.

류원뎬은 찻집을 돌아다니며 학생들 자리에 끼어 앉아 선충원의 험담을 해대기 시작했다. 용모나 옷차림이 학생들에게 거부감을 주지 않았기 때문에 접근하기도 쉬웠다. 수업시간에도 마찬가지였다. 장자 강의에 열중하다가 갑자기 선충원을 매도해 학생들을 어리둥절하게 했다.

"대학자 천인커가 100원 가치가 있다면 나는 10원짜리다. 선충원은 1원짜리도 못 된다."

한번은 수업 도중 공습경보가 울렸다. 학생들과 함께 천인커를 보물처럼 에워싸고 교실을 빠져나온 류원뎬은 선충원이 옆 교실에서 황급히 달려나오자 "내가 폭격으로 죽으면 학생들에게 장자를 가르칠 사람이 없다. 너는 도대체 뛰는 이유가 뭐냐"고 호통을 쳤다.

류원뎬은 강의도 빼먹는 날이 많았다. 열 번에 세 번 정도 교실에 들어오는 게 고작이었다. 서양문학과 교수 우미(吳宓)는 항상 그의 강의를 청강하며 궁금한 것을 질문했다. 류원뎬은 우미가 질문할 때마다 무식함에 혀를 차며 한바탕 화를 낸 다음에 설명을 시작했다. 화를 많이 내는 날일수록 강의는 막힘이 없었다.

"나라면 몰라도 네가 뭔데 선충원을 내쫓느냐?"

류원뎬은 보름달을 좋아해서 달밤에 야외에서 수업하기를 즐겼다. 빙 둘러앉은 학생들 가운데 서서 달빛에 젖은 채 달에 관한 고인들의 시를 끊임없이 토해내는 그의 모습에서 학생들은 진정한 풍류를 발견하곤 했다.

선충원은 평생을 '촌뜨기'라고 자처한 사람이었다. 예민하고 상처를 잘 받는 성격이었지만 스스로를 낮추며 자존심을 지켰다. 류원뎬에 대한 불만도 토로하지 않았다. 발음도 정확하지 않았다. 지독한 후난 방언을 알아듣는 학생들이 거의 없었고 강의 내용도 시작과 끝이 불분명했다. 수강생도 별로 없었다. "종교를 대신할 것이 있다면 중국의 미(美)가 유일하다"는 소리만 반복했다. 그래도 시난연합대학은 후일 루쉰(魯迅)과 비견되는 대작가로 중국인들이 영원히 기억할 인물을 예견이라도 했던 것처럼 선충원을 끝까지 보호했다.

1949년 중화인민공화국이 수립되자 중국과학원 원장 궈모뤄가 선충원을 강단에서 쫓아냈다. 생각지도 않았던 일이 벌어졌다. 거리에서 궈모뤄와 마주친 류원뎬이 "나라면 몰라도 네가 뭔데 선충원을 교단에서 내쫓느냐"며 멱살을 잡았다.

1988년 10월 노벨문학상 수상자 소식이 전해지던 날 국내외의 중국인들은 5개월 전 베이징 충원먼(崇文門) 부근의 허름한 아파트에서 세상을 떠난 선충원을 생각하며 아쉬워했다.

두부와 혁명

파리 교외의 두부공장에서 혁명의 주역들이 탄생했다.

아버지의 정적 리훙장과 파리 유학 의논

1907년, 프랑스에 유학 중이던 리스쩡(李石曾)은 콩(豆)에 관한 연구서적을 프랑스어로 출간해 중국 두부를 서방세계에 최초로 소개했다. 반응이 나쁘지 않자 파리 교외에 두부공장을 세우고 몽파르나스에 중국음식점 '중화반점'(中華飯店)을 열었다.

리스쩡은 광고가 뭔지를 알았다. 널리(廣) 떠들어 알리는(告) 것이었다. 신문에 "아무 맛도 느낄 수 없는 중국 두부의 진미를 선보이겠다"는 광고를 연일 내보냈다.

리스쩡은 병부상서(兵部尙書)와 군기대신(軍機大臣)을 역임한 제사(帝師) 이홍조(李鴻藻)의 막내아들이었다. 19세 때인 1900년, 의화단의 난을 진압한 8국 연합군이 베이징을 유린하고 황실정원 원명원(圓明園)을 폐허로 만드는 사건이 발생했다. 소년 리스쩡은 "서태후가 황제를 데리고 시안으로 내빼자 원숭이처럼 생긴 서양인들은 모든 화풀이를 선량한 중국 백성들에게 해댔다. 대로에서 하루도 쉬지 않고 중국인들의 목이 잘려나갔다. 평소에 온갖 잘난 척하며 거드름 피우던 고관이란 것들은 묘한 재주가 있었다. 어느 구석에 숨었는지 하루아침에 코빼기도 보이지 않았다"며 유학을 결심했다. 무능한 정부와 집안 배경이나 믿고 나댈 때가 아니었다.

리스쩡은 양무파(洋務派)의 영수 리훙장(李鴻章)을 찾아갔다. 보수파의 우두머리급에 속했던 아버지와는 의논을 해봤자 신통한 해답이 나올 것 같지 않았다. 리훙장은 사사건건 자신을 걸고 넘어지던 정적(政敵)의 막내둥이에게 해외에 나갈 수 있는 방법을 아주 구체적으로 일러줬다. 리스쩡은 아버지의 정적과 머리를 맞대고 미래를 의논했던 셴량사(賢良寺)의 밤을 평생 잊지 못했다.

리스쩡은 리훙장이 가르쳐준 대로 했다. 함께 가겠다고 나선 난쉰(南尋) 거부의 아들 장징장(張靜江)과 짜고, 프랑스 공사로 부임한다는 쑨바오치(孫寶琦)를 매수할 계획을 세웠다.

두부사업 위해 중국 농민 40명을 파리로

쑨바오치는 구워삶기가 쉬웠다. 리훙장의 말대로 생긴 거 하나는 멀쩡했지만 천성이 너절하고 돈을 좋아했다. 쑨바오치는 돈을 한 보따리 싸들고 찾아온 젊은 리스쩡과 장징장을 대견한 듯이 바라봤다. 수염을 쓰다듬으며 연신 고개를 끄덕였다. "너희들은 프랑스에 도착하면 공무를 수행하지 않아도 된다. 공사관에 출근할 필요도 없다. 하고 싶은 걸 맘대로 해라"며 싱글벙글했다. 무슨 생각으로 머리가 꽉 찬 사람인지 알 수가 없었다.

1년 후 두 사람은 쑨바오치의 수행원 자격으로 중국을 떠났다. 외교사절이 아니면 출국이 불가능할 때였다.

서구인들은 아침마다 우유를 마셨다. 리스쩡은 고향에서 마시던 두유가 그리웠다. 치즈 덩어리를 볼 때마다 두부가 생각났다. 생긴 것은 비슷했지만 어릴 때부터 소식가(素食家)였던 리스쩡은 우유와 치즈가 영 비위에 맞지 않았다. 외국어에 능했던 동향 후배 치루산(齊如山)에게 "우리 고향 농민들을 모집해 프랑스까지 인솔해라"는 편지를 보냈다.

  중국 농민들은 너나 할 것 없이 모두가 두부기술자였다. 후일 경극 배우 메이란팡(梅蘭芳)의 매니저로 더 알려진 치루산은 두 차례에 걸쳐 허베이성(河北省) 가오양현(高陽縣) 농민 40명을 이끌고 프랑스로 향했다. 리스쩡은 프랑스 여인 70여 명도 고용했다.

  리스쩡은 프랑스인들의 구미를 감안해 '두부 코코아'와 '두부 커피'를 출시했다. 두부로 만든 각종 간식과 캔으로 된 제품도 시장에 내놨다. 물건 대기가 바쁠 정도로 잘 팔려나갔다. '중화반점'에도 두부요리를 먹겠다며 찾아오는 프랑스인들이 항상 바글바글했다.

  리스쩡은 사업에 성공하자 본인도 잘 몰랐던 기질이 서서히 드러나기 시작했다. 부친이 고관으로 있는 청 왕조의 전복을 위해 쑨원에게 혁명자금을 지원하고 파리에 야학을 개설했다. 농민들은 모국어와 프랑스어를 비롯해 서구의 과학지식을 습득할 수 있었다. 이어서 차이위안페이(蔡元培), 우즈후이(吳稚暉)와 함께 근공검학(勤工儉學) 운동을 전개했다. 제1차 세계대전으로 잠시 중단된 적이 있지만 1910년에서 1920년까지 10년간 17차에 걸쳐 3,000여 명의 가난한 중국 청년들이 프랑스에 건너와 일하며 공부했다.

근공검학 운동에 뛰어든 국내 학생운동의 맹장들

근공검학은 리스쩡이 꿈에도 생각지 못했던 결과를 초래했다. 전 중국총리 리펑(李鵬)의 부친 리시쉰(李碩勳), 저우언라이(周恩來), 차이허썬(蔡和森), 리리싼(李立三), 덩샤오핑(鄧小平), 천이(陳毅), 리푸춘(李富春), 샹징위(向警予), 차이창(蔡暢), 녜룽전(聶榮臻) 등 당대의 전설적인 혁명가들을 배출했다.

1911년 말, 대청제국이 몰락했다. 거대한 땅덩어리가 난장판으로 변했다. 프랑스(法國) 유학경험이 있는 차이위안페이·리스쩡·우즈후이 등은 "중국을 구할 진리를 서구에서 찾아야 한다"며 유법근공검학(留法勤工儉學) 운동을 전국적으로 펼쳤다. 쓰촨지역 외에는 별 반응이 없었다.

1914년 여름 제1차 세계대전이 발발, 유럽이 전쟁터로 변하자 그나마도 포기하는 사람이 많았다. 프랑스까지 가는 도중에 물고기 밥이 되지 말라는 보장이 없었다. 수천 년 동안 전란에 익숙한 민족이다 보니 "전쟁은 잔치와 똑같다. 끝날 때가 되면 끝난다"며 기다리는 사람도 적지 않았다.

1918년 11월, 유럽 전선에 포성이 그쳤다. 이듬해 1월, 파리에서 강화회의가 열렸다. 일본 덕을 많이 본 돤치루이(段祺瑞) 정부는 패전국 독일이 차지하고 있던 산둥반도의 이권을 일본에 할양(割讓)했다.

1919년 5월 4일, 군벌 정부의 매국외교를 규탄하는 대규모 시위가 베이징에 있는 대학들을 중심으로 발발했다. '5·4운동'이었다. 시위는 순식간에 전국으로 확산됐다. 크건 작건 학교 간판이 붙어 있는 도시마다 학생운동 지도자를 무더기로 배출했다.

1930년대 초 상하이에서 세계문화합작회의를 준비하던
리스쩡(왼쪽 첫째), 장징쟝(오른쪽 셋째),
차이위안페이(가운데), 우즈후이(왼쪽 셋째).
당시 사람들은 이들을 국민당의 4대 원로(元老)라고 불렀다.

파리강화회의에 참석한 중국 대표단은 국내 여론을 감안하여 조인을 거부했다. 약 2개월에 걸친 학생운동은 결실을 맺었지만 학생 지도자들은 맥이 빠졌다. 새로운 출로를 모색하는 수밖에 없었던 학생운동 지도자들은 근공검학 운동에 뛰어들었다. 근공검학은 일하며 공부하는 반공반독(半工半讀)을 의미했다. 어릴 때부터 귀에 못이 박히도록 들어온 주경야독(晝耕夜讀)보다 격은 떨어지지만 체질에 맞았다.

중앙과 지방정부는 "국내에 있어봤자 사고나 치는 애물단지들"이라며 이들의 출국을 간접적으로 지원했다. 파리·베이징·상하이에 '화법교육회'(華法敎育會)를 조직하고 쓰촨·광둥지역에 지회를 설립했다.

프랑스행 여객선 4등 선실에는 어김없이 중국 학생들이 떼거지로 몰려 앉아 열띤 토론을 벌였다. 사서삼경을 뒤적거리는 학생과 신문화운동의 기폭제 역할을 한 잡지『신청년』(新靑年)을 품에 안은 학생들 사이에 주먹질이 빈발했다. 그래도 눈만 뜨면 '부다부청자오'(不打不成交), 싸우지 않으면 친구가 될 수 없다며 서로 어울렸다. 프랑스에 도착할 즈음이면 휴지통에 사서삼경을 내던져버리는 학생들이 속출했다.

불과 1년 만에 프랑스에는 중국 학생들이 넘쳐났다. 관비(官費) 유학생과 반(半)관비 유학생도 많았지만 근공검학생이 3,000여 명으로 가장 많았다. 근공검학생들은 관비는 '자산계급', 반관비는 '반자산계급', 자신들은 '무산계급'이라며 계급을 확실히 했다.

학생운동을 통해 이론과 전투력을 겸비한 근공검학생들은 서로 편

가름이 심했다. 도표를 그려가며 봐도 뭐가 뭔지 구분이 안 될 정도로 구성이 복잡했지만 크게 두 개의 집단을 형성했다.

몽타르지(Montargis, 蒙達爾紀)에는 중국 학생들이 유난히 많았다. 흔히들 멍다얼(蒙達爾)파라고 불렀다. 살아 있었더라면 국가주석감인 차이허썬과 신중국 초대 통전부장 리웨이한(李維漢), 어떤 사이였는지는 몰라도 후일 마오쩌둥이 "나의 영원한 회상"이라고 했던 쉐스룬(薛世綸) 등이 중심에 있었다.

리웨이한이 만든 '공학세계사'(工學世界史)가 멍다얼파를 대표했지만, 최고 우두머리는 고향 창사에서 마오쩌둥과 함께 신민학회(新民學會)를 조직했던 차이허썬이었다. 공산주의에 심취한 후난 출신으로 장악력이 뛰어났다.

다른 한쪽은 쓰촨을 비롯한 모든 지역 출신들이 골고루 있었다. 자오스옌(趙世炎)과 리리싼, 프랑스 여인과 나체 결혼식으로 물의를 일으킨 슝즈난(熊志南)과 천궁페이(陳公培) 등이 조직한 '노동학회'(勞動學會)가 구심 역할을 했다.

1919년 봄부터 다시 활기를 띠기 시작한 중국인들의 유법(留法: 프랑스 유학) 근공검학 운동은 해를 넘겨도 식을 기미를 보이지 않았다. 특히 『상하이시보』(上海時報)에 "프랑스야말로 기회의 땅이다. 장차 중국인의 지혜를 계발시키고, 민족공업의 중심에 서게 될 근공검학생들을 보호해야 한다"는 사론이 실리자 열기가 전국으로 번졌다.

일본 언론은 중국보다 더 민감한 반응을 보였다.

"프랑스의 중국인들을 주시해야 한다. 현재 우리의 대중국 정책은 변한 게 없다. 아직도 타당한지 검토해야 할 때가 왔다."

레닌이 "베이징은 파리를 돌아서"라는 말을 한 것도 이때였다.

더 이상 엉뚱한 짓 안 하고 살겠다며 프랑스행을 결심한 교사·기자·의사·광부·군인·노동자들이 속출했다. 여자들도 많았다. 주색잡기라면 세상 어디에 내놔도 빠지지 않는 남편을 둔 젊은 여인들이 대부분이었다.

5·4운동에 적극적으로 참여했다가 4개월간 감옥 밥을 먹고 나온 22세의 저우언라이도 1920년 11월, 톈진에서 발행하던 『익세보』(益世報) 유럽 통신원 자격으로 프랑스행 선박에 올랐다.

경제 사정 나빠져 근공검학생 4분의 3이 일자리 잃어

1921년에 들어서자 프랑스 경제가 쇠퇴하기 시작했다. 공장주들은 언어와 체력이 달리는 중국 학생들부터 정리하기 시작했다. 1920년 말부터 이듬해 2월까지 근공검학생의 4분의 3이 일자리를 잃었다. 학교는 중국 학생들에게 문을 열었지만 공장은 이들을 받아들이지 않았다. 전쟁터에서 돌아온 프랑스 청년들마저 중국 학생들의 일자리를 빼앗아갔다.

객지의 겨울은 고향보다 훨씬 추웠다. 제대로 입지 못하고, 먹지 못한 중국 학생들은 딱딱한 빵 한 쪽 챙겨 들고 센 강변의 작은 공장이나 농장 근처를 어슬렁거렸다. 운 좋은 날이면 일감이 있었다. 허탕을 치는 날은 낚시터에서 시간을 보냈다. 도서관은 갈 생각도 못했다. 학업은 사치였다.

근공검학생들은 국내 학생운동의 맹장들이었다. 발설할 곳을 찾기 시작했다. 지역마다 대표를 선출, 파리 근교에 있는 화법교육회에서 회의를 열었다. 다수파인 멍다얼파는 생존권(生存權)과 구학권(求學權)을 구호로 내걸고 중국 정부에 생활비와 학비 지원을 요청했다. 쓰촨 출신이 많은 노동학회는 공장에서 일만 하게 해달라며 노동권을 요구했다.

두 파벌은 회의장에서 서로 공격하며 충돌했다. 노동권을 주장하는 세력들이 "일해서 먹고 살길은 찾으려 하지 않고, 정부에 책임을 떠넘기는 기생충"이라며 멍다얼파를 공격하자 멍다얼파는 "정부의 책임을 묻기는커녕 군벌정부에 매수된 쓰레기들"이라고 반격했다. 주먹질 일보 직전까지 갔지만 저우언라이가 "프랑스는 병원비가 비싸다"며 만류하자 겨우 수그러들었다.

마침 프랑스에 와 있던 차이위안페이와 우즈후이가 문제해결에 나섰다. 근공검학 운동을 전개한 장본인들이었다. 화법교육회가 차이위안페이의 의견이라며 학생대표들에게 통고문을 보냈다.

"화법교육회는 근공검학생들에게 아무런 경제적 책임이 없다. 대신 정신적으로 학생들을 지원하겠다."

워낙 다급하다 보니 튀어나온 말이라고 치부하기엔 심한 내용이었다. 중국 교육계와 정계의 원로였던 차이위안페이의 위신은 하루아침에 엉망진창이 돼버렸다.

프랑스 주재 중국공사관을 포위한 유학생들

1921년 2월 말, 멍다얼파의 영수 차이허썬이 각지의 근공검학생들을 파리로 소집했다. 차이허썬은 세수와 이발을 거의 안 하고 학

1920년 12월 말, 파리 몽타르지에서 열린
공학세계사 망년회에 참석한 차이허썬(첫째 줄 왼쪽 넷째),
리웨이한(셋째 줄 오른쪽 다섯째), 멍다얼파의 후원자였던
샤포(Monsieur Chapeau) 부부와 자녀들(첫째 줄 가운데).

교도 나가지 않았다. 집회에도 참석하는 법이 없었다. 온종일 방 안에 틀어박혀 마르크스주의 서적만 탐독했다고 한다. 친구도 고향에 있는 마오쩌둥이 유일했다. 나머지는 모두 부하였다. 차이허썬은 할 말이 있으면 멍다얼파의 핵심인 공학세계사 대표 리웨이한을 통해서 했다. 사람들은 리웨이한의 말을 차이허썬의 지시로 알고 무조건 복종했다.

차이허썬은 마오쩌둥에게 마르크스주의라는 게 있다고 처음 알려준 장본인이기도 했다. 두 사람은 생각도 비슷했다. 차이허썬은 근공검학생으로 프랑스에 왔지만 노동과 학업의 병행은 불가능하다며 학교나 공장 문턱을 밟은 일이 없고, 마오쩌둥도 프랑스로 떠나는 친구나 후배들을 위해 모금운동을 벌였지만 정작 자신은 중국을 뜨지 않았다.

1921년 2월 28일, 파리에 집결한 멍다얼파와 동조자들이 프랑스 주재 중국공사관을 포위 점령하는 사건이 발생했다. 중국공사관 측은 학생들을 해산시켜달라고 프랑스 경찰에 요청했다. 학생들은 맞아 죽는 한이 있어도 절대 대들지 말라는 차이허썬의 지시를 어기지 않았다. 머리통이 깨지고, 온몸이 피투성이가 될 정도로 얻어맞은 학생이 부지기수였다. 공사관 점령에 불참했던 쓰촨파도 중국 학생들이 얻어맞았다는 소문을 듣자 분개했다.

'2·28운동'은 겉으로는 실패했지만 사실은 성공한 운동이었다. 차이허썬이 쓰촨파 영수 자오스옌과 노동학회 대표 리리싼을 멍다얼에서 열리는 신민학회 회의에 초청하자 두 사람은 군말 없이 응했다. 차이허썬이 "허구한 날 싸우다 보니 싸울 거리도 바닥이 났다. 이제

할 거라곤 친구가 되는 것밖에 없다"며 손을 내밀었다.

이때 프랑스 정부가 의화단 사건 이후 중국에서 강탈해가다시피 한 배상금을 돌려주겠다는 선언을 했다. 단, 프랑스 영내에서 중국의 문화사업을 위해 써야 한다는 조건이었다. 근공검학생들은 프랑스에 와 있는 자신들이 수혜대상이라며 즐거워했지만, 멍다얼파 영수 차이허썬의 생각은 이들과 달랐다.

차이허썬의 집에서 신민학회 창립

차이허썬은 후난성 말단 관리의 아들이었다. 13세 때 고추기름 공장 점원으로 취직했다. 3년간 열심히 일했지만 할 짓이 못 됐다. 하루는 동갑내기 주인 아들을 밖으로 불러냈다. 허구한 날, 그것도 맨 정신에 "아버지가 죽으면 공장 때려부수고 멋있는 술집을 차리겠다. 꿈이 이뤄지면 예쁜 여자애들 구하러 전국을 다니다가 길바닥에서 죽어도 좋다. 천하의 미인들을 한곳에 모아놓으면 손님들이 얼마나 좋아할까"라며 즐거워하다가 "아버지가 너무 건강하다. 나보다 더 오래 살지도 모른다. 그게 내 운명이라면 어쩔 수 없다"며 한숨을 내쉬는 철부지였다.

차이허썬은 주인 아들이라도 한바탕 두들겨 패고 직장을 때려치울 심산이었지만, "세상 사람 중에는 있어도 그만이고 없어도 그만인 사람이 대부분"이라는 생각이 들자 마음을 바꿨다. "훗날 어려운 일이 있으면 찾아오라"는 말을 남기고 공장을 떠났다.

차이허썬은 초등학교 3학년에 입학했다. 선생을 잘 만난 건지 뭔지 헷갈렸다. 사람은 좋았지만 실력이 아주 엉터리였다고 한다. 한

학기 다니다가 중학교 시험에 합격했다. 입학 규정이 까다롭지 않던 시절이었다. 학교 도서관에 가면 신문이 여기저기 굴러다녔다. 한 장 들고 화장실에 갔다. 혁명이 일어났다며 쑨원이라는 사람의 사진이 큼지막하게 실려 있었다. 기사를 어찌나 열심히 들여다봤던지 앞에 서 있는 친구가 배를 움켜쥐고 발을 동동 구르는 것을 한참이 지나서야 알았다.

2년 후 성립사범학교에 최고성적으로 합격했다. 두 살 위인 마오쩌둥을 만났다. 형이라 따르며 매일 붙어 다녔다. 창사고등사범학교도 같이 진학했다. 문학·역사·철학 서적을 닥치는 대로 읽었다. 한 번 책을 잡으면 침식을 잊기 일쑤였다. 잡지『신청년』을 구독하며 민주(民主)와 과학(科學)이라는 말을 처음 접했다.

차이허썬은 사범학교를 졸업했지만 교단에 서고 싶은 생각이 추호도 없었다. 고향에도 돌아가지 않았다. 같은 또래 애늙은이들이 보기엔 골치 아픈 친구였다. 마오쩌둥과 함께 스승 양화이중(楊懷中)의 집에 머무르며 혁명단체 설립에 동분서주했다.

"패거리가 많고, 조직이 있어야 무슨 일이건 할 수 있다."

어머니 거젠하오(葛健豪)가 아들과 함께 살겠다며 여동생 차이창(蔡暢)을 데리고 창사로 이사를 왔다. 몇 년 후 52세 나이에 아들 따라 프랑스 유학을 떠나리라고는 꿈에도 생각하지 못했다. 후일 중화인민공화국 초대 부녀연맹 주석이 되는 차이창도 마찬가지였다.

상강(湘江) 건너 웨루산(岳麓山) 언저리에 싸구려 빈집들이 많았다. 인근에 장식(張栻), 주희(朱熹), 왕양명(王陽明), 증국번(曾國藩), 좌종당(左宗棠), 차이어(蔡鍔) 등 일세를 풍미한 대사상가와 실천가들의 체취가 물씬 풍기는 천년학부(千年學府) 웨루서원(岳麓書院)이 있었다.

1918년 4월, 차이허썬의 집에서 신해혁명 이후 최초의 혁명단체라고 해도 좋을 신민학회가 발족했다. 5·4운동이 발발하기 1년 전이었다. 이때까지만 해도 묵자(墨子)의 추종자였던 차이허썬은 '신민'(新民)이라는 두 글자 속에 진보와 혁명의 의미가 다 담겨 있다고 회원들에게 설명했다. 회원들 간의 통신집도 만들었다. 차이허썬과 마오쩌둥이 주고받은 서신이 가장 많았다.

멍다얼파와 시시콜콜 대립하던 쓰촨파 영수 자오스옌은 1901년, 충칭의 부잣집에서 태어났다. 나이는 차이허썬보다 여섯 살, 마오쩌둥보다 여덟 살 어렸다. 자식 교육이라면 아들 딸 구별하지 않고 돈을 물쓰듯하던 집안이었다. 어릴 때부터 집안에 영국인 가정교사가 있었다.

자오스옌은 위로 네 명의 형이 있었다. 둘째 형이 쑨원이 일본에서 만든 동맹회(同盟會)의 회원이었다. 뭐 하나 제대로 하는 일 없어도, 손 아래 사람들에게 영향을 잘 끼치는 그런 부류였다. 자오스옌도 영향을 많이 받았다.

자오스옌은 13세 때 베이징사범 부속중학에 입학했다. 지리 수업 시간에 아편전쟁과 홍콩 할양(割讓)을 설명하며 "서구열강이 우리의 아름다운 산하를 갈기갈기 찢어버렸다"며 대성통곡하는 선생이 있었다. 그의 인생에 결정적인 영향을 끼친 사건이었다.

그날 밤 자오스옌은 차이허썬 집안과 어깨를 나란히 할 '홍색명문'(紅色名門)의 탄생을 예고했다. 민족 영웅 악비(岳飛)의 시로 알려진

몽타르지에서 프랑스인 여교사들과 함께한 근공검학 여학생들.
차이허썬의 모친 거젠하오(앞줄 왼쪽 둘째)는
근공검학생 중 나이가 가장 많았다. 차이허썬의 동생
차이창(둘째 줄 오른쪽 첫째)은 리푸춘과 결혼했다.

「만강홍」(滿江紅)의 한 구절을 반복해 읽으며 날 새는 줄 몰랐다.

"오랑캐의 살점으로 주린 배를 채우고
흉노의 피로 목을 축이며 웃겠다."

근공검학생들, 입학 요구하며 리옹의 중법대학 점령

1921년 2월 28일, 멍다얼파가 중심이 된 근공검학생들이 파리의 중국공사관을 포위하고 구학권과 생존권을 청원하던 날, 『익세보』 유럽 주재 통신원 저우언라이는 노동운동을 취재하느라 영국에 있었다. 중국공사의 요청을 받은 프랑스 경찰이 중국 학생들을 무차별 폭행했다는 소식을 들은 저우언라이는 울화통이 터졌다.

"동료들이 이국 땅에서 남의 나라 경찰에게, 그것도 중국정부를 대표한다는 공사의 요청으로 얻어터지다니……."

저우언라이는 모든 일정을 접고 프랑스로 돌아왔다. 사건의 원인과 경과를 파악한 후 한동안 책상머리를 떠나지 않았다.

5월 9일부터 일주일간, 『익세보』에 저우언라이의 글이 연재됐다. 화법교육회를 만들어 근공검학 운동을 제창한 리스쩡·우즈후이 등을 비판하면서 2·28운동을 소개했다.

"이들은 감언이설로 중국 학생들을 프랑스의 노동력 결핍 해소에 동원해 경자년(庚子年) 의화단 사건 때 갈취당한 배상금을 받아내려 했다. 뿐만 아니라 목적이 달성되자 유학생들을 헌신짝 취급한 사기꾼이다."

저우언라이의 예상은 적중했다. 프랑스 정부가 토해낸 배상금 중 일부를 중국 정부로부터 배정받은 화법교육회는 리옹에 중국과 프랑스의 우호를 상징하는 '중법대학'(中法大學)을 설립했다. 학교 측은 중국에서 학생들을 모집했다. 입학 규정을 엄격히 하고 등록금을 비싸게 책정했다. 부모가 부자가 아니면 꿈도 못 꿀 정도였다. 근공검학생들은 입학 대상에서 제외시켰다. 이유가 있었다. 학교 운영비가 부족했고, 학력 수준이 너무 들쑥날쑥했다. 연령도 12세에서 52세까지 각양각색이었다.

2·28운동을 계기로 연합에 성공한 차이허썬과 자오스옌은 중법대학 입학운동을 추진했다. 9월 20일 밤, 학생 100여 명을 대동하고 파리를 떠났다.

이튿날 새벽 리옹역, 책가방을 든 중국 학생들이 무더기로 내리더니 몇 명씩 짝을 지어 산중턱으로 향했다. 그곳에 포대(砲臺)를 개조한 중법대학이 있었다. 포대로 올라간 학생들이 내려오지 않자 역전 파출소에 있는 프랑스 경찰들은 어안이 벙벙했다. 개교까지는 아직도 여러 날이 남아 있었다.

근공검학생들은 무조건 입학을 요구하며 중법대학을 점령했다. 당황한 리옹시 당국은 무장경찰을 동원해 중국 학생들을 연행, 군부대에 구금했다. 차이허썬이 리옹으로 달려온 우즈후이와 군부대에서 담판하는 동안 파리에 남아 있던 저우언라이는 중국공사관을 찾아가 협상을 벌였다. 모두 결렬됐다. 10월 10일, 감금돼 있던 학생들은 단식 항의로 신해혁명 10주년 기념을 대신했다.

프랑스 정부가 중국 유학생들의 강제 송환을 결정하자 차이허썬과

소년공산당 서기 시절의 자오스옌.
차이허썬과 쌍벽을 이뤘다.

자오스옌은 대책을 논의했다. 차이허썬과 천이 등은 귀국하고 자오스옌은 프랑스에 남아 조직을 결성하기로 합의했다. 몇 달 전, 자오스옌이 '공산주의동맹회'를 조직하자고 제의하자 차이허썬도 "소년공산당을 만들자"고 동의하며 리웨이한을 대리인으로 지정한 적이 있었다.

그날 밤 자오스옌은 군부대의 담을 넘었다. 탈출에 성공한 자오스옌은 베트남 친구 호찌민(胡志明)과 함께 프랑스 공산당에 입당했다. 그러고는 중국공산당 유럽지부 책임자 장선푸(張申府)에게 소년공산당 건립을 맡아달라고 요청하기 위해 베를린으로 갔다. 장선푸는 자오스옌을 지원하기 위해 자신의 손으로 입당시킨 저우언라이에게 창당 공작을 일임했다.

자오스옌과 저우언라이는 연명으로 리웨이한에게 서신을 보냈다. 세 사람은 파리의 작은 여관방에서 소년공산당 창당을 구체적으로 논의했다.

파리 근교 불로뉴 숲에서 소년공산당 창당

1922년 6월 18일 일요일 오전, 파리 교외의 불로뉴 숲(Bois de Boulogne)에 프랑스·독일·벨기에에 흩어져 있던 근공검학생 대표 18명이 집결했다. 중국공산당 초대 서기 천두슈(陳獨秀)의 아들 천옌녠(陳延年)과 왕뤄페이(王若飛), 리웨이한, 런줘쉬안(任卓宣) 등 국·공 양 당사(黨史)에 큰 획을 긋게 될 청년들이었다. 덩시셴(鄧希賢: 후일의 덩샤오핑)은 나이가 어려서 참석하지 못했다.

이날의 주역 자오스옌과 저우언라이도 이탈리아 광장 부근 한적한 골목에 있는 싸구려 호텔 고드프루아(Godefroy)를 나섰다. 차이허썬이 중국으로 송환된 이후 두 사람은 이곳에서 창당 작업을 비밀리에 진행했다.

숲속 작은 공터에 철 의자를 한 개씩 집어 들고 빙 둘러 앉았다. 목적은 소년공산당 창당이었다. 오전 회의는 자오스옌이, 오후는 런줘쉬안이 주재했다.

명칭을 놓고 논쟁이 벌어졌다. 다들 '소년공산당'이 좋다고 했지만 저우언라이가 이의를 제기했다.

"1년 전 상하이에서 중국공산당이 창당해서 제1차 대표자 대회를 열었다. 한 나라에 두 개의 공산당이 있을 수 없다."

누군가가 앞에 '소년' 자가 붙지 않았느냐며 소리를 지르자 다들 동조했다. '청년공산당'으로 하자는 사람은 없었다. 중국은 원래부터 소년과 청년의 구분이 불분명했다.

저우언라이는 한 사람씩 입당선서를 하자는 제안도 했다. 이구동성으로 반대했다.

"선서는 종교의식이다. 우리는 신을 믿지 않는다. 어디다 대고 선서를 하란 말이냐!"

"너나 애인 속치마 앞에서 하라"며 낄낄대는가 하면, 무슨 말인지 몰라서 좌우를 두리번거리는 축들도 있었다.

중국의 혁명과 학술을 움직인 인재들을 키워내다

저우언라이는 주장을 굽히지 않았다. 최근의 역사를 예로 들었다.

어린시절부터 타협과 협상력이 뛰어난
저우언라이는 파리 '소년공산당' 창당도
주도적으로 이끌었다.
1914년 7월 톈진 난카이대학 2학년 때의 모습.
준수한 외모 덕에 톈진의 어느 사진관
쇼윈도에 걸려 있던 사진이다.

"다들 잘 모르겠지만 민국 원년, 쑨원이 위안스카이에게 임시 대총통직을 넘길 때 민국에 충성하겠다는 선서를 요구했다. 위안스카이는 쑨원의 말을 따랐다. 그 후 위안스카이가 황제가 되자 쑨원은 선서를 배신했다는 이유로 군대를 일으켰다."

말이 끝나기가 무섭게 별소리가 다 튀어나왔다.
"아는 것도 많다. 무슨 말인지 모르겠다"는 점잖은 편이었다. 표결에 부쳤지만 부결됐다. 오후 늦게 뚱뚱한 프랑스 할머니가 뒤뚱거리며 나타나 의자 사용료를 받아 갔다.

20세기 초, 청말 명문의 후예 리스쩡이 파리 교외에 두부공장을 열면서 시작된 근공검학 운동은 후일 중국의 정치·혁명·학술 방면에 수많은 인재들을 키워냈다. 마르크스주의와 사회주의에 심취한 나머지 사회불평등의 근원을 탐색하고, 잉여가치 학설과 계급투쟁론을 받아들인 학생들은 극소수였다. 하지만 이들은 프랑스에서 중공의 초기 조직을 만들어 중국 역사의 물줄기를 바꾼 혁명가들을 일일이 열거하기 힘들 정도로 배출했다. 정말 엉뚱한 결과였다.

정치경제학을 공부하다 음악으로 방향을 바꾼 왕광치(王光祈)라는 근공검학생이 있었다. 1929년 말, 해외 유학의 양대 조류를 분석한 글을 남겼다. 결론 부분이 흥미롭다.

"음악을 시작한 다음부터 모든 게 잘 보였다. 프랑스 유학생들의 행동과 의식구조를 보면 장차 중국 노동계급의 중심인물이 될 것이 분명하다. 미국 유학생들에게 대항할 수 있는 유일한 세력으로 성장할 날도 머지않았다. 두 패거리 간의 싸움으로 중국은 혁명의 소용돌이에 말려들 것이 확실하다. 누구의 천하가 될지 모르지만 최종 결과는 그게 그거다."

모든 원인은 혁명과 전혀 상관없는 두부였다. 두부를 처음 발명한 사람은 한(漢) 고조(高祖) 유방(劉邦)의 손자였던 회남왕(淮南王) 유안(劉安)이었다. 유안은 문객들과 함께 『회남자』(淮南子)를 편찬해 중국 학술사와 사상사에 큰 기여를 했지만 반역을 도모하다 자살로 삶을 마감했다. 두부는 수천 년간 중국인들에게 가장 정감어린 식품이다. 분쟁의 소지를 제공한 적이 없었다고 흔히들 말하지만 꼭 그런 것만도 아니다.

잊혀진 사상가 장선푸

"민주는 실천이다.
실천을 통해 배우는 것이 가장 쉽고 바람직하다."

"공자 추종자 타도는 공자 구출하기 위한 것"

1962년 3월, 광둥성 광저우 한 회의에 참석한 저우언라이는 "나는 장선푸(張申府)와 류칭양(劉淸揚)에게 고맙다는 생각을 잊은 적이 없다"며 장선푸를 회상했다. 총리의 입에서 14년간 금기시되었던 사람의 이름이 거론되자 참석자들은 어안이 벙벙해질 수밖에 없었다. 당시 장선푸는 베이징도서관 연구원이었다.

저우언라이가 이어 "장선푸는 복잡하면서도 정교한 사람이었다. 공자·러셀·마르크스·프로이트·아인슈타인의 사상을 용광로 속에 집어넣었다가 뽑아낸 것이 그의 사상이었다"고 말하자 다들 고개를 끄덕였다. 곰곰이 생각해보니 전 세계에서 가장 큰 정당인 중국공산당 창건자 가운데 한 사람이며 마르크스주의와 중국 현대철학의 발전에 지울 수 없는 발자취를 남긴 사람이 장선푸였기 때문이다.

1917년 가을, 24세의 장선푸는 베이징대학 교장 차이위안페이로부터 교수 임명장을 받았다. 친구를 통해 도서관장 리다자오(李大釗)를 소개받고 문과대학장 천두슈와도 이내 친숙한 사이가 됐다.

천두슈는 자신이 주편으로 있던 잡지 『신청년』에 장선푸를 끌어들였다. 장선푸는 중국 현대사에 중요한 역할을 한 소년중국학회(少年中國學會)와 신조사(新潮社)에도 가입해 서구의 신사상과 인물들을 쉴새없이 소개했다.

"나는 새것이라면 무조건 좋아했다. 게걸들린 사람처럼 새로운 지식을 흡수하고 소개했다. 새것을 접하면 지난 것은 금세 까먹었다. 러셀만이 유일한 예외였다."

신문화운동이 본격화되자 너나 할 것 없이 '공자점'(孔子店: 공자 사상의 추종자) 타도를 외쳐댔다. 장선푸는 가장 선진적인 인물이었지만 "공자점 타도의 목적은 공자를 구출하기 위한 것"이라며 전통을 부정하지 않았다.

장선푸가 마르크스주의 전파에 열을 올린 계기는 순전히 리다자오와 천두슈 때문이었지만 파급력은 두 사람을 능가했다. 공산당 설립에 의견을 모은 세 사람은 천두슈가 상하이를 맡고 리다자오와 장선푸는 베이징을 담당하기로 합의했다.

장선푸, 저우언라이와 류칭양에게 공산당 입당 제의

1920년 초, 장선푸는 류칭양과 저우언라이를 입당시키기 위해 톈진으로 갔다. 톈진의 미식가들 사이에 널리 알려진 '혓바닥 요리사'의 딸이었던 류칭양은 어릴 때부터 검객이 꿈이었다. 부모가 인형을 사주면 던져버리고 칼을 잡을 정도였다. 철이 들면서부터 베이징을 자주 왕래하더니 리다자오와 친분을 쌓았고 5·4운동 당일에는 외교

1919년 봄, 베이징대학 강사시절 천안문 옆에 있는 중앙공원(지금은 중산공원)으로 산책 나온 장선푸(오른쪽 첫째). 중국공산당 창당 주역의 한 사람인 리다자오(왼쪽 둘째), 후일 중국 최후의 유가(儒家) 소리를 들은 량수밍(梁漱溟·오른쪽 둘째)도 함께했다.

부장 차오루린(曹汝霖)의 집 방화에도 한몫을 단단히 했다. 저우언라이가 만든 학생단체 각오사(覺悟社) 회원들을 이끌고 베이징에 왔을 때 타오란팅(陶然亭) 공원에서 대형 연합집회를 개최한 장본인도 류칭양이었다. 이날 리다자오·장선푸·저우언라이도 함께 연설을 했지만 선동 솜씨는 류칭양을 따르지 못했다. 그 후로 저우언라이와 류칭양은 베이징에 오면 꼭 장선푸를 찾았다. 올 때마다 장선푸에게 "학문은 혼자 할 수 있지만 사회문제는 패거리가 있어야 한다"는 가르침을 받았다.

미남인 저우언라이는 여학생들 사이에 인기가 많았지만 홀리는 재주는 장선푸가 한 수 위였다. 류칭양은 장선푸와 가까워졌지만 장선푸가 베이징여자사범학교에 다니는 여학생과 사귄다는 소문이 사실로 확인되자 한동안 베이징 출입을 자제하고 있었다.

집마당에서 붕붕 날며 검법에 열중하던 류칭양은 장선푸의 공산당 입당 제의를 한마디로 거절했다. 저우언라이는 만나지 못했다. 감옥에서 풀려난 뒤 프랑스 유학을 떠났다는 말을 들었다. 장선푸는 류칭양에게 "모든 사업은 소수에서 시작된다"는 말을 남기고 돌아왔다. 다음날 장궈타오(張國燾)가 입당하는 바람에 당원은 리다자오·장선푸·장궈타오 3명이 됐다. 세 사람은 베이징 공산주의소조를 설립했다.

그해 겨울 차이위안페이는 프랑스를 방문하며 장선푸를 비서로 데리고 갔다. 배 안에 유학생들이 많았다. 류칭양도 그 안에 있었다. 장선푸와 류칭양은 다시 친해졌다. 당시에는 이런 일이 흔했다.

프랑스에 도착하자 류칭양은 공산당에 입당했다. 먼저 와 있던 저우언라이도 장선푸와 류칭양의 앞에서 입당선서를 했다. 1921년 7월 상하이에서 중국공산당이 창당하기 6개월 전이었다. 이어서 리펑(李鵬)의 외삼촌 자오스옌과 후일의 북벌명장 천궁페이도 입당했다. 이듬해 겨울, 독일 유학 중이던 주더(朱德)도 장선푸의 권유를 받아들였다. 장선푸는 새것을 접하면 지난 것을 까먹는 사람이었다. 망각이 인생의 최종 목표였다. 중국에 두 번째 부인이 있었지만 류칭양과 결혼했다.

베이징에 이어 유럽에 공산당 소조를 설립한 장선푸는 1923년 말 소련을 경유해 귀국길에 올랐다. 모스크바에서 군사 시찰단으로 와 있던 장제스와 안면을 텄다. 서로 호감을 느꼈는지 자주 어울렸다.

리다자오의 소개로 광저우의 광둥대학 철학과에서 교편을 잡고 있던 장선푸는 황푸군관학교가 설립되자 정치부 부부장을 겸했다. 황푸군관학교에 자리 잡은 최초의 공산당원이었다. 장선푸는 교장 장제스와 함께 생도들을 직접 선발했다.

이듬해 봄 저우언라이가 귀국하자 군관학교 당서기였던 국민당 좌파 랴오중카이(廖仲愷)와 정치부 주임 다이지타오(戴季陶)를 찾아가 저우언라이를 추천했다. 워낙 진지하고 정중하게 부탁을 하는 바람에 두 사람은 거절할 엄두를 못 냈다. 저우언라이가 황푸군관학교에 둥지를 틀고 정치무대에 정식으로 등장할 수 있었던 것은 순전히 장선푸 덕분이었다.

"코민테른의 요구는 마르크스주의에 위배된다"

1923년 1월, 코민테른은 중국공산당에 국민당과의 합작을 지시했다. 공산당 내부가 들끓었다. 대다수의 당원들은 연합전선에는 찬성했지만 국민당 입당은 반대했다. 중공 서기 천두슈는 "이건 합작이 아니라 혼합"이라며 얼굴을 붉혔다. 리다자오와 함께 합작을 추진한 쑨원도 "공산당원들이 국민당에 입당한다면 공개적인 국민당 비판이 불가능하다. 복종하지 않는 당원들을 제명해야 한다. 이게 무슨 놈에 합작이냐"라며 코민테른 대표에게 짜증을 냈다.

1925년 1월, 상하이에서 공산당 제4차 대표자 대회가 열렸다. 국민당 입당이 타당한지를 놓고 격론이 벌어졌다. 장선푸는 "공산당의 기본원칙은 독립성을 유지하는 것이다. 타 정당에 의지해도 된다는 말을 마르크스는 한 적이 없다. 코민테른의 요구는 마르크스주의에 위배된다. 레닌도 자산계급 정당과의 합작은 있을 수 없음을 누차 강조한 바 있다"라며 입장을 분명히 했다.

유럽 시절 장선푸에게 "저급한 마르크스주의자"라는 조롱을 받은 적이 있던 차이허썬이 "유치하고 가소로운 발상"이라며 장선푸를 매도했다. 남에게 한 적은 허다했지만 들어본 적은 없는 말이었다. 미신의 출발이라며 인과응보를 믿지 않다 보니 분을 삭일 방법이 없었다.

장선푸가 탈당을 선언하며 자리를 박차고 나와버리자 저우언라이가 헐레벌떡 따라나왔다. 좁은 복도에서 장선푸를 가로막았다.

"나도 너와 같은 생각이다. 제발 탈당은 하지 마라. 부탁이다."

입술이 마르고 얼굴은 땀투성이였다. 장선푸는 "우리 조상들은 대대로 독서인이었다. 꺾일지언정 굽힐 수는 없다. 너는 상인 집안 출신이다. 굽히는 한이 있더라도 꺾이지는 마라. 사심 많은 자들일수록 공론을 들먹거리기 좋아한다"며 미동도 하지 않았다.

책과 여자와 명예에 탐닉하며

류칭양과 함께 베이징에 도착한 장선푸를 리다자오와 자오스옌이 맞이했다. 탈당을 만류했지만 장선푸는 "투항은 사랑을 의미한다. 상(尙)과 흑(黑)을 합친 것이 당(黨)이다. 어둡고, 은밀하고, 사악하고 음흉한 것을 숭상하는 사람들이 떼거지로 몰려 있는 곳"이라며 뜻을 굽히지 않았다. 그래도 공산당을 돕고 관계를 단절하지 않겠다는 말은 잊지 않았다.

혁명은 어처구니없는 무지가 용납될 공간이 많았다. 코민테른은 국·공합작 이후에도 중국공산당에게 자신들의 정책을 집행할 것을 요구했다. 당원들이 국민당에서 탈당하는 것도 허락하지 않았다. 중공은 출로가 막히고 확충이 불가능했다.

코민테른의 결정에 문제가 많다는 것을 제일 먼저 간파한 사람은 천두슈도 저우언라이도 아니었다. 두 사람은 코민테른의 착오를 장선푸처럼 초기에 파악하지 못했고, 정면으로 맞설 용기도 없었다. 저우언라이가 코민테른의 착오를 명확히 안 것은 마오쩌둥을 지도자로 추대한 후였다.

모든 것을 집어 던지고 살길이 막막한 장선푸를 칭화대학 철학과 주임 펑유란이 다시 대학으로 끌어들였다. 장선푸는 책과 여자와 명예에 탐닉하며 시간을 보냈다.

독일 유학 시절의 장선푸(왼쪽 첫째)와 류칭양(앞줄 오른쪽 둘째).
당시 장선푸는 저우언라이(뒷줄 왼쪽 셋째)의 상급이었다.
류칭양은 같은 톈진 출신이기도 했지만 저우언라이를 젊은 시절부터
잘 챙겼다. 문혁시절 친청(秦城) 감옥에 갇혀 있을 때도
면회온 딸에게 저우언라이 걱정만 했다. 회족 출신으로 검법에 뛰어났다.

나신으로 자살한 쑨쑨촨

1935년 일본의 침략으로 화북(華北) 일대의 정세가 급박해지자 학생들이 술렁거렸다. 12월 9일, "일본 제국주의 타도!"를 외치는 학생 시위가 베이징에서 발생하자 공산당 탈당 후 10년간 칭화대학 연구실과 집을 오가던 장선푸는 펑전, 야오이린(姚依林) 등 학생 지도자들과 함께 시위를 지휘했다.

10여 년간 부부관계를 유지해오던 류칭양도 적극 참여했지만 장선푸는 베이징여자사범학교 교장 쑨쑨촨(孫蓀荃)과 한 인력거에 앉아 시위대를 뒤따랐다. 국민정부는 장선푸와 류칭양을 체포했다.

공산당은, 비록 탈당했지만 당의 창건자 중 한 사람인 장선푸를 구출하기 위해 동분서주했다. 지하조직까지 동원했지만 정작 그를 구해낸 사람은 쑨쑨촨이었다. 쑨쑨촨은 국민혁명군 1급 상장 펑위샹(馮玉祥)을 찾아갔다. 몇 년 전 학교를 방문했던 펑위샹이 워낙 뚫어지게 쳐다보는 바람에 민망해했던 기억이 생생했다. 펑위샹과 쑨쑨촨은 서로의 요구를 들어줬다.

보석으로 풀려난 장선푸가 쑨쑨촨과 동거에 들어가자 자존심이 강한 류칭양은 두 딸을 데리고 베이징을 떠났다. 후일 장선푸와의 관계를 유일하게 눈치채지 못했던 국민당 노동부장 탄핑산(譚平山)과 결혼한 쑨쑨촨은 1950년대 중반 "태어날 때 모습 그대로 떠난다"며 몸에 실오라기 하나 걸치지 않은 채 자살로 삶을 마감했다.

정치학과 교수들이 "장선푸는 정치꾼이다. 학생들에게 철학을 가르치는 사람이 아니다. 계약을 이행할 이유가 없다"며 학교 측에 장선푸의 퇴출을 요구했다. 장선푸가 대학을 떠나는 날 한 역사학자는

"중국의 20세기를 대표할 수 있는 사상가의 재목이었는데"라며 아쉬워했다.

대학에서 쫓겨난 장선푸는 다시 정계에 발을 들여놓았다. 항일전쟁을 제창하던 구국회(救國會)는 그를 화북 지역의 영수로 추대했다.

베이징도서관 연구원으로 지내다가

장선푸는 5·4운동의 정신을 항일전쟁을 통해 되살려야 한다며 '신계몽운동'을 제창해 장제스가 추진하던 '신생활운동'에 도전했다. 항일전쟁이 폭발한 후에는 "문화는 전쟁을 치르는 국민들에게 유용한 무기이다. 현실과 자아를 초월한 높은 이상과 행동을 자신에게 요구해야 한다. 구체적인 전시철학과 교육정책이 필요하다"며 '전시문화론'을 주장했다.

"전시일수록 지도자에게 충성해야 한다"는 말을 강조하던 장제스에게는 치명타였다. 특히 공산당 기관지 『신화일보』(新華日報)에 발표한 「민주와 과학」은 장제스 비판의 결정판이었다.

"과학과 민주를 자주 거론하는 것은 이 두 개가 객관적인 것이기 때문이다. 객관성이 결여된 상태에서 과학은 성립될 수 없고 민주는 실행이 불가능하다. 과학을 제창하는 이유는 결과를 중요시해서가 아니라 방법과 정신 때문이다. 민주는 실천이다. 실천을 통해 배우는 것이 가장 쉽고 바람직하다. 그 누구도 나의 생각을 바꿀 수 없다."

항일전쟁 말기 각 정당과 정파가 연합해 '중국민주동맹'을 결성했다. 일본 패망 후 충칭에서 개최된 정치협상회의에 민주동맹 대표로 참석한 장선푸는 정치가로서의 입지를 굳히는 듯했다.

국·공내전이 끝나갈 무렵인 1948년 10월, 원고료 3,000원을 받고 「평화를 호소한다」는 글을 잡지 『관찰』(觀察)에 발표했다. "부득이한 전쟁이라 하더라도 어차피 내전이다. 누가 승자가 되건 의미가 없다. 승패에 상관없이 애통해할 일만 남았다. 기뻐할 일은 없다"는 내용이었다. 틀린 말은 아니었지만 시의가 적절하지 못했다. 공산당의 승리가 임박하고 민주동맹도 공산당 지지를 선언한 후였다.

민주동맹은 장선푸를 제명처분했고 공산당은 '인민의 적'이라며 몰아붙였다. 류칭양도 "장선푸와의 모든 관계를 단절한다"는 성명서를 발표했다. 장선푸는 하루아침에 몰락했다.

1949년 1월, 인민해방군이 베이징에 진입했다. 저우언라이와 베이징 시장 펑전은 장선푸의 일자리를 찾느라 고심했다. 가장 적합한 곳은 대학이었지만 학생시절 장선푸에게 "진리는 사실을 말하는 것이다"는 말을 귀에 못이 박히도록 들은 펑전은 불안했다. 대학에 보냈다가는 또 무슨 사고를 저지를지 몰랐다. 조용히 책이나 실컷 보라며 베이징도서관에 연구원 자리를 마련해줬다.

장선푸는 1986년 93세로 세상을 떠날 때까지 나름대로 대접을 받았다. 후야오방(胡耀邦)도 가끔 과일을 선물했다.

장선푸는 중국의 신문화운동이 배출한 대표적인 사상가였다. 개혁·개방 이후 정신문명을 강조할 때, "진정한 물질문명을 누려보지 못한 사람들이 정신문명을 존중한다"는 말을 했다.

우리 가슴에 대나무 한 그루씩을 심자

"공산당의 주장은 당주黨主이지 민주民主가 아니다."

상하이에서 독립 주간지 『관찰』 창간한 추안핑

1945년 8월 중국은 일본과의 전쟁에서 승리했다. 용감한 사람들은 죽고 도망 잘 다닌 사람들은 용케도 살아남았다. 나라가 크다 보니 가능한 일이었다.

납작 엎드려 있던 지식인들은 한동안 흥분을 주체하지 못했다. 진보적인 자유주의자로 자처하는 사람들이 여기저기서 튀어나왔다. 이들은 무책임한 말을 쏟아내는 것만으로는 뭔가 좀 허전했던지 천하대사를 논할 공간이 필요하다며 머리를 맞댔다. 이런 사람들의 가장 큰 장점은 부지런함이었다. 잡지들이 우후죽순처럼 생겨났다. 거의가 특정 정당이나 당파를 대변했다.

추안핑(儲安平)도 친구들과 함께 전시수도 충칭에서 『객관』(客觀)이라는 주간지를 창간했다. 서남지역의 지식인들에게 환영을 받았지만 편집인이 여럿이다 보니 한 권 한 권 낼 때마다 말들이 많았다. 싹수가 없다고 판단한 추안핑은 뒤도 돌아보지 않고 충칭을 떠났다.

상하이에 정착한 추안핑은 새로운 잡지의 창간을 서둘렀다. 남들에게는 정치 중심이 동남쪽으로 서서히 이전해가기 때문이라고 설명했다. 둘러대느라 한 말이었지만 틀린 말은 아니었다.

1946년 가을, 추안핑은 직원 3명을 데리고 주간지 『관찰』(觀察)을 창간, 1948년 12월 국민당에 의해 정간 처분을 받을 때까지 사장과 주편(主編)을 겸했다.

『관찰』은 정론성(政論性) 잡지였지만 특정 정당이나 계파를 지지하거나 대변하지 않았다. 누구의 눈치도 보지 않고 볼 필요도 없는 순수한 독립 주간지였다. 자금을 추안핑 스스로 해결했고 주제와 필자도 그가 결정하면 그만이었다.

추안핑의 생각은 간단 명료했다.

"『관찰』에 실리는 모든 글들의 내용은 독립적이어야 하고, 책임은 필자 개개인이 진다."

편집회의나 원고 검토로 시간을 낭비할 필요가 없었다. 발행부수가 늘어나 추가로 직원을 공모할 때도 잡지의 성격과 일하는 조건을 분명히 했다.

"본 잡지는 독립간행물이다. 정치단체에 가입하지 않은 사람에 한한다. 임용 이후 정당이나 사회단체에 가입했던 경력이 발견되면 무조건 해임시킨다. 이 점을 고려해 응모하기 바란다."

추안핑은 국민당이 무능한 정권으로 전락한 원인을 부패에서 찾았다. 부패에서 자유롭지 못하다 보니 무능하게 보이는 짓만 골라서 할

1946년 9월 추안핑이 펴낸 『관찰』 창간호.

수밖에 없다고 단정했다. 그렇다고 해서 공산당의 주장에도 동조하지 않았다.

"공산당은 민주를 주장하지만 실제로는 반민주적인 정당이다. 공산당과 국민당은 별 차이가 없다. 공산당의 주장은 당주(黨主)이지 민주(民主)가 아니다. 국민당 통치하에서의 자유는 많고 적고(多少)의 문제이지만, 공산당이 집권한다면 자유는 있느냐 없느냐(有無)의 문제로 변할 것이 분명하다."

중국을 대표하는 지식인들과 문인들이 필진

추안핑은 다기(茶器) 생산지로 유명한 장쑤성(江蘇省) 이싱(宜興) 출신이었다. 후일 정치적으로 비판을 받을 때마다 "지주 집안 출신으로 어려서부터 착취가 몸에 배었다"는 말이 서두를 장식했지만 그가 고아였으며, 어린 시절 고생을 많이 했다고 기억하는 사람들이 많다. 모두 맞는 말이다.

추안핑의 할아버지는 알부자였지만 아버지는 유산을 받은 날부터 기방(妓房)에 틀어박혔다. 추안핑은 태어난 지 6일 만에 어머니가 세상을 떠나자 할머니의 양육을 받았다. 계모에게 딸이 한 명 있었다. 14세 때 할머니와 아버지가 세상을 떠나자 이들 모녀는 둘이서만 밥을 먹었다. 후일 추안핑이 "나는 항상 혼자 먹었다. 두부 한 쪽을 며칠 동안 나눠 먹었다. 설날이 되면 장조림을 한 덩어리 줬다"고 말한 그대로였다. 추안핑의 '정신적 독립'이 영국 유학시절 스승이었던 해럴드 라스키의 영향 때문이라고 흔히들 말하지만, 어렸을 때부터 뭐든지 혼자 해결하지 않으면 생존이 불가능한 환경이었다.

『관찰』은 국·공내전이 한창일 때도 매주 20만 부를 발행했다. 서남(西南) 항공판과 타이완(臺灣) 항공판까지 발행했던 것을 보면 당시의 인쇄 수준으로는 간단한 일이 아니었다. 후스(胡適), 지셴린(季羨林), 벤즈린(卞之林), 마인추(馬寅初), 펑유란(馮友蘭), 첸중수(錢鐘書), 판광단(潘光旦), 페이샤오퉁(費孝通), 푸레이(傅雷) 등 중국을 대표하는 기라성 같은 문인과 학자들이 고정 필자였다.

『관찰』은 출간되자마자 전국에 산재해 있던 지식인들의 주말을 완전히 장악했다. 그러나 추안핑 개인에게는 비극의 시작이었다.

1948년 4월 하순, 허베이성(河北省) 타이항산(太行山) 동쪽 기슭 시바이포(西柏坡)에 숨어 있던 중공 중앙위원회 앞으로 "5월 1일이 곧 다가온다. 방귀를 갈길 엉덩이가 없다. 빨리 엉덩이를 보내라"는 전보가 한 통 날아들었다. 국제 노동절을 앞두고 신화사(新華社) 사장 랴오청즈(廖承志)가 보낸 전문이었다. "말할거리가 있어야 말을 하고, 엉덩이가 있어야 방귀를 뀐다"는 말은 마오가 평소 즐겨 쓰던 민간 속어였다. 저우언라이는 마오에게 달려갔다. 마오쩌둥의 거처는 70여 리 떨어진 청난좡(城南庄)이었다.

전문을 읽은 마오쩌둥은 "답답할 땐 방귀를 한 방 갈겨야 속이 시원하다"며 한바탕 웃은 뒤 빨리 엉덩이를 만들라고 지시했다. 마오쩌둥의 정치비서인 '붉은 수재' 후차오무(胡喬木)가 초안을 잡았다. "각 민주당파, 각 인민단체 및 사회 지도층은 신속히 정치협상회의를 열어 인민대표대회 소집을 실현하기 위한 방안과 민주연합정부 설립에 관한 문제를 토론하자"는 성명서를 작성했다. "마오쩌둥 만

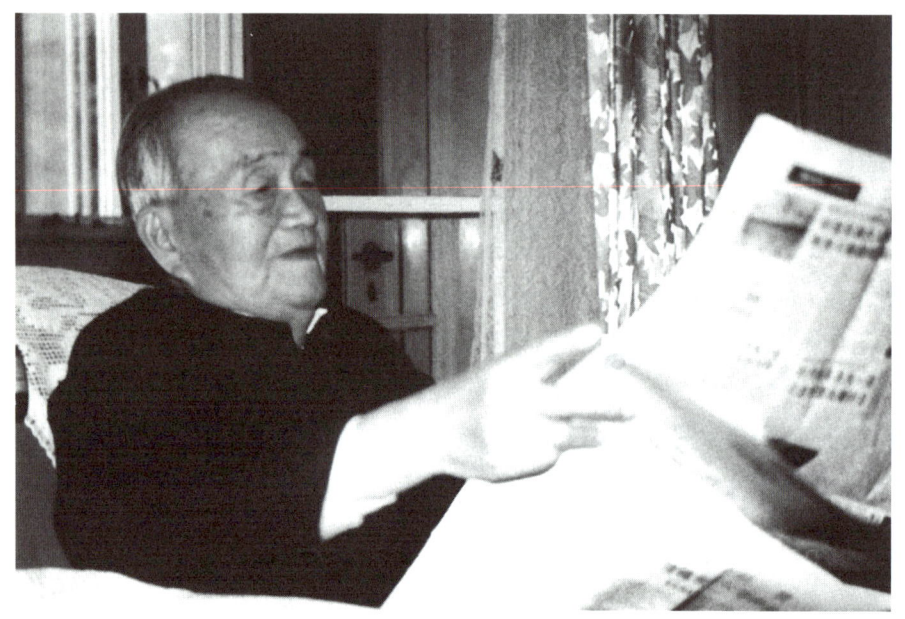

마오쩌둥의 정치비서 출신인 '붉은 수재' 후차오무.
결정적인 순간에 지식인들에게 호의를 표하곤 했다.

세" "중국공산당 만세" 같은 구호들은 마오쩌둥이 직접 삭제했다. 연합정부를 만들겠다는 사람들이 하기에는 적절한 용어가 아니었다.

"우리 가슴에 대나무 한 그루씩을 심자!"

중국의 운명을 바꾼 '5·1구호'는 중국인들에게 그다지 생소한 내용은 아니었다. 1945년 4월 중국공산당 제7차대회에서 마오쩌둥은 "국민당의 1당 독재를 폐지하고 각 당파와 무당파 대표들과 협의를 거쳐 임시연합정부를 우선 수립하고, 자유선거를 통해 국민대회를 소집한 후 정식으로 연합정부를 수립하겠다"며 공산당과 국민당에 회의를 품던 사람들을 홀리기에 충분한 정치 보고를 한 적이 있었기 때문이다.

공산당이 집권했을 경우 자신들의 앞날을 걱정하던 민주인사와 자유주의자를 자처하던 무당파(無黨派) 지식인 중에는 대륙을 떠날 준비를 하는 사람들이 많았다. 신화사가 발표한 5·1구호는 이들의 발목을 잡았을 뿐 아니라 해외에 있는 지식인들을 제 발로 귀국하게 하는 효과가 있었다. 추안핑도 마오쩌둥의 연합정부론에 기대를 걸었다.

중화인민공화국 설립 직후 후차오무는 저우언라이에게 1년 전 국민당에 의해 정간된 『관찰』을 복간시키자고 건의했다. 저우언라이도 "그렇게 독자가 많았던 잡지라면 당연히 복간시켜야 한다"며 동의했다.

일면식도 없었던 후차오무 덕에 『관찰』은 다시 선을 보였지만 선전 위주의 잡지로 서서히 변해갔다. 발행부수도 3,000부가 고작이었다. 제호가 '신관찰'(新觀察)로 바뀌고 새로운 사람이 주편에 임명되자 추안핑은 『관찰』을 떠났다. 후차오무는 추안핑에게 신화서점 부총경리와 신문출판총서 관리국장 직을 배려했다.

1956년 초여름, 중공 중앙은 마오쩌둥의 지시로 『광명일보』(光明日報)를 민주당파에 완전히 넘겨주며 총편집 후보를 물색했다. 후차오무는 추안핑을 추천했다. 자유주의자들은 흥분을 가누지 못했다. 통전부장 리웨이한은 "『광명일보』는 『인민일보』(人民日報)와 어깨를 나란히 하는 순수한 민주세력의 기관지"라며 『광명일보』의 공산당 조직과 당원이었던 총편집과 부총편집을 철수시켰다.

이듬해 4월 1일 추안핑은 『광명일보』 총편집에 취임했다. 인사말에서 자신의 소신을 분명히 했다.

"신문을 만드는 사람들은 풍랑 속에 떠 있다는 생각을 잊어서는 안 된다. 진실을 보도하는 것이 두려움을 떨칠 수 있는 유일한 방법이다. 당과 정부를 감시해라. 기사의 분석과 해결은 그들의 몫이다. 우리 모두 가슴에 대나무를 한 그루씩 심자. 독자들이 우리를 감시한다."

6월 1일, 추안핑은 통전부에서 개최한 좌담회에 참석해 「마오 주석과 저우 총리에 보내는 의견서」를 발표했다. 최근 몇 년간 제 정당들의 관계가 예전 같지 못한 것은 공산당의 '당천하(黨天下) 사상' 때문이라며 초기에만 흉내를 냈을 뿐 연합정부론과 5·1구호를 스스로 위배한 공산당을 통렬히 비판했다. 그의 이론에 의하면 '당천하 사

전범수용소에서 풀려난 전 국민당 고관들은
저우언라이의 비호를 받으며 해외에서 가족들이 보내온
송금 덕에 경제적인 여유들이 있었다.
이혼한 후에도 한집에 살던 부인이 이들 중 한 명을
집 안으로 끌어 들이는 바람에 자존심이 상한
추안핑은 집을 나왔다고 한다.

상'이야말로 종파주의의 뿌리였다. 다음날 『광명일보』 1면에 전문이 실리자 국내외에서 갈채가 쏟아졌다. 타이완의 장제스와 미국의 국무장관 덜레스(John Foster Dulles)는 추안핑의 주장을 환영한다는 성명서까지 발표했다.

추안핑은 68일 만에 『광명일보』 총편집 자리에서 쫓겨났다. 그의 이마에 '대우파'(大右派)라는 딱지가 붙었다.

양 두 마리 끌고 베이징을 떠나다

추안핑의 두 번째 부인은 남편이 몰락하자 이혼을 요구했다. 당시 베이징에는 전범수용소에서 풀려난 건장한 중년 남자가 많았다. 이들은 해외로 도망친 가족의 송금 덕에 주머니가 두둑했다. 추안핑의 부인은 자유를 찾은 왕년의 국민당 장군들과 친하게 지냈다. 이름을 거론하면 아직도 중국인들의 귀에 익숙한 사람들이 새벽녘에 추안핑의 집에서 슬그머니 나와 주위를 두리번거리다 사라지곤 했다. 모멸감을 주체하지 못한 추안핑은 제 발로 집을 나왔다.

거리에서 밤을 지새우던 추안핑은 양 두 마리를 끌고 베이징을 떠났다. 만리장성 인근의 습기 찬 움막에서 버섯을 키우며 양젖으로 허기를 달랬다. 막내아들이 중앙음악학원에 합격했다는 소식을 접하자 수박 한 덩어리와 사이다 한 병을 구해 찾아갔지만 기숙사 벽에 자신을 비난하는 대자보가 덕지덕지 붙은 것을 보고는 발길을 돌렸다.

추안핑은 문화대혁명 초기에 행방불명이 되는 날까지 사회와 가족으로부터 철저히 외면당했지만 자신의 주장을 바꾸지 않았다. 우상숭배의 함정에 빠지지 않는, 이성을 갖춘 지식인이었지만 그가 살던 시대는 뒤를 더 조심해야 했다.

　추안핑은 시공의 개념이 부족한 결점이 있었지만 사람을 선동한 적이 없다 보니 주변 사람들에게 피해를 주거나 대중을 헷갈리게 한 적이 없었다. 추안핑이 추구했던 '품격'이 영원히 사라졌다며 애석해 하는 중국인이 많은 것을 보면 자유주의자 추안핑이 부활할 날도 머지않았다는 생각이 든다.

최고 권력자 장제스의 쟁우 후스

"용인容忍은 모든 자유의 근본이다."

"군주의 능력과 지식은 한계가 있다"

후스(胡適)는 중국의 자유주의를 대표하는 지식인이었지만 이해하기 힘든 사람이라는 소리를 듣기도 했다. 대놓고 말들은 못했지만 결정적인 순간에 나 몰라라 하는 얌체라며 손가락질하는 자들도 적지 않았다. 이유는 최고 권력자 장제스와의 관계 때문이었다.

두 사람은 왕래가 빈번했다. 최고 통치권자와 접촉하는 횟수가 많다 보니 "인격의 독립을 금과옥조처럼 여겨야 한다"며 후스에게 의혹과 질시의 눈초리를 보내는 지식인들이 허다했다. 장제스의 눈에 들어 한자리할 날만 학수고대하는 엉터리들일수록 비난하는 정도가 심했다.

모든 인간관계가 그런 것처럼 후스와 장제스는 원래 가까운 사이가 아니었다. 후스는 공산당을 불신했다. 장제스를 소련의 대리인 정도로 취급했다. 장제스는 한동안 소련에 머문 적이 있었고 그의 주변에는 소련인 군사고문들이 많았다. 장제스가 소련의 지원으로 설립된 황푸군관학교의 교장이다 보니 후스가 그렇게 보는 것도 무리는 아니었다. 다들 장제스를 '홍색장군'(紅色將軍)이라 불렀고 본인도 그런 별명이 싫지 않을 때였다.

1925년 가을, 후스는 믿을 만한 친구에게 "장제스는 공산당과 같은 패거리가 아니다. 상인과 노동자를 보호할 수 있는 사람이다"라는 말을 들은 후부터 장제스에게 조금씩 관심을 갖기 시작했다. 후스 34세, 장제스 38세 때였다.

2년 후, 국민혁명군을 이끌고 북방의 군벌들과 전쟁 중이던 북벌군 총사령관 장제스가 정변을 일으켰다. 완전히 성공한 쿠데타였다. '홍색장군'에서 '중국의 로베스피에르'로 변신한 장제스는 공산당을 무자비하게 숙청하고 국·공합작을 파열시켰다. 화약 냄새가 꽃향기를 압도했다. 미국에서 귀국 중이던 후스는 장제스가 정변을 일으켰다는 소식을 듣고 경악했다. 일본에 머무르며 사태를 관망했다.

옛 것을 의심해야 진위를 가려낼 수 있다며 '의고변위'(擬古辨僞)를 제창한 제자 구제강(顧頡剛)이 후스에게 편지를 보냈다.

"북벌군 중에 아는 장교가 있어서 이들의 연회에 가볼 기회가 있었다. 국민당은 기치가 선명하고 조직을 갖춘 정당이다. 선생은 문학혁명의 포문을 열었고, 사상혁명을 제창했다. 군벌정부에 참여했고, 고궁을 황실로부터 몰수하는 일에도 대놓고 반대한 적이 있다. 북벌군이 연전연승하고 있는 마당에 계속 정치적인 발언을 한다면 민중의 적으로 몰릴 소지가 다분하다. 민중은 관용을 베풀 줄 모른다. 가장 좋은 방법은 국민당에 입당하는 길밖에 없다."

후스(오른쪽)와 장제스의 관계는 코믹한 부분이 많았다.
장제스가 양보를 많이 했다.
후스의 고집을 억지로 꺾으려 하지 않았다.
타이완의 한 회의에서
장제스에게 치사를 청하는 후스.

장제스는 지식인 후스의 견해를 수용

"국·공과 북방의 장쉐량(張學良)이 천하를 완전히 3분했다. 총성이 그치지 않고 감옥은 만원이다. 언론의 자유가 불가능하다. 툭하면 의견을 발표하기 좋아하는 성격이라 우려된다. 일본에서 연구에 필요한 자료나 수집하며 기회를 봐라"는 친구도 있었다. 후스는 이들이 시키는 대로 했지만 일본에 오래 머무르지는 않았다.

도서관과 간다(神田)의 고서점을 오가며 신문에 보도된 관련 기사들을 꼼꼼히 살핀 후 군사정변이 "역사적으로 중요한 의미가 있는 사건"이라는 판단이 들자 후스는 짐을 꾸렸다. 귀국 후 모교였던 중국공학(中國公學) 교장에 취임한 후스는 정치와 거리를 뒀다. 1928년 10월, 난징 국민정부 주석에 취임한 장제스는 국민당 1당 독재체제를 구축하고 쑨원 사상의 신성화와 절대화 작업을 추진했다. '인권보장 명령'을 반포했지만 인권에 대한 명확한 규정과 자유에 대한 구체적인 내용은 명기하지 않았다. 그냥 명령서였다.

후스는 이해가 안 됐던지 스스로 금기를 깼다. 인권과 법치의 결핍을 비난하는 문장을 연달아 발표했다. 국부 쑨원의 '행이지난'(行易知難: 행하기는 쉽지만 알기는 힘들다) 설을 "불학무식(不學無識)한 군인들에게 호신부(護身符)를 채워준 꼴"이라며 비판했다. 후스는 "무지렁이 세 명이 한 사람의 제갈량보다 낫다"며 헌법의 제정이 불가능하다면 임시약법(臨時約法)이라도 서둘러 제정해 인치(人治)에서 벗어나야 한다는 주장을 폈다.

국민당 상하이 시당(市黨)은 후스의 체포를 중앙에 건의했다. 국민정부는 중국의 현실을 종합적으로 이해하지 못하고, 국민당의 이

념과 국부의 학설을 오해해 불필요한 토론을 유발시키지 말아달라는 경고 형식의 서한을 후스에게 발송해 사태를 마무리하려 했다.

상하이 시당은 그러나 후스를 들들 볶았다. 결국 중국공학 교장 직을 사퇴하고 상하이를 떠나게 했다. 이 와중에 장제스는 후스의 주장에 동조하는 행동을 취했다. 국민당 원로 후한민(胡漢民)이 반대하는 바람에 성사되지는 못했지만 국민회의를 소집해 약법을 제정하려 했다.

1930년 칭화대학은 후스를 포함한 세 사람의 명단을 정부에 제출했다. 그중 한 사람을 교장으로 지명해달라고 요청했다. 장제스는 "후스는 반당분자다. 교장으로 내보낼 수 없다"면서 단호하게 거부했다. 소식을 들은 후스는 "장제스가 내게 반당분자라는 감투를 하나 씌웠다"고 일기에 적었다.

그리고 2년이 흘렀다. 1932년 11월 30일, 우한대학(武漢大學) 개교 4주년 기념식에 참석한 후스는 한커우(漢口)에 장제스가 와 있다는 말을 들었다. 그날 밤 배를 타고 강을 건넜다. 우한과 한커우는 강 하나 사이였다. 장제스는 연락도 없이 찾아온 초면의 후스를 반갑게 맞이했다. 후스는 식전이었다. 이날 장제스는 저녁을 두 번 먹었다.

다음날 비서를 보내 후스를 만찬에 초청했다. 후스는 책을 한 권 선물하고 일찍 자리를 떴다. "군주의 지식과 능력은 한계가 있다. 전국의 이목을 자신의 이목으로 알고, 전국의 수족을 자신의 수족으로 알고 의지해야 한다. 대권을 장악한 사람이 자신에 넘치고 능력을 과신하면 국민들에게 재난을 안겨준다"는 내용이 들어 있는 책이었다.

12월 2일에도 장제스는 후스를 초청했다. 후스는 선약이 있어서 늦게 갔다. 장제스는 교육제도의 개혁과 학풍의 정돈에 관한 의견을 물었다. 후스는 머뭇거리지 않고 장제스에게 자신의 견해를 말했다.

"교육제도는 함부로 바꿔서는 안 된다. 교육의 붕괴는 제도와 무관하다. 전문가의 손을 거친 훌륭한 제도이지만 시행에 실패했다. 개혁이다 뭐다 하며 자꾸 뜯어고치다 보니 엉망이 됐다. 학풍도 마찬가지다. 교장이라는 사람들이 인심을 얻지 못하고 관직을 탐내는 교수들이 많다. 선발이 공정하지 못했기 때문이다. 학생들에게는 죄가 없다."

장제스는 자신의 저서 한 권을 후스에게 선물했다. 숙소에 돌아와 책을 펼쳐본 후스는 깜짝 놀랐다. 자신의 생각을 수용한 흔적이 도처에 엿보였다.

후스의 비판을 용인하다

1933년 초, 만주를 장악하고 있던 일본군은 산하이관을 점령한 후 러허성(熱河省)을 향했다. 장제스는 그냥 내버려뒀다. 결정적인 순간이 올 때까지 일본과의 무력충돌은 피하자는 것이 그의 전략이었다. 후스는 장제스에게 전보를 쳤다.

"성 하나를 다시 일본군에게 내준다면 책임을 면하기 힘들다."

장제스는 후스의 의견을 존중했다. 북상해 일본군의 러허 진입을 저지했다.

"일본군이 국내와 타이완의 6개 사단을 동원해 러허를 수중에 넣으려 했다. 정확한 정보가 없다 보니 일본군의 동병(動兵)을 허장성세인 줄 알았다."

장제스는 후스의 예측이 맞았음을 인정했다. 중·일전쟁이 본격화되기 4년 전이었다.

후스는 그날 밤 일기에 "상황을 오도함이 이 지경에 이르렀으니 분노하지 않을 수 없다"고 적었다. 후스는 장제스에게 "자신의 직권을 분명히 정하고, 주어진 권한 내에서 전력을 다할 것"을 권하는 편지를 보냈다. 받는 사람의 기분을 전혀 염두에 두지 않은 내용이었다. 장제스도 답장을 보냈다. 서신왕래의 시작이었다.

베이징시 공안국이 민족의식 운운하며 서력 기원을 쓰지 말고, 장제스의 어록을 앞면에 실으라는 공문을 전국의 언론기관에 발송했다. 후스가 반대를 표하자 장제스는 강연을 통해 해명했다.

후스는 "그는 과오를 고칠 줄 모르는 사람이 아니다. 잘못을 지적해주는 쟁우(諍友)가 없는 것이 애석하다"고 일기에 적었다. 장제스에게 조금씩 애정을 느끼기 시작했지만 불만도 많았다. 후스는 "최고사령관인 군사위원회 위원장 명의로 정사에 관여하는 것은 월권"이라며 대놓고 비판했다. 장제스는 심기가 상했는지 그간 후스가 보낸 편지를 모두 찢어버렸다.

죽는 날까지 장제스의 쟁우를 견지한 후스

1936년 12월 12일, 시안사변이 발생하자 후스는 경악했다. 장제스를 감금하고 국·공합작과 일본과의 전쟁을 요구하는 장쉐량에게 "마적의 아들, 근본이 형편없는 소인배"라며 맹공을 퍼부었다.

장제스의 철권통치 시절, 후스는 유일하게 언론의 자유를 누렸다.
1958년 4월 10일, 중앙연구원 원장 취임식 날도
장제스의 인권과 언론정책을 대놓고 비판했다.
장제스는 물론 함께 참석한 주자화(朱家驊·앞줄 오른쪽) 등
고관들을 곤혹스럽게 하는 경우가 많았다.

사변이 평화적으로 해결되고 국·공합작이 실현됐다. 장제스는 북방의 학자들에게 "옌안에 틀어박힌 공산당과 현실정치, 일본에 관한 의견" 등을 묻기 위해 언론인 한 명을 베이징으로 파견했다. 꼭 만나봐야 할 사람들의 명단을 직접 작성했다. 제일 앞머리에 후스의 이름이 있었다.

추위가 가시자 후스는 장제스를 찾아갔다. 장제스는 사랑니를 뽑은 직후였다. 얼굴이 창백하고 말을 제대로 못했다. 후스는 일찍 자리를 떴다. 장제스는 손으로 턱을 싸매고 웃는 것도 찡그린 것도 아닌 별난 표정으로 후스를 배웅했다. 짧은 만남이었지만 두 사람의 관계는 개선됐다.

1947년 장제스는 내각을 개편하며 후스에게 국부위원(國府委員)과 고시원장(考試院長) 직을 제의했다. 후스는 "정부에 참여하는 것은 정당을 조직하는 것만 못하고, 정당을 만드는 것은 신문사 하나를 만드는 것만 못하다. 후의를 받아들인다면 30년간 유지해온 독립적인 지위가 훼손된다"며 거절했다.

장제스는 후스를 초청해 재삼 간청했다. 역시 거절당하자 "국가가 만부득이한 상황만 아니었다면 권하지도 않았다"며 밥 먹던 수저를 내동댕이치고 나가버렸다. 며칠 후 다시 후스를 초청해 국부위원은 관직 축에도 못 드니 한번 고려해보라고 조심스럽게 말했다.

후스는 화제를 딴 곳으로 돌렸다. 이튿날 교육부장을 통해 정부에 참여할 수 없는 고충을 전달했다. 장제스는 후스의 결정을 존중할 수밖에 없었다.

그해 겨울 후스의 생일 전날 두 사람은 저녁을 함께했다. 장제스는 주미대사를 한 번 더 나가달라고 요청했다가 그마저 거절당했다.

후스는 30년대부터 국민당 쪽으로 기울기 시작했다. 공산당과는 체질적으로 맞지가 않았다. 그러자 어용학자 취급을 받았다. 철학자 진웨린(金岳霖)은 "인생관은 있어도 세계관은 없는 사람. 그의 『중국철학사』를 보면 중국을 연구한 미국 상인의 저술 같다"며 후스를 깎아내렸다. 문인 기색이 농후하던 공산당 총서기 취추바이(瞿秋白)도 칠언시를 지어 조롱했다.

후스는 국민당의 주구라며 손가락질을 당했지만 혁명가들처럼 불공대천의 적의를 드러내지 않으면서 언론의 자유와 민주헌정, 인권의 보장을 죽는 날까지 장제스에게 요구했다. 투기성이 다분한 지식인들처럼 곡학아세(曲學阿世)로 관직을 탐하지도 않았다. 장제스가 수많은 자리를 제의했지만 베이징대학 교장과 중앙연구원 원장 등 교육과 관련된 직임 외에는 거절하며 최고 권력자의 쟁우를 견지했다. 관직은 중·일전쟁 기간 주미대사로 봉직한 것이 유일했다. 장제스도 오만상을 찌푸릴 때가 많았지만 쟁우의 신랄한 비판을 견디며 평생 관계를 유지했다.

후스의 부인 장둥슈는 전족을 한 문맹

후스와 장제스를 말하면서 부인들 얘기를 빼놓을 수 없다. 후스의 부인 장둥슈(江冬秀)는 전족을 한 문맹이었지만 친정은 진사를 줄줄이 배출한 안후이(安徽)의 명문망족(名門望族)이었다. 후스나 장제스나 쑹메이링과는 비교도 안 될 정도로 집안이 번듯했다.

세상일이 다 그렇듯이 후스와의 인연도 시작은 우연이었다. 14세 때 하인들 거느리고 장보러 나갔던 장둥슈의 어머니가 평소와 다르게 빈손으로 돌아왔다. 총기가 넘치는 미소년을 발견했다며 온 집안을 들쑤시고 다녔다. "무슨 수를 써서라도 사위로 삼고야 말겠다"며 주책을 떨더니 인근에 소문난 중매쟁이란 중매쟁이는 거의 다 동원했다.

청혼을 받은 후스의 어머니는 주저했다. 남편이 관청의 문턱을 밟기는 했지만 평범한 축에도 들지 못했고, 대대로 내려오는 소금장수 집안 주제에 더할 나위 없이 좋은 혼처였지만 신붓감이 문제였다. 장둥슈는 호랑이띠였다. 안후이 사람들은 옛날부터 남편 장악력이 탁월하고 사납다는 이유로 호랑이띠 여자들을 기피하는 습속이 있었다.

장둥슈의 어머니는 집요했다. 후스를 한 번 본 다음부터 다른 사윗감들은 안전에도 없었다. 사주 보는 사람들을 한 명도 빼놓지 않고 매수한 뒤 제발 부탁이니 사주팔자라도 한번 맞춰보자며 후씨 집안 사람들을 2년간 설득했다.

후스의 어머니도 23세 젊디젊은 나이에 할아버지뻘 되는 남편이 세상을 떠나자 한 손에 몽둥이를 들고 네 살짜리 아들을 직접 교육시킨 여장부였다. 인근에 사주깨나 본다는 사람은 다 찾아다녔다. 가는 곳마다 천생배필이라는 사주쟁이의 말을 듣고서야 정혼(定婚)을 수락했다. 아들의 의견 같은 것은 들을 필요가 없던 시절이었다.

장둥슈는 20리 떨어진 곳에 사는 한 살 아래짜리 남자아이가 남편이거니 했다. 후스도 마찬가지였다. 어머니의 결정은 황제의 성지(聖旨)나 다름없었다.

어떻게 생겼는지도 모르는 여자아이와 정혼한 후스는 상하이에 나가 학업을 계속했다. 19세 때 관비유학생에 뽑혀 미국 코넬대학으로 유학을 떠났다.

미국의 미식가들을 황홀하게 만든 장둥슈의 요리솜씨

후스가 없는 동안 장둥슈는 혼자 사는 시어머니를 봉양하기 위해 펭귄처럼 뒤뚱거리며 11년간 20리 길을 오갔다. 얼굴 한번 본 적 없는 후스에게 편지도 가끔 보냈다. 후스는 아무리 들여다봐도 무슨 말인지 알 수 없는 편지를 여러 통 받았다.

1917년 5월, 후스는 7년간의 유학을 마치고 베이징대학에 최연소 교수로 부임했다. 신문화운동을 주도하고 문학혁명과 백화문 사용을 제창해 하루아침에 전국적인 인물로 부상했다.

그해 겨울 후스는 고향에 내려와 결혼식을 올렸다. 두 사람의 결혼은 민국시대 7대 사건의 하나였다.

연애와 이혼의 자유를 주창해 청년들을 열광케 한 민주와 과학의 신봉자가 전족을 한 부인과 베이징 거리를 산책하며 시장 보는 모습은 모순의 결정체였다. 먹는 것을 좋아하고 요리에도 조예가 깊었던 장둥슈의 손에는 항상 먹을 것이 들려 있었다. 가관이라며 웃는 사람들이 많았지만 후스는 개의치 않았다. 장둥슈도 대갓집 딸답게 어디를 가나 당당했다. 좀 배웠다 하면 자신이야말로 봉건적 혼인제도의 희생자라며 머리를 쥐어뜯던 시대였다. 마오쩌둥·루쉰·장제스 할 것 없이 스승의 딸과 제자, 미국 명문대학을 졸업한 외국인 회사 경리직원과 눈이 맞아 부모가 맺어준 부인을 버리고 새로운 가정을 꾸렸지만 후스는 운명을 받아들였다.

 좋은 점도 있었다. 장둥슈는 후스의 월급봉투 거의를 음식에 쏟아 부었다. 일 년 열두 달, 주방에 있는 날이 밖에 있는 날보다 더 많았다.

 "배고픈 사람은 후스의 집에 열심히 가라. 후스는 신경쓸 필요 없다. 평생 구경도 못 할 온갖 요리를 다 먹을 수 있다. 단 후스 흉이라도 봤다 하는 날에는 각오해야 한다. 무슨 봉변을 당할지 모른다."

 이런 이야기가 지식인 사회에 자자했다.
 어느 시대를 막론하고 쓸데없는 걱정으로 날을 새우는 사람들은 있게 마련이다. 훗날 후스가 주미대사로 나갈 때도 그랬다.
 "장둥슈가 대사부인이라니 말도 안 된다. 의전은커녕 영어와 중국어도 구분 못한다. 미국 상류사회 사람들 앞에서 중국 망신 톡톡히 시킬 테니 두고봐라."
 배웠다 하는 여자들일수록 말들이 많았다.
 장둥슈가 미 국무부의 고급관원과 각국 대사들의 입맛을 휘어잡으리라고는 상상도 못했다. 친정집에서 들고 온 무쇠솥에 닭·오리·돼지고기·양고기·배추 등 온갖 재료를 통째로 넣고 온종일 끓인 탕 한 사발과 김이 무럭무럭 나는 찐빵 한 덩어리씩을 안기면 내로라 하는 미식가들은 하나같이 황홀한 표정을 지었다. 돌아가는 차 안에서 입맛을 다시며 속으로 후스를 부러워했다. 중국대사 관저에 와서

쑹메이링도 장둥슈(왼쪽)의 불 같은 성격을 잘 알았다.
무슨 날벼락을 맞을지 몰라 항상 조심하면서 가급적이면 피했다.
후스 사망 후 장둥슈를 위로하는 쑹메이링.

밥 한 끼 못 먹어본 외교관이 없을 정도였다.

남편이 아내에게 지킬 '삼종사덕'

후스는 민국 4대 미남의 한 사람이라 불릴 정도로 용모가 준수했다. 미국인·중국인 할 것 없이 여자친구가 많았다. 연애편지를 수없이 주고받았다지만 부인이 문맹인 덕분에 불화가 일어나는 일은 없었다.

단 한 번 이혼이야기를 꺼낸 적이 있었다. 장둥슈는 "좋다. 그 전에 할일이 있다"며 주방에 들어가 식칼을 들고 나왔다. "아이들도 죽여버려야 관계가 완전히 정리된다"면서 두 아들이 자는 방을 향했다. 기겁을 한 후스는 그 자리에 무릎을 꿇고 다시는 그러지 않겠다며 싹싹 빌고 나서야 겨우 용서를 받았다.

후스는 세상을 떠나기 전 우스갯소리로 남자들이 준수해야 할 삼종사덕(三從四德)을 이야기한 적이 있다.

"부인이 외출할 때 꼭 모시고 다녀라.
명령에 무조건 복종해라.
부인이 아무리 말 같지 않은 소리를 해도 맹종해라."

이것이 3종(三從)이었다.

"부인이 화장할 때 불평하지 말고 끝날 때까지 기다려라.
생일을 절대 까먹지 마라.

야단맞을 때 쓸데없이 말대꾸하지 마라.
부인이 쓰는 돈을 아까워해서는 안 된다."

그는 4덕(四德)을 구체적으로 설명했다. 후스는 실제로 그렇게 했다.

천하의 장제스도 집 안에만 들어오면 후스와 처지가 비슷했다. 미국 유학을 마친 외국인 회사 경리직원 쑹메이링을 만나기 전까지만 해도 상하이의 화류계를 휩쓸고 다녔다. 화류병에 걸려 병원 드나들기를 밥 먹듯 했지만 쑹메이링을 본 후부터 다른 여자들은 거들떠보지도 않았다. 온갖 유치한 짓을 동원해 결혼에 성공했지만 생활방식도 변했다. 먹기 싫은 와인을 억지로 마시기 시작했고 포크와 나이프 쓰는 법도 익혔다. 얼떨결에 기독교를 믿겠다는 말을 했기 때문에 교회를 열심히 다녔다. 부하와 신자들 앞에서 간증도 했다. 평소 장제스를 알던 사람들이 보기엔 어처구니가 없는 일이었다.

"용인은 모든 자유의 근본"

1962년 2월 24일, 후스는 중앙연구원에서 거행된 연회 도중 심장발작으로 숨을 거뒀다. 장제스는 후스를 가장 정확히 이해한 사람이었다. 성명서를 발표하고 "신문화 중 구도덕의 모범, 구윤리 중 신사상의 사표"라는 만련(挽聯)을 영전에 바쳤다. 그래도 뭔가 부족했던지 '지덕겸융'(知德兼隆) 넉 자를 직접 써서 묘지 뒤 도래석에 새기게 했다. 타이페이 난강(南港)의 중앙연구원 건너편에 후스의 무덤을 조성할 때, 유명학자 마오쯔수이(毛子水)가 짓고 금석학자 왕

후스는 1935년 홍콩대학 법학박사를 시작으로 1959년 하와이대학에서 학위를 받을 때까지 총 35개의 박사학위를 받았다. 그중 미국이 31개로 가장 많았다. 국민당 정권의 타이완 천도 이후 가장 성대했던 후스의 장례식.

장웨이(王壯爲)가 쓴 묘비명의 최종 감수자도 장제스였다.

"중화민국 기원전 21년에 태어나 중화민국 51년에 세상을 하직했다. 학술과 문화의 진보, 사상과 언론의 자유, 민족의 존엄과 영광을 위해 눈을 감는 날까지 노심초사하던 사람이 지금 이곳에 쉬고 있다. 결국은 한 줌의 흙이 되고, 이 산기슭도 언젠가는 형체조차 없어질지 모른다. 단, 이곳에 잠든 한 철인(哲人)이 세계에 남긴 광명은 영원할 것이다. 우리는 그것을 믿는다."

자유주의자 후스는 중국 근·현대사를 통틀어 영향을 가장 많이 끼친 사상가이며 학자였다. 전집 44권을 남겼다. 문사철(文史哲)과 종교, 고전 주석, 과학, 교육, 언어 등 손대지 않은 분야가 없었지만 요체는 용인(容忍)이었다.

"용인은 모든 자유의 근본이다. 용인이 결핍된 사회는 자유를 보장받지 못한다."

두고볼 일이지만, 중국의 21세기는 후스의 시대가 될지 모른다.

시베리아 추위도 장징궈의 웃음 앗아가지 못했다

"부자간에 무슨 놈에 절차가 이렇게 복잡하냐."

소련인들과 친분을 쌓은 15세 소년

신해혁명 성공 후 중국은 남북으로 분열됐다. 쑨원은 자신의 처지가 한심했다. 군대가 없이는 통일과 민주공화제의 실현이 불가능했다. 독일·일본·미국과 접촉했지만 다들 반응이 신통치 않았다. 쑨원은 소련 쪽으로 눈을 돌렸다. 10월혁명에 성공한 소련도 동방의 협력자를 물색하던 중이었다.

쑨원은 국민당을 레닌식 정당으로 개조했다. 중국공산당 당원들도 개인 자격으로 국민당에 입당했다. 소련은 북벌(北伐) 성사를 위해 광저우에 황푸군관학교를 설립하고 군사고문단과 현대식 무기를 지원했다.

1925년 쑨원이 죽자 베이징과 모스크바에서 연일 대규모 추모행사가 열렸다. 소련은 중국혁명을 수행할 '정치간부'를 양성해주겠다며 모스크바에 중산(中山)대학을 설립해 쑨원을 기념하고 양국의 우호를 세계에 과시했다.

노동자 시위에 참가했다는 이유로 상하이 푸둥(浦東)중학에서 퇴학당한 장징궈(蔣經國)는 베이징에서 프랑스 유학을 준비 중이었다.

쑨원 추모행사와 시가행진을 참관하며 감동을 받았다. 1년 전 아버지 장제스를 만나러 광저우에 있는 황푸군관학교에 갔을 때 봤던 국·공합작과 군벌타도에 관한 온갖 벽보들이 생각났다.

장징궈는 중국공산당 설립자의 한 사람이며 쑨원과 함께 국·공합작을 성사시킨 리다자오를 알게 됐다. 리다자오는 소련 대사관에서 살고 있었다. 그 덕분에 장징궈도 소련인들과 친분을 쌓았다. 소련 사람들은 자주 놀러 오는 15세 소년에게 소련 유학을 권했다. 아버지에게 편지를 보냈더니 반대하지 않았다.

1925년 10월 19일, 장징궈는 "혁명인지 뭔지 하는 괴물이 남편을 물어가더니 이제는 하나밖에 없는 아들마저 잡으려 한다"는 어머니의 한숨을 뒤로 했다.

모스크바 중산대학으로 유학

국·공 양당에서 선발한 유학생 90명은 블라디보스토크행 화물선에 오르자마자 코민테른가(國際歌)를 불러댔다. 장징궈는 배 안에서 부하린의 『공산주의 ABC』를 탐독했다.

장제스는 완전히 좌경화된 사람다운 편지를 아들에게 자주 보냈다.

"중국어와 영어는 잠시 잊어라. 러시아어에 정통해야 마르크스·레닌주의의 보물상자를 열 수 있다. 정당 가입은 내가 간여할 문제가 아니지만 이왕 그곳에 갔으니 시세와 조류에 따르도록 해라. 우리의 가장 큰 임무는 전 세계 무산계급의 해방이다. 너나 나나 민중의 이익을 위해서라면 개인의 행복을 희생해야 한다. 중국 혁명은 세계혁명의 일부분이다. 절대로 낭만주의에 빠지지 마라."

중산대학에 유학온 중국인 학생들의 관계는 국·공 양당처럼 복잡했다. 서로 같은 편으로 끌어들이기 위해 충돌과 마찰이 그치지 않았다. 특히 프랑스에서 건너온 덩시셴(鄧希賢)의 활동은 눈에 띌 정도였다.

장징궈는 학생들 사이에 열띤 토론이 벌어질 때마다 항상 공산당 편에 섰다. 국민당 쪽에서는 어느 누구도 감히 그와 맞서려 하지 않았다. 국민혁명군 총사령관 장제스의 아들이어서가 아니었다. 장징궈는 대연설가였고 청년단원이었다. 그의 연설이 있는 날이면 학생들은 참고서를 뒤져가며 한 마디 한 마디를 경청했다. 장징궈는 학교 측에서 발언을 저지하면 항의했다.

1927년 3월, 중국공산당은 상하이 총공회에 파업을 발동하고 무장폭동을 일으켜 장제스의 북벌군을 지원했다. 소식을 들은 중산대학 학생들은 "홍색장군 장제스 만세"를 외치며 환호했다. 강당에 마르크스·레닌·스탈린과 함께 장제스의 사진을 걸었다. 5월 1일 붉은 광장에서 거행될 노동절 기념행진에 쓸 장제스의 대형 초상화까지 준비했다.

장제스는 밤에 생각하고 아침이 되면 까먹는 사람이 아니었다. 낮에 생각하고 밤에 행동하는 사람이었다. 국·공합작 이후 점점 세력이 확대되는 공산당을 좌시하지 않았다. 4월 12일 새벽 4시를 기해 청당(清黨)을 발동하고 상하이 총공회를 공격했다. 다음날 중공이 시위를 벌이자 장제스는 국민당 부대에 발포명령을 내렸다.

"혁명의 동지였지만 지금은 나의 적!"

장제스는 공산당원의 씨를 말리려고 작정한 사람 같았다. 공개적으로 반공(反共), 반소(反蘇)를 선언했다. 중공 측에서는 장제스가 혁명을 배신했다고 길길이 뛰었다.

『프라우다』기자가 장징궈를 찾아왔다. 16세를 갓 넘긴 소년은 몸을 어디다 둬야 좋을지 몰랐다. 얼굴이 홍당무가 되어 "그는 노동자들을 죽였다. 아버지로 인정할 수 없다. 한때는 부자지간이며 혁명의 동지였지만 지금은 나의 적"이라고 말했다. 그날 밤 장징궈는 아버지 얼굴이 눈앞에 오락가락하는 바람에 잠을 설쳤다.

장징궈는 소련에 눌러앉았다. 같은 해 8월, 쑨원의 부인 쑹칭링(宋慶齡)도 장제스와 결별하고 모스크바로 왔다. 4개월 후 아버지가 쑹칭링의 동생과 결혼했다는 소식을 들었다. 그날 밤 장징궈는 어머니의 손을 잡고 고향 뒷산에 있는 할머니 무덤을 찾아가는 꿈을 꿨다.

1927년 4월 12일, 상하이에서 청당의 서막을 연 장제스는 혁명 근거지 광저우에 계엄령을 선포하고 장쑤(江蘇), 저장(浙江), 후난(湖南), 장시(江西), 푸젠(福建), 광시(廣西), 쓰촨(四川) 지역의 중공당원들을 닥치는 대로 색출했다. 형장이 따로 없었다. 대로나 골목 할 것 없이 유혈이 낭자했다. 공산당원 한 명을 색출할 수만 있다면 무고한 사람 천 명이 희생되어도 상관없었다.

황푸군관학교 교장시절, 유아원을 방문한 장제스.

소련 홍군에 자원 입대

3년간 계속된 제1차 국·공합작도 피비린내만 남긴 채 공염불로 끝났다. 목숨을 건진 중공당원들은 두더지 신세로 전락했다. 장제스는 소련인 고문 140여 명을 추방해 중·소 관계도 완전히 파열시켜 버렸다. 형제간에도 동업을 하면 언젠가 불화가 일게 마련, 정치판에서 합작이나 연합은 말장난에 불과했다.

국·공합작의 옥동자였던 모스크바 중산대학의 중국인 학생들은 본국의 정변 소식에 뭐가 뭔지 갈피를 잡지 못했다. 소련은 학생들 중에서 국민당원들은 중국으로 돌려보냈다. 항상 중국공산당 편에 섰던 장징궈는 소련을 떠나지 않았다. 스스로 잔류를 희망했는지, 후일 장제스와의 관계 개선을 위해 스탈린이 귀국을 허락하지 않았는지 여부는 알 수 없다.

그럴듯한 이유로 "한방에서 살다시피 했던 군벌 펑위샹(馮玉祥)의 딸 펑푸녕(馮弗能)과 중산대학 여학생 중 가장 예뻤던 장시위안(張錫媛)이 무뚝뚝한 바람둥이 쭤취안(左權: 후일의 팔로군 전방총부 참모장. 항일전쟁 기간 사망. 신중국 수립 후 최초의 국장으로 장례를 치렀다)과 무슨 일이라도 생길까봐 소련에 눌러앉았다"고 말하는 중국 할머니들이 많다. 당시 장징궈는 17세 소년이었다. 개울에서 물장구 치고 놀던 아버지가 혁명을 하겠다며 집을 뛰쳐나갔을 때와 같은 나이였다.

1년 후 장시위안은 덩샤오핑과 간소한 결혼식을 올렸다. 우리는 언제 결혼할 거냐며 졸라대던 펑푸녕은 "사람들은 청년단원인 네가 놀기 좋아하는 나와 가깝게 지내는 것을 싫어한다. 나는 너의 친구나 동지가 될 자격이 없다. 그간 축낸 러시아 빵과 네게 미안하다. 아버지와는 화해하겠다"는 편지를 남기고 귀국해버렸다. 영원한 이별이었다.

장징궈도 귀국을 요청했지만 코민테른은 가타부타 확답을 주지 않았다. 어쩌면 인질이 될지도 모른다는 생각이 들자 장징궈는 소련 홍군에 자원 입대했다. 어려서부터 호된 교육을 받았고 시련이 몸에 배다보니 힘들어도 낯을 찡그리거나 한숨을 쉬는 법이 없었다. 항상 명랑하고 적응력이 뛰어났다. 2년 후 장징궈는 사단 최우수 사병에 뽑혔다.

소련 정부는 관례대로 장징궈를 레닌그라드 소재 중앙군사정치학교에 입학시켰다. 이제 그의 이름은 '니콜라', 유일한 지도자는 '스탈린 동지'였다.

대성통곡하는 아버지 장제스

장징궈는 정치공작이 뭔지를 제대로 배우며 머리에서 발끝까지 붉은 물이 들기 시작했다. 유격전술과 무장전복에 관한 논문은 소련인 교관들을 감탄시켰다. 이때 장의 나이 20세, 장차 중국공산당의 지도자감으로 손색이 없었다.

군정학교를 마친 장징궈는 발전소에서 노동자 생활을 시작했다.

"손에는 물집이 생기고 온몸이 아프지 않은 곳이 없었다. 매달 45루블을 받았다. 빵은 배급제였지만 하루에 두 끼밖에 못 먹는 날이 더 많았다. 항상 배가 고팠다."

시베리아 시절 중기계창 동료들과 야유회를 나온
장징귀(앞줄 왼쪽 일곱째)와 부인 파이나(앞줄 왼쪽 여섯째).
파이나는 중국에 온 뒤 시어머니로부터 장팡량(蔣方良)이라는
중국 이름을 받았다. 장의 왼쪽 모자 쓴 여인은 반세기가 지난 뒤
"니콜라(장징귀)의 얼굴에는 항상 미소가 흘렀다.
우리는 그가 남을 원망하거나 화내는 모습을 본 적이 없다"며
장징귀를 회상했다.

장징궈는 운명을 개선할 방법을 찾았다. 야간학교에 들어가 토목공정학을 배웠다. 중국과는 모든 연락이 단절된 지 오래였다.

1931년 6월 15일, 국민당 정보기관이 상하이에 잠복해 있던 코민테른 극동지역 책임자 뉘란 부부를 체포했다. 6개월 후 소련은 쑹칭링을 통해 뉘란 부부를 소련에 있는 장징궈와 교환하자고 제의했다.

장제스는 소련 측의 제의를 일언지하에 거절했다. 장제스는 12월 16일 일기에 스스로의 단호한 의지를 적었다.

"어린 자식이 황무지에 내팽개쳐지고, 소련인들에게 잔혹한 죽음을 당할지언정 국가에 해를 끼친 범죄자들과 교환하지 않겠다. 후손이 끊기고 나라가 망한다 해도, 그것이 하늘의 뜻이라면 운명인 줄 알고 받아들이겠다."

훗날 장제스의 부관은 "그날 밤 태연히 잠자리에 든 총통은 두 차례 대성통곡했다"는 기록을 남겼다.

장징궈는 농촌으로 쫓겨났다. 농민들은 "먹는 것 외에는 할 줄 아는 것이 아무것도 없는 중국인이 굴러들어왔다"며 조소했다. 땅이나 갈아엎으라며 말과 농기구를 던져줬다.

장징궈는 온종일 밭을 일궜다. 하루에 4시간밖에 자지 않았다. 결국 병으로 쓰러졌다. 고향의 기름진 농토가 그리웠다. 온기라고는 하나도 없는 창고에서 동사 직전까지 간 장징궈를 한 노파가 집으로 데리고 갔다. 벽난로 옆에 잠자리를 마련해주고 뜨거운 수프와 김이 무럭무럭 나는 감자를 양껏 먹여줬다. 며칠 만에 기력을 회복한 장징궈는 또 밭으로 나갔다.

장징궈는 농민들의 존경을 받기까지 오랜 시간이 걸리지 않았다. 나이든 농민들이 장징궈를 마을 행정위원회 부주석으로 추대했다.

아버지를 비판하는 소련공산당 입당원서

2년이 흘렀다. 소련은 장징궈를 한 곳에 내버려두지 않았다. 이번에는 공장 중의 공장이라 불리던 시베리아의 우라마시 중기계창으로 보냈다. 장징궈는 이곳에서도 성실하고 얼굴엔 웃음이 떠나지 않았다. 뭐든지 시키면 다 해냈다. 부공장장으로 승진했고 『중공업일보』의 주편도 겸했다.

장징궈는 이웃 공장에 근무하는 러시아 여인을 만나 가정을 꾸렸다. 이 미래의 타이완 총통은 아들이 태어나자 소련에 정착하기로 마음을 굳혔다. 소련공산당에 장제스를 독하게 비난하는 입당이유서를 제출했다.

장징궈가 소련공산당에 제출한 입당신청서 원본이 최근 발견됐다.

"나의 아버지 장제스는 중국혁명의 반역자다. 현재 중국에서 자행되는 흑색공포의 두목이기도 하다. 1927년 나는 그와의 모든 관계를 단절하고 적으로 대하겠다는 성명을 낸 적이 있다. 그 후로 장제스와 연락을 하거나 인연이 될 만한 행동을 하지 않았다. 장제스와 조우하게 된다면 공산당원의 입장에서 그와 그의 추종자들을 응징하겠다."

1935년 초, 중국공산당의 코민테른 대표 왕밍(王明)이 장징궈를 모스크바로 초청했다. 엉뚱한 제의를 했다.

"네가 소련 측에 체포되었다는 소문이 중국에 파다하다. 고향에 있는 어머니에게 안정된 직장에서 자유롭게 생활하고 있다는 편지를 한 통 써라."

두 사람은 모스크바 중산대학의 동기였다.
1936년 1월, 레닌그라드판 『프라우다』지에 소련공산당 후보당원 장징궈가 중국의 어머니에게 보내는 편지가 대문짝만하게 실렸다. 중국 중앙홍군이 창군 이래 최대의 위기에 처해 있을 때였다.

"나의 아들은 살아 있구나"

장징궈는 장제스와 쑹메이링이 전국적으로 펼치던 신생활운동과 홍군에 대한 포위 섬멸작전을 무자비할 정도로 비판했다.

"어머니의 전남편은 야만적인 방법으로 수십 만의 형제와 동포들을 도살했습니다. 중국인의 적이며 당신 아들의 적입니다. 듣자 하니 장제스는 효와 예의와 염치를 선전한다고 합니다. 그 사람은 항상 이런 수법으로 인민들을 속이고 우롱했습니다. 어머니의 머리채를 잡아 흔들며 2층에서 집어 던지겠다고 길길이 날뛰던 사람이 누구입니까? 할머니에게 야단맞자 버릇없이 대든 사람이 누구입니까?"

장징궈는 이어서 풍전등화나 다름없는 중국 홍군의 장정과 소비에트 정권을 찬양했다.

"저는 군벌의 아들에서 한 사람의 공산당원으로 성장했습니다. 장제스는 다섯 차례에 걸쳐 중국의 소비에트 정권을 소멸시키려 했지만 홍군은 중국 인민의 힘을 상징합니다. 현재 중국에서 벌어지고 있는 모든 혼란과 죄악의 근원은 장제스입니다. 저의 조국은 소련입니다. 어머니가 중국을 떠날 수만 있다면 계신 곳 어디라도 제가 달려가겠습니다."

『뉴욕타임스』도『프라우다』에 실렸던 내용을 그대로 전재했다. 불공대천의 원수에게서도 듣기 힘든 비난과 욕설을 아들에게서 들은 장제스는 안도의 한숨을 내쉬었다. 몰락한 소금장수의 아들로 태어나 41세에 전 중국을 통일한 사람다운 일기를 남겼다.

"역시 이 녀석은 살아 있었다. 그간 잠을 설치지 않은 날이 단 하루도 없었다. 조상들에게 큰 죄를 지었다는 생각이 들 때마다 모골이 송연했다. 기쁨을 함께 나눌 사람이 없는 것이 슬플 뿐이다."

1936년 스탈린의 숙청이 시작됐다. 반혁명분자 장제스의 아들이며 한때 트로츠키 분자로 몰렸던 장징궈도 무사할 리가 없었다. 직장에서 쫓겨나고 공산당 후보당원 자격을 박탈당했다. 수입원이 끊어진 장징궈는 부인이 벌어오는 돈으로 하루하루를 연명했다. 비밀경

찰의 감시가 그치지 않았다.

스탈린에게 귀국을 권고받은 장징궈

1936년 12월 12일, 장제스의 후계자였던 장쉐량(張學良)이 장제스를 감금하는 사건이 시안(西安)에서 발생했다. 소식을 보고받은 스탈린은 긴장했다. 중국공산당은 여전히 수렁에서 헤어나지 못하고, 장제스가 죽기라도 한다면 중국은 내전에 휩싸일 것이 분명했다. 중국이 일본과 전면전에 돌입하지 않으면 일본군이 소·만 국경을 넘어오는 것은 시간문제였다.

이듬해 3월, 시안사변이 해결되자 소련공산당은 중앙정치국회의에서 "소련에 12년간 거주해온 장징궈의 귀국과 중국 국민정부에게 항일전쟁 지원을 위해 5,000만 루블을 지원할 것"을 의결했다.

스탈린은 장징궈를 모스크바로 불렀다.

"소련에 12년을 있었지만 너는 중국인이다. 중국이 일본과 전면전을 준비 중이다. 귀국해서 국가와 민족의 해방을 위해 분투해라."

장징궈는 난감했다. 마오쩌둥은 본 적이 없으니 그렇다 치더라도 스탈린이나 아버지 장제스는 머릿속에 뭐가 들어 있는 사람들인지 그 속을 알 수가 없었다. 장징궈는 모스크바 주재 중국대사관을 노크했다. 중국을 떠난 지 12년, 아무리 생각해봐도 모든 원인은 아버지 때문이었다.

1936년 가을, 소련 주재 중국대사 내정자 장팅푸(蔣廷黻)는 퍼스트 레이디 쑹메이링의 호출을 받았다.

"위원장은 장징궈의 귀국을 학수고대한다. 연락이 끊긴 지 오래다. 소련에 가거든 소재를 파악하고 귀국시킬 방법을 찾아봐라. 위원장의 유일한 혈육이다."

소련 측과 협의해 장징궈를 귀국시키라는 지상명령이나 다름없었다.

모스크바에 부임한 장팅푸는 소련 외교부 차장에게 단도직입적으로 장징궈의 문제를 거론했다. 외교부 차장은 "장 위원장의 아들이 소련에 있다는 말을 처음 듣는다"며 능청을 떨었다. 다시 만났을 때는 정중하게 난색을 표했다. 장제스가 국·공합작을 수락하기 몇 달 전의 일이었다.

1937년 3월 23일 늦은 밤, 남루한 노동자 복장을 한 중국인이 중국대사관을 찾아왔다. 이름과 용건을 물어도 대사를 만나기 전까지는 말할 수 없다며 자리를 뜨지 않았다. 관원들과 한담을 나누던 장팅푸는 보고를 받자 잠시 생각하는 표정을 짓더니 정문 쪽으로 냅다 달려 나갔다. 예상이 틀리지 않았다.

스탈린에게 귀국을 권고받은 장징궈는 부친의 심중을 헤아릴 필요가 있었다. 장팅푸에게 조심스럽게 물었다.

"아버지가 나의 귀국을 희망하리라고 생각하는가?"

장팅푸의 입에서 "위원장은 귀국을 갈망한다. 내가 확신한다"는 말이 나오자 장징궈는 "여권과 귀국할 차비가 없다. 러시아 여자와 결혼해 아들이 하나 있다. 귀국할 때 입을 옷도 변변한 게 없다"며 고민을 털어놨다.

장팅푸는 어이가 없었다.

"우리가 모두 준비하겠다. 위원장은 며느리의 국적 따위를 따질

1937년 3월, 귀국 도중 하바롭스크 중국영사관 문전의
장징궈(양손을 앞에 모은 이).
2년 전 결혼한 부인(앞줄 왼쪽 넷째)도 함께했다.
처음 모스크바의 중국대사관에 나타났을 때 장징궈는
수중에 돈이 한 푼도 없었다. 아버지가 자신을
만나고 싶어 한다는 말을 처음에는 믿지 않았다.

분이 아니다. 손자를 보면 얼마나 기뻐하시겠나."

장징궈는 끝으로 한 가지 부탁이 있다며 난처한 표정을 지었다.

"아버지와 쑹메이링에게 드릴 선물을 준비하고 싶다. 돈을 좀 꿔주면 귀국해서 갚겠다."

장팅푸는 "우리가 다 준비하겠다"며 가슴을 쳤다.

장징궈는 다시 오겠다는 말을 남기고 대사관을 떠났다. 장팅푸는 대사관에 머물라며 붙잡고 싶었지만 말을 해도 들을 사람 같지가 않았다. 다시 돌아오지 않으면 자살이라도 할 각오를 했다.

장팅푸의 급전을 받은 장제스는 "제 발로 대사관을 찾아와 이런저런 이야기를 나눴다고 한다. 한 달 후면 상하이에 도착한다니 마음이 놓인다. 기쁨을 주체하기 힘들다"는 일기를 남겼다.

12년 만에 아들 만난 장제스, "네 어머니 잘 모셔라"

3월 25일, 장징궈는 부인과 아들을 데리고 귀국길에 올랐다. 모처럼 일기를 썼다.

"15세의 치기어린 소년에서 27세의 청년이 되기까지 학교와 군대, 공장, 농촌을 오가며 온갖 애정과 증오를 경험하고 체험했다. 멀리 보이는 크레믈린은 처음 보았을 때와 다름없다. 오후 2시 시베리아 횡단열차를 타고 추억의 모스크바를 떠났다."

장징궈의 귀국이 확실해지자 장제스는 머리가 복잡해지기 시작했다. 오죽했으면 "자식의 교육에 신중하지 못해 내 스스로 가풍을 무너뜨렸다. 비통하고 슬프다. 뭘 어떻게 해야 좋을지 판단을 내리기 힘들다"고 일기에 적었을까.

장징궈도 마찬가지였다. 멀리 상하이가 보이자 배에서 내리는 즉시 감옥으로 끌려갈지 모를까봐 겁이 났다. 아버지는 충분히 그러고도 남을 사람이었다. 소련에서 아버지에게 퍼부었던 말들을 되씹어보니 내가 아버지라도 그냥 넘어갈 일이 아니었다. 이왕 하던 고생, 그냥 소련에 눌러 있을 걸 괜히 왔다는 생각까지 들었다.

장제스는 장징궈가 도착했다는 소식을 듣고서도 한동안 만날 엄두가 나지 않았다. 소련에서 자신에게 퍼부어댄 말들을 생각하면 그 입에서 또 무슨 엉뚱한 말이 튀어나올지 몰라 불안했다. 좌파 인사들과 접촉을 금지시키고 관찰에 관찰을 거듭하라고 지시했다. 그래도 어찌나 보고 싶었던지 일기에는 참을 '인'(忍)자만 계속 써댔다.

아버지를 만나지 못한 장징궈는 국민당 조직부장 천리푸(陳立夫)를 찾아가 하소연했다. 천리푸는 "너는 아직 공산당원이다. 네가 아버지에게 한 일을 생각해봐라. 좋은 방법이 있다. 이제는 공산당원이 아니라는 편지를 아버지 앞으로 써라. 내가 직접 전달하겠다"고 했다. 장징궈는 "부자간에 무슨 놈에 절차가 이렇게 복잡하냐"며 고함을 질렀지만 그가 시키는 대로 했다.

장제스는 국민당 원로 우즈후이(吳稚暉)와 심복 천부레이(陳布雷) 등으로부터 "천륜의 즐거움을 거역하지 말라"는 권고를 받고서야 못 이기는 체하며 항저우에서 장징궈를 만났다.

12년 만에 아버지를 만난 장징궈는 무릎을 꿇은 채 세 번 절했다. 장씨 집안에 대대로 내려오는 법도였다. 쑹메이링에게도 같은 예를 취하며 어머니라고 불렀다.

부자간의 첫 대화는 간단했다.

"앞으로 뭘 할 생각이냐?"

"정치나 공업 중에서 하나를 택하겠습니다."

"그건 천천히 생각해보기로 하자. 우선 고향에 가라. 네 엄마를 잘 모셔라."

장징궈는 고향으로 떠나는 날 쑹메이링을 찾아가 다시 절을 했다. 만족한 쑹메이링은 형부에게 급히 꿔온 거금 10만 원을 절값으로 건넸다. 옆에서 조마조마해하던 장제스는 그제서야 안도했다.

장징궈는 아버지가 시키는 대로 스물일곱 번째 생일날 고향으로 내려갔다. 소련 시절 아버지를 공개적으로 비난했던 행동에 대해서는 사과나 변명을 한 마디도 하지 않았다. 장제스도 시시콜콜 알려고 하지 않았다.

장징궈의 생모 마오푸메이(毛福梅)는 법적으로 이혼한 상태였지만 저장(浙江) 지역의 관습대로 장제스의 본가를 차지하고 있었다. 사당에서 족보를 뒤져본 장징궈는 어머니가 할머니의 수양딸로 올라 있는 것을 보고 "아버지의 꾀는 천하에 당할 사람이 없겠다"며 빙긋이 웃었다.

정치적 결단을 내려야 할 때 장제스는 고향을 찾았다

장제스는 곤경에 처하거나 정치적인 결단을 내려야 할 때마다 고향의 선영을 찾는 습관이 있었다. 정국이 요동을 치던 시대이다 보니 결단을 내려야 할 일이 워낙 많았다. 그럴 때마다 마오푸메이는 자리를 피해줬지만 해만 지면 먹을 것을 해 들고 찾아와 "도대체 아들을 어떻게 했느냐? 죽었는지 살았는지 솔직히 말해라. 소식조차 모른다는 게 말이 되느냐"며 들들 볶아댔다. 쑹메이링이 옆에 있건 말건 그런 건 안중에도 없었다.

한번은 자초지종을 설명했다가 "우리 아들은 없는 말을 만들어서 하는 애가 아니다. 부모 잘못 둔 탓에 흉악한 것들에게 얻어맞고, 굶다가 얼어 죽었을지 모른다"며 통곡하는 바람에 진땀을 흘린 적도 있었다. 오죽이나 시달렸으면 "발자국 소리만 들려도 속이 철렁하고 심장이 멈추는 것 같다"는 일기를 장제스가 남겼을까. 제갈량을 뺨치고도 남을 당대의 재사(才士)들이 주위에 우글거렸지만 이 일만은 전혀 도움이 안 됐다. 다들 모른 체할 뿐 입도 벙긋 안 했다. 원망스러울 정도였다.

마오푸메이는 아들이 "아버지가 어머니 주라고 준 돈"이라며 쑹메이링에게 절값으로 받은 10만 원을 건네주자 마을 주민 500여 명을 초청해 엿새 간 잔치를 베풀었다. 결혼식을 중국식으로 다시 올려줬다. 장제스가 지어준 소련 며느리의 중국 이름도 마음에 들지 않는다며 작명가를 불렀다.

아들에게 자신의 일기를 보내다

장씨 부자의 고향 시커우(溪口)는 수세기 동안 변화가 거의 없던 농촌이었다. 장징궈는 마을의 자그마한 서구식 건물 서재에 틀어박혔다.

장제스는 비명에 세상을 떠난 북양정부 참모총장 쉬수정(徐樹錚)

의 아들 쉬다오린(徐道隣)을 교사로 내려보냈다. 행정원 부비서장이 었던 쉬다오린은 이탈리아인 부인과 함께 장징궈의 거처에 머무르며 장제스가 선정한 중국 고전들을 지도했다. 마오푸메이도 마을학교 국어선생에게 며느리와 손자의 중국어 교육을 맡겼다.

당시 마을 뒷산에는 시안사변의 주역 장쉐량이 연금상태에 있었다. 장징궈는 틈만 나면 장쉐량을 찾아갔다. 장제스는 두 애물단지들이 자주 만난다는 보고를 받았지만 모른 체했다. 대신 수시로 사람을 보내 아들이 무슨 책을 보는지 철저히 살피게 하고 편지를 자주 보냈다. "고문은 많이 읽을수록 좋다. 읽고 또 읽어라. 적어도 한 편을 백 번 정도는 읽어야 한다. 네 글씨가 반듯해졌다는 얘기를 들었다. 나는 어제 상하이에서 돌아왔다"는 등 간단한 내용들이었지만 최종 목표는 아들을 마르크스·레닌주의와 철저히 결별시키는 것이었다.

장제스는 아들의 몸에서 붉은 물이 서서히 빠지기 시작했다는 보고를 받자 쉬다오린에게 몇 자 적어 보냈다. 장징궈는 "12년 만에 나타난 자식이 그간 뭘 하고 지냈는지 궁금해하지 않을 부모는 세상 천지에 없다"는 쉬다오린의 설득을 순순히 받아들였다. 소련 시절에 있었던 일들을 상세히 적어 나가기 시작했다. 아들의 소련 시절 보고서를 꼼꼼히 읽은 장제스는 그간 거의 하루도 빼놓지 않고 써놓았던 일기를 장징궈에게 보냈다.

일본군 공습으로 어머니 잃고 "피로써 피를 씻겠다"

항일전쟁이 폭발했다. 장징궈는 가장 열악한 지역으로 보내줄 것을 아버지에게 요구했다. 그날 밤 장제스는 철혈(鐵血) 정치가 장징

장징궈(왼쪽)는 12세 때 어머니 마오푸메이(가운데) 곁을 떠난 뒤 15년 만에 러시아인 부인(오른쪽)과 아들을 데리고 고향을 찾았다. 1937년 가을, 저장성(浙江省) 펑화현(奉化縣) 시커우(溪口)에서.

궈의 탄생을 예견이라도 한 듯 일기에 "이 아이는 가르칠 만하다"고 적었다.

1년 후 마오푸메이가 일본군의 공습으로 사망했다. 장제스는 이틀간 사람을 만나지 않았다. 장례를 치른 장징궈는 시신이 발견된 자리에 "피로써 피를 씻겠다"(以血洗血)는 목조 비문을 세워 모두의 간담을 서늘케 했다.

1988년 1월 말, 타이페이 충렬사(忠烈祠)에서 총통 장징궈의 영결식이 열렸다. 대륙 시절 장징궈의 학생이나 다름없었던 시인 마허링(馬鶴凌: 현 총통 마잉지우馬英九의 부친)이 제문을 읽었다.

"어려서부터 엄부의 혹독한 교육을 받았고, 청년시절 시베리아의 빙설도 그의 웃음을 앗아가지 못했다. 구국전쟁과 타이완 건설에 편한 날이 하루도 없었던 사람. 이제야 휴식을 얻었다."

영원한 자유주의자 레이전
"시민들을 죄인으로 만들지 말라!"

"부강해지려면 자유주의를 신봉해야 한다"

1895년 영국 유학에서 돌아온 한 학자가 '자유주의'(自由主義)라는 말을 퍼뜨리기 시작했다. 자유에 관한 말들이 난무했다.

"중국과 서구의 차이는 자유의 유무에 있다."

"자유는 서구 부강의 근본이다."

"부강해지려면 자유주의를 신봉해야 한다."

서구의 강권에 대처하려면 그들이 강해진 이유를 알아야 했다. 자유 때문에 강해졌다니 자유가 뭔지 궁금했다. "외부의 구속이나 압박을 받지 않는 것"이라는 사람이 있는가 하면, 이유 불문하고 무조건 "자유주의를 보급해야 한다"고 말하는 사람도 있었다. 후스(胡適)는 자유주의의 핵심은 "자유"라고 간단하게 설명했다. "자유주의에서 자유를 뺀다면 장판교 싸움에 조자룡이 없는 것과 같고, 제갈량이나 주유가 없는 적벽대전과 같다"고 하자 다들 금방 이해가 됐다.

자유주의 신봉자들이 쏟아져 나오기 시작했다. 자유주의자가 아니면 지식인 축에 끼지도 못했다. 정치가 차지하는 비중이 커지자 자유를 거론하는 것이 부담스러워지기 시작했다. 명분을 만드는 데는 일가견이 있었지만 책임지는 데는 익숙하지 않았다.

 국·공내전의 판세가 심상치 않다 보니 미처 예상하지 못했던 날이 오지 않는다는 보장이 없었다. 양쪽이 서로 싸울 때는 활동공간이 있었지만 이제는 어느 한쪽을 택하거나 양쪽을 다 부정해야 할 판이었다. 자유주의자라 자처했던 것을 후회했지만 그간 하고 다닌 말들을 주워 담을 수도 없었다.

『자유중국』 창간한 레이전

 자유의 가치를 부정하는 자유주의자들이 우후죽순처럼 생겨났다. 입에 거품을 물고 툭하면 "자유!"와 "진보!"를 거론하던 사람들일수록 정도가 심했다. 이런 부류들 속에서 진정한 자유주의자가 나올 리 없었다.

 중국의 자유주의를 상징할 수 있는 인물은 자유와는 거리가 먼 국민당의 수뇌부에 웅크리고 있었다. 레이전(雷震)이야말로 중국의 자유주의를 대표하는 지식인이었다. 그는 국비로 일본 나고야고등학교를 마치고 교토제국대학에서 헌법학을 전공했다. 귀국 후 고교 교장을 거치며 직접 두 개의 중학을 설립해 명문으로 키웠다. 국민당의 요직을 두루 거치며 대륙 통치가 붕괴할 무렵에는 당내에서 무시하지 못할 존재로 성장해 있었다. 당시 수도였던 난징 일대의 지식인들 중에 지지자가 많았다.

 1949년 3월, 국민당 개조에 분주하던 레이전은 상하이에서 『자유중국』(自由中國)이라는 잡지를 발행해 시국에 관한 의견을 발표하자고 후스 등에게 제의했다. 다들 동의했다. 장제스를 찾아가 보고하자

레이전은 항일전쟁 시기 장제스의 눈에 들었다.
고향도 장제스와 같은 저장성 출신이었다.
장제스를 옹호하고 반공을 역설했지만 나이가 들수록
인권의식이 강해지고 민주적 반공을 역설해
장제스와 긴장관계를 유지했다.

장제스도 반대하지 않았다.

후스는 미국으로 가는 배 안에서 「자유중국의 종지」라는 글을 만들어 보냈다. "자유와 민주의 가치를 전 국민에게 선전하고, 정부를 향해 정치와 경제의 개혁을 촉구하며, 자유롭고 민주적인 사회의 건설을 위해 노력한다"는 것이 골자였다.

같은 해 10월 레이전은 타이완으로 철수했다. 타이베이 허핑둥루(和平東路)에 '자유중국사'(自由中國社)라는 간판을 내걸고 창간호를 출간했다. 기획에서 출판까지 1개월밖에 걸리지 않았다. 발행인으로는 미국에 있는 후스의 이름을 내걸었다. "자유보다 더 중요한 것이 용인(容忍)"이라고 분명히 말한 적이 있지만 수십 년간 자유라는 말을 워낙 많이 써먹었기 때문에 후스도 거절할 명분이 딱히 없었다.

10년 감옥생활, 석방 후에도 가택연금

1950년 1월, 국민당 개조 방안 좌담회에 참석한 레이전이 군대를 국가에 귀속시킬 것을 제안했다. '당의 군대'가 당연시되던 시대였다. 장제스는 『자유중국』의 편집인들을 대거 내각으로 끌어들여 레이전과 분리시켰다. 레이전도 총통부 국책고문에 임명했지만 효과는 없었다. "시민들을 죄인으로 만들지 말라"는 사론으로 풍파를 일으켰고 "총통 연임 반대" "삼민주의 교과과정 철폐" 등을 내걸어 매달 두 번 잡지가 발간될 때마다 조용한 적이 한 번도 없었다.

레이전은 당적을 박탈당하고 국책고문 자리에서 쫓겨났다. 발행인으로 이름만 걸어놓았던 후스는 사퇴했다. 1960년 5월 야당의 출현을 주장하는 사론은 『자유중국』의 종말을 예고했다. 9월 4일 경비총사령부는 레이전을 체포했다. 간첩을 신고하지 않은 죄로 10년형을 선고했다. 후스는 "나는 그를 죽이지 않았지만 그는 나 때문에 죽었다"며 애통해했다.

『자유중국』은 10년 9개월 동안 260호까지 발간된 냉전시대 중화권 자유주의자의 산실이었다. 인하이광(殷海光) 등 수많은 자유주의자를 배출해낸 레이전은 만기 출소한 후에도 세상을 떠나는 날까지 자택에서 연금 생활을 해야 했다.

장제스와 비극적인 대논객 천부레이
"등잔에 기름이 다하고 심지가 말랐다."

"선비는 자신을 알아주는 사람을 위해 일한다"

1947년 여름, 국민당의 베이핑싱잉(北平行營) 전파관리소는 중공의 비밀 전파 발신지를 확인했다. 한 주택의 지하실이었다. 국방부 보밀국(保密局)은 경악했다. 집주인이 천부레이(陳布雷)의 딸과 사위였다.

천부레이는 원래 기자였다. 그것도 그냥 기자가 아니었다. 20대 초반부터 대정론가 소리를 들은 당대의 대논객이었다. 반봉건과 국민국가의 수립, 외세 배척과 군벌 타도, 국민혁명이건 공산혁명이건 혁명의 당위성을 피력하던 글들은 지금 봐도 힘이 넘친다.

천부레이는 1926년, 36세 되는 해에 장시성(江西省) 난창(南昌)에서 북벌군 총사령관 장제스를 만나면서 운명이 바뀌었다.

장제스는 그를 보는 순간부터 가까이 두고 싶어했다. 알고 보니 고향도 한 동네나 마찬가지였다. 국가 지도자라면 피해야 할 덕목이지만 장제스는 고향 사람이라면 무조건 믿는 습관이 있었다.

천부레이는 정치가 체질에 안 맞고 소질도 없었다. "체구가 왜소해 보는 사람에게 혐오감을 주고, 잠시만 서 있어도 다리가 떨리고 현기증이 난다"며 완강히 거절했다. 그래도 워낙 권하는 바람에 국민당에 가입은 했다. 정말 어쩔 수 없어서였다.

장제스는 천부레이를 중앙당 부비서장에 기용했고 상하이로 돌아가 『시사신보』(時事新報)의 주필로 근무하는 것을 허락했다.

천부레이는 장제스의 기밀문건들을 관리하기 시작했지만 정치적인 일에는 일체 관여하려 하지 않았다. 천부레이는 고지식할 정도로 "선비는 자신을 알아주는 사람을 위해 일한다"는 생각에 철저했다. 장제스 외에는 한눈을 팔지 않았다. 저장성(浙江省) 교육청장, 교육부 상무차장, 당 중앙선전부 차장 등을 거쳤지만 그에게는 모두가 허직(虛職)이나 다름없었다.

당내의 모든 파벌들이 서로 끌어들이려 했지만 허사였다. 어느 파벌에도 가입하지 않았고, 자기 사람을 만들지도 않았다. 술과 여자를 가까이하지 않고, 책 보고 글 쓰는 것 외에는 특별히 하는 일이 없고, 취미가 뭔지도 알 수 없는 사람이다 보니 접근하기도 어려웠다. "머리 깎고 절에나 들어가지 뭐 하러 이 판에 와서 어슬렁거리는지 모르겠다"며 비웃는 사람들이 많았다.

장제스는 늘 '부레이 선생'이라고 불러

표면에 나서는 법이 없고, 기교를 부리지 않으며, 사치와도 거리가 먼 천부레이를 장제스는 정말 애지중지했다. '당대완인'(當代完人)이라는 휘호를 선물하며 신설된 시종실 2처 주임으로 근무하게 했다. 군사와 당무를 제외한 재경·외교·문교·교통·민정이 2처 소관이었다. 1처 주임은 여러 사람이 역임했지만 유독 2처만은 10년간 변

비록 타이완으로 쫓겨났지만 천부레이(가운데) 같은 인재를
막료로 거느린 것은 장제스에게 행운이었다.
장제스는 천부레이의 딸과 사위가 공산당원인 것을 알고 있었다.

동이 없었다.

극소수의 원로 외에는 그냥 이름을 부르던 장제스도 그에게만은 '부레이 선생'이라 부르며, 의논할 일이 있으면 직접 그의 집무실이나 숙소를 찾아갔다. 본인만 빼고는 모두가 그를 명실상부한 2인자라고들 했다.

중공은 일찍부터 천부레이에게 눈독을 들였다. 특히 저우언라이가 심할 정도로 집착했다. 시도 때도 없이 문안 편지를 보냈다. 대꾸가 없자 천부레이의 조카에게 "우리 당원들은 부레이 선생의 문장을 볼 때마다 감동을 받고 선생의 도덕성을 존경한다. 그러나 선생의 붓과 도덕성이 한 사람만이 아닌 전체 인민을 위해 봉사해주시길 간절히 요망한다"는 말을 했다.

조카가 저우언라이의 말을 전하자 천부레이는 "나도 저우언라이 선생을 존경한다. 그러나 공산당에 그런 분이 많지 않은 것이 애석하다"고 했다. 천부레이는 "나는 글 쓸 자격을 이미 상실한 사람이다. 하잘것없는 기록원일 뿐"이라고 말했다.

중국공산당 상하이국 조직부는 천부레이를 끌어들이기 위해 미남계(美男計)를 썼다. 전설적인 여자 지하공작자 첸잉(錢瑛)이 작전을 지휘했다.

'미인계'는 들어봤어도 '미남계'라는 말은 처음 들어본다는 사람이 있을지 모르지만, 중국인들은 미인계 못지않게 미남계도 많이 썼다. 미인계보다 성공하는 경우도 많았다.

위안융시(袁永熙)라는 베이징의 지하당원을 천부레이의 막내딸 천롄(陳璉)에게 접근시켰다. 위안융시는 시난연합대학의 학생운동

지도자였고 대단한 미남이었다.

중공은 금 한 냥을 공작금 겸 결혼자금으로 위안융시를 지원했지만 천롄이 위안융시에게 한눈에 반해버리는 바람에 공작이고 뭐고 할 필요가 없었다.

1947년 8월 10일, 두 사람은 베이징 시장이 보증인이 되어 육국반점(六國飯店)에서 결혼식을 올렸다. 번잡한 것을 싫어하는 천부레이는 참석하지 않았다.

장제스에게 남긴 한 통의 유서

딸과 사위가 체포됐다는 소식을 듣고도 천부레이는 침묵했다. 딸이 임신 중이라는 말을 듣고서도 표정 하나 변하지 않았다. 몇 달 후 장제스에게 "부녀 관계를 고려할 필요가 없다"는 편지를 보냈다. 연말에 천부레이는 "너의 딸과 사위는 공산당원은 아니다"라는 장제스의 답신을 받았다. 딸과 사위가 연이어 출옥했다. 장제스가 해줄 수 있는 유일한 선물이었다.

그해 쌍십절 날, 천부레이는 딸과 사위를 데리고 국부 쑨원의 무덤을 찾아가 세 번 절했다. 계단을 내려오며 당(唐)대 시인 이상은(李商隱)의 시를 한 수 읊었다. "석양처럼 아름다운 것은 없다"는 세 번째 구절이 끝나자 "휴" 하고 깊은 한숨을 내쉬었다. 그날 그의 입에서 나온 유일한 말이었다. 그간 몸담았던 정권과 자신의 몰락을 암시하는 장탄식이나 다름없었다.

11월 13일 아침, 천부레이는 사위에게 전화를 했다. "이발과 목욕을 자주해라. 그리고 정치라는 것은 할 게 못 된다. 너와 자손들 모두 근처에도 가지 말도록 해라"고 당부했다. 그날 밤 천부레이는 다량의 수면제를 복용하고 세상을 떠났다. 장제스에게 한 통의 유서를 남겼다.

"등잔에 기름이 다하고 심지가 말랐다."
油盡燈枯

장례를 치른 후 천롄 부부는 상하이로 탈출했다. 지하당은 이들을 당 중앙 소재지인 시바이포(西柏坡)로 보냈다. 천롄과 위안융시는 1949년 2월 3일 중공의 베이징 점령 3일 후 베이징에 들어와 '공청단'(共靑團) 중앙에 일자리를 분배받았다.

문혁이 일어나자 천롄 부부는 강제로 이혼당했다. 얼마 후 천롄은 투신자살했다. 원래 딸들은 아버지를 닮게 마련이다. 천롄도 예외가 아니었다. 정치나 현실적인 문제에는 관심이 없었다.

열정의 구체적 표현이 혁명이라며 목에 핏줄을 세우던 사람이 많았던 시대였지만, 그래도 뭔가 아쉬운, 이런 일들이 비일비재했다.

"30여 년간 내가 얼마나 억울하고 분했는지 잘 알 것이다. 그래도 나는 절대 남에게 이용당하지 않았고 네 놈과 국가의 명예를 위해 모든 것을 감수했다."

■ 1971년 봄, 홍콩에서 고단한 삶을 마감한 장제스의 두 번째 부인 천제루가 임종 직전 장제스에게 남긴 편지

북벌부인 천제루

"30여 년간 나는 네 놈과 국가의 명예를 위해
모든 것을 감수했다."

"미국에 가서 새로운 문화를 익혀라!"

1927년 8월, 21세의 천제루(陳潔如)는 장제스가 권하는 미국 유학을 떠났다. 4개월 전 정변을 일으킨 장제스가 대권 장악을 눈앞에 두고 있을 때였다.

"정권을 잡으면 경제건설에 착수하겠다. 서양의 기술과 학문이 필요하다. 새로운 문화를 익혀라."

1921년 12월 장제스와 결혼한 지 6년 만이었다.

천제루는 상하이를 출발하여 10일 만에 하와이에 도착했다. 중국 영사관 관원과 하와이 총독의 극진한 환대를 받았다. 현지의 국민당 열성당원들은 '국민혁명군 총사령관 부인 환영'이라고 쓰인 현수막을 내걸었다. 미국 언론도 중국의 통일을 눈앞에 둔 장제스의 부인 천제루의 미국 방문을 연일 보도했다.

며칠 후 주미 중국대사관 공보처는 "장제스 총사령관에게는 미국에 와 있는 부인이 없다"는 공고를 신문에 게재했다. 경악한 천제루는 황급히 최종 목적지 뉴욕으로 향했다. 그해 겨울 친구의 편지를 통해 하와이에서 뉴욕으로 오는 배 안에 있는 동안 장제스가 쑹메이링과 결혼했다는 사실을 확인했다.

천제루는 13세 때인 1919년 여름 국민당 4대 원로의 한 사람인 장징장(張靜江)의 집에서 장제스를 처음 만났다. 장징장의 막내부인이 천제루의 친구였다. 당시 장제스의 직업은 증권 중개인이었다. 장징장은 장제스의 후견인이자 동업자였다.

장제스는 청방(靑幇)의 독무대였던 상하이의 증권교역소에서 이들과 결탁해 벌어들인 돈으로 홍등가에서 날을 지새우기 일쑤였다. 허구한 날 "오늘도 거리에 나갔다가 지나가는 여자를 엉덩이만 쳐다봤다"며 반성하는 일기를 남겼지만, 해만 지면 유곽으로 달려가는 습관을 바꾸지 못했다. 후일 장제스의 전기작가는 궁리를 거듭한 끝에 이때를 "총통의 도양(稻養: 벼가 한참 자라던) 시기"라고 정의했다.

이성문제에는 정략적이지 못한 장제스

장제스는 한순간에 상대를 제압해버리는 재능은 탁월했지만 성격이 불 같아 사람을 설득할 줄 모르는 단점이 있었다. 무슨 일이건 순식간에 처리하지 못하면 스스로 해결 못하는 경우가 많았다. 장제스는 큰 키에 러시아어가 유창한 천제루의 환심을 사려고 애썼다. 평소에 화류계 여자들만 상대하던 습관 때문에 일이 잘 풀리지 않았다.

장제스의 부탁을 받은 장징장의 부인이 천제루를 겨우 달랬지만 뒷조사를 해본 천제루의 어머니는 큰 사고 저지를 사람이라며 완강했다. 고향에 부인이 있고, 아들이 있는 것도 약점이었다. 장징장이 나서고 쑨원까지 가세하자 천제루의 어머니도 두 손을 들었다. 장제

1923년 5월, 황푸군관학교 교장 시절의
장제스와 천제루.

스는 2년 만에 20세 연하의 천제루와 겨우 결혼할 수 있었다.

장제스는 쑨원의 부름으로 다시 군복을 입었고 쑨원의 처제 쑹메이링도 알게 됐다. 장제스는 천제루에게 했던 것을 쑹메이링에게 그대로 반복했다. 장제스의 감정세계를 이해하지 못하는 사람들은 후일 장제스와 쑹메이링의 결혼을 정략결혼이라고 했지만 장제스는 이성문제에 있어서는 정략적이지 못한 사람이었다. 그럴 필요도 없었다.

황푸군관학교 교장이 되면서부터 두각을 나타내기 시작한 장제스는 1927년 4월, 숙원이었던 북벌(北伐)을 진행하던 도중 정변을 일으켜 국·공합작을 파기시키고 공산당원들을 무자비하게 도살했다. 『타임』지의 표지를 장식하며 중국의 최강자로 부상한 장제스의 눈앞에 쑹메이링이 아른거리기 시작했지만, 가는 곳마다 모습을 나타낸 것은 남들이 다들 '북벌부인'이라 부르는 천제루였다.

컬럼비아 대학에서 교육학을 전공하고 귀국한 천제루는 상하이에 정착했다. 집 안에서 거의 나오는 법이 없는 30대 중초반의 여인을 아무도 눈여겨보지 않았다.

고아원에서 딸 입양한 천제루

천제루는 고아원에서 예쁘게 생긴 여자아이를 한 명 데려왔다. 야오광(瑤光)이라는 이름을 지어주고 딸로 입적시켰다. 야오광은 항일전쟁시기 조선청년과 결혼했다. 살다 보니 일본인에게 고용된 첩자였다. 전쟁이 끝나자 처벌이 두려운 야오광의 남편은 아들 둘을 남겨놓고 행방을 감춰버렸다. 야오광은 아이들을 데리고 다시 천제루의 집으로 들어왔다. 천제루는 남편에게 버림받은 수양딸을 내치지 않았다. 자신의 처지와 다를 게 하나도 없었다.

야오광은 천제루보다 복이 많았다. 얼마 지나지 않아 나이트클럽 두 개를 운영하는 사람과 결혼식을 올렸다. 그는 잘생기고 예의바른 부호였다. 국민당 고관들도 함부로 대하지 못했다.

중화인민공화국 수립 후 야오광의 남편은 반혁명 분자로 체포됐다. 15년형을 선고받았다. 공산당 지하당원이었다고 강변했지만 먹히지 않았다. 평소 왕래가 빈번하던 천제루는 언제 무슨 일이 닥칠지 몰라 불안했다. 총리 저우언라이 앞으로 편지를 한 통 보냈다.

갑자기 식료품 공급 등 사정이 조금씩 좋아지는 것을 느낄 수 있었다. 쓸데없이 찾아와 이것저것 물으며 귀찮게 구는 사람도 없었다. 밖에 나가면 공안들이 먼발치에서 지켜주는 것을 알았지만 모른 체했다.

1961년 겨울, 간부 복장을 한 몇 사람이 천제루의 집을 노크했다. 뭔가 집히는 데가 있었다. 짐을 챙겨든 천제루는 군말 없이 이들을 따라갔다. 이웃 사람들은 반혁명 분자의 장모가 드디어 잡혀간다고 쑤근대느라 정신들이 없었다.

중앙통전부는 천제루를 베이징까지 안내했다. 천제루는 저우언라이를 만나 사위 문제를 부탁하고 싶었다. 딴사람이라면 몰라도 그는 자신의 청을 들어줄 것 같았다.

천제루의 어려움을 이해해준 저우언라이

장제스가 광저우의 황푸군관학교 교장시절 저우언라이는 군관학

미국으로 향하던 천제루(앞줄 오른쪽 여섯째)가 1927년 9월
국민당 호놀룰루 지부가 마련한 환영식에 참석했다.

교 정치부 주임이었다. 천제루는 저우언라이를 볼 때마다 호감을 느꼈다. 저우언라이도 천제루를 항상 정중하게 대했다. 북벌시절에도 마찬가지였다. 장제스에게 쓰레기처럼 버림받았을 때 저우언라이가 가장 분개했다는 말을 듣고 쓴웃음 지었던 적이 엊그제 같았다.

미국에서 돌아왔을 때 자신을 소리 소문 없이 챙겨준 사람도 장징궈 외에는 저우언라이가 유일했다.

12월 26일, 천제루는 저우언라이 부부의 초청을 받았다. 중앙통전부 부장 쉬빙(徐冰)과 신화사 사장 랴오청즈(廖承志)가 인민대회당 문 앞에서 천제루을 맞이했다. 황푸군관학교 당서기였던 혁명원로 랴오중카이(廖仲愷)의 아들 랴오청즈는 북벌시절 한 가족이나 다름없던 사이였다.

실내에 국화꽃 향기가 진동했다. 온실에서 옮겨왔다. 천제루는 광저우 시절이 생각났다. 천제루가 커다란 국화 화분을 사 들고 오는 것을 본 저우언라이가 달려와 들어준 적이 있었다. 다들 자리에 앉자 옛날 이야기에 웃음이 떠나지 않았다. 특히 저우언라이는 천제루의 수심을 함께 하려고 애쓰는 표정이 역력했다. 하고 싶은 일이나 부탁할 일이 있으면 뭐든지 말하라고 재촉했다. 천제루도 불안해하거나 머뭇거릴 이유가 없었다.

"대륙을 떠나고 싶다. 홍콩으로 가겠다."

저우언라이는 즉석에서 허락했다.

"홍콩이나 미국을 자유롭게 다녀라. 싫증나면 언제 돌아와도 좋다."

랴오청즈가 빨리 수속을 밟겠다고 하자 다들 웃음보가 터졌다. 당시 신화사 사장이었던 랴오청즈는 중공의 실질적인 홍콩·마카오 총책이었다.

천제루는 사위 문제도 조심스럽게 꺼냈다. 저우언라이는 고개를 끄덕였다. 천제루는 가슴을 쓸어내렸다. 저우언라이가 식언하는 사람이 아니라는 것을 젊은 시절부터 잘 알고 있었다.

천제루는 사위가 출옥하는 것을 보고 상하이를 떠났다. 1962년 여름, 홍콩에 도착한 천제루는 천루(陳璐)로 개명했다.

"30년 세월 얼마나 분했는지 네 놈은 알 것"

타이완의 장제스와 장징궈 부자는 천제루의 종적을 금세 파악했다. 장제스는 이미 75세의 노인이었다. 지난 일을 생각하면 천제루에게는 못할 짓을 했다는 죄책감을 금할 수 없었다. 쑹메이링 몰래 친자식이나 다름없는 다이지타오(戴季陶)의 아들 다이안궈(戴安國)를 홍콩으로 급파했다.

"우리는 한 배를 타고 비바람을 헤쳐나갔던 날들이 있었다. 그때의 고마움을 잠시도 잊어본 적이 없다."

장제스의 이 편지를 읽은 천제루는 온종일 울기만 했다. 다이안궈가 답장을 요구해도 응하지 않았다.

장징궈도 모른 체하지 않았다. 장징궈는 12살 때 아버지 장제스를 만나러 상하이에 왔다가 천제루를 처음 만났다. 천제루는 장징궈보다 5살밖에 많지 않았지만 계모의 신분으로 장징궈를 잘 보살펴주었다. 장징궈도 '상하이 엄마'라 부르며 천제루를 잘 따랐다. 소련 유학시절 돈이 없는 고향의 생모를 대신해 학비를 꼬박꼬박 보내준 사람도 천제루였다. 장징궈는 거금을 들여 주룽(九龍)반도에 저택을 마런했다.

천제루는 홍콩에 있는 동안에도 거의 바깥 출입을 안 하며 침묵으로 일관했다. 장제스나 장징궈에 관한 이야기를 해달라는 언론인이나 전기작가들의 유혹이 많았지만 한 마디도 입에 올리지 않았다.

1971년 봄, 천제루는 홍콩에서 고단한 삶을 마감했다. 임종 직전 장제스에게 유서 비슷한 편지를 한 통 남겼다.

"30여 년간 내가 얼마나 억울하고 분했는지 잘 알 것이다. 그래도 나는 절대 남에게 이용당하지 않았고 네 놈(君)과 국가의 명예를 위해 모든 것을 감수했다."

천제루의 사망 소식을 접한 베이징의 저우언라이는 딸 야오광을 홍콩에 보내 장례를 치르게 했다. 타이완의 장징궈도 비밀리에 사람을 파견해 천제루의 마지막 길을 배웅했다. 4년 후 장제스도 타이완에서 세상을 떠났다.

천제루는 생전에 영문 회고록을 남겼다. 장제스와 본인의 사후에 공개할 것을 조건으로 달았다.

마오의 장정부인 허쯔전

"다시 만나지 못해도 대화를 나누는 상상은 항상 하자."

허쯔전의 사격은 백발백중

1927년 봄 징강산(井崗山) 동쪽 언저리인 장시성(江西省) 융신현(永新縣)에 중국공산당 임시위원회가 성립됐다. 지역 명문인 허(賀)씨 집안의 민쉐(敏學), 쯔전(子珍), 이(怡) 삼남매가 모두 위원에 당선됐다. 사람들이 '융신싼허'(永新三賀)라고 불렀다. 얼마 후 우파가 융신을 장악해 민쉐와 당원들을 체포했다. 쯔전은 지안(吉安)에 있는 바람에 화를 면했다. 지안은 원래 허씨들의 고향이었다.

융신을 탈출한 당원들이 지안에 집결했다. 지안에는 『수호전』의 영향을 크게 받은 위안원차이(袁文才)의 농민 자위군이 있었다. 말은 자위군이었지만 비적이라 하기도 뭐하고 아니라 하기도 뭐한 그런 집단이었다. 워낙 흉악한 세상이라 마을에서 힘 좀 쓰는 청년들이 모여서 만든 자치대였다.

허쯔전은 위안원차이와 연합해 융신에서 폭동을 일으켰다. 현성을 점령하고 갇힌 사람들을 구출했다.

정부군은 후난성(湖南省)의 병력까지 투입해 융신을 공격했다. 허쯔전은 당원이 대부분인 적위대를 이끌고 성의 남문에서 정부군을

허쯔전(왼쪽)은 마오쩌둥의
세 번째 부인이다.
동생인 허이(오른쪽)도 마오의 동생
마오쩌탄(毛澤覃)과 결혼했다.

격퇴했다. 이날 허쯔전의 사격은 백발백중이었다. '쌍권총'이라는 애칭이 붙었다.

철수를 시작한 폭동부대는 징강산으로 올라갔다. 갈 곳이라곤 그곳밖에 없었다. 징강산에 도착한 허쯔전은 긴장이 풀렸던지 지독한 학질을 앓기 시작했다. 18세 때였다.

같은 해 가을, 마오쩌둥은 후난성 성도 창사(長沙)에서 일으킨 무장봉기에 실패했다. 마오쩌둥은 병력을 추스려 징강산 밑자락에 도달했다. 갈 곳이 마땅치 않아 보이는 마오쩌둥에게 위안원차이는 징강산에 올라가 대사를 도모하자고 했다. 주인공들 이름만 다를 뿐 『수호전』 앞 대목에 나오는 정경과 크게 다르지 않았다.

허민쉐는 마음이 여린 사람이었다. 자신의 집을 마오쩌둥에게 제공했다. 몇 발자국만 걸으면 위안원차이의 집이 있었다. 허쯔전은 위안원차이의 집에서 학질을 치료하고 있었다.

마오쩌둥은 밤만 되면 산책을 즐겼다. 날이 밝으면 단풍나무 숲 근처에서 아무나 붙잡고 이야기 나누기를 좋아했다. 하루에도 몇 번씩 들락날락했고 그럴 때마다 위안원차이의 집 앞을 지나게 마련이었다.

병에는 차도가 있었지만 신체가 허약해진 허쯔전은 문앞에 앉아 가을 햇빛을 쬐고 있을 때가 많았다. 마오쩌둥의 외출이 더 잦아졌다. 위안원차이의 집 앞에만 오면 허쯔전이 있는 곳을 힐끔거리느라 걸음이 느려지기 일쑤였다.

이듬해 6월, 건강을 회복한 허쯔전은 공작대를 인솔해 융신현 서쪽에 있는 탕볜춘(塘邊村)의 토지를 토호들로부터 몰수해 농민들에게 분배했다. 뒤이어 마오쩌둥이 무장병력을 이끌고 탕볜춘에 도착했다. 숙소가 마땅치 않자 공작대는 허쯔전이 묵고 있는 노파의 집에 마오쩌둥을 머물게 했다. 지주 보안대의 공격이 있을 때마다 마오쩌둥은 혁명가와 군사가의 면모를 여지없이 드러내곤 했다.

마오쩌둥·허쯔전의 결혼과 이별

화약냄새가 진동하는 속에서 두 사람의 관계에 미묘한 변화가 생기기 시작했다. 징강산으로 돌아온 허쯔전은 마오쩌둥과 함께 기거했다. 형식적으로는 마오쩌둥의 비서였지만 식만 올리지 않은 부부였다. 3년 후 허쯔전의 동생 허이도 마오의 막내동생 쩌탄(澤覃)과 결혼했다.

징강산을 에워싼 국민당의 공세는 치열했다. 장제스가 직접 지휘한 제5차 공세 이후 홍군은 철수를 시작했다. 후일 '장정'(長征)이라는 멋진 명칭이 붙여졌지만 당시에는 살길을 찾아 나선 도주였다. 구이저우(貴州)를 지날 때 마오쩌둥은 당권과 군권을 장악했고 허쯔전은 국민당군의 기총소사로 머리와 등 14곳에 총탄과 파편이 박히는 부상을 입었다. 우여곡절 끝에 두 사람 모두 구사일생으로 옌안에 안착했다.

옌안은 중국혁명과 항일구국의 성지가 되었다. 각지에서 지식인과 꿈 많은 청춘남녀들이 몰려들었다. 그중에는 연예인들도 많았다. 마오쩌둥은 호기심이 많은 사람이었다. 허쯔전에게 소홀해질 수밖에 없었다.

둘 사이에 3남 2녀가 태어났지만 모두 오래 살지 못했고, 정신적으로 상처를 입는 사건들이 잇따라 발생했다. 그럴 때마다 마오쩌둥은 오해라며 난리를 부렸지만 허쯔전은 옌안을 떠나고 싶었다. 시안을 거쳐 상하이로 나가 몸 안에 박힌 탄환과 파편을 제거하는 게 소원이었다. 다시 임신을 하게 되자 허쯔전의 결심은 굳어졌다. 1936년 건강한 딸이 태어났다. 이듬해 겨울 허쯔전은 옌안을 떠났다. 마오쩌둥이 아무리 만류해도 듣지 않았다. 영원한 이별이 될 줄은 몰랐다.

옌안을 떠난 허쯔전은 시안에 몇 달간 머물렀다. 마오쩌둥은 인편에 소식을 전했다. 말로는 돌아오라면서 나무상자에 일용품을 가득 채워 보냈다. 허쯔전은 상자를 집어 던져버렸다. 상자가 박살났다. 없는 돈에 새 상자를 사서 물건들을 돌려보냈다. 시안에 머무르는 동안 이와 비슷한 일이 여러 번 있었다. 남들 보기 창피할 정도였다.

코민테른 대표들이 소련을 출발해 신장(新疆)과 시안을 경유해 옌안을 오가는 것을 본 허쯔전은 시안을 떠나 신장으로 갔다. 돌아오라는 마오쩌둥의 전보가 왔지만 우루무치(烏魯木齊)의 중공 연락사무소에 기거하며 소련행 비행기를 기다렸다. 소련에 가기 위해 대기하던 동지들이 많았다. 그곳에서 큰시동생 마오쩌민(毛澤民)을 처음 만났다. 생긴 게 마오쩌둥과 비슷해서 보기도 싫었지만 사람은 정중하고 단정했다.

중국공산당 중앙은 우루무치에서 소련행을 기다리던 당원들을 모두 옌안으로 소환했다. 마오쩌둥에게 돌아갈 수 있는 마지막 기회였지만 허쯔전은 결심을 바꾸지 않았다. 옌안을 떠난 지 1년 만에 소련행 비행기를 탔다.

소련에서 중국어 가르치면서 생활

소련에 도착한 허쯔전은 모스크바 동방대학에 입학했다. 탄환과 파편이 신체의 일부가 되어버렸다는 의사의 판정을 받자 마오쩌둥에게 처음으로 편지를 보냈다. 마오쩌둥이 영화배우 출신 장칭(江靑)과 결혼한 후였다.

대학을 마친 허쯔전은 돌아갈 곳이 없었다. 소련 동부 이마노프에 있는 국제아동보육원에서 중국어를 가르쳤다. 창사에서 사형당한 마오쩌둥의 첫째 부인 양카이후이(楊開慧)의 두 아들과 옌안에서 태어난 딸도 그곳에 와 있었다.

독·소전이 본격화되자 소련은 외국인들을 군수공장으로 보냈다. 허쯔전은 재봉과 세탁을 주로 했다. 국제아동보육원에 있던 딸이 병이 나자 함께 살게 해달라고 요청했다. 거절당하자 원장과 대판 싸웠다. 원장은 허쯔전이 정신분열증이라며 강제로 정신병원에 입원시켰다. 허쯔전은 서서히 병원이 요구하는 환자로 변해갔다.

1947년, 소련에 온 왕자샹(王稼祥)이 허쯔전을 만났다. 허쯔전은 정상이었다. 정신도 맑았고 성깔도 여전했다. 왕자샹이 뭘 하고 싶으냐고 묻자 허쯔전은 귀국하고 싶다고 했다. 마오쩌둥의 집안일에 주제넘게 나설 수 없다고 판단한 왕자샹은 마오쩌둥에게 장문의 전보를 보냈다. 허쯔전의 귀국에 동의한다는 회답이 왔다. 허쯔전은 하얼빈에서 리푸춘(李富春)의 영접을 받았다. 하얼빈 총공회 간부처에 자리가 마련되어 있었다. 마오쩌둥은 사람을 보내 딸을 데려왔다.

1949년, 마오쩌둥이 스자좡(石家莊)에서 허이를 만났다. 남편을 저 세상으로 보내고 혼자 사는 지난날의 제수 겸 처제에게 "언니를

1979년 9월 8일, 휠체어에 앉은 허쯔전이
딸·사위와 함께 마오쩌둥 기념관을 찾았다.

데려와라. 중국의 전통대로 하겠다"고 말했다.

허이는 하얼빈으로 달려갔다. 언니와 함께 산하이관에 도착했을 때 낯선 사람들이 열차에 올라탔다.

"스자좡에 들어올 수 없다. 상하이로 가라. 조직의 결정이다."

몇 달 후 허이는 교통사고로 세상을 떠났다.

20년 만에 만난 남편 마오쩌둥

상하이에 온 허쯔전은 마오쩌둥에게 편지를 보냈다. 사회주의 건설을 지켜보라는 답장이 왔다. 조용히 있으라는 의미였다. 허쯔전은 마오쩌둥이 시키는 대로 했다. 라디오 듣는 것이 유일한 소일거리였다. 하루는 라디오에서 흘러나오는 마오쩌둥의 연설을 듣던 중 갑자기 피를 토하며 쓰러졌다. 보고를 받은 마오쩌둥은 딸을 상하이로 보냈다. 엄마가 쓰러진 이유를 의사들에게 절대 말하지 말라고 신신당부했다. 마오쩌둥은 병원에서 퇴원한 허쯔전이 라디오를 불태워버렸다는 말을 듣고 제일 비싼 곰표 라디오와 사탕을 사서 보냈다.

1959년 난창(南昌)에서 요양 중이던 허쯔전은 휴양지 루산(廬山)에서 마오쩌둥를 만났다. 헤어진 지 20여 년 만이었다. 허쯔전은 말문이 막혔다. 그냥 울기만 했다. 마오쩌둥은 "우리가 만났으니 말은 필요 없다. 우는 것으로 족하다. 다시 만나지 못해도 대화를 나누는 상상은 항상 하자"며 허쯔전을 달랬다. 두 사람은 오후 8시에 만나 9시쯤 헤어졌다. 다음날 다시 만나기로 했지만 항저우(杭州)에 있던 장칭이 갑자기 오겠다고 하는 바람에 의외의 사태가 벌어질 것을 두려워한 마오쩌둥은 사람을 시켜 허쯔전을 돌아가게 했다. 허쯔전은 마오쩌둥이 원고료로 받은 돈이라며 인편에 보낸 봉투를 들고 난창으로 돌아왔다.

1976년 9월 9일 마오쩌둥이 세상을 떠났다. 허쯔전은 창 밖만 바라보며 눈물은 흘리지 않았다.

1979년 9월 8일, 마오쩌둥 3주기 전날 허쯔전은 중앙당에서 보낸 전세기를 타고 베이징에 도착했다. 난생 처음 와보는 베이징이었다. 텔레비전에서 보던 것과 똑같았다. 이날 허쯔전은 마오쩌둥 기념관에 안치된 마오쩌둥의 수정관(棺) 앞에서 옛 남편과 마지막 작별을 했다. 5년 후 허쯔전도 상하이에서 세상을 떠났다.

마오의 딸들

아버지 생전에 특권을 누린 적이 없고
사후에도 물려받을 만한 유산이 없었다.

친딸 리민의 편지를 받은 마오

마오쩌둥에게는 리민(李敏)과 리너(李訥)라는 두 딸이 있었다. 리민은 마오와 허쯔전(賀子珍)과의 사이에 태어났다. 리너의 생모는 장칭(江青)이었다.

리민은 1936년 겨울, 산시성(陝西省) 바오안현(保安縣)의 동굴에서 태어났다. 중국공산당 중앙이 옌안(延安)에 정착하기 전이었다. 이듬해 말, 임신 중이었던 허쯔전은 마오의 만류를 뿌리치고 혼자 소련으로 떠났다. 소련에서 아들이 태어났지만 곧 세상을 떠났다. 낙심한 허쯔전이 적적해한다는 소식을 들은 마오는 네 살이 채 안 된 딸을 엄마 곁으로 보냈다.

리민이 소련에 도착했을 때 허쯔전은 마오의 첫 번째 부인 소생인 마오안잉(毛岸英)과 안칭(岸青) 형제를 돌보고 있었다.

리민은 이마노프에 있는 국제아동보육원에서 어린 시절을 보냈다. 아버지의 모습은 뇌리에서 점점 사라졌다. 보육원 강당에 국제주의자들의 초상화가 걸려 있었다. 주더(朱德)도 있고 마오쩌둥도 있었다. 리민은 훗날 "오빠들이 아버지의 초상화를 가리키며 우리 아버지라고 했다. 주석처럼 위대한 인물이 내 아버지라는 말을 믿지 않았다. 오빠들이 놀리는 줄 알았다"고 당시를 회상했다.

모녀는 1947년 귀국해 2년간 하얼빈에 머물렀다. 1949년 봄, 리민은 "사람들은 주석이 나의 친아버지이고 내가 주석의 친딸이라고들 한다. 나는 소련에 있었기 때문에 주석을 본 적이 없을뿐더러 그런 말을 들을 때마다 뭐가 뭔지를 모르겠다. 주석이 내 친아버지가 확실한지, 내가 주석의 친딸이라는 말이 맞는지 빨리 알려주기 바란다. 사실이라면 주석이 있는 곳으로 가겠으니 나를 데리러 와라"는 편지를 마오 주석 앞으로 보냈다. 중국어를 몰랐기 때문에 러시아어로 쓰는 수밖에 없었다.

리민의 편지를 받은 마오쩌둥은 통역을 불렀다. 이날 마오의 러시아어 통역은 리민의 편지를 중국어로 열 번도 더 읽었다. 그럴 때마다 마오는 박장대소했다. "나를 닮아 이런 일에는 성질이 급할 게 분명하다. 빨리 회신 안 했다간 큰일난다"며 그 자리에서 "네 편지 봤다. 너는 내 친딸이고 나는 네 친아빠다. 많이 컸겠구나. 생각만 해도 기쁘다. 빨리 아빠가 있는 곳으로 오기 바란다"는 전보를 보냈다. 갓난애기 때 부르던 자오자오(嬌嬌)가 수신자였다. "봐라, 이제 우리 집안에도 외국어를 아는 사람이 생겼다"면서 주변 사람들에게 한바탕 자랑을 늘어놓는 것도 잊지 않았다.

장칭의 외동딸 리너

1949년 초여름 마오쩌둥은 허쯔전의 동생 허이를 하얼빈으로 보내 리민을 데려오게 했다. 허쯔전은 당의 지시에 의해 상하이로 내려

1951년 여름. 아버지와 함께한 마오쩌둥의 두 딸.
오른쪽이 리민, 왼쪽이 리너.

가 정착했다. 리민은 장칭의 소생인 리너도 처음 만났다.

마오쩌둥은 애칭으로만 불리던 두 딸에게 "쓸데없는 말을 적게 하고, 해야 할 일은 민첩하게 행하는 사람이 되라"며 『논어』에 나오는 '민'(敏)과 '눌'(訥)을 한 자씩 사용해 제대로 된 이름을 지어줬다. 성은 마오(毛)가 아닌 리(李)를 쓰게 했다.

마오는 국민당의 체포를 피해 도망다니던 시절 리더성(李得勝)이라는 이름을 사용한 적이 있었다. 국민당 최정예부대의 맹공을 피해 옌안을 포기하고 철수할 때도 떠나면(離) 승리할 수 있다(得勝)는 의미에서 이 이름을 사용했다. 이(李)는 이(離)와 발음이 같다.

리너는 마오쩌둥과 장칭의 외동딸로 1940년 옌안에서 태어났다. 항일전쟁으로 날을 지새우던 시대였지만 아버지 옆에서 편안한 어린 시절을 보냈다. 마오는 한번 일을 시작하면 뜬눈으로 밤을 새울 때가 많았다. 어느 누구도 감히 휴식을 권하지 못했지만 리너만은 예외였다. "아빠, 우리 산보하러 가자"고 손을 잡아끌면 군말 없이 싱글벙글하며 따라나섰다. 리너는 사람들이 마오의 눈치를 볼 때마다 이해를 못했다.

"무섭긴 뭐가 무섭다고 저 난리들이야. 나한테 꼼짝도 못하는데."

중화인민공화국이 수립됐을 때 리민은 13세, 리너는 9세였다. 두 딸은 중국의 최고 통치권자가 된 아버지와 함께 중난하이(中南海)에 살며 난생 처음 정규교육을 받기 시작했다.

두 딸에게 연애결혼 가르친 아버지

마오는 두 딸의 생활방식이나 학교공부에 관해 엄격할 정도로 요구하는 것이 많았다. 그러나 결혼만은 무슨 일이 있어도 연애결혼을 해야 한다고 틈날 때마다 주입시켰다. 리민은 대학시절 사귀기 시작한 해방군 포병부사령관 콩총저우(孔從洲)의 아들 콩링화(孔슈華)와 연애결혼했다. 사귀는 남자의 부모가 뭘 하는 사람인지 궁금해하지 않고, 자신이 누구의 딸이라는 것도 말하지 않는 바람에 남자 쪽에서 짜증을 낸 적이 많았다고 한다.

1959년 마오쩌둥은 리민의 결혼식을 직접 주재했다. 하객들에게 일일이 술을 따르며 평소 잘 마시지 않던 술이었지만 그날은 대취했다.

리너는 베이징대학 역사학과를 졸업했다. 어린 시절부터 아버지 옆에서 오래 생활한 탓에 시(詩)와 사(詞)에 능하고 손에서 책을 놓지 않았다. 서법도 마오쩌둥과 장칭의 가르침으로 일가를 이루었다. 초대소 직원과 결혼했지만 문화의 차이로 오래가지 못했다. 1973년 공산당 제10차 전국대표대회에서 아버지를 마지막으로 만났다.

마오쩌둥의 딸들은 아버지 생전에 특권을 누린 적이 없고 사후에도 물려받을 만한 유산이 없었다. 마오는 두 딸이 과학자나 정치가가 되기를 바라지 않았다. 문학가도 마찬가지였다. 보통 노동자가 되어 자력 갱생하기를 희망했다.

무장한 여인

"땅에 떨어져도 시들지 않는 비 맞은 야생화."

열두 살 때 부모 잃고 촌뜨기 부자에게 첩으로 팔려가

타이완처럼 역사 해석이 복잡한 곳도 없다. 만주인과 일본인의 해석이 있었고 중국인의 해석이 있었지만 타이완인에 의한 해석은 애초부터 없었다.

1970년대 말부터 전후 세대에 의해 타이완 역사가 조금씩 모습을 드러내기 시작했다. 사람 사는 세상이 계엄령 치하의 교실에서 들었던 것처럼 깜깜했을 리가 없었다. 한밤중에 고분(古墳)을 몰래 파헤치는 도굴꾼들처럼 기대와 흥분이 그들을 자극하고 격려했다. 20세기를 대표하는, 세계적인 혁명가 셰쉐홍(謝雪紅)을 발굴해냈을 때 이들이 느꼈던 환희는 대륙에서 진시황의 병마용(兵馬俑)을 발견했다는 소식보다 더하면 더했지 덜하지 않았다. 셰쉐홍은 식민지 타이완이 배출한 미모의 여성혁명가였다.

셰쉐홍은 1901년 타이완 중부도시 타이중(臺中) 인근의 극빈가정에서 태어났다. 사방 천지에 널린 게 오리였지만 집안에 오리 한 마리 없을 정도로 가난했다. 여섯 살 때부터 셰쉐홍은 거리에 좌판을 놓고 바나나를 팔았다. 임자 없는 야생 바나나 나무가 흔할 때였다.

열두 살 때 부모가 모두 세상을 떠났다. 원인은 영양실조였다. 먼 친척이 장례를 대신 치러줬다.

세쉐훙은 돈을 갚을 방법이 있을 리 없었다. 부모의 장례를 치러준 고마운 친척 집에 장례 비용을 갚을 때까지 인질로 들어갔다. 먼 친척은 세쉐훙을 1년간 노비로 실컷 부려먹은 후 촌뜨기 부자에게 첩으로 팔아넘겼다.

16세 때 집을 뛰쳐나온 세쉐훙은 남부도시 타이난(臺南)의 제당공장에 취직했다. 그곳에서 장수민(張樹民)이라는 감초 검수원을 만났다. 금테 안경에 자전거를 타고 다니는 잘생긴 청년이었다. 좋아서 결혼하고 보니 또 첩이었다. 그래도 불평은 안 했다. 하면 할수록 사람 꼴만 우습게 되는 게 불평이라는 것을 이미 알고 있었다.

남편이 모자 장사를 시작했다. 일본 농부들이 즐겨 쓰는 풀잎을 엮어서 만든 모자였다. 고베(神戶)에 직매점을 차리자 따라가겠다고 졸라댔다. 타이완에 살며 첩 노릇 하는 것도 싫었지만 난생 처음 해보는 자기주장이었다.

일본에서 다이쇼 데모크라시 체험

1917년의 일본행은 세쉐훙에게 인생의 전환점이 됐다. 당시 일본은 역사가들이 흔히 말하는 '다이쇼 데모크라시'(大正民主) 시대였다. 좌익 사조가 사회 전반을 지배했다. 파업한 노동자들이 붉은 깃발을 들고 낯선 노래를 부르며 연일 거리를 누볐다. 빨간 소방차가 왱왱거리며 달려와 물을 쏴대면 어깨동무하고 몸을 좌우로 흔들며 노래를 더 크게 불렀다. 밖에만 나오면 하루에도 몇 번씩 이런 모습을 볼 수 있었다.

문맹이었던 셰쉐홍은 밤마다 야학에 나가 일본어와 한문을 배우며 문명의 세계에 발을 들여놓기 시작했다. 사회주의라는 게 있다는 것을 알았다. 서로가 서로를 끌어당겼다.

셰쉐홍은 일본에 와서야 타이완을 인식하기 시작했다. 자신의 신세와 별다를 게 없었다. 그 안에서 떵떵거리며 온갖 잘난 척은 다하는 것들이 도리어 가련하고 불쌍했다. 너나 할 것 없이 다 같은 식민지 백성이었다.

남편은 장사에 소질이 없었다. 1921년에 귀국한 셰쉐홍은 재봉틀 싱거(SINGER)의 외판원을 했다. 당시 유행하던 재봉틀이었다. 웬만큼 산다는 집에서도 재산목록에 들어가는 고가품이었다.

셰쉐홍은 재봉틀을 팔아 억척스레 모은 돈으로 타이중에 양복점을 차려 자립했다.

"아무리 명분 있는 일이라도 경비는 스스로 벌어서 해결해야 한다."

이런 신념이 확고히 자리 잡은 게 20대 초반 때였다. 후원금 받아 일을 하다 보면 결국은 지저분하거나 뻔뻔해질 수밖에 없다는 것을 그 나이에 알았다는 점이 경이로울 뿐이다. '돈이 발언하면 대책이 없다'는 것은 예나 지금이나 마찬가지다. 후일 혁명에 투신하며 '국제서국'(國際書局)을 경영한 것도 그의 성격을 엿볼 수 있는 대목이다.

셰쉐홍은 타이완문화협회에 가입했다. 타이중 인근의 자산가와 중산층 출신 지식인들이 결성한 타이완 최초의 정치결사였다. 식민지를 경험한 나라의 후예들이 아직도 간혹 사용하는 계몽·의식·각성 같은 용어들이 강령을 도배하다시피 한, 있어도 그만이고 없어도 그만이었지만 그나마도 없었더라면 좀 허전했을 그런 단체였다. 타이완문화협회는 신문·잡지 등을 발간하며 수시로 강습회를 개최했다. 세쉐훙은 주로 노동자들을 상대로 지하활동을 했다.

상하이로, 다시 모스크바로

1924년, 세쉐훙은 남편과 함께 타이완을 떠나 상하이로 갔다. 중국 측 관방자료에는 "일본 관헌의 감시"와 "조국의 혁명을 마음속으로 동경했기 때문"이라고 되어 있지만 남편의 사업실패가 가장 큰 원인이었다.

상하이로 가는 배 안에서 세쉐훙은 린무순(林木順)이라는 청년을 만나 호감을 느꼈다. 린무순은 후일 수많은 전설을 남겼지만 당시는 타이페이사범학교 미술과 퇴학생이었다. 나이는 세쉐훙보다 두 살 어렸다.

당시의 상하이는 일본인 자본가와 임금투쟁을 벌이던 한 노동자의 죽음이 반일 파업과 반일 철시, 학생들의 수업거부로 이어져 도시 전체가 난리통이었다. 세쉐훙은 공산당이 장악하고 있던 상하이 총공회에 가입해 적극적으로 이 운동에 참여했다. 5월 30일 절정에 달한 시위는 6월 말까지 계속됐다. 타이완에서 항일운동이랍시고 하던 것과는 격이 달랐다.

뤄이눙(羅亦農), 리리싼(李立三), 차이허썬(蔡和森) 등이 주도한 이 5·30운동을 계기로 세쉐훙은 중국공산당의 주목을 받았다. 덕분에 상하이대학에 입학할 수 있었다.

중공의 혁명교육기지였던 상하이대학에는 먼저 와 있던 타이완 출

국제서국을 운영하던 시절의 셰쉐훙(앞줄 왼쪽)과
그가 좋아했던 일곱 살 연하의 양거황(뒷줄 왼쪽 둘째).

신 학생들이 여러 명 있었다. 후일 타이완공산당의 최대 파벌을 형성하게 되는 이들은 셰쉐훙를 같잖게 보았다. "사회운동에 감히 여자가 끼어든다"면서 어처구니없어 했다. 게다가 학교 문턱에는 가본 적도 없는 첩 출신인 것을 알고는 "보기만 해도 재수없다"며 학교를 옮겨버린 학생들도 있었다. 야비한 농담을 거는 경우도 비일비재했다. 식민지일수록 남성우월주의가 판을 치고 권위적이며 비열한 법, 또 어느 시대 어느 지역을 막론하고 싱거운 여자보다는 싱거운 남자가 더 많게 마련이다. 어린 시절부터 수모라면 이골이 나 있던 셰쉐훙은 끄떡도 안 했다.

셰쉐훙의 진면목을 본 남편은 놀라서 도망가버렸다. 사업에는 소질이 없었지만 선견지명은 있는 사람이었다. 셰쉐훙은 린무순과 가까워지기 시작했다. 첩이라면 지긋지긋했다. 린무순은 결혼이라곤 해본 적이 없는 총각이었다. 여자 친구도 없었다.

중국공산당은 셰쉐훙에게 소련 유학을 권했다. 셰쉐훙은 린무순을 데리고 모스크바로 향했다. 셰쉐훙은 고리키가(街) 푸시킨 광장에 있는 스탈린동방노동자공산주의대학에, 린무순은 중산대학(中山大學)에 입학했다. 숙식은 학교에서 제공했고 매달 50루블씩 용돈도 받았다. 교육과 노동이 결합된 고된 학교생활이었다.

셰쉐훙은 중국·일본·조선·몽골·인도·월남 등에서 온 청년들과 어울리며 피압박의 경험을 교환했다. 외국어에 능한 린무순이 항상 그의 말을 통역했다. 중국공산당 창당요원이었던 장궈타오(張國燾)의 부인 양쯔례(楊子烈)의 회고록에 따르면 두 사람은 부부 사이나 다름없었다고 했다.

타이완 시절 자신의 고통에서만 허우적거리던 셰쉐훙이 일본에 와서야 타이완인의 고통을 이해하기 시작했다면 상하이와 모스크바 시절은 중국인과 인류의 고통을 파악할 수 있는 기간이었다. 셰쉐훙이 식민지 타이완의 해방운동을 장악하고 중심에 설 수 있었던 것은 우연이 아니었다.

타이완공산당 창당과 시련

1928년 4월 15일, 상하이의 프랑스 조계에 있는 작은 사진관 2층에서 타이완공산당 창당대회가 열렸다. 참가자 9명 중 7명이 타이완인이었다. 나머지 두 명은 중공 대표와 조선인 여운형이었다. 창당대회 참석자들은 7개월 전 모스크바 유학을 마치고 돌아온 셰쉐훙을 회의 주석으로 추대했다. 5명의 중앙위원을 선출하며 타이완에 거주하고 있는 3명의 당원을 중앙위원에 포함시켰다. 회의에는 불참했지만 타이완에 뿌리를 내리기 위한 포석이었다. 3일 후 열린 제1차 중앙위원회에서는 린무순을 서기장으로 선출했다.

타이완공산당은 성립과 동시에 된서리를 맞았다. 1927년 조선공산당 사건이 발생하자 상하이독서회는 조선동포의 반항정신을 성원하는 전단을 살포한 적이 있었다. 수명의 타이완 청년들이 3·1절 기념회에 참가해 조선과 타이완의 독립 관철을 역설했다는 정보를 입수한 일본영사관 경찰은 한 타이완 학생의 집을 급습했다. 공교롭게도 셰쉐훙과 린무순이 동거하는 집이었다. 몸이 날랜 린무순은 도주에 성공했지만 셰쉐훙은 체포됐다.

일본영사관은 셰쉐훙을 타이완으로 압송했다. 그러나 일본 경찰은

1962년께 베이징에서 은거 생활을 하던
셰쉐훙(오른쪽)과 양커황이 중산공원을 산책하고 있다.
두 사람은 당시 실질적인 부부 사이였다.

1968년 2월, 베이징에서 67세 셰쉐훙이
홍위병들에게 끌려나오고 있다.

타이완공산당과 셰쉐홍의 관계를 몰랐다. 셰쉐홍은 두 달 만에 풀려났다.

독서회사건은 타이완공산당을 엉망으로 만들어버렸다. 타이완에 돌아와 당원을 확충하려던 린무순은 행방이 묘연했고, 상하이에 남아 있던 남자 당원들도 뿔뿔이 흩어졌다. 타이완에 있던 당원들은 타이완공산당이 발각된 줄 알고 상하이로 피신했다.

셰쉐홍은 형체조차 남아 있지 않은 타이완공산당 재건에 착수했다. 첫 번째 작업으로 타이페이에 국제서국을 설립해 좌익 성향이 강한 신문과 잡지·서적 등을 판매하며 거점을 확보했다. 양커페이(楊克培)라는 일본대학 정치과 졸업생이 동업자였다.

양커페이는 린무순과 헤어진 후 혼자 지내던 셰쉐홍을 좋아했다. 그러나 정작 셰쉐홍의 마음을 끈 사람은 양커페이의 동생 양커황(楊克煌)이었다. 양커황은 타이중(臺中)상고를 졸업한 국제서국 점원이었다. 나이는 셰쉐홍보다 일곱 살 연하였다.

셰쉐홍은 농민조합과 밀접한 관계를 맺는 한편 타이완문화협회 회원들을 적극적으로 포섭하기 시작했다. 타이완공산당 조직과 농민운동을 결합시키는 한편 기관지를 발행해 언론 자유를 주장하며 농민들을 대상으로 사상훈련을 전개했다.

1931년 봄, 사창가를 순찰하던 한 경찰관이 수상쩍은 인물을 발견했다. 연행하려 하자 완강히 저항하며 "타이완공산당 만세"를 외쳐댔다.

타이완공산당의 존재를 파악한 일본 경찰은 수사본부를 설치했다. 3년간 검거 선풍이 불었다. 작은 섬이다 보니 숨을 곳도 마땅치 않았다. 체포된 셰쉐홍은 13년형을 선고받았다.

셰쉐홍은 먼저 출옥한 양커황이 결혼했다는 소식을 듣고 전향서를 제출했다. 옥중에서 폐병을 얻은 셰쉐홍은 소생 가망이 없자 9년 만에 병보석으로 풀려났다.

양커황은 처가가 부자였다. 타이중 기차역 건너편에 장인이 차려 준 싼메이탕(三美堂)이라는 백화점을 경영하고 있었다. 양커황은 감옥에서 나온 셰쉐홍을 피하려 했지만 두 사람의 관계 회복에는 오랜 시간이 걸리지 않았다. 일본이 패망하기까지 5년간 싼메이탕을 함께 운영했다. 셰쉐홍은 항상 단정한 복장을 하고 문 앞에서 손님들을 맞이했다. 그의 생애 중 가장 편안한 나날이었다.

홍위병에게 구타당하고

1945년 8월, 일본이 패망하자마자 이번에는 국민당군이 진주했다. 다시 전면에 나선 셰쉐홍은 조직능력을 발휘하기 시작했다. 담배 팔던 노파를 국민당 군인이 폭행하는 사건을 계기로 2·28사건이 폭발했다. 타이중에서 거행된 인민대회는 셰쉐홍를 주석으로 추대했다. 셰쉐홍은 무장투쟁을 선언했다.

대륙에서 병력을 파견하자 타이완은 피와 공포의 섬으로 변했다. 도처에 셰쉐홍과 양커황의 사진이 나붙었다. 현상금 20만 원. 은행원 한 달 급료가 1,000원 미만일 때였다. 셰쉐홍과 양커황은 가오슝(高雄)에 정박해 있던 해군함정의 장교를 매수해 유유히 타이완을 빠져나왔다.

셰쉐홍은 대륙생활도 평탄하지 못했다. 1952년부터 비판을 받기 시작했고 1968년 5월 홍위병들이 가슴을 발로 걷어차는 바람에 폐병이 도졌다. 2년 후 베이징에서 세상을 떠났다.

셰쉐홍은 평생을 문맹으로 지내도 편한 삶을 살기에 충분할 정도의 타고난 재능과 지혜가 있었다. 타이완공산당 당수, '무장한 여인'이라는 『타임』지 표지와는 어울리지 않을 정도로 용모도 빼어났다.

베이징 교외 바바오산(八寶山) 열사능원에 가면 어느 타이완 시인이 "땅에 떨어져도 시들지 않는 비 맞은 야생화"라고 노래한 셰쉐홍의 유골이 안치된 곳이 있다. 식민지 타이완에 태어나지 않았더라면 사후 그곳에 안치될 일도 없었을 것이고 젊은 시절 장징궈(蔣經國), 덩샤오핑(鄧小平)과 모스크바 거리를 방황하거나 리덩후이(李登輝)를 조직원으로 거느릴 일도 없었을 것이라는 생각이 든다. 한마디로 비극적인 삶이었다.

셰쉐홍은 세월이 흐를수록 더 많은 이야깃거리를 제공할 인물이다. 영화와 드라마로 나올 날이 머지않았다. 그의 역을 어느 여배우가 소화할 수 있을지 궁금하다.

중공의 청춘

"항상 밝은 내일을 소리 높여 노래한다.
그와의 싸움은 허망하다."

홍색도시 옌안을 택한 궁펑

남자애들도 마찬가지지만 여자들은 특히 부모를 잘 만나야 한다. 궁웨이항(龔維航)도 부모를 잘 만났다. 부친은 넉넉한 형편이 아니었지만 딸들을 상하이의 명문 '세인트 마리아' 여자중학에 입학시켰다. 세인트 마리아 여자중학은 부유한 집안의 딸들이 아니면 엄두를 못 낼 정도로 학비가 비싼 학교였다. 교장은 시도 때도 없이 "우리는 대사 부인들을 배양하는 학교가 아니다. 미래의 대사들이 이 안에서 나와야 한다"라고 학생들에게 말했다.

궁웨이항은 기를 쓰고 공부를 했다. 기숙사에 틀어박혀 책을 읽다 밥 먹는 시간을 놓치기 일쑤였다. 그럴 때마다 깡통에서 과자를 꺼내 먹던 모습을 기억하는 사람들이 아직도 많다. 부친은 딸에게 일주일에 비스킷을 한 통씩 사보냈다.

궁웨이항은 1933년 옌징대학(燕京大學)도 무난히 입학했다. 공산당에 가입해 황징(黃敬), 야오이린(姚依林), 황화(黃華) 등과 함께 학생운동의 영수로 두각을 나타냈다. 12·9운동 시절 시위대의 대대장 6명 중 유일한 여학생이었다. 국민당이 학생운동에 관한 보도를 통제하자 외국기자들을 초청해 유창한 영어로 자신들의 활동을 알렸다. 수십 년간 중공의 입이 될 자질이 이때부터 보였다.

국·공합작이 이뤄지고, 본격적인 항일전쟁이 폭발했다. 항일 근거지 충칭과 옌안으로 향하는 학생들이 줄을 이었다. 궁웨이항은 홍색도시 옌안을 택했다.

궁웨이항은 어린시절부터 펑파이(澎湃)를 숭배했다. 펑파이는 광둥(廣東)의 부잣집 아들로 태어나 풍요로움을 내팽개친 중국 최초의 농민운동 지도자였다. 미국 여기자 님웨일스의 『아리랑』 덕분에 우리에게도 낯설지 않은 하이루펑(海陸豊) 광둥 코뮌도 펑파이의 작품이었다. 궁웨이항은 상하이를 떠나며 궁펑(龔澎)으로 개명했다.

충칭의 외국 기자들은 그녀의 입을 주시했다

궁펑은 문장 솜씨가 뛰어났다. 미국 유학을 떠나는 언니 편에 옌안행을 결정하기까지의 일들을 영문으로 적어 보냈다. 그의 자전을 받아본 펄벅은 "좋은 글이다. 그러나 젊은 여자의 삶에 애정에 관한 이야기가 한 줄도 없는 것이 애석하다"고 했다.

당시 옌안에는 도시에서 온 여학생들이 많았다. 혁명과 전쟁을 칵테일파티 정도로 착각한 철부지들에게 옌안은 낭만의 산실이 아니었다. 구멍난 신발과 남루한 복장은 기본이었다. 목욕은 한 달에 한 번도 감지덕지였다. 머리와 온몸에 이가 들끓었다. 이를 '혁명충(蟲)'이라고 불렀다. 끙끙거리며 온 길을 다시 돌아가는 경우가 허다했다. 부모들이 정해준 사람과의 결혼을 피해 왔거나 시궁창 같은 남편을 버리고 가출한 사람도 부지기수였다. 모두가 사연투성이들이었다.

빨치산 시절의 궁평.
이 당시 그녀의 온몸에는 이가 들끓었다고 한다.

궁펑은 예외에 속했다.

당시 옌안과 항일성지 타이항산(太行山)에는 어린 처녀와 늙은 총각들이 많았다. 주더(朱德)는 캉커칭(康克淸)과 결혼했고, 류사오치(劉少奇)는 세페이(謝飛), 세줴짜이(謝覺哉)는 왕딩궈(王定國), 쉬하이둥(徐海東)은 저우둥빙(周東屛), 쩡산(曾山)은 덩류진(鄧六金)과 결혼했다. 한결같이 나이든 신랑과 어린 신부였다.

궁펑은 늙은 총각들을 실망시켰다. 류원화(劉文華)라는 청년과 결혼했다. 류원화는 8년간 독일 유학을 마치고 항일전선에 뛰어든 엔지니어였다. 두 사람은 아무에게도 알리지 않고 나무에 서로의 이름과 결혼 날짜를 새겨 넣었다. 1940년 8월의 일이었다. 당시 궁펑은 펑더화이(彭德懷)의 비서였다.

중국공산당 지도부로서는 궁펑을 빨치산으로 놔두기에는 아까웠다. 그녀를 전시 수도 충칭에 있던 중공의 연락사무소 남방국으로 파견했다. 류원화는 전선인 타이항산으로 떠났다. 젊은 부부는 결혼 29일 만에 처음이자 마지막 이별을 했다. 류원화는 2년 후 전사했다.

국·공합작 시절이다 보니 중국공산당은 불법단체가 아니었다. 무장한 야당이었다. 궁펑의 합법적인 신분은 『신화일보』 기자였지만 남방국 책임자 저우언라이의 대변인이었다.

충칭에 상주하던 100여 명의 외국 신문사와 통신사의 기자들은 한결같이 궁펑의 입을 주시했다. 공산당 기관지 『해방일보』와 『신화일보』에 실린 중요한 문장을 비롯해 마오쩌둥과 저우언라이 등의 담화문이 궁펑의 손을 거쳐 전 세계로 퍼져나갔다. 30여 년간 지속될 중공 최초의 대변인이며 여성 외교관의 탄생이었다.

미 국무성이 파견한 문관 자격으로 충칭에 거주하던 중국역사학자 페어뱅크는 궁펑에게 극찬을 아끼지 않았다.

"총명하고 매력이 넘치는 젊은 여성의 이름은 궁펑이었다. 그가 성명을 발표할 때마다 기자들은 넋을 잃었다. 발광 직전까지 가는 젊은 기자들이 허다했다. 야당의 입장에서 집권당의 죄악을 폭로하는 모습이 그렇게 아름다울 수 없었다. 예리한 통찰력과 해학은 신선한 공기와 같았다. 궁펑은 청춘의 상징이었다."

궁펑의 등장과 함께 국민정부 신문국에 자료를 얻으러 오는 외국 기자들의 발길이 뜸해지기 시작했지만 국민당 신문국장 장핑췬(張平群)은 정적인 궁펑을 찬양했다.

"그를 볼 때마다 영원히 볼 수 없을지도 모르는 미래에 일생을 바친 사람이라는 생각이 든다. 항상 밝은 내일을 소리 높여 노래한다. 그와의 싸움은 허망하다."

궁펑의 집무실에 장미꽃 보낸 차오관화

1939년 3월, 독일에 유학 중이던 차오관화(喬冠華)가 항일전쟁에 참전하기 위해 귀국했다. 홍콩에 도착하자마자 광저우에 주둔하던 제7전구사령부의 참모로 초빙을 받았다. 서구의 군사정보와 국제관계를 분석한 보고서를 작성해 상부에 올렸지만 읽는 사람이 없다 보니 방구석에 앉아 쓸데없는 짓만 하는 사람으로 낙인이 찍혔다. 칭찬

1946년 난징과 상하이를
오가던 시절 궁펑과 차오관화.

외교부 출범 직후 지인들과
이화원에 놀러간 궁펑과 저우언라이 부부
(오른쪽 맨 뒤가 저우언라이, 그 앞이 궁펑).

이나 질책받을 일도 없었다.

고생은 고생대로 하며 허망한 나날을 보내던 차오관화의 숨통을 터준 것은 일본이었다. 광저우가 일본군에게 함락되자 7전구 참모본부는 차오관화를 홍콩에 파견해 신문을 만들게 했다. 유럽 전선과 스페인 내전을 분석한 글들이 주목을 받기 시작했다. 마오쩌둥은 옌안에서 차오의 글을 빼놓지 않고 읽었다. "2개의 탱크사단보다 위력이 있다"며 찬탄을 금치 못했다.

태평양전쟁이 발발하고 일본군이 홍콩을 점령하자 차오관화는 문화인들을 이끌고 홍콩을 탈출했다.

충칭에 도착한 차오관화를 극작가 샤옌(夏衍)이 저우언라이의 사무실로 데리고 갔다. 저우언라이는 궁평과 함께 이들을 만났다. 그날 밤 차오관화는 궁평에 관해 아는 대로 이야기해달라며 샤옌을 붙잡고 놔주지 않았다. "얼마 전 남편이 사망했다"고 하자 잠시 안쓰러운 표정을 짓다가 "두 눈이 포도주 같더라"며 싱글벙글 하는 등 제정신이 아니었다. 저우언라이를 만난 소감은 입에 올리지도 않았다. 다음 날부터 궁평의 집무실에 장미꽃이 떨어질 날이 없었다. 이 총명한 여인의 얼굴에 생기가 돌기 시작했다.

1943년 가을 두 사람은 결혼했다. 저우언라이 부부와 둥비우(董必武), 예젠잉(葉劍英), 린보취(林伯渠), 왕뤄페이(王若飛) 등이 붉은 비단에 서명한 면사포를 궁평에게 씌워줬다. 차오관화는 샤옌과 서예가 황먀오쯔(黃苗子)에게 빌린 돈으로 땅콩과 사탕을 구입해 하객들에게 대접했다. 둥비우는 이들 부부에게 자신의 방을 내줬다. 이듬해 여름 아들 쭝화이(宗淮)가 태어났다. 차오관화와 궁평은 방마다 다니며 아이스크림을 한 개씩 돌렸다.

일본이 항복한 후인 1945년 8월 장제스와 담판하기 위해 충칭에 온 마오쩌둥은 늦은 감이 있지만 "아름다운 한 쌍의 제비, 천 리를 날아와 인연을 맺고 혁명을 이끌었다"며 축시를 선사했다. 1947년 3월 8일 내전이 발발하자 중공 대표단은 옌안으로 철수했지만 궁펑과 차오관화는 홍콩으로 자리를 옮겨 신화사 홍콩지사를 설립했다.

중화인민공화국 성립 한 달 후인 1949년 11월 8일 오후 8시, 외교부가 정식으로 출범했다. 총리 저우언라이가 부장을 겸직했다. 궁펑은 정보국장에, 차오는 외교정책위원회 부주임 겸 신화사 홍콩지사 사장 임명장을 받았다. 궁펑은 10여 명의 외교부 간부 중 유일한 여성이었다.

제네바회담 중국대표 대변인으로

마오쩌둥은 "부뚜막을 바꿔라. 청소를 깨끗이 한 후에 손님을 청해라. 외교는 편파적이어야 한다"며 신중국 외교의 3대 방침을 천명했다. 저우언라이는 "싸우면서 연합할 방법을 모색하고, 연합한 상태에서 싸울 날을 대비하는 것이 외교"라며 "외교에는 사소한 것이 없다. 우왕좌왕하거나 충동적인 말과 행동은 금물"이라는 점을 반복해 강조했다. 이듬해 6월 한국전쟁이 발발했다. 그해 가을, 중국인민지원군이 압록강을 건넜다.

1951년 6월 30일, 연합군 사령관 리치웨이가 정전회담을 제의했다. 외교부 부부장 겸 군사위원회 정보부장 리커눙(李克農)과 차오관화는 회담을 막후에서 지휘하기 위해 개성으로 떠났다. 상대가 미

1949년 10월 1일 중화인민공화국 선포식에 참석한 궁펑.

국이다 보니 하버드나 예일대학을 졸업한 정예요원과 전쟁터에서 잔뼈가 굵은 200여 명이 두 사람을 보좌하기 위해 동행했다.

회담은 2년을 끌었다. 그 사이 저우언라이는 전선에서 첫 남편을 희생당한 경험이 있는 궁평을 개성으로 장기간 출장보냈다. 궁평은 만삭으로 귀국하는 날 전송나온 북한대표 남일(南一)에게 아들이면 쑹웨(松嶽·송악), 딸이면 쑹두(松都·송도)라는 이름을 지어주겠다고 말했다.

1954년 4월 26일부터 7월 21일까지 한반도와 월남 문제를 다루기 위한 회의가 제네바에서 열렸다. 48년 동·서 냉전이 시작된 이후 23개국의 대표들이 최초로 한자리에 모인 대형 국제회의였다. 20세기의 전설적 인물들이 각국을 대표해 총출동했다. 공산정권 수립 후 국제무대에 처음 등장하는 중국은 저우언라이를 필두로 185명의 대표단과 기자 29명을 파견했다.

제네바로 향하기 2개월 전 저우언라이는 대표들에게 말했다.

"한반도 문제는 해결이 쉽지 않다. 하는 데까지 해보는 수밖에 없다. 월남 문제는 해볼 만하다. 프랑스는 화해를 원하지만 미국은 그럴 생각이 없다. 프랑스로부터 월남 내의 군사지휘권을 탈취하려 하지만 프랑스는 미국이 월남에 발을 들여놓기를 바라지 않는다. 우리는 프랑스를 같은 편으로 해야 한다."

황화와 함께 대표단 대변인으로 선정된 궁평은 리커눙과 같이 한반도와 월남에 관한 자료집을 만들어 대표단의 중요 인물과 우방에 전달했다. 1,700여 만 자에 달하는 방대한 양이었다.

회의 시작 11일 만인 5월 7일, 프랑스군이 디엔비엔푸 전투에서 월남군에게 대패했다. 프랑스는 화의(和議)에 나섰다. 프랑스의 부녀 대표단은 분쟁이 재발할 것을 우려했다. 중국 대표단이 적극적으로 정전과 평화회담 개최를 촉구해주기를 희망했다. 궁펑은 저우언라이의 대리인 자격으로 프랑스의 입장을 공개적으로 지지했다.

제네바회담은 하루가 멀다 하고 새로운 상황이 발생하는 등 파열을 예고했지만 참가자들은 자국의 입장을 국제사회에 확인시키기 위해 동분서주했다. 궁펑은 저우언라이의 발언이 있을 때마다 300여 명의 기자를 초청해 내용을 구체적으로 설명하고 개인 일정을 흘려 기자들의 흥미를 자극시켰다. 찰리 채플린의 예방과 프랑스 총리와의 회담 모습이 전 세계의 유명 일간지에 대문짝만하게 실리곤 했다. "비적 출신들이 대륙을 장악했다"는 생각이 국제사회에 지배적일 때였다. 중국 외교관들의 세련된 행동은 화제를 몰고 다니기에 충분했다.

궁펑은 1960년 제2차 제네바 회담에도 대표단 고문 겸 수석대변인으로 참석했다. 저우언라이와 함께 14개국을 순방하는 등 공공장소에 출현하는 횟수가 빈번했지만 항상 침착하고 신중했다. 저우언라이는 궁펑을 볼 때마다 "나이를 먹을수록 단정하기가 처녀와 같다"며 흐뭇해했다.

궁펑을 아낀 저우언라이

문화대혁명이 시작되자 자살하는 사람들이 속출했다. 험한 세상을 꾸역꾸역 살아온 까닭에 언제 뭐가 튀어나올지 몰랐다. 강물에 뛰어들고, 우물에 몸을 던지고, 수면제를 동전 모으듯 하는 사람이 부지기수였다. 궁평은 "시골에 내려가 나는 역사를 가르치고 아빠는 외국어 교사를 하면 된다"며 불안해하는 자녀들을 안심시켰다. 그러나 공중변소 청소로 하루를 시작했고 일과 후에는 연일 조반파들에게 혹독한 신문을 받았다. 저우언라이는 특유의 방법으로 궁평을 감쌌다. 꾀죄죄한 모습으로 맨 뒤쪽 구석에 앉아 있는 것을 보자 "궁평, 앞으로 나와. 비판의 대상도 아니면서"라며 큰 소리로 외쳤다.

1970년 이른 봄, 30년간 누적된 과로가 궁평을 엄습했다. 한밤중에 뇌출혈로 쓰러졌다. 정신없어 하는 차오관화를 대신해 저우언라이가 수술을 결정했다. 저우언라이는 북한 방문 이틀 전에도 병원을 찾아왔다. 의식 없는 궁평의 맥박을 짚어 보겠다며 조심스럽게 손목을 잡더니 허망하다는 말만 되풀이했다. 귀국 후 다시 병원을 찾았을 때는 "궁평의 이런 모습을 보고 싶지 않다. 너무 힘들다. 다시는 보러 오지 않겠다"며 병실을 떠났다. 병원 밖 계단에 앉아 먼 하늘을 쳐다보며 넋 나간 모습이 평소의 저우언라이와는 너무 딴판이었다. 오해하는 사람까지 있을 정도였다.

저우언라이는 궁평의 영결식에 참석하지 않았지만 보는 사람마다 붙잡고 "궁평이 세상을 떠났다"며 헐렁한 군복을 입은 궁평의 모습을 그리워했다.

궁평은 저우언라이와 함께 중국 외교의 기틀을 닦았다. "외교는 선전이다. 천편일률적이어서는 안 된다. 좌와 우를 구별해야 하지만 가릴 필요는 없다"는 유명한 말을 남겼다. 일거일동도 저우언라이와 흡사했다. 1971년 11월, 차오관화가 유엔 무대에 화려하게 등장했을 때 궁펑의 그림자가 그를 감싸고 있다고 말하는 사람들이 많았다.

마오쩌둥에게 영어 가르친 장한즈

1963년 12월 26일 마오쩌둥의 70회 생일잔치는 조촐했다. 몇 명의 친척과 장스자오(章士釗)와 왕지판(王季範), 청첸(程潛), 예궁춰(葉恭綽) 등 네 명의 동향 노인을 초청한 게 다였다.

마오쩌둥은 이들에게 자녀 중 한 명을 데리고 오라고 사전에 통보했다. 부인은 절대 데리고 오지 말라고 신신당부했다. 장스자오는 영어교사를 하던 장한즈(章含之)를 데리고 참석했다. 장한즈는 28년 전, 상하이에서 외박하고 귀가하던 장스자오가 새벽에 안고 들어온 딸이었다.

마오쩌둥은 장한즈가 베이징외국어학원 영어교사인 것을 알자 갑자기 영어를 배우겠다고 했다. 춘제(음력 설)가 지나자 장한즈는 매주 한 번씩 마오쩌둥에게 영어를 가르쳤다. 진도는 별로 나가지 않았다. 장한즈는 후일 신중국 12대 미녀 중 한 사람으로 불릴 정도로 미인이었다.

문화대혁명 초기에 외교관 양성기관인 외국어학원은 천이(陳毅), 지펑페이(姬鵬飛), 차오관화의 타도를 주장하는 조반파와 이들을 보호하려는 반대파 간의 투쟁이 치열했다. 장한즈는 반대파에 속했다.

1967년 봄, 장한즈는 동네 문방구에 물건을 사러 갔다. 시답지 않은 문구를 고르던 중 키가 크고 삐쩍 마른, 잘생긴 사람이 들어와 종이를 몇 장 사는 것을 곁눈으로 보았다. 근엄한 모습에 지적인 분위

1954년 6월 제네바 회담 때 숙소 정원에서
망중한을 즐기는 중국 외교 대표단.
왼쪽부터 차례로 왕자샹·저우언라이·스저(師哲)·
왕빙난(王炳南)·장원톈·리커눙.

기가 물씬 풍겼다. 그가 나가자 점원들이 장한즈에게 물었다.

"너, 저 사람이 누군지 아니?"

"몰라."

"조반파들이 때려잡으려고 하는 차오관화야."

장한즈는 이날 차오관화에게서 거대한 압력을 느꼈다고 훗날 말했다. 1971년 이른 봄, 장한즈는 마오쩌둥의 주선으로 외교부에 들어갔다. 사무실은 4층이었다. 하루는 어떤 키 큰 사람이 장한즈의 앞에서 계단을 오르고 있었다. 걸음이 너무 느렸다. 급히 추월하려 하자 뒤에 오던 사람이 팔을 잡았다.

"뛰지마. 앞에 차오 부장이 가시잖아."

"어떤 차오 부장."

"외교부에 차오 부장이 또 있어?"

이어서 "얼마 전에 부인 궁펑이 죽었어. 건강이 엉망이래. 차오 부장이 지나갈 적에 아무도 추월하지 않는 게 불문율이야"라고 나지막하게 말해줬다.

장한즈와 재혼하는 차오관화

초대 외교부 대변인 궁펑은 중국의 1세대 외교관이었다. 남편에게 외교관의 자질이 있다고 저우언라이에게 차오관화를 처음 추천한 것도 궁펑이었다.

키신저와 닉슨이 연이어 베이징을 방문하면서 중·미관계의 해빙이 본격화됐다. 중국이 유엔에 가입했고 대표단을 파견했다. 차오관화가 단장이고 장한즈는 통역이었다. 미국으로 출발하기 전날 마오쩌둥이 이들을 접견했다. 모두가 있는 자리에서 장한즈를 향해 "너는 비판받아 마땅하다. 너와 네 남편은 이미 부부가 아니다. 왜 체면 때문에 남들이 알 것을 두려워하느냐? 자신을 해방시켜라. 그러면 내가 제일 먼저 축하해주겠다"고 말해 모두를 놀라게 했다. 당시 장한즈는 별거 중이었다. 남편은 뛰어난 학자였지만 풍류 인물이었다. 둘 사이에 딸이 하나 있었다. 체면 때문에 이혼을 하지 못하고 있었다.

미국을 오가며 차오관화와 장한즈는 가까워지기 시작했다. 잠시 귀국했을 때 장한즈는 이혼수속을 밟았다. 소식을 들은 마오쩌둥은 약속대로 한밤중에 선물을 보내 축하해주었다. "마오 주석의 생일을 축하한다"는 글귀가 새겨진, 김일성이 보낸 황주 사과였다.

다음날 눈이 내렸다. 장한즈의 이혼 소식을 들은 차오관화는 보는 사람마다 붙잡고 눈을 가리키며 온종일 싱글벙글해 사람들을 민망하게 했다.

"창 밖을 봐라. 저 안에 인간세상의 환희가 있다."

장한즈와 결혼한 차오관화에게 마오는 "장가갔으니 장한즈의 집에 가서 살면 되겠구나"라고 했다. 차오관화는 죽는 날까지 장스자오가 물려준 장한즈의 집에서 살았다. 스자후퉁(史家胡同)의 품위 있는 사합원이었다.

2008년 1월 27일, 중국의 모든 언론이 외교계의 꽃, 사상가이며 변호사인 장스자오의 입양 딸, 마오쩌둥의 영어교사, 외교부장 차오관화의 부인이었다는 설명과 함께 장한즈의 사망 소식을 보도했다. 외동딸이 빈소를 지켰다. 장한즈는 한동안 영화감독 천카이거(陳凱歌)의 장모이기도 했다.

장춘차오를 감옥문에서 기다리던 원징

언제까지 살았는지, 그녀는 역사의 풍경으로부터 사라지고 말았다.

일본군에 투항한 연상의 조강지처

문화대혁명 시절 4인방(四人幇)의 우두머리 격이었던 장춘차오(張春橋)에게 원징(文靜)이라는 예쁜 이름을 가진 연상의 조강지처가 있었다. 본명은 리수팡(李淑芳), 부친은 중국은행 톈진(天津) 지점에 근무하던 은행원이었다. 리수팡은 학생시절 공산주의청년단에 가입했고 항일전쟁이 폭발한 후에 중앙당교와 항일군정대학을 졸업한 당원이었다.

리수팡은 산시(山西), 차하얼(察哈尔), 허베이(河北) 일대에서 녜룽전(聶榮臻)의 지휘하에 일본군과 유격전을 벌이던 진차지군구(晉察冀軍區)의 기관지 『진차지일보』에 리안(李岩)이라는 필명으로 투고를 하곤 했다. 글마다 내용이 격렬하고 기개가 넘쳤다. 필자가 젊은 여자이리라고 생각하는 사람은 아무도 없었다.

하루는 그의 글을 읽은 당 선전부원 장춘차오의 호출을 받았다. 장춘차오는 18세 때 디커(狄克)라는 필명으로 루쉰(魯迅)과 한 차례 논쟁을 벌인 적이 있는 시인 출신이었다.

단발머리에 안경을 쓴, 여학생 모습의 리수팡이 나타났을 때 26세의 청년 장춘차오는 당황했다.

두 사람은 취미가 비슷했다고 한다. 한번 입을 열면 동서고금을 종횡무진하는 장춘차오였지만 리수팡과 있을 때는 눈을 지긋이 감고 듣기만 했다. 리수팡은 목소리가 일품이었다.

1943년 12월, 백설이 온 천지를 뒤덮기라도 하듯 눈이 퍼붓던 날 새벽, 일본군이 팔로군(八路軍) 소탕작전을 전개했다. 장춘차오는 산속으로 피신했지만 리수팡은 포로가 됐다. 스자좡으로 끌려온 리수팡은 일본군 헌병대의 심문을 받았다.

선무공작에 필요한 방송요원을 물색 중이던 일본군 헌병사령부는 낭랑한 목소리에 표준중국어를 구사하는 리수팡을 반공선전요원으로 이용하려 했다. 리수팡은 투항했다. 중국 군민의 사기를 저하시키는 방송뿐 아니라 원고까지 직접 썼다.

장춘차오의 배우자 원징은 반역자

유럽 전선에서 연합군의 승리가 확실시되자 이번에는 팔로군이 일본군에게 총공세를 퍼부었다. 일본군은 후퇴하며 리수팡을 내팽개쳤다.『진차지일보』의 부총편집이 된 장춘차오는 1년 만에 재회한 리수팡에게 신문 편집을 맡겼다. 일본군에게 부역한 사실을 은폐하기 위해 이름도 원징(文靜)으로 바꾸게 했다.

원징은 정치적인 운동이 벌어질 때마다 심사대상이 됐다. 일본군에게 자수했거나 변절한 적이 있는 사람은 중용하지 않는 게 공산당의 조직원칙이었다. 그래도 장춘차오는 개의치 않았다. 항일전쟁이 끝난 후 리수팡과 정식으로 결혼식을 올렸다.

문혁 초기 장춘차오(오른쪽 첫째).
'4인방'의 한 사람인 야오원위안(앞줄 왼쪽 둘째)과
상하이 서기 쉬징셴(徐景賢·오른쪽 둘째)도 보인다.

1949년 5월 27일, 인민해방군과 함께 상하이에 입성한 장춘차오는 상하이 공산당 기관지 『해방일보』의 사장과 총편집을 겸했다. 1958년, 한 편의 글로 마오쩌둥의 찬사를 받았다. 그러나 뒤에서 원징의 과거를 거론하는 자들이 조금씩 생겨나기 시작했다.

1968년 문화대혁명이 폭발했다. 중앙문혁소조 부조장이 된 장춘차오는 상하이의 당정(黨政)을 장악, 하루아침에 중국은 물론 세계적인 인물로 부상했다. 원징은 얼떨결에 상하이의 제1부인이 됐다.

존재조차 희미했던 원징에게 보고할 일이 있다며 찾아오는 사람들이 하나둘 생겨났고 그도 온갖 일에 끼어들기 시작했다. 상대방에게 손가락질해가며 말하는, 평소에 없던 습관도 생겨났다. 만나고 나오는 사람들마다 "저놈에 여자만 보면 재수 없다"고 투덜댔다.

1년이 지나자 "장춘차오의 배우자 원징이야말로 반역자!"라는 표어가 난무했다. 원징의 자료를 들고와 보고하겠다며 장춘차오의 집무실 앞에서 죽치고 기다리는 간부가 있는가 하면 "원징을 혁명위원 후보로 추천해야 한다"며 장춘차오를 곤혹스럽게 하는 미련한 군중조직의 우두머리도 있었다.

1969년 정치국원에 선출된 장춘차오는 원징을 공식석상에 나오지 못하게 했다. 한동안 조용했다.

2년 뒤 중국을 탈출한 린뱌오(林彪)가 몽골 사막에서 비행기 추락으로 사망하자 장춘차오는 상하이에 있는 린뱌오 추종세력 제거에 나섰다. 그러나 정적들은 원징에 관한 자료를 수집해 돌파구를 찾으려 했다.

장춘차오는 원징과의 관계를 정리하기로 결심했다. 1972년 가을

부터 베이징에 머물며 원징과 자녀가 있는 상하이에는 아예 내려오지를 않았다. 그러나 1973년 중앙정치국 상무위원에 선출된 직후 결정적인 사건이 발생했다. 총리 저우언라이가 프랑스 대통령 퐁피두와 함께 상하이를 방문했다. 동행한 저우언라이의 부인 덩잉차오(鄧穎超)는 밤마다 옛 동지와 젊은 간부들의 집을 찾아가 자녀들과 즐거운 시간을 보냈다. 덩잉차오는 장춘차오가 보기엔 별 것도 아닌 왕훙원(王洪文)과 야오원위안(姚文元)의 가족을 방문했지만 지척에 있는 장춘차오의 집은 그냥 지나쳤다. 조직의 원칙에 철저한 행동이었다.

역사의 풍경으로부터 사라진 원징

베이징에서 소식을 들은 장춘차오는 식은땀이 났다. 아주 민감한 때였다. 마오쩌둥이 덩샤오핑을 복권시켜 인민해방군 총참모장에 임명하고 장춘차오를 정치위원에 임명한 뒤 다시 덩샤오핑을 제1부총리에 확정하며 장춘차오를 제2부총리로 결정한 직후였다. 세계의 언론이 그를 상하이 마피아의 두목으로 지목했고, 마오쩌둥에 의해 장칭, 왕훙원, 야오원위안과 함께 '4인방'이라는 꼬리표가 붙은 지도 오래였다.

바라는 것을 이루려면 조건을 창출해야 했다. 장춘차오는 이혼을 결심했다. 당 중앙에 정식으로 보고해서 동의를 받았다.

1976년 9월, 마오쩌둥이 사망하자 4인방도 몰락했다. 반역죄로 체포된 장춘차오는 법정에서 묵비권을 행사했다. 장칭과 함께 사형을 선고받았지만, 몇 차례 감형을 거쳐 1998년 출옥했다. 추운 겨울날이었다.

원징이 감옥 앞에서 그를 기다리고 있었다. 40여 년 전 처음 만나던 날처럼 처음에는 멈칫했지만 잠시였다. 원징이 다가와 뭐라고 몇 마디 하자 어색한 표정을 지으며 원징의 뒤를 줄레줄레 따라갔다. 이제는 둘 사이에 정치적인 요인이 개입될 이유가 없었다.

감옥에서 풀려난 날부터 원징의 보살핌을 받던 장춘차오는 2005년 봄 세상을 떠났다. 그가 죽은 후 원징의 행적은 묘연하다. 어디에서 무엇을 했는지, 언제까지 살았는지, 그녀는 역사의 풍경으로부터 사라지고 말았다.

1975년 출옥한 예첸위는 푸춘강을 찾았다. 1976년부터 1980년까지 4년에 걸쳐 황공망 이후 시인묵객들이 1,000여 편의 시와 산문을 남긴 푸춘강변 33킬로미터의 자연과 생활상을 담은 「푸춘산거신도」富春山居新圖를 완성했다. 세로 1미터, 가로 33미터에 달하는 대작이었다. 예첸위는 말년에 자신이 소장하고 있던 치바이스·쉬베이훙·장다첸 등 대가들의 작품 100여 점과 함께 「푸춘산거신도」를 고향에 기증했다. 이유가 분명했다. "예술은 사회와 인민의 것이다. 나를 키워준 고향에 보답할 것이라곤 이것밖에 없다. 미술작품을 놓고 불량한 상황이 발생할 날이 머지않았다. 경고가 필요하다."

중화인민공화국 국가를 작곡한 녜얼

"혁명음악을 하고 싶지만 지도해주는 사람이 없다."

명월가무극단의 바이올린 견습생

중화인민공화국 국가(國歌)의 작곡자 녜얼(聶耳)은 윈난성(雲南省) 쿤밍(昆明)의 이름 없는 한약방 집 막내아들이었다. 서우신(守信)이라는 이름이 있었지만 다들 녜얼이라고 불렸다. 아버지는 근엄한 것 외에는 말주변도 의술도 신통치 못했고 명도 짧았다.

녜얼의 어머니는 남편이 보는 전통의학 서적을 뒤적거리다가 저절로 글을 깨우친 태족(傣族) 여인이었다. 이 총명한 소수민족 여인은 남편이 세상을 떠난 다음부터 직접 약방에 앉아 환자들을 진맥하고 약방문을 써줬다.

복부에 통증을 호소하는 사람이 오면 어린 아들을 불렀다. 어렸을 때부터 귀가 유난히 크고 청력이 뛰어났던 녜얼은 환자의 배에 귀를 대고 한참 들은 후 소리를 설명했다. 그럴 때마다 어머니는 "우리 녜얼, 우리 녜얼"하며 아들의 귀를 쓰다듬었다. 남편이 살아 있을 때보다 약방을 찾아오는 환자가 점점 늘어났다.

녜얼의 모친은 노래 부르기를 좋아했다. 틈만 나면 노래에 얽힌 이야기들을 아들에게 해줬다. 공화제를 폐지하고 황제에 오르려던 위안스카이에게 철퇴를 가했던 차이어(蔡鍔)의 영웅담을 소재로 한 노래를 특히 좋아해서 부를 때마다 울먹였다. 차이어가 밤마다 피를 토하고 34세라는 젊은 나이에 숨을 거둔 대목에서는 통곡하기가 일쑤였다. 남편에 관한 이야기는 입에도 올리지 않았다.

녜얼은 중학시절 "종교·철학·과학 같은 과목들은 아무리 들어도 무슨 말인지를 모르겠다. 형편이 되면 해외에 나가 견문을 넓히며 보고 싶은 책을 실컷 보고 싶다. 최소한의 생활이 가능한 돈만 모아지면 물 좋고 산 좋은 곳에 들어가 탄금(彈琴)과 독서로 평생을 보내고 싶다"는 작문으로 어머니에게 기쁨과 우려를 안겨드렸다.

녜얼은 타고난 음악의 천재였다. 배우지도 않았지만 굴러다니는 모든 민속악기를 다룰 줄 알았다. 15세 때 윈난사범학교에 입학해 독학으로 바이올린과 피아노를 만지작거리기 시작했지만 그의 꿈은 군인이었다. 16세 때 고향을 떠나 후난성 신병대에 입대해 군사훈련을 받고 이어서 황푸군관학교에 응시했지만 낙방했다. 꿈을 접은 녜얼은 다시 학교로 돌아갔다.

사범학교를 마친 후 녜얼은 일자리를 구하기 위해 상하이로 나왔다. 제대로 된 곳에서 19세의 시골청년을 받아줄 리가 없었다. 어렵게 들어간 직장마다 월급도 받기 전에 망해버렸다. 그래도 죽으라는 법은 없었던지 명월가무극단(明月歌舞劇團)의 바이올린 연주자 모집 공고를 보고 응시해 견습생으로 합격했다.

왕런메이·녜얼·진옌의 삼각관계

녜얼은 한 달에 10원을 받았다. 100원이 모이자 어머니에게 50원

난징의 유서 깊은 구러우(鼓樓) 여관 문 앞에 선 왕런메이와 네얼.

을 보내고 나머지 돈으로 싸구려 바이올린과 악보를 두 권 구입했다. 녜얼에게 바이올린은 꿈속에서도 소유할 수 없었던 사치품이었다. 신천지가 눈에 보이는 듯했다. 밥만 먹으면 피아노와 바이올린을 끼고 살았다.

명월가무극단에는 저우쉬안(周璇), 롼링위(阮玲玉), 왕런메이(王人美), 진옌(金焰), 자오단(趙丹), 쑨위(孫瑜) 등 당대의 스타와 감독들이 수두룩했다. 다들 활발하고 명랑한 녜얼을 좋아했다. 특히 왕런메이와 친했다.

왕런메이는 후난성 창사 출신 여자였다. 나이는 녜얼보다 두 살 어렸다. 왕런메이의 부친은 인근에 명성이 자자했던 수학교사였다. 마오쩌둥도 그의 제자였다. 후일 주석 신분으로 연예인들을 접견하는 자리에서 왕런메이에게 "학생시절 너희 집에 자주 갔었다. 그때 기억이 나느냐?"고 물은 것을 보면 어설프게 아는 사이가 아니었다.

녜얼과 왕런메이는 정말 친했다. 중학교 교사였던 철학자 아이스치(艾思奇)와 화가 위펑(郁風) 등과도 함께 어울렸지만 녜얼에 비하면 가끔이었다. 두 사람은 서로를 "Dry sister" "Dry brother"라 부르며 같이 밥 먹고, 영화 보고, 팔짱 끼고 산책하며, 놀러 다녔다. 들장미(野玫瑰), 들고양이(野猫)라는 애칭에 걸맞게 자존심 강하고 사나웠던 왕런메이도 녜얼에게만은 신경질을 부린 적이 한 번도 없었다.

진옌이 끼어들면서 녜얼과 왕런메이 사이에 균열이 생기기 시작했다. 진옌은 11세 때 중국으로 이주한 서울 출신의 한국인 김덕린(金德麟)이었다. 독립운동가였던 아버지가 세상을 떠난 후 상하이와 톈진에서 힘들게 학교를 마친 진옌은 17세 때 상하이의 한 영화사에 심부름꾼으로 취직했다가 불과 2년 만에 무성영화 시대의 대표적 여배우가 되었던 완링위와 함께 「야초한화」(野草閑話)에 주연으로 출연한 대스타였다. 중국인들에게 때묻지 않은 순박한 남성미가 어떤 것인지를 보여준 최초의 연기자였다. 청춘과 활력의 상징이었다. 상하이의 한 신문사에서 영화황제(電影皇帝)를 뽑을 때 경쟁자가 없을 정도였다.

1934년 새해 첫날 왕런메이는 결혼식을 올렸다. 신랑은 녜얼이 아닌 진옌이었다. 왕런메이는 들고양이에서 집고양이(家猫)로 변신했다. 그래도 녜얼과는 여전히 친했다. 비극의 시작이었다.

"혁명음악을 하고 싶다"

1931년 9월 18일, 일본 관동군은 만주사변을 일으켰다. 공산당 소탕이 최우선 과제였던 최고지도자 장제스는 일본과의 전면전을 피하기 위해 동북을 송두리째 일본군에게 내줬다. 항일 분위기가 팽배했다. 정부를 규탄하는 시위가 전국적으로 발생했다. 이듬해 1월 일본군은 상하이를 공격했다.

상하이사변은 왕런메이의 결혼과 함께 녜얼에게 가장 충격적인 사건이었다. 2월 7일의 일기를 보면 "몇 년 혹은 몇십 년 후에 일류 연주가가 된다 치더라도 전쟁으로 고통받는 민중들의 정서를 어루만져 줄 수 있을지 의문이다. 혁명음악을 하고 싶지만 어떻게 하는 건지 지도해주는 사람이 없다. 온종일 그 생각만 했다"라는 구절이 있다. 고향의 어머니에게도 "뭘 해야 좋을지 몰라 슬프다"는 내용의 편지

상하이 시절 진옌(오른쪽)과 왕런메이.

를 보냈다.

4월 21일, 좌익희극가연맹의 책임자 톈한(田漢)을 만나 공원을 산책했다. 그날 밤 일기에 "총소리가 콩 볶듯 해도 꽃은 피어 있었다. 평소보다 더 아름다웠다. 나는 꽃 한 송이만도 못하다"는 글을 남겼다.

녜얼은 극단들의 행태를 비판하는 글을 신문에 발표했다.

"민족의 존망이 걸려 있는 때에 육감적인 것 외에는 관심이 없다. 퇴폐를 예술이라 착각하고, 관객들의 눈이나 즐겁게 해주기 위해 기를 쓰며, 시민들의 저급한 취미를 조장한다."

명월가무극단은 녜얼을 파면시키고 신문에 "이후에 발생하는 녜얼의 말과 행동은 본사와 무관하다"는 광고까지 실었다. 녜얼은 상하이를 떠났다.

베이핑(北平)에 도착한 녜얼은 윈난회관에 거처를 정했다. 말로만 듣던 고궁(故宮), 중산공원(中山公園), 중난하이(中南海), 샹산(香山) 등 명승고적을 구경다니고 민간예술가들의 공연을 보며 넋을 잃었다. 상하이의 밤무대에서 보던 가무는 인간 쓰레기들이나 하는 짓이었다.

제대로 된 음악교육을 받아본 적이 없는 녜얼은 베이핑대학 예술학원에 지원했지만 구술시험에서 면접관의 비위를 상하게 하는 바람에 낙방했다. 하는 수 없이 푼돈을 모아 러시아인에게 개인 레슨을 청했다. 어찌나 비쌌던지 4일밖에 받지 못했지만 난생 처음이자 마지막으로 받은 음악교육이었다.

녜얼은 동북 항일의용군에게 보낼 기금을 모으고 항일을 소재로 한 연극과 음악회를 열었다. 좌익음악가연맹에도 가입했다. 틈만 나면 왕런메이에게 편지를 보냈다. 답장을 받으면 뭐가 그렇게 좋은지 싱글벙글했다.

찬바람이 불기 시작하자 녜얼은 살길이 막막했다. 무일푼인 주제에 베이핑에서 겨울을 나려 하다가는 길바닥에서 얼어 죽을지도 몰랐다. 다시 상하이로 돌아가는 수밖에 없었다. 베이핑을 떠나는 날 동향 친구들이 창작을 권했다.

상하이에 돌아온 녜얼은 깜짝 놀랐다. 중국공산당 상하이 중앙국이 혁명문예의 전파와 영향력을 확대시키기 위해 영화계 장악에 나섰고, 실제로 장악하고 있었다. 녜얼은 영화음악에 전념했다.

1933년 봄, 톈한은 녜얼을 붉은 대문 안으로 인도했다. 후일의 문화부 부부장 샤옌(夏衍) 앞에서 입당 선서를 했다. 마르크스의 평전을 다시 읽었는지 "이전에 마르크스의 저작을 읽었을 때와는 느낌이 달랐다. 이상한 기분이 들었다"고 일기에 썼다. 평소 친하게 지내던 신문 파는 소녀에게「신문팔이의 노래」(賣報歌)를 선사해 동지들을 기쁘게 했다.

신중국의 국가 '의용군 행진곡' 이틀 만에 완성

1935년 1월, 동북의 항일전선에 뛰어든 여학생들을 소재로 한「풍운아녀」(風雲兒女)의 촬영이 시작됐다. 감독은 샤옌, 왕런메이가 주연을 따냈다. 소문을 들은 녜얼은 샤옌을 찾아가 주제가 작곡을 자청했다. 자신이 바이올린을 연주하고 왕런메이가 노래를 부르게 해달라는 요구를 샤옌은 수락했다. 감옥에 있던 작사자 톈한도 동의했다.

녜얼은 이틀 만에「의용군 행진곡」의 초고를 완성했다. 영화가 상영되자 동북의 항일의용군은 온종일 이 노래만 불러댔다. 마치 자신들을 위해 만든 노래 같았다. 순식간에 전국으로 퍼져나갔다.

같은 해 4월 15일, 녜얼은 소련 유학을 위해 상하이를 떠났다. 3일 만에 도쿄에 도착했다. 7월 17일 오후 사가미 해안에서 익사하는 날까지 음악회와 영화관만 신나게 다니며 즐거운 시간을 보냈다.

녜얼의 마지막 친구는 두 명의 한국인이었다. 1935년 7월 7일의 일기를 보면 저명한 일본 사진가의 문하생인 이상남(李相南)이라는 한국인이 등장한다. 다음날 일기에는 극작가 어우양위첸(歐陽予倩)이 한국인 희극비평가라며 임화(林和)를 소개했다는 내용이 있다. 사회학자 이상백(李相佰)과 시인 임화로 추정되지만 동일 인물인지는 확실하지 않다.

세 사람은 녜얼이 세상을 떠나는 날까지 10일간 도쿄 중심가와 교외를 오가며 즐거운 시간을 보냈다. 함께 한국여행 계획을 짜기도 했다. 이 외로운 천재음악가는 자신이 작곡한「의용군 행진곡」이 14년 후 신중국의 국가로 선정되는 것을 보지 못했다.

중국 현대미술의 반역자

"홀로 편견을 견지하며, 뭐든지 내 고집대로 하겠다."

중국 현대미술의 토석을 쌓은 쉬베이훙

중국의 20세기는 성공한 반역자들의 시대였다. 아주 없는 것보다는 나았지만, 전통 타령이나 해대는 사람들은 난세(亂世)에 별 쓸모가 없었다. 예술계도 마찬가지였다.

1959년 봄, 타이완 중앙연구원 원장 후스(胡適)는 "대륙 시절, 볼 때마다 낯설고 호기심을 불러일으킨 묘한 여인이 있었다. 퉁소 솜씨도 일품이었다"며 1945년 12월 마지막 날, 전시수도 충칭에서 중국 현대미술의 초석을 쌓은 쉬베이훙(徐悲鴻)과 28년의 결혼생활을 끝낸 장비웨이(蔣碧微)를 거론했다.

국민당 정보기관 중앙조사통계국(中統)과 학계 최고 권위를 자랑하는 중앙연구원(中央研究院)의 설립자이며 교육계와 외교계를 두루 거친 총통부 국책고문 주자화(朱家驊)가 "듣고 보니 맞는 말 같다"며 거들자 국방부장 위다웨이(俞大維)도 "그런 거 보면 장다오판(張道藩)도 대단한 사람"이라고 한 마디 했다.

장다오판과 장비웨이는 젊은 시절부터 2,000여 통의 연애편지를 주고받은, 중국 연애사에 남을 연인 사이였다. 장다오판은 파란 눈의 프랑스 부인을 싱가포르로 보내고 타이페이 교외에서 장비웨이와 동거 중이었다.

이날 후스, 주자화, 위다웨이 세 사람은 별로 할 일이 없었던지, 6년 전인 1953년, 베이징에서 세상을 떠난 중앙미술학원 설립자 쉬베이홍을 회상하며 시간 가는 줄 몰랐다. 쑨둬츠(孫多慈)와 랴오징원(廖靜文) 등 쉬베이홍을 비롯해 이름 석 자만 대면 중국 천지에 모르는 사람이 없을 여인들과 루쉰(魯迅), 캉유웨이(康有爲), 천싼리(陳三立), 장다첸(張大千), 왕궈웨이(王國維), 장제스(蔣介石), 타고르, 천리푸(陳立夫), 치바이스(齊白石), 차이위안페이(蔡元培) 등 각자의 전문 분야 앞에 큰 대(大) 자가 붙는 사람들의 이름이 막 튀어나왔다. 중국을 좀 안다는 사람들이 들어도 뭐가 뭔지 모를, 얽히고설킨 인간사에 관한 것들이었다.

대가들을 놀라게 한 재능

1916년 가을, 상하이의 유대인 거부 허퉁(哈同)이 창힐(蒼頡)과 공자(孔子)를 흠모한다며 창성명지(蒼聖明智)대학을 설립하고 창힐의 초상화를 공모했다.

일자무식이었던 유대인 출신 부동산 벼락부자에게 "이 세상에서 가장 보람 있는 일이 교육사업"이라고 꼬드긴 사람이 누구인지는 아직도 밝혀지지 않았지만, 그 덕에 무명의 청년화가 쉬베이홍은 굶주림에서 벗어날 수 있었다.

창힐은 중국인들이 '한자(漢字)를 만든 사람'이라고 굳게 믿는 전설적 인물이었다. 프랑스어와 독일어를 공부하며 일자리를 찾아 헤

1929년 1월 베이핑예술전문학원 원장 시절의 쉬베이훙(앞줄 왼쪽 셋째). 목수 출신 치바이스(앞줄 왼쪽 넷째)와 왕린(王臨·앞줄 왼쪽 둘째), 리커란(李可染·가운데 줄 왼쪽 둘째), 우쭤런(吳作人·뒷줄 왼쪽 여섯째), 둥시원(董希文· 뒷줄 오른쪽 둘째) 등 후일의 대가들을 교수로 초빙했다.

매던 장쑤성 이싱(宜興) 출신 쉬베이훙은 단숨에 한 폭의 초상화를 완성했다. 어렸을 때부터 아버지에게 맞아가며 외운 경전(經典)과 사서(史書)에 의하면 창힐은 눈알이 4개였다.

창성명지대학 교수들은 쉬베이훙이 순전히 먹고살기 위해 그린 그림을 보고 깜짝 놀랐다. 이유는 간단했다. 영락없이 눈이 4개 달린 허퉁이었다. 다들 신필이라며 입에 침들을 튀겼다. 허퉁은 싱글벙글, 벌린 입을 다물 줄 몰랐다. "이런 분이 미술을 가르쳐야 아이들이 제대로 배운다"며 당장 모셔 오라고 자동차를 보냈다. 21세의 시골 청년이 나타나리라고는 상상도 못했다.

창성명지대학에는 당대의 대가들이 진을 치고 있었다. 이들 가운데 청말 유신파(維新派)의 영수였던 캉유웨이와 고전학자 장메이성(蔣梅笙)이 쉬베이훙의 재능을 높이 평가했다.

캉유웨이는 대수장가였다. 쉬베이훙만 오면 글씨도 같이 쓰고 온갖 고서화를 꺼내 보여줬다. 쉬베이훙이 스승의 예를 취하면 "네가 나보다 낫다. 앞으로 친구처럼 지내자"며 예를 절대 못하게 했다. 나이는 캉유웨이가 38세 더 많았다.

장메이성은 쉬베이훙만 다녀가면 "인품, 자질 할 것 없이 나무랄 데가 없다. 딸이 하나만 더 있으면 원이 없겠다"며 부인에게 푸념을 늘어놓곤 했다. 장녀는 이미 출가했고 작은 딸 탕전(棠珍)은 쑤저우(蘇州)의 명문 차(查)씨 집안 아들과 결혼을 앞두고 있었다.

한눈에 반한 탕전과 야반도주

쉬베이훙은 장메이성의 집을 부지런히 드나들었다. 장메이성의 둘째 딸 탕전과 스칠 때가 많았다. 자태가 고왔다. 안 보는 척하며 힐끔 보다가 눈이 마주치면 고개를 홱 돌려버렸다. 반응이 나쁘지 않았다.

동서고금을 막론하고 남녀 간의 문제는 순간이 모든 것을 결정하게 마련이다. 쉬베이훙과 탕전도 예외일 수 없었다.

장메이성과 쉬베이훙은 한번 앉았다 하면 시간 가는 줄 몰랐다. 장메이성의 부인은 손님이 올 때마다 문틈에 귀를 대고 남편과 내방객의 대화를 엿듣는 습관이 있었다. 혹시 여자 이야기라도 나오면 손님이 간 다음에 장메이성을 들들 볶아댔다.

쉬베이훙이 오는 날은 탕전도 엄마와 함께 문틈에 귀를 들이댔다. 재미없는 이야기 투성이었지만 쉬베이훙이 다녀간 날은 밤잠을 설쳤다. 나이는 20세를 갓 넘었지만 아버지보다 아는 것도 많고 붓글씨도 더 잘 쓰는 것 같았다. 그림은 말할 것도 없었다.

탕전은 약혼자와 쉬베이훙을 비교하기 시작했다. 당시 대학생이었던 탕전의 약혼자는 영어 기말시험 시간에 여학생 답안지를 몰래 훔쳐보다 들켜서 정학 중이었다. 사람 노릇하기 틀린 줄은 진작 알았지만 쉬베이훙을 본 다음부터는 생각하기도 싫었다. 친구들 보기 창피한 건 둘째 문제였다. 자신의 처지가 한심했다.

장메이성은 쉬베이훙이 올 때마다 밥을 먹여 보냈다. 새 옷으로 단장한 딸이 직접 만든 음식 접시를 들고 들어와 쉬베이훙 앞에 놓고 털썩 앉으면 흐뭇해했다. 빼어난 고전학자였지만 남녀문제에는 좀 둔한 편이었다. 젊은 두 사람이 먹는 둥 마는 둥 하는 것을 전혀 눈치채지 못했다.

쉬베이훙은 탕전에게 '비웨이'(碧微)라는 멋진 이름을 지어줬다.

좋아하는 여자가 생기면 새로운 이름을 선사하는 습관의 시작이었다. 싸구려 수정반지 두 개를 구입해 '悲鴻'과 '碧微'라고 새겼다. '碧微'라고 각(刻)한 반지를 항상 끼고 다녔다. 친구들이 누구냐고 물으면 "미래의 애 엄마"라며 웃었다.

그럴 때마다 비웨이는 방에 들어가 퉁소를 불었다. 결혼 날짜가 다가오는 것을 알기나 하고 저러는지, 쉬베이훙의 꿍꿍이속을 알 수가 없었다.

쉬베이훙은 캉유웨이를 찾아가 속내를 털어놨다. 캉유웨이는 모순덩어리였다. 봉건예교(封建禮敎)의 신봉자였지만 남녀문제에 관해서는 연애지상주의자였다. 실천가이기도 했다. "방법은 하나밖에 없다. 같이 도망가는 게 상책"이라며 가출시킬 자신이 있느냐고 물었다. 쉬베이훙이 고개를 끄덕이자 대견한 표정을 짓더니 "내가 너라면 프랑스로 튀겠다. 이런 일은 뒷일을 생각하지 말아야 한다. 될 일도 안 된다"고 말했다. 캉유웨이는 방법까지 구체적으로 일러줬다. 그렇게 자상할 수가 없었다.

"아직 어려서 잘 모르겠지만 남녀 간에는 계절도 중요하다. 여름과 겨울은 꼭 피해라. 너무 덥거나 추우면 불편한 일이 한두 가지가 아니다. 여름에 결혼한 사람치고 금슬 좋은 사람 못 봤다. 별거 아닌 것 같아도 나이든 사람의 말이니 함부로 듣지 마라. 꽃피는 봄이 제격이다."

캉유웨이는 앙천대소(仰天大笑)했다.

창성명지대학에서 쉬베이훙의 프랑스 유학자금을 지원하기로 했다는 소식이 삽시간에 퍼졌다. 소문을 들은 장메이성은 온갖 요리를 차려놓고 청년 예술가의 앞날을 축하해줬다. 영문을 모르는 탕전은 머리가 복잡했다. 쉬베이훙의 손가락에 눈길이 갔다. 여전히 '碧微'라고 새긴 반지를 끼고 있었다. 이날따라 쉬베이훙은 머리가 유난히 단정했다. 탕전은 "도대체 저놈에 머릿속에 뭐가 들어 있는지" 애가 탔다.

장메이성은 다른 건 몰라도 설거지 하나만은 꼭 부인과 같이하는 습관이 있었다. 부부가 그릇 일부를 들고 나간 틈에 쉬베이훙이 탕전에게 간단히 말했다.

"내일 누가 올 테니 그 사람 말을 잘 들어봐라!"

다음날 품위 넘치는 중년부인이 캉유웨이가 보냈다는 선물을 들고 왔다. 탕전에게 "외국으로 떠날 청년이 있다. 함께 가고 싶어한다"며 의향을 물었다. 이름은 밝히지 않았다. 탕전의 볼이 발그레해지자 쪽지를 쥐어줬다. 캉유웨이가 최근에 사귄 여자 친구를 통해 탕전의 회답을 받은 쉬베이훙은 친구들에게 출국날짜를 속이고 잠적했다. 다들 쉬베이훙이 상하이를 떠난 줄 알았다.

제1차 세계대전이 치열해지자 상하이와 유럽을 오가는 배편이 잠시 중단됐다. 캉유웨이는 우선 일본행을 권했다. 쉬베이훙은 나가사키행 선표를 두 장 구입했다.

1917년 5월 13일 밤, 장메이성 부부는 고향 후배가 보내준 경극 초대권을 들고 집을 나섰다. 그사이 탕전은 짐을 꾸렸다. 미리 써놓은 편지를 아버지 책상에 놓고 나오다가 다시 들어갔다. 챙길 물건이

1953년 6월 6일 병중의 쉬베이훙은 중국인들이 '항미원조'라고 부르는 한국전 참전 지원군들에게 보내는 말 그림을 그렸다. 3개월 후 사망했다.

있었다.

집에 돌아온 장메이성은 딸의 유서를 발견하고 그제야 머리에서 뭔가 반짝 하는 게 있었다. 만년필이 없어진 것을 알자 확신이 섰다. 죽으러 가는 사람에게 만년필은 필요 없는 물건이었다.

같은 시각, 캉유웨이는 쉬베이훙과 탕전의 도망을 축하하는 연회를 베풀었다. 붓을 들어 '사생입신'(寫生入神) 네 글자를 미래의 대화가에게 선사했다. 탕전에겐 이제부터 쉬베이훙이 지어준 비웨이라는 이름을 쓰라고 신신당부했다. 이튿날 장메이성은 캉유웨이의 방문을 받았다.

장메이성은 캉유웨이가 시키는 대로 세상 사람들의 이목을 막아버렸다. 상하이 『신보』에 딸의 부고를 내고 관에 돌을 넣어 장례식까지 치렀다. 탕전의 약혼자가 다른 여자와 결혼하는 날까지 가슴이 조마조마했다.

취향이 너무 다른 두 사람

1917년 5월, 장비웨이를 데리고 도쿄에 도착한 쉬베이훙은 신주쿠에 숙소를 정했다. 수중에 창힐의 초상화 값으로 받은 1,600원과 캉유웨이가 준 400원이 있었다. 적은 돈이 아니었다.

집 주변에 서점과 고서방들이 많았다. 러시아와 서구의 미술서적들이 널려 있었다. 눈이 휘둥그레진 쉬베이훙은 화랑·미술관·책방에서 날을 지새웠다.

장비웨이가 보기에 쉬베이훙은 제정신이 아니었다. 훗날 회고록에 이렇게 적었다.

"취향이 나와는 전혀 딴판이었다. 뭘 생각하는 사람인지 알 수가 없었다. 혼 빠진 사람처럼 앉아 있다가 후다닥 튀어나가곤 했다. 일본말도 못하는 사람이 매일 비싼 그림책과 고서화들만 한 보따리씩 싸 들고 들어왔다. 그렇게 가고 싶어하는 음악회도 돈 아깝다며 못 가게 하고, 내가 제일 좋아하는 나가사키 카스테라와 미루쿠 가라메루는 사주지도 않았다. 툭하면 의자에 앉혀놓고 그림만 그려댔다. 온몸이 굳어지는 것 같았다. 미술 외에는 아무런 관심이 없는 사람이라는 것을 당시에는 몰랐다. 나보다 한 살 더 많은 주제에 뭐 그리 대단한 걸 알랴 싶었다. 그때 내 나이 스물한 살, 너무 어렸다. 소녀에서 여인으로 변한 것 외에는 아무 소득이 없었다."

두 사람은 6개월 만에 돈이 바닥났다. 다시 상하이로 돌아왔다. 워낙 대형사고를 치고 떠난 도시이다 보니 있을 곳이 마땅치 않았다. 캉유웨이가 베이징대학 총장 차이위안페이를 찾아가라며 소개장을 써줬다.

교내에 화법연구회(畵法研究會)를 신설하고 적당한 사람을 수소문하던 차이위안페이는 쉬베이훙을 초빙했다. 장비웨이에게도 꽁뜨(孔德)학교 음악교사 자리를 마련해줬다. 프랑스에서 두부장수를 하다 돌아온 국민당 원로 리스쩡(李石曾)이 세운, 요즘으로 치면 대안학교였다. 차이위안페이도 설립자의 한 사람이었다.

쉬베이훙과 장비웨이 사이에 균열의 조짐이 조금씩 나타나기 시작했다. 두 사람은 취향이 너무 달랐다. 장비웨이는 댄스파티와 몸치장을 좋아하고 상류사회 사람들과 어울리기를 좋아했다. 쉬베이훙은 그 반대였다.

23세, 약관의 나이에 중국 최고학부의 교수가 된 쉬베이훙은 민주와 과학을 제창하던 후스(胡適), 천두슈(陳獨秀) 등과 어울리며 신문화운동의 주류에 합세했다. 베이징대학에서 발간한 『회학잡지』(繪學雜誌) 창간호에 「중국화개량론」(中國畵改良論)을 발표해 보수적인 북방화단을 한바탕 뒤집어놓았다.

"중국화의 천박함이 절정에 이르렀다. 옛 것을 지켜야 한다며 독립적 지위를 상실한 결과다. 옛 것들 중에 좋은 것은 지키고, 다 죽어가는 것들은 살리고, 신통치 않은 것은 고치고, 부족한 것은 채워서 서구의 회화와 융합해볼 필요가 있다."

쌍수를 들어 맞는 말이라고 하는 사람보다는 말 같지 않은 소리라며 비난하는 사람들이 훨씬 많았다.

쉬베이훙은 제1차 세계대전의 종식과 유럽항로 재개를 손꼽아 기다렸다. 중국 고대회화와 서구미술을 한번 뒤섞어보려면 그쪽으로 가는 길밖에 없었다.

베이징 생활 1년이 지날 무렵, 유럽 전선에 포성이 그치자 교육총장 푸쩡샹(傅增湘)과 차이위안페이가 쉬베이훙을 출국시키기 위해 발벗고 나섰다. 대수장가이며 목록학과 판본학의 대가였던 푸쩡샹은 평소 사람 보는 눈이 뛰어나다는 정평이 있었다. 쉬베이훙의 재능을 한눈에 알아보았다.

젊은 시절의 장비웨이.
쉬베이훙과 장다오판이 가장 좋아했던
사진이라고 전해진다.

"객관과 겸손은 미덕일 뿐이다. 편견과 오만함을 끝까지 고수하라!"

널리 알려진 푸쩡샹의 유명한 충고였다.

공비(公費) 유학생 자격을 취득한 쉬베이훙은 1919년 3월 20일 장비웨이와 함께 프랑스로 떠났다. 신문화운동의 정점인 5·4운동 전야였다. 중도에 대영박물관의 전시실에서 넋을 잃었고, 그리스의 파르테논 신전 앞에 섰을 때는 중국 고전에 등장하는 수많은 영웅들의 고사가 떠올랐다. 10년 후 베이핑예술학원(베이징미술학원의 전신) 원장에 취임하는 날까지 계속된 유랑의 시작이었다. 장비웨이는 이미 안중에도 없었다.

장비웨이에게 홀린 장다오판

쉬베이훙과 장비웨이가 프랑스에 도착했다는 소문이 퍼지자 중국인 유학생 사회가 술렁거렸다. 모였다 하면 쉬베이훙과 장비웨이 이야기였다. 장비웨이를 먼발치에서라도 봤다는 사람이 대화를 주도했다. 쉬베이훙에게 인사 오는 사람마다 힐끔거리며 장비웨이를 쳐다봤다. 영국에서 미술공부를 하다 프랑스로 건너온 장다오판(張道藩)은 특히 심했다.

장다오판은 장비웨이를 보는 순간 호감을 느꼈다.

"온몸에 교양이 넘쳤다. 목소리도 일품이었다. 무슨 말을 하건 내용은 중요하지 않았다."

쉬베이훙은 "수많은 동물들을 놔두고 석고상과 씨름하는 이유를 알 수 없다"며 스케치북을 들고 동물원에 가 있는 날이 많았다. 그럴 때마다 장다오판은 용케도 알고 장비웨이를 찾아와 여자 친구를 소개시켜달라고 졸라댔다. 근 6년을 그랬다.

장다오판은 취향이나 식성 할 것 없이 쉬베이홍과는 정반대였다. 둘은 죽이 잘 맞았다. 장비웨이는 사는 집 1층에 있는 단골 세탁소 집 딸을 장다오판에게 소개시켜줬다. 예쁜 프랑스 여자였다. 직접 나서서 두 사람의 결혼 날짜까지 잡아줬다. 약이 올랐지만 어쩔 수 없었다. 장다오판의 결혼식 날은 무슨 심통이 났는지 온종일 집에 들어앉아 먹기만 해댔다.

1926년 2월, 장비웨이는 피렌체에서 스케치 여행 중이던 장다오판의 편지를 받고 당황했다.

"푸른 눈의 여자가 나를 좋다고 하지만 나는 싫다. 내게는 오래 전부터 좋아하는 여자가 있었다. 감히 말을 못 할 뿐이다. 나와 같은 감정을 갖고 있는지 궁금하다. 회답을 바란다."

장비웨이는 자중·자애하라며 절교편지를 보냈지만 장다오판이 정말 그럴까봐 불안했다. 쉬베이홍에겐 내색도 하지 않았다.

장다오판은 구이저우(貴州)의 빈민가에서 태어나 우여곡절 끝에 영국 유학까지 떠난, 쉬베이홍 못지않게 만만치 않은 청년이었다. 장비웨이의 답장을 받자 프랑스 여인을 데리고 귀국해버렸다. 중국으로 돌아온 장다오판은 "난세에 그림은 무슨 놈의 그림이냐"며 미술 도구들을 지나가는 거지에게 던져주고 정계에 투신했다. 천커푸(陳果夫), 천리푸(陳立夫) 형제가 좌장 격이었던 국민당 최대의 파벌

CC계의 중심인물로 정보부문을 장악하기까지 오랜 시간이 걸리지 않았다.

여제자 쑨둬츠와 연인관계로

이듬해 봄, 쉬베이훙은 싱가포르를 거쳐 귀국했다. 쉬베이훙이 난징 국립중앙대학 예술과 교수로 부임하자 장비웨이도 프랑스 생활을 마감했다.

장비웨이를 태운 배가 상하이 항에 도착했을 때 장다오판이 장미꽃을 한 다발 들고 서 있었다. 서화가 황먀오쯔(黃苗子)가 당시를 목격했다.

1990년 가을, 홍콩의 미술전문잡지 『명가한묵』(名家翰墨)이 쉬베이훙 특집을 발행하던 날 힐튼호텔 중국식당에서 경제학자 스티븐 장(張五常) 부부와 두 명의 한국인에게 43년 전을 회상했다. 황먀오쯔와 장다오판은 국민당 상하이 시당의 같은 부서에 근무하던 직장 동료였다.

"정말 가관이었다. 장다오판은 어쩔 줄 몰라했고, 장비웨이는 한동안 멍하니 서 있었다. 넋 나간 사람들 같았다. 갑자기 어디서 튀어나왔는지 장다오판의 프랑스 부인이 나타나 장비웨이를 끌어안고 반가워했다. 혼자 보기 아까웠다. 장다오판이 멋쩍어하며 그동안 써놨던 편지 꾸러미를 건네자 장비웨이는 쭈뼛거리며 받았다. 장비웨이는 몸매가 예뻤다. 내가 장비웨이의 뒷모습에 눈길을 주자 장다오판이 어딜 자꾸 쳐다보냐며 화를 냈다. 우스워 죽는 줄 알았다. 이 사람들 사이에 심상치 않은 일이 벌어질 것 같은 예감이 들었다. 이날 쉬베이홍은 뭐가 그렇게 바쁜지 코빼기도 보이지 않았다."

쉬베이홍은 미술에 천부적인 자질을 갖고 태어난 학생들을 발굴하느라 정신이 없었다. 예쁜 여학생을 발견하자 10년 전 장비웨이에게 했던 것처럼 이름을 선사했다. 외모나 기질, 자태가 출중했다. 20세기 중국 6대 여류화가의 한 사람인 쑨둬츠(孫多慈)의 출현이었다.

쑨둬츠는 조부가 예부·공부·이부·호부 등 4부(部)의 상서(尙書)를 지냈을 정도로 집안이 번듯했다. 보통 번듯한 게 아니라 리훙장(李鴻章) 집안과 함께 안후이(安徽)를 대표하는 명문이었다. 할머니도 리훙장이 극찬을 한 안후이의 유명한 미인이었다.

국학에 조예가 깊었던 부친은 장녀 쑨둬츠를 어릴 때부터 끼고 다니며 직접 고전교육을 시켰다. "이 아이는 할아버지를 닮아서 재능이 뛰어나다. 얼굴도 할머니의 젊었을 때 모습 그대로"라며 애지중지했다. 거실에 "평생 딸 사랑하기가 아들 사랑보다 더했던 사람"(平生愛女勝愛男)이라는 현판을 걸어놓고 "이게 바로 나"라고 할 정도였다.

1929년 봄, 쑨둬츠는 중앙대학 문학원에 입학했다. 다니다 보니 재미가 없었다. 모두 어렸을 때 아버지에 배운 것들이었다. 쉬베이홍의 수업을 한번 듣고 나서 학교를 자퇴했다. 이듬해 예술과에 응시했다. 쉬베이홍이 시험관이던 회화시험에 95점을 받아 수석으로 합격했다.

쑨둬츠의 평전이나 전기물을 보면 학생시절 외모와 재능에 관한 기술이 많은 부분을 차지한다. 루쉰 사후 그의 문학관에 맹공격을 퍼부어대 중국을 진동시켰던 여류작가 쑤쉐린(蘇雪林)의 묘사가 가장 흥미롭다.

"같은 여자였지만 그녀는 정말 예뻤다. 눈동자는 칠흑 같았고 항상 단발머리를 하고 다녔다. 뭐를 입혀놔도 자태가 뛰어났다. 영어와 프랑스어를 잘했고 중국 고전은 모르는 게 없었다. 우리의 우상이나 다름없었던 쉬베이훙 선생이 극진히 아낀다는 소문이 학내에 파다했다. 쉬 선생의 작업실은 작은 강당 규모였다. 쑨둬츠가 춤추는 자세를 취하면 선생은 스케치에 정신이 팔려 창 밖에서 학생들이 바라보는 것도 몰랐다. 우리는 선생과 학생이 잘 한다며 흉을 봤지만 속으로는 다들 부러워했다. 쑨둬츠에겐 비극의 시작이었다. 지금 생각해보면 둘 다 타고난 예술가였다."

쉬베이훙은 쑨둬츠 한 사람만 놓고 수업하는 날이 많았다. 예나 지금이나 중국처럼 소문이 빠른 나라도 드물다. 중앙대학과 난징(南京) 시내는 물론이고 전국의 예술계에 소문이 퍼졌다. 학교로 달려온 장비웨이가 쑨둬츠를 발길로 걷어차고 머리를 한 차례 쥐어뜯은 후 쉬베이훙의 작업실로 달려갔다. 온 벽에 쉬베이훙이 그린 쑨둬츠의 모습이 널려 있었다. 장비웨이는 울화가 치밀었지만 그림에는 손을 대지 않았다. 대신 미술도구를 운동장에 들고 나와 불질러버렸다. 이 정도면 난징대학 개교 이래 최대의 사건이었다. 학교 측에서는 사

카자흐스탄 알마티에서 열린 민속전람회를 참관하는
쉬베이훙(오른쪽 첫째)과 장비웨이(오른쪽 넷째).

쑨둬츠(왼쪽 첫째)는 쉬베이훙이 이름을 지어준 세 명의 여인 중 한 사람이었다. 민국 최고 여류화가의 한 명이었다. 부모의 반대로 쉬베이훙과 헤어졌고 1949년 타이완으로 나왔다. 미국 의회 로비스트 천샹메이(陳香梅·뒷줄 오른쪽 둘째), 메이란팡의 수제자인 경극배우 구정치우(顧正秋·뒷줄 오른쪽 셋째), 작가 린하이인(林海音·앞줄 오른쪽 첫째) 등과 친했다. 1950년대 초 타이베이.

적인 일이라며 개입하지 않았다.

그래도 화가 풀리지 않았던지 장비웨이는 쑨둬츠의 방으로 달려갔다. 책상 앞에 걸려 있는 유화 한 폭을 보고 넋을 잃었다. 현무호(玄武湖)를 배경으로 한 쑨둬츠의 반신상이었다. 장비웨이는 쑨둬츠의 따귀를 한 대 갈긴 후 "내가 압수하겠다"며 그림을 떼 들었다. 이를 악물고 고개를 끄덕이는 쑨둬츠를 뒤로 했다. 동작이 번개 같았다. 쉬베이훙의 대표작 중 하나로 중국미술사에 영원히 남을 유화「대성월야」(臺城月夜)가 장비웨이의 손에 들어오는 순간이었다.

쉬베이훙은 눈 하나 까딱하지 않았다. 거실 벽에 "홀로 편견을 견지하며(獨持偏見), 뭐든지 내 고집대로 하겠다(一意孤行)"는 대련(對聯)을 대문짝만하게 걸어놓고 "명예와 금전을 위한 창작을 하지 않고, 세상에 아부하는 그림을 그리지 않겠다"며 의아해하는 사람들을 압도했다. 실제로 평생을 그렇게 살았다.

행정원에서 장제스의 생일을 기념하기 위해 장제스의 초상화를 부탁하자 한마디로 거절했다. 장다오판의 부탁을 받은 장비웨이가 아무리 간청을 해도 요지부동이었다. 타고르의 초청으로 인도에서 개인전을 열며 한동안 돌아오지 않았다.

랴오징원과 동거, 장비웨이와 파경

쑨둬츠와 장제스의 초상화 사건을 계기로 쉬베이훙과 장비웨이의 사이는 완전히 금이 갔다. 그 사이를 장다오판이 파고들었다. 장비웨이와 장다오판은 한낮에 공원을 산책하고 해가 지면 댄스홀에서 날을 지샜다. 남들이 뭐라 하건 말건 신경도 쓰지 않았다. 이른 새벽

장비웨이의 집에서 나오는 장다오판을 봤다는 사람이 한둘이 아니었다.

쉬베이훙도 장비웨이에게 넌덜머리가 났다. 흔적을 감춘 쑨둬츠가 고향으로 갔다는 소문을 듣고 찾아갔다가 쑨둬츠의 부친에게 정중한 모욕을 당하고 돌아온 쉬베이훙은 학교에서 침식을 해결하며 집 근처에는 가지 않았다.

쑨둬츠가 자식이 셋 딸린 국민당 고관의 후처로 들어갔다는 소식을 접한 학교 측에서 쉬베이훙에게 조교를 한 명 구하라고 권했다. 신문에 공고를 내자 지원자들이 구름떼처럼 몰려들었다. 그중에는 마흔 살이 넘은 미모의 중년 부인들도 수두룩했다. 직접 면접을 한 쉬베이훙은 여류 혁명가들을 줄줄이 배출한 후난성 창사의 저우난(周南)여고 출신 랴오징원(廖靜文)을 낙점했다. 나머지들은 볼 필요도 없다며 면접을 끝내버렸다.

몇 달 후 랴오징원과 동거에 들어간 쉬베이훙은 장비웨이에게 이혼을 요구했다. 두 사람은 정식으로 결혼식을 올린 적이 없고, 혼인신고도 한 적이 없었다. 이혼이고 뭐고 할 것도 없었지만 쉬베이훙은 절차를 밟으려고 했다.

장비웨이는 이혼을 거부했다. 쉬베이훙은 장다오판에게 중재를 부탁하는 수밖에 없었다. 현금 100만 원과 쉬베이훙의 작품 100점, 쉬베이훙이 소장한 고서화 100여 점 등 장비웨이의 요구는 가혹했다.

1945년 12월 31일, 4년 후 신중국 초대 최고인민법원장에 취임하게 되는 당대의 대율사(大律士) 선쥔루(沈鈞儒)의 사무실에 장비웨이가 딸을 데리고 나타났다. 잠시 후 커다란 보따리를 든 쉬베이훙이 문을 열고 들어왔다. 모습이 초췌했다. 같이 온 장다첸(張大千)은 장비웨이를 한 번 노려보더니 방문을 쾅 닫고 나가버렸다.

이날 쉬베이훙은 장비웨이가 요구한 현금과 서화 외에 「금과」(琴課)라는 유화 한 폭을 추가로 장비웨이에게 건넸다. 프랑스 유학시절 쉬베이훙은 없는 돈에 장비웨이가 갖고 싶어하던 바이올린을 사준 적이 있었다. 낡아빠진 중고 바이올린이었지만 장비웨이는 어린애처럼 좋아했다. 쉬베이훙의 화필이 분주하게 움직였다. 28년 전 일이었다.

장비웨이는 독한 표정을 풀지 않았지만 훗날 회고록에 이렇게 기술했다.

"파리시절, 쉬베이훙이 나를 위해 유화 한 점을 그린 적이 있었다. 한 소녀가 바이올린 연주에 몰두하는 모습이었다. 누가 봐도 내 모습 그대로였다. 내가 가장 좋아하는 작품이라는 것을 쉬베이훙은 알고 있었다. 30년간 함께했던 세월을 기념하는 선물이었다. 가슴이 뭉클했다."

쉬베이훙과 헤어진 후에도 장비웨이는 「금과」를 항상 침실 벽에 걸어놓았다. 장다오판은 이 그림을 제일 싫어했다.

쉬베이훙이 장비웨이에게 위자료 조로 준 그림과 고서화 중에는 장다첸이 병중의 쉬베이훙을 위해 대신 그려준 것과 고대 명인들의 작품을 임모(臨摹)한 것들이 섞여 있다고 하지만 속설일 뿐 밝혀낼 방법은 없다는 것이 정설이다.

쉬베이훙과 완전히 갈라선 장비웨이는 1946년 장다오판의 천거로 국민회의 대표에 선출됐고 장제스로부터 훈장까지 받았다.

국민당이 대륙에서 철수하며 장다오판도 대륙을 떠났다. 홍콩에 머물던 장비웨이도 타이완행을 택했다. 장비웨이는 타이완에 도착하는 날 장다오판이 공항에서 기다릴지 모른다는 생각이 들었다. 예감이 빗나가지 않았다. 두 사람은 장다오판의 프랑스인 부인이 문제를 제기하는 날까지 10년간 한 집에서 살았다.

장다오판과 끈질긴 인연을 청산한 장비웨이는 집필에 들어갔다. 『나와 쉬베이훙』『나와 장다오판』이라는 두 권의 회고록을 남기고 1978년에 세상을 떠났다. 임종 직전 쉬베이훙에게 받았던 그림과 미화 100만 달러를 타이페이 역사박물관에 기증했다. 쉬베이훙이 베이징에서 세상을 떠난 지 25년 후였다.

삼고초려 끝에 치바이스를 베이핑예술학원 교수로

쉬베이훙은 훌륭한 예술교육자였다. 특히 인재를 발굴하는 혜안이 뛰어났다. 치바이스(齊白石)를 대화가의 반열에 올려놓은 사람도 그였다.

치바이스는 원래 목수였다. 나이 30이 되어서야 시와 글씨를 익히고 그림도 배웠다. 쉬베이훙이 장비웨이와 일본으로 도망간 바로 그 해에 고향을 떠나 베이징으로 이사했다. 1917년 53세 때였다.

당시 베이징 화단은 옛 그림 모방에 능한 사람들의 독무대였다. 이들은 "목수 출신 주제에 시·서·화를 논한다"며 치바이스를 화가로 취급하지 않았다.

"그림에 속기가 넘친다. 천박하기가 이를 데 없다. 아무리 본 게 없어도 개구리나 민물새우로 화선지를 더럽히고, 병아리까지 등장시키다니 어이가 없다."

이 같은 비난은 점잖은 편에 속했다. 술 냄새 풀풀 풍기며 "부부싸움하다 문짝이 부서졌다. 손 좀 봐달라"고 찾아오는 화가들도 있었다.

1928년 4월, 프랑스에서 10년 만에 귀국한 쉬베이훙은 치바이스의 그림에 흥미를 느꼈다. 극찬하는 글을 발표하고 가는 곳마다 작품에 관해 한마디 하는 것을 잊지 않았다. 쉬베이훙을 취재하러 왔던 기자들은 "소재가 풍부하고, 자연의 오묘함을 한눈에 보는 듯하다"고 치바이스의 그림을 칭찬하는 소리만 듣고 발길을 돌리기 일쑤였다.

재미있는 일화가 있다. 전시회 구석에 박혀 있는 치바이스의 작품을 발견한 쉬베이훙이 책임자를 불렀다. 한가운데에 위치한 자신의 작품 옆에 치바이스의 그림을 걸게 하고, 8위안(元)이라고 붙어 있는 가격표에 동그라미를 한 개 추가했다. "쉬베이훙이 정한 가격"이라는 쪽지를 써 붙였다. 쉬베이훙의 작품은 70위안이었다. 치바이스의 그림값이 하루아침에 천정부지로 치솟았다.

이듬해 가을, 베이핑대 교장이 쉬베이훙을 '베이핑예술학원' 원장으로 초빙했다. 쉬베이훙은 부임과 동시에 교원 심사를 단행했다. 엉터리 선생들을 학교에서 내쫓고 치바이스의 집을 찾아갔다. 백발이 성성한 66세의 노인은 서른두 살이나 어린 원장을 스승처럼 대했다. 시와 그림을 논하며 가을밤을 꼬박 새웠다. 새벽녘에 쉬베이훙이 교

치바이스가 살던 집을 가보고
초라함에 놀라는 사람들이 많다.
1953년 8월 베이징 시단(西單)의 자택 문앞에서
손님을 배웅하는 모습이라고 전해진다.

수로 와줄 것을 청하자 "남을 가르치기에는 너무 늦었다. 귀가 어둡고 눈이 잘 안 보인다. 교수는 책임이 막중하다. 귀한 집 자제들이 목수에게 배운다는 치욕을 느끼게 하고 싶지 않다. 은인의 명령에 따르지 못함을 용서해달라"며 완곡히 사양했다.

삼고초려가 무색할 정도로 찾아오자 치바이스가 진심을 털어놨다.

"나는 목수 출신이다. 학교라곤 다녀본 적이 없다. 교단에서 남을 가르친 경험도 없다. 교수들끼리 분란이 발생하고, 학생 소요가 일어날까 두렵다."

쉬베이홍은 일축했다.

"교수의 자격은 진실과 실학이다. 출신은 따질 필요가 없다. 서양 유학을 마친 사람 중에는 나를 포함해 허명만 등에 지고 돌아온 사람이 많다. 전통과 민간 회화의 기교를 융합해 독특한 풍격을 창출한 예술가는 중국 천지에 선생밖에 없다. 학생들도 배우고, 나도 배우겠다."

치바이스는 정좌를 하며 수락했다.

쉬베이홍이 그리울 때마다 작품 보낸 치바이스
당시 베이징의 미술계는 보수파의 수중에 있었다. 쉬베이홍은 온갖 악소문에 시달렸다. 결국 치바이스를 건드리지 않는 조건으로 6개월 만에 원장직을 사퇴하고 베이징을 떠났다. 치바이스는 쉬베이홍이 그리울 때마다 가장 잘된 작품을 쉬베이홍에게 보냈다. 쉬베이홍이 베이징에 올라오면 탁자 대신 집 대문짝을 떼서 다과를 대접했다.

치바이스는 쉬베이홍보다 4년을 더 살았다. 제자들은 고령의 치바이스에게 쉬베이홍의 죽음을 알리지 않았다.

하루는 "쉬베이홍이 보이지 않는다"며 근황을 궁금해했다. 여행을 갔다고 둘러대자 더 이상 묻지 않았다. 그날 밤 치바이스는 새벽닭이 울 때까지 마당을 서성거렸다. 치바이스는 쉬베이홍의 죽음을 알고 있었다. 자신의 임종 직전, 쉬베이홍을 만나러 가겠다는 말을 하는 바람에 제자들이 대성통곡했다.

쉬베이홍은 치바이스의 백락(伯樂)이었다. 치바이스가 쉬베이홍을 만나지 못했더라면 이름 앞에 국화대사(國畵大師)나 인민예술가라는 호칭이 붙을 수 있었을지 궁금하다.

푸바오스(傅抱石), 장다첸(張大千), 장자오허(蔣兆和), 우쭤런(吳作人) 등 20세기 중국화단의 대가들도 마찬가지였다. 쉬베이홍이 없었더라면 가짜 그림 만들어 팔다 얻어맞고 골병이 들었거나, 성냥갑이나 아이들 사탕 포장지 그리며 일생을 마쳤을지 모른다.

예술은 사회와 인민의 것이다
"아름다움이 극에 달하면 추해진다."

중학교 졸업한 예첸위를 교수로 초빙한 쉬베이훙

1947년, 국립 베이핑예전(北平藝術專科學校)의 교장 쉬베이훙(徐悲鴻)은 "인물·화조·삽화·스케치 등 모두가 독특한 풍격으로 일가를 이루었다"며 중학교밖에 나오지 않은 예첸위(葉淺予)를 교수로 초빙했다. 2년이 지나도록 별 탈이 없었다.

1949년 2월 3일, 중국인민해방군의 베이핑 입성식이 열렸다. 이날, 베이핑예전은 학생·교수 할 것 없이 거리에 나가 해방군을 환영했다. 음악과 미술을 동원한 예전 교수와 학생들의 활동은 해방군 베이핑시 군관회 주임 예젠잉(葉劍英)에게 깊은 인상을 주기에 충분했다.

예첸위는 '문화기구 접수소조'를 베이핑예전에 상주시켰다. 접수소조는 화베이(華北)대학교 미술대학과 베이핑예전을 합병, 국립미술학원 설립안을 작성했다.

같은 해 11월, 마오쩌둥은 쉬베이훙에게 국립미술학원(國立美術學院)이라는 친필 휘호를 보내며 회신을 요구했다. 며칠 후 중앙미술학원(中央美術學院)이 적합하다는 쉬베이훙의 답신을 받은 마오쩌둥은 의견을 그대로 수용했다.

이듬해 5월 1일, 왕푸징(王府井) 거리 초입 골목에 있는 중앙미술학원에서 개교 기념식이 열렸다. 중국 최고의 권위를 자랑하게 되는 미술교육기관의 탄생이었다. 4개월 전 초대 교장에 임명된 쉬베이훙이 행사를 주관했다.

설립 초기 중앙미술학원은 국화과(國畫科)와 유화과(油畫科)를 통합시켜 회화과(繪畫科)를 만드는 바람에 중국화과(中國畫科)가 없었다. 정부의 지시였다.

쉬베이훙은 예첸위와 함께 중국화과를 만들기 위해 중공 선전부와 국무원 산하의 문화부 사람들을 3년간 설득했다. 1953년 9월, 쉬베이훙은 숙원이었던 중국화과 설립을 몇 개월 앞두고 세상을 떠났다.

중국화과가 신설되자 이번에는 응시자가 별로 없었다. 교수들도 오려고 하지 않았다. 예첸위가 학과를 맡는 수밖에 없었다.

예첸위는 스케치(速寫)와 임모(臨摹)를 가장 중요시했다. "전통·생활·창조"가 삼위일체를 이루고 "임모·사생·창작"이 결합해야 새로운 중국화가 출현할 수 있다고 학생들에게 강조했다.

한동안 예첸위는 원색적인 비난을 많이 들었다.

"송(宋)대의 문인화가들이 스케치했다는 말을 들어본 적이 없다. 치바이스(齊白石)를 봐라, 스케치가 뭔지 몰라도 그림만 잘 그리더라. 만화가 출신이라 어쩔 수 없다."

틀린 말이 아니었다. 예첸위는 만화가 출신이었다.

문혁이 끝난 후 한자리에 모인 중앙미술학원 중국화과 교수들.
사진 중앙 책상 위에 팔을 걸친 이가 예첸위.
오른쪽 지팡이 끼고 안경 쓴 사람이 리커란(李可染).

예첸위는 신해혁명 4년 전인 1907년, 저장성(浙江省) 퉁루(桐廬)에서 태어났다. 퉁루는 작은 현(縣)이었지만 푸춘강(富春江)과 베이산(北山) 사이에 위치한, 원(元)나라 역사상 가장 걸출한 화가였던 창수(常熟) 사람 황공망(黃公望)이 82세 때 그린「푸춘산거도」(富春山居圖)의 무대였다. 현대 중국화의 비조 가운데 한 사람인 예첸위의 고향으로는 안성맞춤이었다.

예첸위는 중학시절 수업에 열중하는 교사들의 모습을 스케치하다 걸린 적이 한두 번이 아니었다. 선생들은 그림만 빼앗고 야단은 치지 않았다. 꾸중은커녕 "내 모습이 정말로 이랬니?" 하면서 볼이 빨개지는 여선생들도 있었다.

소년 예첸위는 밖에만 나가면 눈이 휘둥그레졌다. 가로수에 머리 박고 훌쩍대는 친구 누나를 비롯해 깡패, 유랑극단, 부인에게 멱살 잡혀 끌려가는 오입쟁이, 몸에 실오라기 하나 걸치지 않고 노젓는 뱃사공, 애들 몇 명 앉혀놓고 하루 종일 떠들어대는 이야기꾼 등 온갖 군상들을 스케치하느라 정신이 없었다.

"자랑거리 늘어놓는 건 회고록이 아니다"

1987년 봄, 팔순을 맞이한 예첸위는 화필(畫筆)을 놓고 회고록 집필에 들어갔다. 초고가 완성되자 손녀에게 보여줬다.

대화가인 할아버지의 지난 날을 한 차례 훑어보고 난 손녀는 "잘한 일은 하나도 없고 잘못한 이야기들만 늘어놓은 반성문 같다"며 회고록을 내지 말라고 했다. 특히 할머니들에 관한 부분을 지적하며 "여자들과 차고 차이기만 한 게 뭐 자랑이라고, 할아버지 책 나오면 친구들 보기 창피해서 밖에도 못 나간다"며 자신의 주장을 굽히지 않았다.

예첸위는 손녀를 달래느라 애를 먹었다. "세상 사람들이 나에게 갖고 있는 궁금증을 스스로 파헤치는 것이 회고록이다. 자랑거리 늘어놓는 건 회고록이 아니다. 네 아버지의 친엄마인 뤄차이윈(羅彩雲)을 비롯해 량바이보(梁白波), 다이아이롄(戴愛蓮), 왕런메이(王人美) 모두가 나의 일생에 가장 많은 영향을 준 사람들"이라며 손녀를 설득했다.

친할머니 뤄차이윈을 제외한 나머지 세 여인 모두 중국인들에겐 전설적인 예술가들이었다. 다이아이롄은 한국인 최승희와 함께 중국 현대무용의 초석을 놓은 중국 무용계의 신화였고, 왕런메이는 1930년대 상하이의 영화계를 주름잡던 여배우였다. 영화 한 편 본 적 없는 시골 아줌마들도 '잉디'(影帝)라면 모르는 사람이 없던 한국 출신 영화황제 진옌(金焰)의 첫 번째 부인이기도 했다.

예첸위는 한참 듣던 손녀가 "네 분 할머니들에 관한 이야기들도 그냥 놔둬라. 회고록을 마치고 나면 할머니들 개개인에 관한 평전을 꼭 쓰라"고 하자 "알았다"며 안도의 한숨을 내쉬었다.

뤄차이윈은 부모가 맺어준 예첸위의 첫 번째 부인이었다. 애석하게도 문맹이었다. 문자와 인연이 없다 보니 정신세계가 협소할 수밖에 없었다. 마작 판에 앉으면 자리를 뜰 줄 몰랐다. 남자는 기를 쓰고 돈만 벌어오면 된다는 식이었다. 부부간에 나눈 대화가 "돈 다 썼다, 돈 더 가져와라"와 "힘들게 번 돈이니 아껴 써라"가 다였다. 남편을 사유물 정도로 취급했다. 예첸위는 아무런 감정을 느끼지 못했다.

예첸위는 1937년 중·일전쟁이 발발하자 뤄차이윈을 고향으로 보내고 항일선전대에 투신했다. 뤄차이윈을 버렸지만 이혼은 하지 않았다. 뤄차이윈이 "나는 당당한 조강지처"라며 이혼서류에 도장을 찍지 않은 이유도 있었지만 당시 상하이 사람들은 여자가 평생 먹고 살 만한 돈을 지불해야 이혼이 가능했다. 그냥 모른 체할 경우 사람대접을 못 받았다. 예첸위는 돈이 없었다. 뤄차이윈은 문혁시절 반동화가 예첸위의 부인이라는 이유로 감옥에서 갖은 고생을 하다 수면제를 복용하고 스스로 세상을 떠났다.

전설적인 무용가 다이아이롄과 결혼

량바이보는 대단한 여류화가였다. 재주가 넘치고 예첸위와는 모든 게 잘 맞았지만 죽으면 죽었지 정부(情婦) 소리 듣기는 싫다며 예첸위를 버렸다.

중국이 자랑하는 세계적인 무용가 다이아이롄은 태평천국의 난으로 고향 광둥(廣東)이 전화에 휩싸이자 영국 식민지 트리니다드토바고로 이민을 떠난 화교의 후예였다. 1930년, 14세 때 런던으로 건너가 메리 위그먼(Mary Wigman), 루돌프 라반(Rudolf Laban), 안톤 돌린(Anton Dolin)을 사사하며 정통파 발레리나의 길을 걷던 다이아이롄은 조국에 대한 관심이 남달랐다. 중·일전쟁 발발 소식을 접하자 무용도 무기가 될 수 있다며 귀국을 서둘렀다.

1940년 봄, 항일전쟁에 참여하기 위해 귀국 중이던 다이아이롄은 중간기착지 홍콩에서 쑹칭링(宋慶齡)의 초청을 받았다. 쑹칭링은 다이를 홍콩에 와 있던 중국 예술인들에게 일일이 소개했다.

쑹칭링이 이끌던 중국보위동맹(中國保衛同盟)에는 항일 만화를 그리던 중국화가들이 몰려 있었다. 해외에서만 활동하던 다이아이렌은 화가 딩충(丁聰), 황먀오쯔(黃苗子) 등과 어울리며 중국 문화계의 주류 속으로 쓸려 들어갔다.

다이아이렌은 큰물에서 놀던 예술가다웠다. 예첸위의 재능을 한눈에 알아봤다. 둘은 일주일 만에 연인 사이로 발전했다.

2009년 베이징에서 세상을 떠난 딩충의 구술에 의하면, 항일 의연금 모금을 위해 주룽(九龍) 반도의 한 호텔에서 열린 다이아이렌의 첫 번째 공연은 일품이었다고 한다.

"인쇄비를 아끼느라 포스터를 화가 한 사람이 50장씩 직접 그렸다. 관람객들은 입장료를 받는 사람이 국부 쑨원의 미망인 쑹칭링과 중국혁명의 원훈(元勳) 랴오중카이(廖仲愷)의 무남독녀인 것을 알자 몸 둘 바를 모르며 안절부절했다. 예첸위의 활약이 특히 돋보였다. 무대감독과 복장관리, 조명을 혼자서 다 해냈다. 공연기간 내내 예첸위는 십장이었고 우리는 노동자였다."

공연을 마친 다이아이렌은 예첸위에게 대담한 제의를 했다.

"영국에 있을 때부터 전쟁으로 고통받는 조국의 동포들과 호흡과 운명을 함께하는 게 소원이었다. 나와 항일성지 옌안으로 가서 결혼식을 올리자. 저우언라이에게 내 말을 전해라."

예첸위가 결혼부터 하자고 하자 다이는 씩 웃으며 눈을 한 번 흘겼다. 며칠 후 쑹칭링은 저녁이나 하자며 친지들을 집으로 초대했다. 술이 몇 순배 돌자 자리에서 일어나 다이아이렌과 예첸위의 결혼을 선포하고 저우언라이가 보낸 편지를 다이에게 건넸다. "옌안에 오지 말고 후방에서 항일 선전활동을 해달라"는 내용이었다.

참석자들은 "예첸위는 영어를 한 마디도 못하고 다이아이렌은 중국어를 못한다. 도대체 예첸위가 무슨 재주를 부려서 세계적인 무용가를 홀렸는지 모르겠다"며 온갖 농담을 다했다. 다이아이렌의 통역으로 자처하던 에드거 스노(Edger Snow)가 "신부의 말에 따르면 예첸위의 영어 실력이 시골학교 중학생 수준은 된다"고 하자 다들 박장대소했다.

예첸위는 스케치북을 들고 충칭(重慶), 구이린(桂林), 홍콩, 티베트, 인도, 미국을 오가며 다이아이렌의 공연 뒤치다꺼리를 했다. 가는 곳마다 중국인이 추는 외국 무용을 처음 접한다며 관객들의 찬사가 요란했지만, 그 뒤에서 후일 '20세기 중국 미술의 정수'라고 해도 손색이 없을 수천 점의 무용하는 여인과 소수민족의 열기가 화폭에 담기고 있으리라고는 상상도 못했다.

1949년 7월, 중국인민해방군이 베이핑(北平)에 입성한 후 처음 열린 '전국문학예술계 대표대회'에서 예첸위는 미술가협회 부주석에 신출됐고, 다이아이렌은 신설된 베이징무용학원 원장에 취임했다.

1950년 가을, 예첸위는 6개월 예정으로 티베트 스케치 여행을 떠났다. 그 사이 다이아이렌은 신중국 최초의 무용극을 연출하며 주인

공으로 발탁한 청년 무용가에게 넋이 빠졌다. 10여 년 후 다이의 패물과 돈을 들고 홍콩으로 도망가리라고는 상상도 못할 정도로 다정다감한 춤꾼이었다.

티베트에서 돌아온 예첸위에게 다이아이롄이 "다른 사람을 좋아하게 됐다"며 이혼을 요구했다. 그날 밤 예첸위는 "추한 것이 극에 달하면 아름다움이 되고, 아름다움이 극에 달하면 추해진다"며 춤추는 여인 옆에서 미친 듯이 북을 두드리는 고수(鼓手)의 모습을 그려 다이에게 선물했다. 홍콩에서 처음 만나 2주 만에 결혼한 지 10년 만이었다. 예첸위는 다이아이롄에 대한 감정을 추스르기까지 6년이 걸렸다.

영화배우 왕런메이와 결혼

친구 황먀오쯔가 모스크바 국제영화제에서 명예상을 수상한 적이 있는 왕년의 대스타 왕런메이를 정식으로 소개했다. 왕런메이는 영화황제 진옌과 이혼한 후 10년간 혼자 살고 있었다. 집도 예첸위와 같은 골목이었다. 예첸위 48세, 왕런메이 41세 때였다.

왕런메이의 부친은 제자였던 마오쩌둥이 "내가 본 최고의 수학선생이었다"고 했을 정도로 유명한 수학교수였다. 아버지처럼 교사가 되겠다며 여자사범학교에 합격한 왕런메이는 부친이 벌에 쏘여 갑자기 세상을 떠나는 바람에 인생이 바뀌었다.

왕런메이는 오빠들이 있는 상하이에 나왔다가 중화가무단(中華歌舞團)에 가입해 싱가포르·방콕·자카르타 등지로 공연 다니며 안목을 넓혔다. 1949년 10월, 신중국 수립과 동시에 국가(國歌)로 제정

예첸위(왼쪽)는 왕런메이(가운데)와 30년을 함께 살았지만,
단 하루도 싸우지 않은 날이 거의 없었다.
결국 이혼하고 말년을 각자 혼자 보냈다. 전국정협위원 시절
청나라 마지막 황제였던 푸이(오른쪽)와 가까이 지냈다.

된「의용군 행진곡」의 작곡자 녜얼(聶耳)과는 수많은 추측 거리를 후세에 남긴 사이였다.「의용군 행진곡」을 제일 처음 부른 사람도 왕런메이였다.

왕런메이와 예첸위는 서로 모르는 사이가 아니었다. 가무단 시절 황먀오쯔를 따라서 딩충 집에 놀러갔다가 처음 알았지만 남들 몰래 따로 만난 적이 없다 보니 서로의 성격을 살필 기회가 없었다. 두 사람은 세계관이나 인생관, 생활 습관이 너무 달랐다.

30여 년에 걸친 두 사람의 결혼 생활은 조용한 날이 거의 없었다. 예첸위의 딸에 의하면 "왕런메이는 애정은 한순간이지만 우정은 영원하다며 진옌을 잊지 못했고, 아버지의 머릿속에는 시도 때도 없이 다이아이롄의 모습이 오락가락했다"고 하지만 예첸위의 경제적 무관심이 가장 큰 이유였다.

예첸위와 왕런메이의 결혼 소식이 알려지자 궈모뤄·치바이스·저우언라이 등 당대의 명인들이 선물을 보내왔다. 예첸위도 친구 10여 명을 당시 최고의 요릿집 쓰촨반점(四川飯店)으로 초대했다. 왕런메이는 이날의 일을 구술로 남겼다.

"예첸위는 밥값으로 200원 가까이를 지불했다. 돌아오는 길에 나는 오늘 날짜로 파산이라고 했다. 200원이 이 사람의 전 재산이었다. 그간 그림 판 돈이 한 푼도 없냐고 물었더니 남들을 주기는 했어도 판 적은 없다고 했다. 이날부터 내 돈으로 살림을 꾸려나갔다. 목욕도 안 하고, 집 안은 어찌나 더러운지 3일에 한 번씩은 이혼 애기가 나왔다."

문혁시절 예첸위는 10년간 감옥과 수용소를 오갔다. 4인방(四人幇)이 몰락한 후 그간 받지 못했던 봉급 3만 원이 한꺼번에 나오자 중앙미술학원에 학생들 실습비로 기증해버렸다. 집 수리로 돈이 필요할 때였다. 왕런메이는 화랑에서 천 원을 빌리는 수밖에 없었다.

1986년 가을, 왕런메이가 "훌륭한 화가이지만 형편없는 남편이다. 공원에 가서도 몇 시간 동안 지나가는 사람들 스케치만 하며 내게는 말 한 마디 거는 법이 없었다. 6시간 동안 그런 적도 있었다. 30년 동안 그랬다"며 따로 살 것을 요구했다.

그래도 예첸위는 매주 한 번씩 베이징영화(北影) 초대소로 왕런메이를 찾아갔고 왕런메이도 가끔은 예첸위가 있는 중국예술연구원을 찾아왔다. 친구들이 저런 남자 그만 만나라고 하면 "내가 진절머리 냈던 일들은 세월이 지나면 아무 의미가 없는 것들이다. 예첸위는 위대한 예술가다. 사후에 영화배우 왕런메이보다 저 인간과 가장 오래 살았던 여자로 기억될 것을 생각하니 행인지 불행인지 모르겠다"는 말을 자주 했다.

왕런메이의 말처럼 예첸위는 위대한 평민예술가였다.

국가와 민족의 현실에 눈뜨다

1925년 5월 상하이, 일본 사람이 운영하던 방직공장에서 직장 폐쇄에 항의하던 중국 노동자 한 명이 일본인 작업반장에게 맞아 죽었다. 분노가 극에 달한 시민들은 난징루(南京路)에 있는 공동조계(共同租界) 순포방(巡捕房)으로 몰려갔다. 조계의 행정권과 사법권을 장악하고 있던 외국인들이 치안을 담당하기 위해 설립한 순포방에는 중국인 건달과 폭력배 출신들이 많았다. 거의가 비밀결사 청방(靑幇)이나 홍방(紅幇) 소속이었다.

5월 30일, 대규모 유혈사태가 발생했다. 후일 중국 현대사에서 '5·30참안'(五三十慘案)이라 불릴 대형사건이었다. 전 도시가 파업에 들어갔다.

중국인을 상징하는 남색(藍色)의 예쁜 문양을 넣은 삼각표 타월과 털 목도리, 손수건으로 일본인들이 장악하고 있던 상권을 조금씩 잠식하기 시작한 삼우실업사(三友實業社) 직매장도 난징루에 있었다.

모든 상가가 철시하는 바람에 한가해진 18세의 매장 카운터 예첸위는 비슷한 또래 직원 두세 명과 3층 창가에 앉아 적막에 싸인 거리를 내려다보는 것 외에는 할 일이 없었다. 텅 빈 도로 양쪽에 머리에 터번을 두르고 곤봉을 든 인도인과 코가 유난히 큰 프랑스 기마 경찰들이 간간이 오갈 뿐, 평소 사람과 자동차 행렬이 그치지 않던 난징루는 새소리조차 들리지 않았다.

정치나 사회적인 문제에 전혀 관심이 없던 예첸위는 처량하다는 것 외에는 아무 생각도 들지 않았다.

그날따라 폭우가 쏟아졌다. 더욱 처량했다. 갑자기 거리 서쪽에서 단발머리를 한 여학생이 나타났다. 온몸이 비에 젖은 여학생은 오른손을 높이 치켜들고 주먹을 불끈 쥔 채 구호를 외쳐댔다.

"제국주의 타도하자!"

"북양군벌 타도하자!"

벽안의 기마 경찰들은 당당한 기세에 눌렸는지, 아니면 빗물을 뒤집어 쓴 동양인의 여체를 감상하느라 넋이 빠졌는지, 멍하니 쳐다보

중·일전쟁 시절 만화선전병으로 활약하던 예첸위(둘째 줄 가운데).

항일전쟁 시절 홍콩에서 항일선전 구국활동을 하던 예첸위(오른쪽 둘째).
홍콩의 중공문화총책 샤옌(오른쪽 첫째)과 화가 딩충(왼쪽 셋째)과 함께.

기만 할 뿐 여학생에게 손끝 하나 대지 못했다. 이 대담한 여학생은 경찰들의 도열을 받으며 동쪽으로 서서히 사라졌다. 순식간에 벌어진 일이었다.

예첸위는 이날의 광경을 평생 잊지 못했다. 그는 훗날 회상했다.

"그날 밤 꿈속에서 그 여학생을 만났다. 아름다운 여체에 반해 열심히 스케치를 했지만 백지에 아무것도 묻어나지 않았다. 한동안 잠자코 서 있던 여학생은 빈 스케치북을 낚아채 보더니 흥, 소리와 함께 집어 던졌다. 다시 구호를 외치며 안개가 자욱한 곳을 향해 천천히 사라졌다. 그림을 마칠 때까지 붙잡아 두기 위해 비에 젖은 여학생의 뒷모습을 바라보며 나도 구호를 외쳤지만 목에서 소리가 나오지 않았다. 아무리 기를 써도 마찬가지였다. 여학생의 목소리가 점점 멀어졌다. 무서워서 벌떡 깨어보니 온몸이 땀투성이였다. 그 여학생은 먹을 것과 스케치북만 있으면 아무 생각도 없던 나에게 애국과 민족이 뭔지를 일깨워 준 스승이었다."

북방의 군벌들을 타도하기 위해 국·공합작이 성사되고 국민혁명군을 주축으로 북벌전쟁이 시작되자 예첸위는 현실에 조금씩 관심을 갖기 시작했다.

1927년, 북벌군이 상하이에 진입했을 때 휴가를 얻어 고향에 가 있던 예첸위는 항저우에서 회색 군복을 입은 북벌군과 처음 조우했다. 그는 일기에 적었다.

"위풍이 당당했다. 국민혁명군 사령관 장제스가 손을 한번 휘저으면 군벌들은 혼비백산, 도망가기에 바빴다."

상하이로 돌아온 예첸위는 북벌군 휘하에 있던 상하이 경비총사령부를 찾아갔다. 2년 전 꿈속에서 본 여학생이 그 안에 있을 것 같았다. 예첸위는 소위 계급장을 달고 10년간, 지금도 중국인들의 뇌리에서 떠나지 않는 만화 '왕선생(王先生) 시리즈' 작업과 잡지에 삽화를 그리며 입에 풀칠을 했다.

1937년 항일전쟁이 시작되자 만화선전병으로 차출된 예첸위는 일본군의 공중폭격에 시달리는 전시수도 충칭의 모습을 담은 「전시충칭」(戰時重慶) 100폭으로 세간의 주목을 받기 시작했다. 아무도 만화가의 작품으로 보지 않았다.

태평양전쟁이 발발했을 때 예첸위는 홍콩에 있었다. 갓 결혼한 무용가 다이아이렌과 함께 일본군 치하의 홍콩탈출 체험을 화폭에 재현한 「홍콩탈출」(香港脫出) 20점은 장다첸과 쉬베이훙 같은 당대의 대가들을 감탄시키고도 남았다. 생활이 곧 예술이었던 예첸위는 자신도 모르는 사이에 대가의 반열에 올랐다.

황공망의 '푸춘산거도'

예첸위 이야기를 하면서 황공망의 「푸춘산거도」(富春山居圖)를 빼놓을 수 없다. 몽골족이 북방에 원(元) 제국을 건국하기 2년 전인 1269년, 아직은 남송(南宋) 치하였던 장쑤성 창수의 육(陸)씨 집안에 아들이 태어났다. 부모는 아들의 양육이 불가능할 정도로 대대로 내려오는 빈농이었다. 저장성 용자(永嘉)에 황락(黃樂)이라는 노인이 양자를 구한다는 소문을 듣고 길을 떠났다.

황공망자구의(黃公望子久矣), "황공이 아들을 바란 지 오래"라는 말이 뭇사람들의 입에 오르내릴 정도였던 황락은 "이 애는 생부보다 나를 더 닮았다"며 좋아했다. 부자의 연을 기념하기 위해 이름을 황공망(黃公望), 자(字)를 자구(子久)라고 지어줬다. 책 읽고 붓글씨 쓰는 것 외에 별다른 취미가 없었던 소년 황공망은 현시(縣試) 신동과(神童科)에 합격해 주위 사람들을 놀라게 했다.

북방을 지배하던 몽골족은 황공망이 10세 되는 해에 남송마저 멸망시키고 과거제도를 없애버렸다. 문인 정권의 보호를 받으며 행세깨나 하던 양쯔강 이남의 문인들은 거지나 창녀 비슷한 신세로 전락했다.

환로(宦路)가 막힌 청년 황공망은 쑤저우와 항저우의 관청에서 세금 징수와 전답측량 일을 주로 했다. 말단이었지만 여기저기 다닐 기회는 많았다. 덕분에 자연을 만끽할 수 있었다.

바로 위의 상관이 탐관(貪官)이었다. 원나라가 과거제도를 회복시킴과 동시에 응시자 부모에게 뇌물을 받아먹었다. 돈 심부름한 죄로 황공망도 4년간 감옥살이를 했다.

나이 50이 다 돼서 출옥한 황공망은 낮에는 시장에 나가 무를 팔고 해가 지면 등잔 밑에서 그림을 그렸다. 할 일이라곤 그것밖에 없었다. 그림은 어릴 때 배운 글씨와 별 차이가 없었다. 글씨가 그림이고 그림이 곧 글씨였다.

80세 때부터 고향 푸춘(富春) 강변의 아름다운 가을 풍경을 화선

1994년 고향인 저장성 퉁루의 푸춘화위안(富春畫苑)에서
작업에 몰두하는 87세의 예첸위.

지에 옮기기 시작한 황공망은 3년 만에 중국 회화사상 10대 명작의 하나인 「푸춘산거도」를 완성하고 이듬해 세상을 떠났다. 가로 636.9센티미터, 세로 33센티미터짜리 대작이었다.

대작 '푸춘산거신도'를 완성하다

황공망 사망 600년 후, 홍색 물결이 중국 천지를 뒤덮었다. 중앙미술학원 국화과 주임 예첸위도 홍위병들에게 끌려갔다. 온갖 죄가 쏟아져 나왔다.

"미국과 자산계급을 숭상하는 투기꾼, 진보와는 일정한 거리를 뒀던 자유주의자, 수업시간마다 미국 문화를 찬양한 미 제국주의의 문화침략 도구, 정규 미술학교 출신도 아니고 만화 덕분에 명성을 얻은 주제에 정치적인 입장을 한 번도 밝힌 적이 없다. 중국 전통화의 기법을 교육했지만 시대가 요구하는 예술 창작과는 거리가 멀다. 당의 정책을 옹호하면서도 정치운동과 사상개조에 적극적이지 않았다. 툭하면 사표를 던지며 가르치는 것은 공적인 일이고 창작은 사사로운 것이라는 말을 자주했다. 마치 가장이라도 된 것처럼 우리를 지도했다."

예첸위는 문혁 때 농장과 감옥을 전전하면서 고향을 떠올렸다. 고향 산천이 그리울 때마다 박물관에서 본 적이 있는 황공망의 「푸춘산거도」와 청대 시인 왕청참(王淸參)의 시 구절이 떠올랐다.

"이미 황공망이 세상에 없으니, 과연 누가 푸춘강을 그릴 수 있을까."

1975년 출옥한 예첸위는 푸춘강을 찾았다. 1976년부터 1980년까지 4년에 걸쳐 황공망 이후 시인묵객들이 1,000여 편의 시와 산문을 남긴 푸춘강변 33킬로미터의 자연과 생활상을 담은 「푸춘산거신도」(富春山居新圖)를 완성했다. 세로 1미터, 가로 33미터에 달하는 대작이었다.

예첸위는 말년에 자신이 소장하고 있던 치바이스·쉬베이홍·장다첸 등 대가들의 작품 100여 점과 함께 「푸춘산거신도」를 고향에 기증했다. 이유가 분명했다.

"예술은 사회와 인민의 것이다. 나를 키워준 고향에 보답할 것이라곤 이것밖에 없다. 미술작품을 놓고 불량한 상황이 발생할 날이 머지않았다. 경고가 필요하다."

딸 예밍밍(葉明明)에 의하면 예첸위는 민간 공예가 없어질지 모른다며 학교를 세우기 위해 동분서주했지만 돈 계산이 워낙 주먹구구식이라 거의 파산상태에서 세상을 떠났다고 한다.

세상물정 모르는 화가들

"인민을 위해 내가 할 수 있는 일은 글씨 쓰는 일밖에 없다."

청 왕조의 후예 치궁

1993년 11월, 한국의 김영삼 대통령이 중국을 방문했다. 일정 중에 '서예가 면담'이 있었다. 중국서법가협회 주석 치궁(啓功)과의 만남이었다. 애초에는 붓글씨를 즐겨 쓰던 대통령인지라 문물시장 류리창(琉璃廠)을 방문해 벼루를 한 점 구입할 계획이었다고 한다. 중국에서 치궁이라는 인물이 차지하는 비중을 생각해볼 때 벼루 구입과는 비교가 안 될 상징성 있는 행사였다.

치궁은 1930년대부터 명필이었다. 게다가 어법학자(語法學者)이며 성운학(聲韻學), 『홍루몽』 연구, 고서화 감정의 대가였다. 그림도 일가를 이루었다. 송대(宋代) 문인화의 화풍을 계승했다는 소리를 어려서부터 들었다. 본명은 아이신줴뤄 치궁(愛新覺羅 啓功), 만주족이며 청(淸) 왕조의 후예였다. 9대조가 청의 다섯 번째 황제인 옹정(雍正)의 아들이며 건륭제(乾隆帝)의 동생이었지만 고조부 때에 와서 어머니가 측실이라는 이유로 왕부에서 쫓겨났다.

증조부는 과거를 통해 입신을 모색했다. 거인(擧人), 진사(進士)를 거쳐 한림(翰林)에 이르렀고 예부상서까지 지냈다. 조부도 비슷한 길을 걸었다. 부친은 치궁이 태어난 지 1년이 되기 전에 세상을 떠났다. 조부는 하나밖에 없는 손자가 요절할 것을 염려해 라마교 사원인 융허궁(雍和宮)의 동자승이 되게 했다. 두 살 때였다.

1911년 청조(淸朝)가 몰락하자 정계에 염증을 느낀 증조부는 허베이성(河北省) 이현(易縣)으로 이주했다. 그 바람에 치궁도 2년 만에 승복을 벗었다. 조부가 작은 부채에 붓을 몇 번 끄적거리니 석죽화(石竹畵)가 되는 것을 보고 고개를 갸우뚱한 게 5살 때였다. 증조부와 조부가 연이어 세상을 떠나자 집안은 완전히 몰락했다.

스승 천위안 120회 탄생을 기념하는 작품전

만주족에게는 특이한 풍속이 있었다. 출가한 고모는 남이나 다름없었지만 출가하지 않은 고모는 집안에서 가장 권위가 있었다. 20세를 갓 넘은 치궁의 고모는 조카의 성장과 교육을 위해 결혼을 포기했다. 치궁은 소학 시절 서화반(書畵班)에 가입했다.

학교에서는 저명인사들이 방문할 때마다 치궁의 습작들을 선물로 증정했다. 학생의 습작이라고는 절대 말하지 않았다. 받는 사람들은 명화를 선물받았다고 좋아했다. 학교에서는 치궁 덕분에 선물 구입비가 많이 절약됐지만 학비는 한 푼도 깎아주지 않았다.

소학을 마치자 조부의 제자 한 사람이 대대로 내려오는 서향세가(書香世家)에 맥이 끊어지게 할 수 없다며 치궁의 교육을 전담하겠다고 나섰다. 다이장푸(戴姜福)라는 한림 출신이었다.

그러나 계속 공부만 하면 어머니와 결혼도 포기한 고모는 누가 책임지느냐며 한 달에 30위안(元)을 벌겠다고 생활 전선에 나서려 했

치궁은 평소 인형을 좋아했다.
개구리 인형이 가장 가까운 친구였고 외출할 때는
토끼 인형을 팔에 안고 다녔다.

다. 물론 고모의 반대로 무산됐다. 다이장푸는 치궁에게 고전(古典)과 전통 시사(詩詞)의 작법 등을 가르치며 고궁(故宮)에 진열된 서화를 감상하게 했다. 당대의 대가들과 함께 작품들을 둘러보며 평하는 모임을 만들었고 그때마다 치궁을 참석하게 했다. 일가를 이룬 학자이며 예술가들이었지만 구석에서 열심히 받아 적던 판다를 닮은 소년 덕분에 자신들의 이름이 후일 사람들에게 기억되리라고는 생각하지 못했다.

치궁이 평생의 스승인 천위안(陳垣)을 만난 것은 결혼 이듬해인 21세 때였다. 천위안은 푸런(輔仁)대학의 교장이며 대학자였다. 문사철(文史哲)과 시서화(詩書畫)에 일가를 이룬 젊은 치궁의 재능에 찬탄을 금치 못했다. 천위안은 치궁을 푸런대학 부속중학 교사로 초빙했다.

교사가 되려면 사범학교를 나와야 했다. 치궁은 사범학교 문턱에도 가본 적이 없었기 때문에 천위안의 계획은 수포로 돌아갔다.

궁리를 거듭하던 천위안이 보고하러 온 직원에게 "부속중학은 그렇다 치고, 대학에도 그런 규정이 있느냐"고 물었다. 대학에는 그런 규정이 없었다. 천위안은 간단히 문제를 해결했다.

치궁은 푸런대학 교수가 됐다. 푸런대학은 중공정권 수립 후 베이징사범대학과 합병했다. 치궁은 2005년 6월 세상을 떠나는 날까지 베이징사범대학 교수로 명성을 날렸다.

치궁은 1990년 홍콩에서 개인전을 열었다. 40년간 스승으로 모셨던 천위안의 120회 탄생일을 기념하기 위해 3년간 준비한 작품들이었다. 이 전설적인 인물을 보기 위해 관람객들이 운집했다. 몇 시간 만에 입장권이 매진됐다.

전시회 수입금 163만 1,692위안을 챙겨 베이징에 돌아온 치궁은 20년 전 저세상으로 간 스승을 기념했다. 리윈(勵耘)장학조학기금(奬學助學基金), 천위안의 서재가 리윈서옥(勵耘書屋)이었다.

치궁은 말년을 융허궁의 가장 깊숙한 방에서 보냈다. 동자승 시절 앉았던 그 자리에 앉아 독경하며 지난날을 회상하곤 했다. 속세를 떠났다며 아무도 만나지 않았다.

글씨 인심 좋던 치궁

치궁은 많은 일화를 남겼다. 문혁 말년인 1975년, 조강지처 장바오천(章寶琛)이 세상을 떠났다. 밥하고 빨래해줄 사람이 필요하다며 주위에서 재혼을 권할 때마다 고개만 끄덕였다. 주변에 혼자 사는 할머니들 사이에 인기가 많았지만 이 집 저 집 다니며 밥만 얻어먹었다. 말년에 이유를 설명했다.

"죽어서 집사람 만나 둘러댈 말 생각하다 보니 30년이 흘렀다."

글씨 인심도 좋았다. 누구든지 글씨를 부탁하면 거절하지 않았다. 학교, 병원, 동네 구멍가게, 음식점 할 것 없이 치궁의 글씨가 없는 곳이 없었다. 한때는 외국인들에게 간판글씨 전문가 소리를 듣기도 했다. "인민을 위해 내가 할 수 있는 일이라곤 글씨 쓰는 일밖에 없다"는 치궁의 생각을 이들은 알 길이 없었다.

치궁이 세상을 떠나자 사회 각계에서 800만 위안을 모금했다. 격변의 시대에 천진난만한 삶을 살았고, 자신을 위해서는 아무것도 남기지 않은 치궁을 위해 치궁교육기금회(啓功敎育基金會)를 설립했다.

문물 10만 점을 가진 둥서우핑 집안

둥서우핑(董壽平)은 베이징동방대학 경제학과 졸업 후 군벌정부의 블랙리스트에 이름이 올랐다. 상인으로 변장하고 베이징을 탈출해 고향에 돌아왔다.

둥서우핑의 집안은 산시성(山西省) 훙둥현(洪洞縣)의 대대로 내려오는 서향세가(書香世家)였다. 역대 명인들의 서화와 도서 문물 10여 만 점이 집안에 있었다.

특별히 하는 일 없이 방 안에만 틀어박혀 있는 것도 하루 이틀이었다. 명필들의 비첩을 뒤적거리다 직접 붓을 들기 시작했다.

1928년, 국민정부가 난징(南京)에 정도했다. 베이징은 허베이성 성도(省都)가 되면서 베이핑(北平)이 됐다. 지금은 그렇지 않지만, 당시만 해도 한 나라에 서울 경(京)자 들어가는 도시가 두 개일 수 없다는 것이 이유였다.

성 정부가 둥서우핑에게 현장(縣長) 임명장을 보내왔다. 24세, 부임했다면 최연소 현장이었다. 어느 외국인 수장가의 "현대 중국화는 그림 축에도 못 낀다"는 말이 청년 둥서우핑을 자극했다. 현장 부임을 거절하고 서화에만 매진했다.

둥서우핑은 그림을 혼자 배웠다. 명인들의 작품을 구입해 감상하고 연구하고 임모(臨摹)했다. 10년 후 베이핑 화단(畵壇)에 확실한 자리를 구축하자 베이핑을 떠났다. 항일전쟁 폭발 직전이었다.

천신만고 끝에 쓰촨성에 도달했다. 회화의 대상인 자연의 관찰과 체험이 목적이었다. 사시사철 산속을 헤맸다. 해마다 정월이 되면 매화의 피고 지는 전 과정을 가슴에 담기 위해 눈밭에서 날을 지새웠다. 발에서 동상이 떠나지 않았다.

계절과 기후에 따라 모습을 달리하는 죽림(竹林)도 간과할 수 없었다. 봄이 되면 죽순이 돋아나는 과정을 보기 위해 몇 날 며칠을 쭈그리고 앉아 일어설 줄 몰랐다. 둥서우핑은 송(松)·죽(竹)·매(梅)·황산(黃山)을 수묵으로 표현했다.

홍색을 쓰지 않다보니 문화대혁명 시절엔 아름다운 조국의 산하를 시커멓게 만들려는 인물로 낙인찍혔다. 꿈에도 생각하지 못했던 날벼락이었다. 매일 홍위병들 눈치 보며 빗자루 들고 거리를 청소하고 석회 포대를 날랐다. 어찌나 놀랐던지 문혁이 끝난 후에도 혹시 몰라서 한동안 일을 계속했다.

충격의 여파는 화풍에도 영향을 미쳤다. 한동안 수묵은 거들떠보지 않고 울긋불긋한 채색화만 그렸다. 원래 모습으로 돌아오기까지 오랜 시간이 걸렸다.

서화 판 돈으로 항일전쟁 지원

둥서우핑은 매력이 넘치는 예술가였다. 원천은 인격이었다. 대학시절 여름방학을 고향에서 보낼 계획을 세운 적이 있었다. 고향 갈 차비 30원을 마련하기 위해 동분서주하는 친구와 우연히 마주쳤다. 필요한 액수를 주머니에서 꺼내주다 보니 나머지 돈까지 묻어 나와 버렸다. 돈을 낚아챈 친구는 달아나듯 가버렸다. 뒤도 돌아보지 않았다.

그해 여름 둥서우핑은 고향에도 못 가고 끼니를 걱정해야 했다. 인격자의 기본조건의 하나인 무모함을 젊은 시절 이미 갖추고 있었다.

1990년 86세의 둥서우핑이 자택에서 작품에 열중하고 있다.

둥서우핑은 그림을 함부로 내돌리지 않았다. 뭐라도 한 점 구하기 위해 돈을 싸들고 갔다가 차 한 잔 대접 못 받고 쫓겨난 사람이 부지기수였다. 돈 대신 진귀한 문물을 들고 온 사람들에게는 "박물관에 있어야 할 물건이다. 갖다 줘라"며 면박을 줬다. 그러나 60여 년간 재난복구기금을 마련하기 위한 전시회와 자선행사에 그의 그림이 빠진 적은 거의 없었다.

1942년부터 3년간은 서화를 판 돈으로 항일전쟁을 지원했다. 둥서우핑은 평생을 그렇게 살았다. 예술가의 청년 시절은 미련할 정도로 고지식해야 한다는 것이 평소의 지론이었다. 재치가 번득이고 아이디어가 풍부한 사람을 제일 싫어했다.

중국 관련 뉴스를 보다 보면 중국 지도자와 국빈들이 기념촬영을 위해 베이징인민대회당이나 댜오위타이(釣魚臺) 국빈관에 죽 늘어선 장면들을 볼 수 있다. 그들의 뒤에 걸린 만리장성이나 황산 같은 대형 그림의 대부분이 둥서우핑의 작품들이다.

한국과도 인연이 많았다. 집안 창고에 한국 관련 고문헌 자료가 셀 수 없을 정도였다. 시인이었던 조부 둥원환(董文渙)은 조선에서 온 사신들과 시를 많이 주고 받았다. 둥서우핑은 이것들을 모아 『한객시존』(韓客詩存)을 편찬했다. 아버지 성격을 잘 아는 자녀들은 집안에 대대로 내려오는 고문헌들을 한국에 그냥 줄까봐 가급적이면 한국인들을 못 만나게 했다.

지곡서당의 임창순 선생과는 친분이 두터웠다. 서신왕래가 빈번했다. "그의 편지가 왔다"며 즐거워하는 모습을 여러 번 본 적이 있다.

옌원량에게 파리 유학 권유한 쉬베이훙

1919년, 중국 최초의 미술전람회가 쑤저우에서 열렸다. 전국에 산재한 화가들의 작품 3,000여 점을 한자리에 모은 엄청난 규모였다. 젊은 서양화가 옌원량(顔文樑)의 기획이었다. 관람객들은 중국화 외에 200여 점의 서양화를 볼 수 있었다. 쑤저우에 서양화가 서서히 유행하기 시작했다.

원래 쑤저우는 중국미술사의 첫 장을 장식하는 남조(南朝)의 육탐미(陸探微)와 장승요(張僧繇)를 비롯해 명4대가(明四大家) 중 세 명을 배출한 중국미술의 발원지였다.

3년 후 옌원량은 쑤저우 변호사협회의 빈 방을 임대해 하계미술학교를 열었다. 학생들이 몰렸다. 1년 만에 정규 교육과정인 미술전과 학교 '쑤저우미전(蘇州美專)'으로 성장했다.

1927년, 시정부는 유서 깊은 정원 창랑팅(滄浪亭) 안에 '쑤저우 미술관'을 건립하여 창랑팅 관리인이었던 옌원량을 관장으로 초빙했다. 지금은 세계문화유산이 된 창랑팅도 당시에는 방치된 상태였다. 잡초가 우거지고 기왓장들이 굴러다니는 폐허나 다름없었다. 시 정부는 쑤저우미전을 미술관 부속으로 하자는 옌원량의 제의도 아무 생각 없이 수락했다.

그해 가을 난징대학 회화과 교수 쉬베이훙이 쑤저우미전을 방문했다. 교장 옌원량을 만난 후 그의 교육관에 감동했고 작품을 보곤 감탄했다. 유화만을 그려온 옌원량에게 파리 유학을 권했다.

20세기 초반 파리에는 서양화를 배우기 위해 바다를 건너온, 젊은 중국인 예술가들이 많았다. 막상 와보니 서구 고전 유화의 기교와 중국 전통화법 간의 차이가 워낙 컸다. 그림을 포기하고 주방으로 진출하는 경우가 허다했다. 프랑스의 중국 요리가 맛보다 모양이 빼어난 것은 초창기 중국 요리사들이 주로 화가 지망생들이었기 때문이다. 지금도 오르세미술관과 루브르박물관 인근에 오래된 중국 음식점들이 있는 것을 보고 의아해하는 사람이 많다. 쉬베이훙이 옌원량에게 프랑스 유학을 권한 가장 큰 이유는 옌원량이 붓을 쥐어본 적이 없기 때문이었다.

80년간 그림을 그린 아름다운 영혼

옌원량은 파리고등미술학교에 입학했다. 당시 그의 나이 35세, 고향의 기차역을 처음 그려본 지 20년 만이었다. 이듬해 파스텔화 두 점과 유화 한 폭을 파리 살롱전에 출품했다. 모두 입선했다. 중국의 주방 풍경을 그린 「주방」(廚房)이라는 작품은 금상을 받았다.

옌원량은 국제무대에서 입상한 최초의 중국화가였다. 몇 차례 개인전으로 수중에 돈이 들어오자 이탈리아·독일·스위스의 박물관과 미술관을 다니며 명화 원작들을 임모하고, 미술서적과 크고 작은 석고상들을 수집해 선편으로 쑤저우미전에 보내기 시작했다.

중국인 주방장들 덕에 끼니를 해결하며 3년간 단벌로 버틴 결과 1만여 권의 미술서적과 500여 좌의 석고상을 보낼 수 있었다. 그러나 옌원량의 화풍은 전혀 변하지 않았다.

귀국을 결심했다. 옌원량이 귀국하는 날 전교생이 역전에 나와 진을 치고 기다렸다. 1,300여 년 전 서역에서 불경을 한 보따리 지고 돌아오는 현장법사(玄奘法師)를 기다리는 심정이었다. 쉬베이훙은 그를 '중국미술계의 현장'이라고 불렀다. 충분히 그런 소리를 들을 만했다.

미술계에 소문이 퍼지자 우시미전(無錫美專) 학생 전원이 쑤저우미전으로 전학을 오는 기상천외한 일이 발생했다. 교수들까지 따라오자 쑤저우의 부호들이 교사 신축운동에 나섰다. 천년의 역사를 자랑하는 중국 최고의 정원 창랑팅에 이오니아식 대형 건축물이 들어섰다.

중·일전쟁 중 쑤저우를 점령한 일본군은 쑤저우미전을 사령부로 사용하며 석고상들을 전부 깨버렸다. 전쟁이 끝난 후 땀 뻘뻘 흘리며 석고상을 찾아 헤매던 옌원량의 모습은 애처로웠다.

옌원량은 자신만의 독특한 미술교육관이 있었다. 순수미술과 실용미술을 모두 중요시했다. 중국화·서양화 외에 도안·인쇄·만화학과를 개설했다. 해부학과 투시학은 필수과목이었다.

옌원량은 1983년, 90세 회고전을 베이징에서 열었고 2년 후 제6회 전국미전에 「풍교야박」(楓橋夜泊)을 출품해 명예상을 받았다. 94세 때 마지막 그림을 그렸고 이듬해 노동절에 세상을 떠났다.

옌원량은 80년간 그림을 그렸다. 회화사상 가장 오랜 세월 동안 그림을 그린 화가의 한 사람이었다. "예술가는 속(俗)돼서는 안 된다. 세속을 따라가지 않기가 정말 힘들었다"라는 말을 마지막으로 남겼다. 풍운이 교차하던 시대에 예술가의 본색을 끝까지 유지한 아름다운 영혼의 소지자였다.

1984년 91세 때의 옌원량.
상하이 신캉화원(新康花園)에 있는
자택에서 찍은 마지막 사진이다.

'사불'四不의 원칙을 지킨 미술가 류전샤

류전샤(劉振夏)는 일반 중국인들에게 그렇게 익숙한 이름은 아니다. 그러나 중화권 예술계에선 모르는 사람이 없을 정도로 큰 영향력을 가진 화가다. 1980년대「고기 잡는 노파」(漁婆)라는 수묵인물화가 중국을 떠들썩하게 했다. 그 주인공이 류전샤다.

류전샤는 명예와 이익을 탐하지 않았다. 평생을 쑤저우 한구석에 은거하며 작품에만 몰두했다. "남에게 내보이지 않고(不發表), 전시회 열지 않고(不展出), 팔지 않고(不賣), 주지 않는다(不送)"는 4개의 원칙을 고수하며 이를 어긴 적이 없었다.

"하고 싶은 말이 많았으나 한 번도 속시원히 해본 적이 없다. 모든 것을 그림으로 표현했을 뿐이다.

화폭은 하나의 여행지다. 여행을 하면 많은 사람을 만난다. 많은 사람이 나를 사랑했고, 나 또한 그들을 사랑했다. 화폭에는 그들과 나눈 많은 이야기가 기록돼 있다."

이쯤 되면 그의 사불(四不)이 이해가 간다. 고희(古稀)가 다 돼 책을 한 권 냈다. 중화권 예술계에 가장 큰 영향을 준 책이라는 평가를 받았다. 서문에 이렇게 썼다.

"그림을 그린다는 것은 특수한 쾌락을 추구하는 것이다. 고통 속에서 분출되는 쾌락이다. 그림이 완성됐을 때 쾌락을 느낀다. 그러나 그 또한 순간일 뿐 곧 사라져버린다. 남는 것이라곤 끝없는 불

쑤저우공예미술학원 교장 시절,
학생들을 지도하는 류전샤.

만족과 함께 오는 번뇌일 뿐이다. 그림으로 표현할 수 없는 것들이 모이다 보니 한 권의 책이 됐다."

류전샤는 어렸을 때 아버지가 실종됐다. 어머니도 교통사고로 세상을 떠나는 바람에 외가에서 자랐다. 외조부에겐 늘 반혁명분자라는 꼬리표가 따라다녔다. 풀리지 않는 의문이었다. 아무도 말해주는 사람이 없었다.

수십 년이 지난 뒤 바다 건너에서 온 편지 한 통으로 의문이 풀렸다. 아버지는 국민당 고급 장교였고, 큰아버지는 타이완 국방부장을 지낸 구주퉁(顧祝同)이었다. 성이 류(劉)인 것은 외가 성을 따랐기 때문이라는 것도 그때 처음 알았다.

자신이 얼마나 유명한지 모른 류전샤

류전샤는 자신이 얼마나 유명한지를 잘 몰랐다. 타이완에서 그에 관한 기록물을 만든 적이 있다. 말미에 그를 일컬어 "회화의 대사(大師), 문자의 대사"라고 했지만 그 자신은 한사코 대사가 아니라고 부인했다. 타이페이에서 전시회 요청을 받은 적이 있었다. 거절하자 작품들을 화면으로 보여주고 대담이나 나누자는 제의를 했다. 대담자가 여류작가 천뤄시(陳若曦), 거절하기 힘든 사람이었다.

타이페이에 도착한 류전샤는 깜짝 놀랐다. 장소가 너무 넓었다. 오는 사람이 있을 것 같지가 않았다. 이튿날, 류전샤는 복도까지 꽉 찬 인파에 몸 둘 바를 몰랐다.

재미있는 일화가 있다. 아버지를 만나러 미국에 갔다가 TV 화면에서 LA 시장을 본 적이 있었다. 미모의 여 시장이었다. 빨간 옷에 검은 리본이 그렇게 예쁠 수가 없었다. 몇 달 후 미모의 여 시장은 중국 화가가 우편으로 보내온 수채화 한 점을 받았다. 시장실을 방문하는 사람들은 벽에 걸린 시장의 초상화를 보고 감탄을 연발했다.

1년 후 여 시장이 자매도시 상하이를 방문했다. 상하이 시장 왕다오한(汪道涵)이 미국에서 귀한 손님이 왔다며 류전샤를 만찬에 초대했다. 상하이에 간 류전샤는 만찬장에 가서야 초청받은 이유를 알았다. 미모의 여 시장이 류전샤가 선물한 초상화 속의 복장을 하고 류전샤를 맞이했다.

현재 쑤저우는 인구가 1,200만 명에 이르는 대도시다. 역사적으로 수많은 재자(才子)와 가인(佳人)을 배출했다. 쑤저우에서 길 가는 사람 아무나 붙잡고 류전샤의 이름을 물으면 모르는 사람이 없다. 모른다면 쑤저우 사람이 아니라고 단언해도 된다.

장제스에게 타이완은 영원히 중국의 영토였다. 타이완으로 쫓겨와 있으면서도 "두 개의 중국"兩個中國 혹은 "한 개의 중국, 한 개의 타이완"一中一臺 등 중국의 분열과 타이완 독립을 주장하는 사람들을 공산당보다 더 무자비하게 다뤘다. 이 점에서는 마오쩌둥도 장제스를 높이 평가했다.

마오쩌둥식 중·소외교

"지금 내게 주어진 임무는 밥 먹고 잠자고 똥오줌 만드는 일이다."

마오쩌둥을 믿지 않은 스탈린

1947년 국·공내전이 치열했을 무렵부터 마오쩌둥은 소련 방문을 희망했다. 스탈린은 세 차례나 거절했다. 이유는 간단했다.

"뭐라고 정의 내리기 힘든 사람이다. 마르크스주의자 같기도 하고 민족주의자 같기도 하다. 정체를 알 수 없다."

미래의 중국 지도자를 스탈린은 믿지 않았다. 1949년 2월, 인민해방군의 승리가 확실해지자 마오쩌둥의 실체를 파악하기 위해 정치국원 미코얀을 중국에 파견할 정도였다.

1949년 12월 21일이 스탈린의 70번째 생일이었다. 마오쩌둥이 경축연에 참석하겠다고 하자 스탈린은 더 이상 거절할 명분이 없었다. 전권대표를 보내 극비리에 추진해달라고 신신당부했다.

선물 준비는 중앙판공청 주임 양상쿤(楊尙昆)의 몫이었다. 소련에서 막 돌아온 장칭(江靑)이 "남편이 갖고 갈 선물"이라며 직접 나섰다. 산둥의 배추와 무, 항저우의 용정차, 산시의 죽순, 징더전(景德鎭)의 도자기, 스탈린의 얼굴을 수놓은 양탄자 등을 스탈린의 생일 선물로 선정했다.

양상쿤의 보고를 받은 마오쩌둥은 "외국인에게 보내는 선물은 의미가 있어야 한다"며 버럭 화를 냈다. 직접 '장시(江西) 감귤'과 '산둥 대파'를 500킬로그램씩 준비하라고 지시했다. 장시성 감귤은 워낙 맛있는 과일이기 때문에 그렇다 치더라도 산둥성 대파의 의미를 이해한 사람은 거의 없었다.

마오쩌둥은 섭섭했던 일들을 자기 식대로 푸는 사람이었다. 상대방이 알건 모르건 개의치 않았다. 산둥 사람들은 피 튀기는 싸움을 하다가도 상대가 대파를 한 다발 보내면 즉시 멈춰야 하는 불문율이 있었다.

스탈린은 중국혁명에 걸림돌이 된 적이 많았다. 훗날 자신의 착오를 인정했지만 미국의 개입을 우려한 나머지 인민해방군의 양쯔강 도하(渡河)를 반대했고, 신중국 선포 두 달이 지났건만 국민정부와 체결한 우호조약의 폐기를 서두르는 기색이 없었다. 수교는 제일 먼저 했지만 신중국이 중국의 유일한 합법적 정부라는 표현을 한 적이 없었다. 여전히 타이완으로 쫓겨간 장제스에게 미련이 많았다.

저우언라이가 "외교무대에 나서려면 복장도 중요하다. 예복은 흑색이어야 한다. 구두와 양말도 마찬가지다"고 하자 "뭐 이렇게 복잡하냐"고 투덜대면서도 그대로 하게 내버려뒀다. 마오는 검은색 옷을 싫어했다. 헐렁헐렁한 회색 옷을 제일 좋아했다.

마오쩌둥의 짐 중에 가장 중요한 것은 책이었다. 『자치통감』『사기』『루쉰전집』 외에 톨스토이·고골 등 러시아 작가들의 작품을 직접 챙겼다.

1949년 12월 16일, 모스크바의 키로프 역에 도착한 마오쩌둥은 소련공산당 정치국원 몰로토프(오른쪽 둘째), 국방상 불가린(오른쪽 첫째), 외무성 차관 그로미코 등의 영접을 받았다. 마오의 오른쪽은 초대 소련 주재 중국대사 왕자샹.

스탈린의 모습 보이지 않아

12월 6일 오전 8시, 9002호 열차가 베이징을 출발했다. 루스벨트가 장제스에게 선물했던 호화열차였다. 쑹메이링이 몇 번 이용했을 뿐, 장제스는 한 번도 올라탄 적이 없었다.

수행원도 단출했다. 경호원과 비서들 외에 눈에 띄는 사람이라고는 당내 이론가 천보다(陳伯達)가 다였다. 후일 한 수행원이 당시 마오쩌둥의 심경을 헤아린 발언을 한 적이 있다.

"주석은 스탈린에게 냉대를 당할지 모른다는 생각을 했다. 모든 굴욕을 감수할 태세였지만, 당이나 국무원의 고위직들에게는 망신당하는 모습을 보이기 싫어했다."

중앙군사위원회는 출발 전부터 전군에 전시상태를 선포하고 해방군 3개 사단을 동원해 철로연변을 봉쇄했다. 마오쩌둥을 태운 열차가 통과해야 할 동북 일대에는 숫자를 헤아리기 힘들 정도의 국민당 특무요원들이 잠복해 있었다. 군사정보장 리커농(李克農)과 마오쩌둥의 장남 마오안잉(毛岸英)이 직접 국경선까지 호위했다.

12월 9일, 마오쩌둥의 전용열차가 국경도시 만저우리(滿洲里)에 들어섰다. 스탈린은 외교부 차장 편에 자신의 전용열차를 파견했다. 이날 밤 마오는 난생 처음 국경을 넘었다. 중간에 재채기를 한 번 한 것 외에는 건강에도 이렇다 할 만한 이상이 없었다.

16일 정오, 모스크바에 도착한 마오쩌둥은 안색이 굳었다. 아무리 둘러봐도 스탈린의 모습이 보이지 않았다.

마오쩌둥의 1차 소련 방문은 국제사회에 수많은 억측거리를 제공했다. 스탈린의 생일을 축하하러 왔다는 사람이 2개월 이상 머물며 행적이 묘연했기 때문이다. 대단해 보이는 일일수록 진상을 알면 우스꽝스러운 경우가 허다하다. 베일투성이었던 마오쩌둥의 소련 방문도 희극적인 요소가 강했다.

당시 중국인들은 소련을 좋아하지 않았다. 마오쩌둥이 '소련 일변도'의 외교정책을 천명했을 때 지식인과 민주인사, 행세깨나 한다는 사람들 거의가 의아한 표정을 지었다. 백색 제국주의와 홍색 제국주의, 색깔만 다를 뿐 미국과 소련은 다를 게 없었다. 중국을 놓고 뭔가 도모하느라 눈 반짝거리는 것은 똑같았다. 일본이 지배했던 동북쪽에서는 "코 작은 놈들 떠난 자리에 코 큰 것들이 들어왔다"며 공개적인 비난이 비일비재했다.

"스탈린은 예절을 모르는 사람"

스탈린도 인정했듯이 1945년 8월 14일 중국 국민정부와 소련이 맺은 '중·소 우호동맹조약'은 불평등 조약이었다. 이를 폐기시키고 새로운 조약을 체결하지 않는 한 "중국 공산당이 중화민족을 위해 한 일이 뭐가 있느냐"는 소리가 나오는 것은 시간문제였다.

12월 18일, 『인민일보』에 마오쩌둥의 이틀 전 모스크바 도착 모습이 크게 실렸다. 중국인들은 울화통이 터졌다. 모였다 하면 스탈린 비난에 열을 올렸다. 공·상계와 지식인 사회가 특히 심했다.

"스탈린은 예절을 모르는 사람이다. 직접 영접하지 못하면 말렌코프인지 뭔지 하는 후계자라도 내보내는 게 정상이다."

수행원 중에 당이나 국무원의 고위직이 없다 보니 "주석이 소환 당한 게 틀림없다"고 말하는 사람도 많았다. 신문국(신문출판총서의 전신)의 성명도 묘했다.

"소련 측은 관례대로 했지만, 제2차 세계대전 초기 스탈린이 일본 외무상을 직접 영접한 적이 있다."

마오쩌둥은 도착 당일 오후 6시 크레믈린 궁에서 스탈린과 마주했다.

"나는 오랜 세월 동안 얻어맞고 따돌림당했던 사람이다. 하고 싶은 말이 많았지만 할 곳이 없었다."

마오쩌둥이 이렇게 운을 떼자 스탈린이 화답했다.

"중국 혁명은 승리했다. 승리자는 견책 대상이 아니다. 먼 길을 왔으니 빈손으로 갈 수 없다. 필요한 게 있으면 말해라."

마오쩌둥의 입에서 "보기에 좋고, 맛도 좋은 것"이란 말이 나왔다. 전형적인 중국식 표현이었다. 스탈린은 무슨 말인지 몰랐다. 어리둥절한 표정을 짓자 통역이 진땀을 흘리며 "새로운 조약의 체결과 조약문의 내용"을 의미한다고 부연 설명했다.

스탈린은 갸우뚱하는 표정을 지었지만 잠시였다. '얄타협정'을 거론하며 난색을 표했다. 국민정부와 체결한 조약을 당분간 유지할 태세였다. 어조도 강경했다. 마오쩌둥이 조약 이야기를 꺼내면 중간에 말을 끊고 엉뚱한 곳으로 화제를 돌렸다. 몇 달 전 류사오치(劉少奇)가 소련을 방문했을 때 스탈린은 마오쩌둥이 오면 함께 이 문제를 논의하겠다고 분명히 말한 적이 있었다.

자존심이 강한 마오쩌둥은 기분이 확 상했다. 정작 만나면 딴소리

할지도 모른다는 생각에 잔심부름 하는 사람들만 데려오기를 잘했다는 생각이 들었다.

방 안에서 한 발짝도 나오지 않는 마오쩌둥

12월 21일, 모스크바 대극장에서 스탈린의 70세 생일잔치가 열렸다. 저녁 7시부터 새벽 1시까지 계속됐다. 스탈린과 나란히 앉은 마오쩌둥은 시종 굳은 얼굴로 박수만 쳤다. 참석자들이 스탈린과 마오쩌둥을 연호해도 표정을 바꾸지 않았다.

숙소에 돌아온 마오쩌둥은 "음식은 맛있어야 하고, 공연은 재미있어야 한다. 박수 치는 것 외에는 할 줄 아는 게 없는 사람들"이라며 짜증을 부렸다. 이날 6시간을 붙어 있었지만, 스탈린은 조약에 관한 이야기를 꺼내지 않았다. 이제는 마오쩌둥이 솜씨를 보일 차례였다. "문을 달아 걸라"고 지시했다.

스탈린의 칠순 잔치가 끝나자 모스크바에 왔던 각국 지도자들은 귀국을 서둘렀다. 마오쩌둥은 소련의 발전상을 둘러보고 요양까지 한 후에 돌아가겠다는 성명서를 발표한 적이 있었다. 급하게 굴 필요가 없었다.

12월 24일 밤, 스탈린의 별장에서 두 번째 회담이 열렸다. 마오쩌둥은 밤만 되면 정신이 맑아지고 온갖 기억이 되살아나는 사람이었다. 장정시절부터 몸에 밴 습관이다 보니 어쩔 수 없었다. 5시간 반 동안 일본·베트남·인도와 서구 여러 나라에 관한 이야기를 나눴다. 해도 그만이고 안 해도 그만인 소리에 맞장구치며 듣고 싶은 이야기가 나오기를 기다렸지만 허사였다.

마오쩌둥과 스탈린. 1949년 12월 21일 밤.
스탈린 생일 기념공연을 관람하고 있다.
이날 마오는 표정으로 불만을 드러냈다.

12월 26일, 마오쩌둥은 모스크바에서 신중국 선포 후 첫 번째 생일을 맞이했다. 그로미코와 베리야가 찾아왔지만 문을 열어주지 않았다. 오후 늦게 국민당 공군이 상하이를 폭격했다는 보고를 받고도 옛 친구 장제스가 보낸 생일 선물이겠거니 했다.

마오는 베이징의 류사오치에게 전보를 보냈다. 류사오치는 소련 사정에 밝았다. 평소 소련 이야기만 나오면 갖은 잘난 척을 다했다.

"스탈린 동지는 조약이라는 용어를 꺼내기조차 싫어한다. 내가 어떻게 하면 좋을지 정치국원들과 의논해 알려주기 바란다."

이틀 후 답전이 왔다.

"스탈린이 그렇게 강경하다면, 더 이상 조약 이야기를 꺼내는 것은 의미가 없다. 생일 경축연도 끝났으니 귀국하는 게 좋겠다."

무슨 전문들을 또 주고받았는지는 알 수 없지만, 마오쩌둥은 류사오치의 의견을 무시했다. 지구전에 돌입할 준비를 갖췄다. 잠자리가 제일 중요했다. "몸이 꺼져 잘 수가 없다"며 소련 측이 마련한 최고급 침상을 마당으로 들어냈다. 중국대사관에 가서 나무 판때기 구해오라고 소리를 질렀다. 화장실도 맘에 들지 않았다. 갈 때마다 혼자서 짜증을 부렸다. 사방이 꽉 막혀 답답한 건 그렇다 치더라도, 양변기라는 물건은 보면 볼수록 어처구니가 없었다. 마오쩌둥은 "냄새가 사색을 방해한다"며 화장실에서 대·소변 보는 것을 아주 싫어했다.

잡초가 우거지거나 시원하게 탁 트인 곳을 좋아했지만 남의 나라에 와서 하기에는 곤란한 배변 습관이었다.

마오쩌둥은 방 안에서 한 발짝도 나오지 않았다. 수행원들도 외부 출입을 못하게 했다. 중국을 떠날 때 들고 온 화선지가 많았다. 밤새도록 붓글씨만 써대다가 새벽이 되면 잠자리에 들었다. 글씨는 쓰는 족족 찢어버렸다.

통역이 소련 영화를 구해왔다. 마오는 「푸카초프」「나폴레옹」「표트르 대제」를 감상하며 시간을 보냈다. 레닌그라드 방문과 모스크바 지하철, 집단농장 참관 등 소련 측에서 짜놓은 일정이 있었지만 "머리가 깨질 듯이 아프다"며 공개적인 활동을 거부했다.

스탈린은 난처했다. "생일 축하하러 왔다는 사람이 볼일 끝났으면 가야지 왜 저러는지 모르겠다. 외부 활동이라도 해야 할 게 아니냐"면서 낯을 찡그렸다. 베이징에서부터 수행했던 코왈로프가 찾아와 간곡하게 외출을 권했다. 마오쩌둥은 연신 손바닥으로 탁자를 두드렸다.

"지금 내게 주어진 임무는 세 가지밖에 없다. 밥 먹고, 잠자고, 똥오줌 만드는 일이다."

마오쩌둥은 "왕바단"(王八蛋)이라고 내뱉으며 주먹으로 책상을 내리쳤다. 세계적으로 알려진, 중국 최고의 욕이었다.

국제사회 이목 집중시켜 협상을 이끌다

마오쩌둥의 행적이 묘연해지자 서방세계의 정보기관들은 긴장했다. 온갖 추측이 난무했다. 언론 매체들은 신이 났다. "동북 3성 요구를 마오쩌둥이 거절당했다. 마오쩌둥이 자리를 비운 사이에 류사오치와 주더(朱德)가 정변을 일으켰다. 귀국을 안 하는 것이 아니라 못한다"며 연일 방정들을 떨어댔다. 다들 그럴듯하고 재미있는 내용들이었다.

영국의 한 통신사가 "마오쩌둥이 모스크바에서 연금당했다"고 전 세계에 타전했다. 소련 측은 당황했다. 마오쩌둥은 인구 7억과 무궁무진한 자원을 보유한 신중국의 국가원수였다. 제아무리 스탈린이라 할지라도 "생일 경축연에 온 마오쩌둥을 모스크바 교외에 연금했다"는 소문이 서방 세계에 난무하는 것을 등한시할 수 없었다. 주소 대사 왕자샹(王稼祥)에게 마오쩌둥의 기자간담회를 조심스럽게 권했다. 왕자샹의 보고를 받은 마오쩌둥은 모처럼 씩 하고 웃었다. 거절할 이유가 없었다. 기다리기라도 한 사람 같았다.

스탈린의 중국에 대한 이해는 한계가 있었다. "국제사회의 이목을 집중시킨 후, 세계를 향해 속내를 드러내겠다"는 마오쩌둥의 전략을 꿰뚫어볼 정도가 아니었다. 본인이 직접 나서서 한마디 던지는 것 외에는 온갖 억측에 찬물을 뿌릴 방법이 없다고 판단했다. 마오쩌둥은 소련 측이 제의한 기자간담회를 마지못한 듯이 받아들였다.

마오쩌둥은 방문 목적을 묻는 『타스통신』 기자의 질문에 조약 체결이 최우선임을 분명히 밝혔다.

1950년 2월 14일 오후 6시, 크레믈린 궁에서
중·소 우호동맹호조조약 조인식이 열렸다.
소련 측에서는 말렌코프(왼쪽 다섯째), 베리야(왼쪽 셋째),
흐루쇼프(오른쪽 일곱째) 등 정치국원 전원이 참석했다.
마오쩌둥과 스탈린이 지켜보는 가운데
조약문서에 서명하는 중국 측 수석대표 저우언라이.

"중·소조약과 무역협정 등 해결하고 결정해야 할 일이 많다. 소비에트 국가의 경제와 문화를 이해하기 위해 도시와 지방도 샅샅이 둘러보려 한다. 체류 기간이 길 수도 있고 짧을 수도 있다."

스탈린 생일 이야기는 꺼내지도 않았다.

1950년 1월 2일, 소련공산당 기관지 『프라우다』에 마오쩌둥과 『타스통신』 기자의 대담 내용이 실렸다. 스탈린도 마오쩌둥의 방문 목적이 보도되는 것을 막지 않았다. 신조약 체결 문제를 토의할 의향이 있음을 내비친 것이나 다름없었다.

구조약 대체하는 신조약

마오쩌둥은 모르고 있었지만, 타이완을 포기하고 중국내전에서 손을 떼겠다는 미국의 정책도 스탈린의 태도에 변화를 줬다. 소련이 신중국과 새로운 조약을 체결해도 개의치 않겠다는 것이 미국의 입장이라고 파악하자 더 이상 얄타협정에 얽매일 이유가 없었다.

그날 밤 8시, 스탈린의 지시로 몰로토프와 미코얀이 마오쩌둥의 숙소를 찾아왔다. 중·소조약에 관한 의견을 물었다. 마오쩌둥은 세 가지 의견을 제시했다.

"첫째는 신조약의 체결, 둘째는 예전에 소련과 국민당 정부가 맺은 중·소우호동맹조약에 관해 두 나라 당국자들이 의견을 나눴다는 공동성명 발표, 셋째는 양국 관계에 관한 요점을 몇 자 적어서 서명이나 하고 끝내버리자."

몰로토프는 스탈린의 뜻이라며 저우언라이가 회담 대표단을 이끌고 모스크바에 오는 것을 수락했다. 마오쩌둥은 "구조약을 대체하는 신조약이냐"고 재차 확인했다. 몰로토프는 고개를 끄떡였다.

마오쩌둥은 꼼꼼하면서도 거침이 없었다.

"내일 아침 베이징으로 전보를 치겠다. 5일간 준비해서 9일에 출발하면 19일에 도착할 수 있다. 20일 밤부터 회담에 들어가자."

이어서 레닌 묘 참배와 레닌그라드, 고리키 시 방문 의사를 밝혔다. 몰로토프와 미코얀은 공병창·지하철·집단농장 참관 외에 정치국원들과의 만남을 제의했다.

마오쩌둥은 신생 정치대국의 최고지도자로 손색이 없었다. 스탈린의 양보를 받아내기 전까지 혁명동지 런비스(任弼時)의 병문안 외에는 단 한 번도 외출하거나 단독으로 소련 지도자들을 만나지 않았다. 지병 치료차 소련에 장기체류 중이던 막내아들도 아버지의 그림자조차 볼 기회가 없었다.

저우언라이가 회담 대표단을 이끌고 오자 중·소회담이 본격적으로 시작됐다. 회담이 한참 진행 중이던 1월 30일, 스탈린은 그간 미적거리던 김일성의 남침 계획에 동의했다. 마오쩌둥에겐 일언반구 내색도 하지 않았다. 당시 김일성도 모스크바에 와 있었는지 여부는 아직 밝혀지지 않았다.

짜고 친 포격전

> 두 사람은 분열은 잠시일 뿐 통일은 필연이라는 역사관의 소유자들이었다.

장제스의 타이완 천도 결심

1948년 가을, 린뱌오가 동북을 장악하자 장제스는 패배를 예견했다. 극비리에 최측근들과 머리를 맞댔다. 핵심은 "중공군의 압박을 피하려면 정부를 어디로 이동하느냐"였다. 항일전쟁을 지휘했던 서남쪽으로 가자는 의견이 많았다. 장제스는 한 번 했던 일을 되풀이하기 싫어하는 성격이었다.

지리학자 장지쥔(張其均)이 타이완 천도(遷都)를 건의했다.

"중공은 해군과 공군이 없다. 타이완으로 가면 한동안 저들의 추격을 저지할 수 있다. 타이완은 물산이 풍부하고 일본인들이 건립한 공업시설이 그대로 남아 있다. 교통망도 쓸 만하다. 공산당이 뿌리를 내리지 못한 지역이라 저항이 발생해도 진압하기가 수월하다."

지도를 볼 때마다 떠올랐던 타이완의 생김새가 고구마에서 항공모함으로 바뀌기에 충분한 발언이었다.

장제스는 300여 대의 전투기와 4개의 해군기지를 통째로 옮기고 중앙군 30여 만을 타이완과 동남 연해의 섬에 배치했다. 그 사이 대륙의 국민당군은 거의 궤멸했다.

1949년 10월 17일, 푸젠성(福建省) 샤먼(廈門)을 점령한 화동야전군 10병단은 진먼다오(金門島) 상륙을 서둘렀다. 병단사령관 예페이(葉飛)는 항일전쟁과 국·공내전을 거치며 단 한 번도 패한 적이 없었던 청년 전략가였다. "눈앞에 보이는 진먼다오는 단순한 섬이 아니다. 타이완의 교두보다. 강희제도 진먼다오를 발판 삼아 타이완을 정벌했다. 저 병풍을 걷어치우지 않으면 우리가 봉쇄당할 날이 온다"며 지휘관들을 독려했다.

중국인민해방군은 연전전승, 승리에 도취해 있었다. 교만이라는 고약한 세균이 머리 한구석에 침투했으리라고는 상상도 못했다. 총명하고 냉정한 예페이도 예외가 아니었다. 신중국 선포 3주 후이다 보니 그럴 만도 했다.

당시 진먼다오에는 타이완 원주민으로 구성된 국민당 신군(新軍) 2만 명이 주둔하고 있었다. 장제스가 타이완에서 훈련시킨, 향토의식이 유난히 강한 부대였다. 예페이는 이들을 단순한 패잔병 정도로 생각했다.

당시 바다에는 계엄령이 선포돼 있었다. 대륙에서 철수한 병력을 실은 배들이 여기저기 떠다니고 있었다. 운명을 선택할 수 있는 권리를 상실한 부대들이었다. 항일명장 후롄(胡璉)이 지휘하는 18군도 그 안에 있었다. 18군은 저장성(浙江省) 주산(舟山)반도로 향하던 중 진먼다오로 이동하라는 명령을 받았다.

진먼다오를 시찰하는 장제스.

후롄은 국민당군이 대패한 화이하이(淮海) 전역(戰役)의 부사령관이었다. 중상으로 입원해 있을 때 "중공 측에는 린뱌오(林彪)와 천이(陳毅) 등 몇 명 외에는 신통한 지휘관들이 없다. 우리가 계속 지기만 하는 이유는 지휘관들의 자질이나 군의 사기와는 전혀 상관이 없다. 세상 없는 지휘관과 제아무리 용감한 군인들이라도 정치와 외교가 뒤를 받쳐주지 않으면 전쟁에서 패할 수밖에 없다"며 면회온 장제스를 면전에서 들이받은 적이 있었다. 평소 성격이 불 같은 장제스가 "그래, 네 말이 맞다. 내가 제자 하나는 잘 뒀다"며 웃는 바람에 괜한 말을 했다고 후회한 게 8개월 전이었다. 후롄은 장제스가 황푸군관학교 시절 직접 교육시킨 제자였다.

현대판 적벽대전

1949년 10월 24일 밤, 배 한 척에 금 한 냥과 아편 한 덩어리를 주고 임대한 목선들이 진먼다오 상륙부대를 태우고 샤먼을 출발했다. 배 안에는 금방 찍어낸 인민폐와 승전 잔치에 쓸 술과 돼지들이 병사들과 뒤섞여 있었다. 병사들은 돼지들이 꿱꿱거릴 때마다 입맛을 다시며 싱글벙글했다.

그날 따라 약한 동북풍이 불었다. 기분이 더할 나위 없었다. 타이완이라면 몰라도 패잔병이 우글거리는 쥐방울 만한 섬 따위는 안중에도 없었다. 양식도 하루치면 족했다.

배가 진먼의 구닝터우(古寧頭)에 도착할 즈음 샤먼의 포대가 진먼다오를 향해 불을 뿜었다. 1979년 1월 1일, 미·중 수교로 막을 내리는 포격전의 시작이었다.

뱃사공들은 연안에 도착하기도 전에 바다에 몸을 던져 상륙부대를 불안하게 했다. 해상을 떠돌던 후롄의 18군이 진먼다오에 와 있으리라고는 꿈에도 생각하지 못했던 인민해방군은 초장부터 움직이는 곳마다 지뢰에 몸이 날아갔고, 부상병들은 주민들 몽둥이에 숨이 끊어졌다. 해군과 공군력의 지원이 따라야 하는 상륙전의 기본을 무시한 결과는 처참했다. 퇴로를 차단당한 채 3일 만에 죽거나 포로가 됐다.

10월 27일, 타이페이에서 타이완성 체육대회가 열렸다. 승전소식이 전해지자 갑자기 진기록들이 속출했다.

1958년 8월 23일에 시작된 중공의 진먼다오 포격을 거론할 때마다 견고한 지하요새와 군·관·민이 일치단결해 진먼다오를 끝까지 사수했다며 감탄하는 사람들이 많다. 세상을 떠난 당사자들이 쓴웃음을 지을 일이다.

깊이 들여다보면 볼수록 정작 감탄해야 할 것은 정치·군사·외교 문제가 얽히고 설킨 속에서 한 개의 중국을 고집하며 국·공 양당의 지도자들이 보여준 희극성이다.

1949년 10월 말, 진먼다오에서 벌어진 국·공 양군의 치열한 전투는 현대판 적벽대전이나 다름없었다. 3세기 초 조조가 적벽에서 대패하는 바람에 천하가 삼분된 것처럼 신중국 선포 3주 만에 중공군의 완패로 끝난 진먼의 구닝터우 전투는 중국을 둘로 갈라놓기에 충분했다.

2킬로미터 정도의 바다를 사이에 두고 대치한 진먼다오의 국민당군과 샤먼의 중공군은 계속 포격전을 벌였다. 전력은 하늘과 바다를 장악한 국민당 쪽이 우세했지만 50년 9월, 미국 국무장관 덜레스가 타이완을 방문했을 때 중공은 10일간 맹폭을 가해 진먼다오 탈취 의지를 전 세계에 알렸다. 1953년 한국전쟁이 정전상태에 들어간 후부터 중공은 샤먼 전선에 공군과 해군을 비롯해 포병을 본격적으로 배치하기 시작했다.

진먼다오는 대륙이 타이완으로 통하는 길목

타이완으로 이주한 장제스 정권의 양대 지주는 미국의 군사지원과 경제원조였다. 엄마 젖이라면 모를까 세상에 공짜는 없었다. 미국은 쓰디쓴 과일들을 권하기 시작했다. 장제스는 생존을 위해 삼킬 수밖에 없었다. 트루먼이 "국제적으로 타이완의 지위는 확정된 것이 없다"며 타이완통치의 합법성을 부정했을 때 장제스는 성질을 죽이느라 무진 애를 썼고, 미국이 "중화민국은 타이완과 펑후(澎湖)열도, 진먼다오와 마쭈다오(馬祖島)를 대표한다. 단 진먼다오와 마쭈다오는 방위구역에서 제외한다"는 '공동방위조약' 체결문을 내밀었을 때도 마시던 콜라 잔을 집어던졌을 뿐, 표정은 변하지 않았다.

1957년 3월, 타이페이에서 미군 하사관이 혁명실천연구원 직원을 사살하는 사건이 발생했다. 부인이 목욕하는 것을 몰래 들여다봤다는 것이 이유였다. 연일 반미시위가 거리를 메웠지만 장제스는 미국에 유감을 표명하고 시위를 거둬들이게 했다. 미국 특사의 보좌관이 쑹메이링에게 심한 농담을 했다는 말을 듣고도 웃어 넘겼다.

1년 후 다시 타이완을 방문한 덜레스는 "중국에 내전이 재발하는 것을 막아야 한다"며 진먼다오와 마쭈다오에서 국민당군이 철수할 것을 대놓고 요구했다. 미국의 말이라면 다 들어주던 장제스였지만 이것만은 단호하게 거절해버렸다. 미국 기자들을 향해 "중공의 진먼다오 포격은 타이완 공격의 전 단계다. 우리도 포격을 멈출 수 없다"며 입장을 분명히 밝혔다.

역사적으로 진먼다오는 대륙이 타이완으로 통하는 길목이었다. 1661년 해적 출신 정성공(鄭成功)은 진먼다오를 장악한 후 타이완 정벌에 성공했고, 강희제 시절 시랑(施琅)이 타이완을 평정할 때도 진먼다오가 발진기지였다.

마오, 여름 휴양지 베이다이허에서 포격 지휘

1958년 7월 중순. 여름 휴양지 베이다이허(北戴河)에서 열린 중국공산당 중앙위원 회의에 참석한 마오쩌둥은 국방부장 펑더화이(彭德懷)와 총참모장 황커청(黃克誠)에게 서신을 발송했다.

"중동 쪽에 해결해야 할 일이 있다. 시간이 필요한 일이 발생했다. 내 의견에 동의하면 이 편지를 예페이에게 전달해라."

8월 20일, 중앙군사위원회는 푸젠(福建) 성장과 서기를 겸하고 있던 푸젠군구 부사령관 예페이를 베이다이허로 호출했다. 당시 푸젠 지역에는 40일간 태풍이 몰아치고 있었다. 예페이는 벼락 때문에 비행기 추락을 염려하는 참모들의 건의를 무시했다. 피해복구와 진먼다오 포격을 지휘하느라 눈코 뜰 새가 없다는 것을 중앙에서 모를 리가 없었다.

펑더화이와 린뱌오를 대동하고 예페이를 만난 마오의 지시는 간단했다.

"23일 오후 5시 30분부터 진먼다오에 대규모 포격을 퍼부어라. 샤먼까지 내려갈 필요 없다. 여기서 지휘해라."

이유는 말하지 않았다.

예페이는 진먼다오 점령작전이 임박했다고 긴장했지만 마오쩌둥은 진먼다오와 마쭈다오를 점령할 생각이 애초부터 없었다. 8·23 진먼다오 포격 1개월 전인 1958년 7월 14일, 이라크에서 무장혁명이 발발했다. 왕정이 무너지자 미국은 중동 주둔 미군들에게 비상사태를 선포하고 레바논에 출병했다. 미국에 이어 영국은 요르단을 점령했다. 소련과 프랑스의 움직임도 심상치 않았다.

마오쩌둥은 혁명을 수출하지는 않았지만 중동의 혁명세력들을 내심으로 지지했다. 페르시아 만으로 향하던 미 6함대의 화력을 분산시킬 필요가 있다는 생각이 들자 타이완해협을 주목했다.

마오는 진먼다오 포격을 여름 휴양지 베이다이허에서 직접 지휘했다. 가장 치열했던 초기 1주일간 현장에서 포격전을 지휘해야 할 예페이를 옆에 데리고 "이건 집안 일이다. 가법(家法)에 의해 처리해야 한다"며 "미국인이 있는 곳을 피해서 포를 때릴 수 있는지"를 궁금해 했다. "보장하기 힘들다"는 답변을 듣자 "미국인 희생자가 발생할 가능성이 있느냐"고 물었다. 당시 타이완에는 미 중앙정보국 요원 1만 여 명이 상주하고 있었다. 군에도 미국 고문관들이 쉬지 않고 들락날락했다. "피할 수 없다"는 대답을 들은 마오는 아무 말 없이 옆방으로 들어갔다.

이틀 만에 나타난 마오쩌둥의 얼굴에는 고심한 흔적이 역력했다. "평소 하던 식대로 해라"는 말을 남기고 자리를 떴다. 예페이는 마오의 의중을 헤아릴 수가 없었다. 국·공 전쟁의 연장선상이라고 생각

항일전쟁 시절의 예페이(왼쪽).
가운데는 전 외교부장 지펑페이(姬鵬飛).
1940년 7월 장쑤성 황차오(黃橋)에서.

하면 간단한 일이지만 그런 것 같지 않았다. 펑더화이나 린뱌오 같은 전쟁귀신들도 뭐가 뭔지 잘 모르는 것 같았다. 예페이는 마오의 물음에 답하거나, 지시사항을 샤먼의 부하 지휘관들에게 전화로 전달하는 것 외에는 할 일이 없었다.

8월 23일 오후 5시 30분, 30킬로미터에 달하는 샤먼의 해안 포대에서 459문의 대포가 불을 뿜었다. 80여 척의 함정과 200여 대의 전투기도 목표를 타격했다. 진먼다오는 순식간에 불바다로 변했다. 통신망이 파괴되고 진먼방위사령부 지휘부에 있던 부사령관 3명은 직격탄을 맞았다. 그 가운데 한 명은 항일전쟁의 영웅이었다. 사령관 후롄은 국방부장 위다웨이(俞大維: 현 상하이시 서기 위정성俞正聲의 백부)와 5분 전에 산책을 나가는 바람에 간신히 화를 면할 수 있었다.

보고를 받은 장제스는 무릎을 쳤다. 미국을 끌어들여 중공과 끝장을 낼 생각이었다. "잘됐다"며 '하오'(好)를 세 차례 연발했다. 후롄에게 반격 명령을 내렸다. 후롄은 눈을 부라리거나 이를 악물고 호언장담을 일삼는 지휘관이 아니었다. 항일전쟁과 국·공내전 시절 마오쩌둥으로부터 "미련하고 용감한 장군이 아니다. 국민당 지휘관 중에서 가장 영리하고 교활하다. 경계해야 할 인물이다"라는 평가를 여러 번 받은 지장(智將)이었다. 군인이 적에게 받을 수 있는 최고의 찬사였다.

마오의 포격 의도를 못 읽은 미국

샤먼의 해방군은 공격 20분 만에 진먼다오에서 날아온 포탄 세례를 받았다. 통계에 의하면 23일 하룻동안 해방군은 4만 7,000발의 포탄을 진먼다오에 퍼부었고 국민당군은 12만 발을 응사했다. 이튿날도 포격은 계속됐다. 전투기 34대가 바다에 떨어지고 각종 함정 23척이 침몰하는 등 공중전과 해전도 치열했다.

미국은 포격을 주도한 중공의 의도를 파악하느라 분주했다. 대통령 아이젠하워는 중동으로 향하던 6함대의 절반을 7함대가 있는 극동 쪽으로 이동하라는 명령을 내렸다. 타이완해협에 7척의 항공모함과 대형 순양함 3척, 구축함 40척이 집결했다. 미군 정찰기와 전투기들이 타이완의 비행장을 메웠고 1차로 해병대 3,800명이 타이완 남부에 상륙했다. 순식간에 타이완과 연합작전에 돌입할 태세를 갖췄다. 중동지역의 긴장도는 느슨해지기 시작했다.

마오쩌둥의 속내를 제대로 못 읽기는 어디나 마찬가지였다. 베이징에서는 연일 군중대회가 열렸다. 구호는 단 하나, "진먼다오와 마쭈다오를 해방시키자"였다. 타이페이도 마찬가지였다. 거리 건물 할 것 없이 "반공대륙"이라는 플래카드와 현수막이 난무하고 땡볕에 군중들이 도로를 메웠다. 양쪽 모두 먼저 공격을 당했다며 열을 올렸다.

마오쩌둥은 예페이를 통해 8·23 진먼다오 포격전을 지휘하고 베이징으로 돌아갔다. 미국과의 충돌을 피하려는 마오의 의중을 파악한 예페이도 샤먼 전선으로 복귀했다.

8월 하순, 푸젠군구사령관 한셴추(韓先楚: 계급은 예페이와 같았지만 직급이 위였다. 한국전쟁 시절 서울을 점령했다)가 공군사령관, 포병사령관과 함께 샤먼 전선을 시찰나왔다. 한셴추와 공군사령

진먼 포격전 시절 기자들과 만난 후롄(왼쪽 셋째).
진먼다오 방위군사령관 후롄은 황푸군관학교와 미국 육군참모대학을
졸업한 엘리트 군인이었다. 19세 때 북벌전쟁 참전을 시발로
홍군토벌·항일전쟁·국·공내전을 거치며 실전 경험이 풍부했다.
마오쩌둥은 "여우와 호랑이를 섞어 놓은 인물"이라 평했고
전사 연구가들에게 "부하의 재능을 자신의 생명처럼 여겼던 야전지휘관,
사람을 잡아먹기라도 할 사람"이라는 평가를 받았다.

관은 폭격기를 띄우자고 제안했다. 폭격기는 전투기의 엄호가 필요했다. 진먼다오 상공에서 미 공군과 충돌이 불가피했다. 예페이는 난처했지만 이들의 의견을 완전히 무시할 수 없었다. 군사위원회와 마오 주석에게 보고할 것을 제의했다. 마오는 예페이의 손을 들어줬다.

"우리 전쟁에 미국을 끌어들이지 마라"

샤먼의 중공군 포대는 진먼다오로 향하는 국민당군의 수송함들을 포격해 진먼다오를 고립시켰다. 진먼방위사령부는 타이완에 포탄과 식량 보급을 재촉했다. 포탄은 거의 소진되고 예비식량도 보름치밖에 없었다. 장제스는 보급망을 회복하기 위해 미국 측에 수송함 호위를 요청했다. 9월 4일, 중국 외교부는 성명서를 발표했다. 영해(領海)를 12해리로 못 박아버렸다.

9월 7일, 타이완과 미국은 해상 편대를 조직했다. 미국 군함들이 국민당군의 군함과 수송함을 에워싸고 진먼다오로 향했다. 이건 단순한 군사행동이 아니었다. 포격 여부를 전선 지휘관이 결정할 일이 아니었다.

1988년 11월, 예페이는 당시에 마오와 주고받은 급전의 내용을 공개했다.

"포격에 착오가 있어서는 안 된다."

"미국 함정도 때릴까요?"

"그건 건드리지 마라. 장제스 군함만 때리되 진먼다오에 도착했을 때 해라. 매시간 저들의 위치를 보고해라."

"만약 미군 함정이 우리에게 포격을 가하면 어떻게 하지? 반격합니까?"

마오의 명령은 단호했다.

"반격하지 마라."

예페이는 다시 물었다. 같은 대답이 돌아왔다.

"중국인들끼리의 싸움이다. 미국은 끌어들이지 마라. 빌미를 줘서는 안 된다."

작전명령을 받은 각 포대와 공군, 해군의 지휘관들은 어안이 벙벙했다. 예페이에게 문의가 빗발쳤다. "엄격히 집행하라는 마오 주석의 명령"이라는 말 한마디로 일선 지휘관들을 겨우 진정시켰다.

국민당군의 수송함이 도착했다는 보고를 받은 마오는 발포 명령을 내렸다. 국민당 군함과 수송함이 시꺼먼 화염에 휩싸이자 미군 군함들은 타이완 쪽으로 방향을 틀었다. 뒤도 돌아보지 않았다. 보고를 접한 타이완 측은 황급히 미국 친구들의 동향을 물었다. 진먼방위사령부는 "친구는 무슨 놈에 친구, 내빼버렸다"며 갖은 욕설을 다 퍼부어댔다. 암호도 사용하지 않았다. 장제스도 한마디 내뱉었다.

"훈단(混蛋)!"

'왕바단'(王八蛋)과 함께 중국인이 할 수 있는 최고의 욕이었다.

"우리는 모두 중국인이다"

보급이 단절된 진먼다오는 9월 말이 되자 탄약과 식량이 거의 바닥났다. 파괴된 요새를 손볼 엄두도 내지 못했다. 답답하기는 샤먼의 인민해방군도 마찬가지였다. 포격을 계속하라는 건지, 진먼다오에 상륙을 하라는 건지 베이징 쪽에서는 아무 연락도 없었다. 명령서 한

1958년 겨울, 진먼다오 포격전이 뜸해질 무렵
국방부에서 샤먼 전선 해방군을 접견하는
국방부장 펑더화이(왼쪽 첫째).

장이면 진먼다오 점령은 식은 죽 먹기였다. "진먼다오를 점령하면 타이완과 대륙의 거리가 너무 멀어진다. 완전히 중국에서 분리될 가능성이 있다"는 마오의 속내를 이들은 알 길이 없었다.

국경절 5일 후인 10월 6일, 마오는 국방부장 펑더화이 명의로「타이완, 펑후, 진먼, 마쭈의 군민 동포들에게」라는 성명서를 발표했다.

"우리는 모두 중국인이다. 화해의 최선책은 36계다. 지금 너희들이 있는 곳은 미국 영토가 아니다. 엄연한 중국이다. 지구상에 중국은 하나밖에 없다. 이 점은 모두 동의할 줄로 안다. 우리는 그동안 30년을 싸워왔다. 아직도 끝이 보이지 않으니 참으로 고약한 일이다. 앞으로 우리끼리 30년을 더 싸운다고 해도 전혀 이상할 게 없다. 미국은 너희들을 버릴 날이 온다. 그때의 처지가 얼마나 한심할지 생각해봐라. 지금 진먼다오의 13만 군민들은 추위와 굶주림에 임박했다. 나는 10월 6일부터 1주일간 포격을 중지하라고 명령했다. 충분한 공급을 받도록 해라. 단 미국 함정의 호위가 없어야 한다."

일주일이 후딱 지났다. 1958년 10월 13일, 마오는 다시 2주일간 포격중지를 지시하며 국방부장 펑더화이가 샤먼 전선에 보내는「국방부 명령」을 직접 기초했다.

"오늘부터 다시 2주간 포격을 중지한다. 진먼의 군민들이 식량과 군사장비 등 충분한 보급을 받게 하기 위해서다. 병불염사(兵不

厭詐)! 전쟁에서는 적을 속이는 것을 거리낄 필요가 없다고들 하지만 이건 절대 속임수가 아니다. 중국 민족의 이익을 위해서다. 지금 타이완과 타이완해협에는 쓸데없이 빈둥대는 미국인들이 많다. 이들은 중국 땅을 떠나는 것이 마땅하다."

이어서 장제스에게 평화회담을 제의하고 미국을 질타했다.

"합리적인 해결이 될 때까지 우리의 내전은 끝난 것이 아니다. 장제스가 대화를 거부하고 완고한 태도를 버리지 않는 한, 포를 쏘고 안 쏘고는 우리의 자유다. 미국은 정전을 이야기하지만 쓴웃음을 지을 수밖에 없다. 우리는 미국과 공격을 주고받지 않았다. 정전이고 뭐고 할 일이 없다. 미국이 무슨 자격으로 이 문제에 끼어드는지 알 수가 없다."

이어서 타이완과 미국을 이간질시켰다.

"타이완 당국은 저들에게 우리와 대화하라고 위임장을 준 일이 없다. 장제스도 근본적으로 중·미회담을 바라지 않는다. 미국 국민들은 위대하고 선량하다. 평화를 바라지 전쟁을 원하지 않는다. 단, 미국 정부 안에 덜레스처럼 인간사가 뭔지를 잘 모르는 부류들이 섞여 있다. 진먼 포격은 중국의 내정(內政)이다. 외국은 간섭할 권리가 없다. 연합국도 마찬가지다."

유희로 변한 진먼 포격전

미국은 펑더화이의 성명서를 무시했다. 중공 측에 정전회담 개최를 요구하고, 타이완의 장제스에게는 진먼다오에서 철수하라고 압력을 넣었다.

일주일 후, 4척의 미군 함정이 국민당 수송함을 호위하기 위해 진먼해역에 진입했다. 이때 미 국무장관 덜레스는 타이완을 향하고 있었다. 마오는 진먼포격을 명령, 4척의 국민당군의 함정을 격침시켰다. 장제스가 미국 측에 진먼 철수를 거절할 명분을 주기 위한 마오쩌둥의 선물이었다.

덜레스가 타이완에 머무는 동안 샤먼포대는 연일 진먼다오에 포격을 가했다. 장제스는 "계속되는 포격을 봐라. 내가 살아 있는 한 철군은 절대 안 된다"며 덜레스에게 목청을 높였다.

덜레스가 타이완을 떠난 다음날 마오쩌둥은 「다시 타이완 동포에 고함」이라는 성명서를 기초했다.

"국·공 양당 간에 얽힌 일들은 풀기가 수월하다. 앞으로 짝수 날들은 포격을 하지 말라고 샤먼 전선에 명령했다. 홀수 날이라고 해서 꼭 포격을 하겠다는 말도 아니다. 매달 15일간 식량·채소·식용유·연료·무기를 충분히 보급받아 장기간 진먼다오를 고수해라. 부족할 경우 허락만 한다면 우리 측에서 공급하겠다. 너희들이 단결해서 대외문제가 수월하게 풀리기를 바라기 때문이다. 나는 동포들을 속이지 않는다. 절대 두려워하지 마라. 우리는 희망이 충만한 시대에 살고 있다. 애국자에게는 항상 출로가 있다. 너희들에게 당장 미국과 결별하라고 권하지 않겠다. 그건 현실적으로 불가능하다. 압력에 굴복하지 않기를 바랄 뿐이다."

"대륙과 타이완을 완전히 분리시키려는 미국의 전략"에 함께 대처하자는 마오의 의중을 파악한 장제스는 국민당 선전공작자 회의를 소집했다. "진먼다오와 샤먼 사이의 포격전은 중국 영토에서 벌어지는 내전의 연속이다. 침략이 아니다. 미국인들 만나면 쓸데없이 입 놀리지 말라"며 단단히 일렀다.

이듬해 3월부터는 '홍색중국'과 '자유중국'이라는 용어도 더 이상 공식적으로 사용하지 않았다. 대륙을 '중공정권'이라 부르고 스스로를 '중화민국'이라고 불렀다.

양측 지휘관의 딸들이 만나다

양측의 포격전은 유희로 변했다. 한 차례의 미국 대통령 선거와 1960년 6월, 아이젠하워가 타이완을 방문했을 때를 빼고는 서로 빈 바다에 포를 쏴댔다. 명절과 국경일에는 휴식을 취했다. 1979년 1월 1일 중공과 미국 간에 국교가 수립되는 날까지 그랬다.

1994년 11월 진먼포대가 샤먼에 포격을 가했다. 적지않은 민간인 사상자가 발생했다. 타이완 측에서는 즉각 "적의가 없는 오발사건"이라며 유감을 표명했다. 중공도 오발을 인정하며 대응하지 않았다.

2010년 가을, 미국에 사는 후롄의 딸이 진먼다오를 방문했다. 샤먼에 예페이의 딸이 있다는 말을 듣자 만나고 싶다는 의사를 샤먼 측에 전달했다. 충칭에 가 있던 예페이의 딸은 소식을 듣자 샤먼으로 달려왔다.

20여 년간 대치하던 국·공 양측 지휘관의 딸들이다 보니 무슨 이야기를 나눌지 다들 궁금해했다. 둘의 입에서 똑같은 말들이 나왔다.
"우리 아버지는 죽는 날까지 너희 아버지 이름을 거론하며 험담한 적이 한 번도 없었다."

이튿날 신문마다 "고인이 된 예페이와 후롄이 저세상에서 가장 즐거워할 날"이라는 기사가 대문짝만하게 실렸다.

국·공합작의 밀사 장스자오

1956년 봄 중국공산당은 건국 후 최초로 국·공합작을 제의했다. 1949년 4월, 국·공의 마지막 담판에 국민당 대표로 참석했다가 베이징에 눌러앉은 문사관(文史館) 관장 장스자오(章士釗)가 홍콩행을 자청했다. 홍콩에 나가 장제스와의 대화 통로를 개설해보겠다는 장스자오의 요청에 마오쩌둥과 저우언라이가 동의했다.

장제스에게 전달될 편지가 작성됐다. 말미에 "펑화(奉化)의 선영과 옛집은 여전하고, 시커우(溪口)의 화초(花草)도 예전과 다름없다"라는 구절을 첨가했다. 펑화와 시커우는 장제스가 어려운 일이 있을 때마다 찾았던 고향 마을이다. 펑화에는 부모의 무덤이 있고, 시커우는 일초일목(一草一木)이 눈에 선한 곳이었다.

홍콩에 도착한 장스자오는 국민당 주재원인 『홍콩시보』(香港時報) 사장 쉬샤오옌(許孝炎)과 회견했다. 국민당 중앙위원이며 해군제독이었던 쉬샤오옌은 곧바로 귀국해 장제스에게 편지를 전달했다. 장제스의 부관은 "그날 밤 총통의 침실은 새벽까지 불이 꺼지지 않았

포격이 그친 후 진먼다오 주민들을 격려하는 장제스.

다"고 회고했다. 편지는 전달됐지만 타이완해협을 사이에 둔 샤먼과 진먼 간의 포연은 그치지 않았다. 특히 5월 15일부터 일주일간 쌍방이 퍼부은 화력은 가공할 만한 것이었다.

이때 느닷없이 필리핀이 남해제도(南海諸島)의 주권을 요구했다. 약속이라도 한 것처럼 포격이 중지됐고 국·공 모두 "남해제도는 중국 영토"라는 성명을 발표했다. 타이완은 함대를 파견해 국기를 게양하고 군대를 주둔하게 했다. 중국에서는 모른 체했다. 저우언라이의 "우리는 서로 다른 길을 걸어왔지만 민족과 중국의 이익에 중요한 일이라면 언제고 손을 잡고 단결할 수 있다"라는 성명이 발표된 3일 후 문화인 차오쥐런(曹聚仁)이 대륙으로 들어간 것을 시발로 여러 명의 밀사가 양안을 오갔으나 문화대혁명으로 중단됐다.

장스자오는 1973년 봄 마오쩌둥에게 다시 홍콩행을 자청했다. 그해 5월, 장스자오를 태운 전세기가 카이탁 공항에 착륙했다. 홍콩에 착륙한 최초의 중국 민항기였다. 다음날부터 10여 년 전 좌절된 국·공 고위급 회담을 실현하기 위해 동분서주하던 이 90세의 중국 노인은 한 달 후 평생 냉정하고 엄숙했던 화려한 삶을 홍콩에서 마감했다.

'하나의 중국'엔 언제나 의견일치

장제스는 시종일관 중국공산당을 적대시했고 타이완으로 나온 후에도 완고하다 할 정도로 '반공복국'(反共復國)을 견지했다. 그러나 '하나의 중국'(一個中國)이라는 문제만은 중국공산당과 생각이 같았다.

장제스에게 타이완은 영원히 중국의 영토였다. 타이완으로 쫓겨와 있으면서도 "두 개의 중국"(兩個中國) 혹은 "한 개의 중국, 한 개의 타이완"(一中一臺) 등 중국의 분열과 타이완 독립을 주장하는 사람들을 공산당보다 더 무자비하게 다뤘다. 이 점에 있어서는 마오쩌둥도 장제스를 높이 평가했다.

장제스의 양안(兩岸) 문제에 관한 일관된 원칙은 말로만 요란하게 한 게 아니었다. 명확하게 행동으로 보여줬다.

1949년 10월 1일 오후 3시, 중국공산당은 천안문광장에서 중화인민공화국을 선포하는 개국대전(開國大典) 의식을 거행했다. 이른 아침 타이완의 장제스 관저에는 개국대전 식장 공습 명령을 하달해달라는 공군사령관 저우즈러우(周至柔)의 전화가 빗발쳤다. 장제스는 출격명령을 내리지 않았다. "좀 기다려라"가 회답이었다. 시간이 임박해오자 저우즈러우는 "출격이 지체되면 제시간에 목적지 도달이 불가능하다"며 재차 명령을 청했다. 그제야 몸을 벌떡 일으킨 장제스는 "임무를 취소하라"고 단호히 말했다. 제 귀를 의심한 저우즈러우는 "작전을 성공적으로 완수할 수 있다"며 재고를 청했다. 장제스는 같은 말을 되풀이하고 수화기를 내려놨다.

공산당에 패해 타이완으로 철수했지만 당시 국민당은 막강한 공군력을 보유하고 있었다. 공습 계획도 장제스가 직접 지휘했다. 그러나 최후의 순간에 그의 발목을 잡은 것은 장소 때문이었다. 사람들이 죽고 사는 것은 대단한 일이 아니었다. 문제는 천안문과 자금성이었다. 장제스가 다른 곳이라면 몰라도 천안문은 절대로 공습하지 않을 것이라고 마오가 확신했기 때문에 천안문광장에 수많은 인파를 모아놓고 개국을 선포했다고 흔히들 말한다. 또 장제스가 출격명령을 내렸다면 실패할 확률은 거의 없었다는 것도 중론이다.

1973년 9월, 베트남은 난사군도(南沙群島)의 타이핑다오(太平島) 등에 대한 영유권을 주장했다. 장제스와 마오쩌둥은 이 지역을 중국의 영토로 간주했다. 다음해 1월 중국 외교부가 시사(西沙), 난사(南沙), 중사(中沙) 군도가 중국의 영토이며 도서 부근의 자원 주권이 중국에 있음을 거듭 확인하는 성명을 발표했다. 사이공 당국은 다음해 1월 17일 군대를 파견해 시사군도의 진인다오(金銀島)와 간취안다오(甘泉島)를 점령하고 오성홍기를 내려버렸다. 이틀 후 시사해전(西沙海戰)이 발발했고 중국 해군은 함대를 급파했다.

신속을 기하려면 국민당 해군과 미국 7함대가 장악한 타이완해협을 통과해야 했다. 마오쩌둥은 증원부대에 통과 명령을 내렸다. 중국 해군 함정 4척이 타이완해협을 통과하려 한다는 전문을 접한 병중의 장제스는 "시사군도의 상황이 급박하다"며 즉각 결정을 내렸다. 그날 밤 중국군 동해함대 소속 군함 4척이 타이완해협을 통과했다. 국민당 군대는 포격은커녕 탐조등까지 켜 군함들이 신속히 해협을 통과하게 도왔다.

해협 양안에서 무장 대치를 하고 있었지만 중국의 주권에 관한 한 마오나 장의 입장은 항상 일치했다. 두 사람 모두 분열은 잠시일 뿐 통일은 필연이라는 역사관의 소유자들이었다.

문화대혁명의 와중에서

"중화의 굴기를 위해 우리는 책을 읽었다."

문화대혁명 속에서도 중·미회담은 계속되었다

1960년대에 들어서면서 중·소 관계가 험악해지기 시작했다. 1969년 3월 초, 중·소 양국의 변방군(邊防軍)이 우수리 강변에 있는 전바오다오(珍寶島)에서 무장 충돌했다.

3개월 후, 마오쩌둥은 천이(陳毅), 쉬샹첸(徐向前), 녜룽전(聶榮臻), 예젠잉(葉劍英) 등 네 명의 원수(元帥)들에게 국제정세 분석과 전쟁 발발 가능성 및 국방전략을 논의하라고 지시했다. 문화대혁명을 일으켜 전국을 아수라장으로 만들어놨지만, 국가의 안전은 그것과 별개였다. 네 명의 원수들은 여섯 차례 머리를 맞댔다. 7월 11일, "미·소 양국 간의 모순은 우리가 상상했던 것 이상이다. 유럽과 중동지역에서 특히 심하다. 두 나라가 연합하거나, 소련 단독으로 중국을 공격하는 것은 불가능하다"는 보고서를 당 중앙에 제출했다.

9월 17일, 두 번째 보고서를 만들었다.

"소련이 중국침략 계획을 세웠을 경우 가장 우려하는 것은 중국과 미국이 연합해서 소련에 대항하는 것이다."

10차례에 걸친 토론의 최종 결과였다. 천이의 구두 건의는 보다 구체적이었다.

"현재 우리의 가장 큰 적은 누가 뭐래도 소련이다. 안전을 위협하는 정도가 미국보다 더 크다. 소련과 미국의 모순을 틈 타 미국과의 관계를 타개할 필요가 있다. 미국 대통령 닉슨은 취임 직후부터 중국을 방문하고 싶어했다. 현재 상황은 우리에게 유리하다."

원수들의 분석과 전략은 중국공산당 중앙과 마오쩌둥의 대미 정책에 큰 영향을 끼쳤다.
1949년 10월, 중화인민공화국 수립 이후 중·미 양국은 22년간 공식적으론 왕래가 없었지만 그렇다고 완전히 담만 쌓은 것도 아니었다. 한국전 휴전 직후인 1955년부터 1970년까지 프라하와 바르샤바에서 대사급 회담을 중단한 적이 한 해도 없었다. 영문속기사 자격으로 여러 차례 회담에 참석한 전 포르투갈 주재 대사 궈자딩(過家鼎)의 구술에 의하면 만날 때마다 양측의 입장 차이가 너무 컸다고 한다.

"15년간 136차례 담판을 벌였지만 합의를 본 사항이 단 한 건도 없었다. 과학자 첸쉐썬(錢學森)을 귀국시킨 것이 유일한 성과였다."

그래도 양국 지도자들은 판을 깨지 않았다. 앞으론 상대하지 않겠다거나, 상대방의 결점을 들이대는 등 어설픈 말이나 행동을 자제 했다.

미국 기자 에드거 스노 부부 초청

1970년 3월, 캄보디아에 정변이 발생했다. 시아누크가 축출됐다. 정변을 지지한 미국이 1개월 후 월남에 주둔하던 미군을 캄보디아로 이동하자 중국은 바르샤바 회담 중지를 선언했다. 미 제국주의를 규탄하는 온갖 구호가 중국의 대도시에 난무했다. 마오쩌둥은 시아누크를 데리고 미국을 성토하는 백만인 대회에 참석했지만 발언은 하지 않았다.

중국과 관계개선을 바라던 닉슨은 낙담했지만 키신저는 "평소에 하던 혁명구호의 반복일 뿐이다. 진일보한 행동을 보이지 않았다"며 닉슨을 안심시켰다

1970년 6월, 중국공산당 중앙은 마오쩌둥 명의로 스위스에 있던 미국 기자 에드거 스노 부부를 초청했다. 중국과 북한의 탁구시합이 벌어지는 날 수도체육관에서 저우언라이를 만난 에드거 스노는 마오쩌둥 면담을 요청했다.

10월 1일, 저우언라이는 천안문광장에서 열린 건국기념일 행사에 참석한 에드거 스노를 마오쩌둥 옆으로 인도했다. 통역을 맡았던 지자오주(冀朝鑄: 전 영국대사)에 의하면 서로 별다른 대화는 나누지 않았다고 한다. 이튿날 중국 국영통신 신화사(新華社)는 마오쩌둥과 에드거 스노가 천안문 성루에서 다정하게 이야기하는 장면을 전 세계에 전송했다.

미국의 신경을 슬쩍 건드려 본 마오쩌둥의 전략은 완전 실패였다. 미국 쪽에서는 아무런 반응이 없었다. 마오쩌둥이 보낸 신호를 제대로 읽지 못했다.

미국이 눈치를 못 채자 마오쩌둥은 에드거 스노를 다시 만나 5시간 가까이 이야기를 나눴다.

"나는 원래 민주당을 싫어한다. 닉슨이 대통령이 돼서 기분이 좋다. 베이징에 오고 싶으면 남들 몰래 오라고 해라. 대통령 신분으로 와도 좋고, 그냥 여행객으로 와도 좋다. 억지로 권할 필요는 없다."

이어서 마오쩌둥은 말했다.

"닉슨이 온다면, 나도 만나서 이야기를 나누고 싶다. 이야기를 하다가 뭔가 성사가 돼도 좋고 안 돼도 좋다. 싸워도 좋다. 한마디로 이래도 좋고 저래도 좋다. 다 좋다."

중공은 두 사람의 대화기록을 중앙문건 형식으로 전국의 당 지부에 배포하고 공장과 농촌으로 쫓겨났던 미국문제 전문가들을 속속 베이징으로 불러들였다.

"일국의 국가원수가 전한 말을 소홀히 하지 않겠다"

몇달 후, 닉슨은 루마니아 대통령을 만난 자리에서 중국을

칭화대학을 방문한 미국 대통령 닉슨.
학생들을 만난 그의 첫 마디는
"내가 바로 미 제국주의자다"였다.

'People's Republic of China'라고 호칭했다. 11월 10일, 미국이 엉뚱한 곳을 통해 반응을 보내왔다. 베이징을 방문한 파키스탄 대통령 아히야 칸이 회담이 끝날 무렵 "총리와 사사로운 이야기를 나누고 싶다"며 통역 외에는 자리를 피해달라고 요청했다. 뭔가 심상치 않다고 생각한 저우언라이는 지자오주와 탕원성(唐聞生) 두 명의 통역만 데리고 구석방으로 갔다.

저우언라이와 함께 밀실 비슷한 회의실에 들어간 아히야 칸은 "중간 역할을 해달라는 부탁을 받았다"며 "미국 국민들은 중국과의 관계가 개선되기를 바란다. 밀사를 보내고 싶다. 우호관계 수립이 최종 목적이다"는 닉슨의 말을 전했다.

저우언라이는 곧바로 마오쩌둥에게 달려갔다. 두 사람이 무슨 대화를 나눴는지는 알 수 없지만 이튿날 마오쩌둥은 "그간 우리는 파키스탄에 대한 지원이 너무 소홀하고 미약했다"며 앞으로 신경을 더 쓰라고 지시했다.

1개월 후, 저우언라이는 파키스탄 주재 중국대사 장원진(章文晉: 후일의 주미 대사) 편에 "중국이 이제껏 바라던 일이다. 그간 우리는 평화를 위한 담판이라면 뭐든지 해보려고 노력했다. 되고 안 되고를 가리지 않았다. 닉슨 대통령의 특사파견을 환영한다. 일국의 국가원수가 제3국의 국가원수를 통해 전한 말을 소홀히 하지 않겠다"는 회답을 보냈다. 저우언라이는 파키스탄과의 연락을 전담시키기 위해 장원진을 귀국시켰다.

12월 25일, 『인민일보』에 "미국인을 포함한 전 세계의 인민들 모두가 우리의 친구"라는 구호가 실렸다. 평소 마오쩌둥 어록이 한 구절씩 실리는 자리였다. 이어서 12년간 억류했던 미국인 주교도 석방했다. 이 미세한 변화를 눈치챈 중국인은 거의 없었다.

'폴로계획'의 막이 오르다

1971년 7월 1일, 700년 전 중국을 찾은 마르코 폴로의 이름을 딴 '폴로계획'의 막이 올랐다. 닉슨의 외교안보 보좌관 키신저를 태운 비행기가 워싱턴을 출발했다. 외부에는 사이공·방콕·뉴델리·이슬라마바드 방문이라고 발표했다.

저우언라이도 손님을 맞기 위해 소조(小組)를 조직했다. 조원들에게 외부출입, 전화사용, 필기도구 지참을 금지시켰다. 국빈관인 댜오위타이(釣魚臺) 5호를 키신저의 숙소로 정했다. 4호에는 저우언라이가 머물고 6호는 비워놨다.

거리 골목 할 것 없이 "미 제국주의와 주구들을 타도하자!"는 구호가 난무할 때였다. 체 게바라가 다녀갔고 김일성이 즐겨 묵던 5호도 예외일 수 없었다. 덕지덕지 붙어 있는 선전화와 표어들을 떼어내고 고궁박물원(故宮博物院)에서 빌려온 쉬베이훙·치바이스의 그림을 내걸었다. 회의실 구석에 미니바도 만들었다.

문제는 꽃이었다. 원래 댜오위타이는 백화가 만발한 곳이었지만 문혁을 치르며 화초란 화초는 다 뽑아버렸기 때문에 황무지나 다름없었다. 군인들이 주둔하는 바람에 아름답던 정원이 반찬 조달용 채소밭으로 변해 있었다. 베이징 바닥을 아무리 샅샅이 뒤져도 장식에 쓸 꽃이라곤 찾아볼 수가 없었다. 저우언라이가 은퇴한 정원사의 집을 가보라고 했다. 역시 저우언라이는 머리가 좋았다. 중산공원에 근무하던 노인의 집 뒷마당에 꽃들이 가득했다. 화분 10개에 옮겨 심었다.

오리를 굽기 위해 중국식 화덕도 설치했다. 이미 베이징 명물이 된 산둥식 오리구이집 '취안쥐더'(全聚德)에 갈 생각도 해봤지만 남의 눈에 띄지 말라는 보장이 없었다.

키신저와 파키스탄 대통령의 연극

파키스탄 수도 이슬라마바드에 도착한 키신저는 배우로 변신했다. 세계외교사에 영원히 남을 연극을 시작했다. 대통령 초청 만찬 도중 갑자기 배를 움켜잡았다. 식은땀을 흘리며 복통을 호소했다. 당시 파키스탄에는 이질이 유행이었다. 학생시절 연극반이었던 아히야 칸의 연기도 키신저 못지않았다. 당황한 표정을 지으며 의사를 부르고 어쩔 줄 몰라했다.

"이슬라마바드는 날씨가 너무 덥다. 치료와 요양에 문제가 많다. 산간지대에 있는 대통령 별장으로 모시겠다."

키신저는 몸을 제대로 못 가누면서도 괜찮다며 고개를 휘저었다. 아히야 칸은 그러다 큰일난다며 고래고래 소리를 질렀다.

키신저가 복통을 호소하며 말도 제대로 못하자 아히야 칸은 증세를 묻는 기자들에게 "치료와 요양을 위해 산속에 있는 대통령 별장으로 이동한다"고 일방적으로 발표했다.

키신저의 경호 요원들은 아히야 칸의 별장이 있는 산속으로 달려갔다. 몇 시간 후, 경호에 적합한 장소가 아니라는 전화보고를 받은 키신저는 그냥 그곳에 머물러 있으라고 지시했다. 이어서 파키스탄 측에는 경호원들을 귀신도 모르게 억류시키라고 요청했다.

거의 비슷한 시각, 베이징의 저우언라이는 키신저를 안내하기 위해 파키스탄에 파견할 4명의 외교관에게 행동지침을 설명했다.

"도량이 넓고, 대범해라. 주눅들지 말고, 절대 거드름 피우지 마라. 온갖 예의를 다해라. 그러면 웬만한 결점은 용납된다. 상대방이 싫다는 것을 억지로 권하지 마라."

1971년 7월 8일 오전, 얼마 전까지 파키스탄 주재 대사였던 외교부 구미사(歐美司) 사장(司長) 장원진, 예빈사(禮賓司) 부사장 왕하이룽(王海容: 후일 외교부 부부장. 마오쩌둥의 인척으로 별명이 통천인물이었다), 부처장 탕룽빈(唐龍彬: 후일 스웨덴 대사), 영문통역 탕원성은 간편한 차림으로 베이징 난웬(南苑) 비행장으로 향했다. 흔적을 남기지 않기 위해 출국이나 세관수속 따위는 거치지 않았다. 키신저의 파키스탄 도착 일주일 전부터 중국에 와 있던 파키스탄 국영항공 707기가 이륙 준비를 마치고 있었다. 기내에 승무원도 없었다.

이슬라마바드까지 4시간이 조금 더 걸렸다. 중국 대사관으로 직행했다. 정원이 좋았지만 창문도 못 열고 마당 산책도 못했다. 주변에 고층 건물이 많아 사진이라도 찍혔다 하는 날에는 낭패였다.

그날 밤, 아히야 칸의 사저에서 조촐한 연회가 열렸다. 아히야 칸은 두 대국의 관계개선을 위해 한몫 한 것에 만족해하는 기색이 역력했다. 이런 영광이 없다며 흥분을 감추지 못했다. 보기에 민망할 정도였다.

이튿날 새벽, 4명의 중국 외교관은 이슬라마바드 교외의 차크라라 공항에 도착했다. 곧바로 비행기에 올랐다. 일반 항공기로 새로 도장한 아히야 칸 대통령의 전용기였다. 얼마 후 2대의 승용차가 비행기 옆에 멈추는 것이 보였다. 탕룽빈은 얼떨결에 시계를 봤다. 4시 20분이었다.

키 크고 삐쩍 마른 사람이 먼저 차에서 내렸다. 파키스탄 외무장관 술탄 칸이었다. 이어서 키는 작지만 통통한 사람이 모습을 드러냈다. 고개를 숙이고 챙이 유난히 넓은 중절모를 쓰고 있었다. 날이 채 밝기도 전이었지만 시꺼먼 색안경에 양복, 넥타이, 구두 할 것 없이 검정색 일색이었다. 술탄 칸은 일행을 소개하고 자리를 떴다. 미국 측 인원은 키신저를 포함해 6명이었다. 그중 두 명은 보안요원이었다.

마침 공항에 나와 있던 영국기자 한 명이 키신저를 알아보고 본사에 긴급전화를 했지만 데스크가 "너 밤새도록 술 마셨냐. 빨리 들어가서 잠이나 자라"고 하는 바람에 세기의 특종을 놓친 줄은 키신저도 모르고 저우언라이도 몰랐다.

"미 제국주의자 중에서 중국땅을 제일 먼저 밟는다"

비행기가 이륙하자 키신저가 서먹서먹한 분위기를 깼다.

"낸시 탕을 만나서 반갑다."

중국 외교관들은 키신저가 무슨 뚱딴지 같은 소리를 하는지 어안이 벙벙했다. 탕원성이 어렸을 때 이름이 낸시라고 하자 그제야 다들 웃었다. 탕원성은 뉴욕의 브루클린 태생이었다. 키신저가 재미있다는 듯이 계속했다.

"미국 헌법에 의하면 낸시는 대통령 경선에 나가도 된다. 나는 독일 태생이라 틀렸다."

이어서 파키스탄에서 꾀병부린 이야기를 꺼냈다. 다들 깔깔대며 배꼽을 잡았다. 영어를 못하는 체하며 탕원성에게 통역을 시켰던 장원진의 입에서 자기도 모르게 유창한 영어가 튀어나왔다. 다시 폭소가 터졌다.

몇 시간 후 이슬라마바드 중심가에는 미국과 파키스탄 국기를 양옆에 내건 승용차와 호위차량이 대로를 질주했다. 요양을 위해 대통령 별장으로 떠나는 가짜 키신저 일행이 타고 있었다.

1971년 7월 9일 12시 15분, 키신저 일행과 중국 외교관들을 태운 비행기가 베이징 난웬 비행장에 도착했다. 왕하이룽이 후다닥 트랩을 내려갔다. 내릴 채비를 마친 키신저가 뒤를 돌아보며 "미 제국주의자 중에서 중국 땅을 제일 먼저 밟는다"고 농담을 던지자 다들 박수로 화답했다.

군사위원회 부주석 예젠잉(葉劍英)과 키신저의 방중 때문에 부임을 미루고 있던 캐나다 대사 황화(黃華), 리커눙(李克農) 사후 국내외 정보를 총괄하던 참모차장 겸 군사정보국장 슝샹후이(熊向暉), 시골학교 영어교사 출신으로 외국 국가원수 접대가 전문이었던 후일의 주미 대사 한쉬(韓敍)가 일행을 맞이했다. 간단한 인사 몇 마디로 환영의식을 대신했다. 키신저는 예젠잉의 차에 동승했다.

중국 측은 댜오위타이에 도착한 미국인들에게 점심 먹기 전까지 30분간 휴식을 취하라고 했지만, 키신저 일행은 도청을 우려했던지

1971년 7월 9일 오후, 명연기를 펼친 끝에 베이징을 비밀 방문한
미국 대통령 닉슨의 밀사 헨리 키신저와 총리 저우언라이.
1949년 중공 정권 수립 후 중·미 양국의 첫 번째 고위층 만남이었다.

5분이 조금 지나자 산책을 하겠다며 마당으로 나왔다. 산보는 순전히 핑계였다. 작은 목소리로 소근대며 연신 좌우를 두리번거리는 모습이 누가 듣기라도 할까봐 조심하는 사람들 같았다.

아주 오랜 옛날부터 중국인들은 이웃나라에서 중요한 손님들이 왔을 때 고도의 훈련을 거친 시각 장애인들을 동원하는 전통이 있었다. 청각이 예민한 이들은 산책로나 숙소 주변 은밀한 곳에 숨어서, 가운데가 텅 빈 대나무를 귀에 대고 모기 소리까지 잡아내는 재주가 있었다.

첫날 오찬은 예젠잉이 주재했다. 마오타이를 한 잔 권했지만 키신저는 입에 대지 않았다. 통역으로 참석했던 탕룽빈은 재미있는 기록을 남겼다.

"키신저는 황급하게 파키스탄을 출발하느라 갈아입을 와이셔츠를 챙기지 못했다. 수행원 중 한 사람인 홀드리지의 것을 빌려 입는 수밖에 없었다. 웨스트포인트 육군사관학교를 졸업한 홀드리지는 키신저에 비해 체격이 컸다. 오찬장에 나타난 키신저의 복장은 가관이었다. 모두에게 웃음을 선사했지만 중국에서는 흉이 아니었다."

저우언라이와 키신저의 만남은 오후 4시로 잡혀 있었다. 총리의 집무실로 가는 줄 알았던 키신저는 저우언라이가 숙소로 온다는 통보를 받자 긴장하고 흥분한 모습이 역력했다. 그냥 방에서 계시면 된다고 아무리 말해도 문밖에 나가 기다리겠다며 고집을 부렸다.

후일 중국을 대표하는 외교관으로 국제무대를 누빈 당시 저우언라이의 통역들은 지금도 40년 전 저우언라이와 키신저가 처음 만났던 장면을 엊그제 일처럼 기억한다.

"편하게 이런저런 이야기하자"

키신저가 3명의 수행원들을 일일이 소개했다. 저우언라이는 이들의 신상을 손바닥 보듯이 파악하고 있었다. 키신저 옆에 서 있던 홀드리지(John H. Holdridge)의 손을 잡으며 "중국어에 능통하고 광둥(廣東)어도 할 줄 안다고 들었다. 나도 한때 광둥어를 배웠지만 광둥인들은 내 말을 잘 알아듣지 못한다"며 홍콩에서 배웠느냐고 물었다.

윈스터 로드에게는 "부인에게 중국어 많이 배웠느냐. 부인의 소설을 읽고 싶다. 귀국하면 한 권 보내주기 바란다. 내가 중국에 한번 오셨으면 한다고 부인께 꼭 전해달라"며 덕담을 건넸다. 로드의 부인은 상하이 출신 작가였다. 후일 주중 대사로 부임하는 로드를 따라 베이징에 왔을 때 중국인들은 이름을 부르지 않았다. 다들 상하이부인(上海婦人)이라고들 했다.

마지막으로 스매저의 차례가 오자 "학술지에 실린 일본 관련 논문을 읽은 적이 있다. 다음에는 중국에 관한 글이 실리기를 희망한다"며 왼쪽 눈을 찡긋했다. 키신저에게는 긴 말을 하지 않았다. 만면에 웃음을 지으며 "환영한다"는 말만 반복했다.

회의실에 자리잡자 로드가 두툼한 문건을 키신저에게 건넸다. 키신저는 펼치지 않고 저우언라이를 힐끔 쳐다봤다. 저우언라이에게 종이 쪼가리 한 장 건네주는 사람이 없었다. 앞에 놓인 메모지 한 장이 다였다. 다른 사람들 앞에는 그나마도 없었다. 키신저가 "우리 쪽에서 준비한 것들이다. 미안하다"며 빙그레 웃었다.

저우언라이는 중국의 20세기가 배출한 괴걸(怪傑)이었다. 평소 마오쩌둥으로부터 "큰일은 알아서 처리해라. 사소한 일은 모두 보고해라"는 말을 들을 정도로 관여하지 않은 일이 거의 없었다. 태연자약한 표정을 지으며 입을 열었다.

"문건을 꼭 읽어야 되느냐. 편하게 이 얘기 저 얘기 하며 의견이나 교환하도록 하자."

키신저도 가만 있지 않았다. "오랫동안 하버드에서 강의를 했지만 원고를 미리 만들어본 적이 없었다. 이번만은 예외다. 총리가 읽어본다 해도 나는 따라가기가 힘들다. 읽지 않으면 더더욱 따라 갈 수가 없다"며 모두를 웃겼다. 중국 측 참석자들은 미국 측에서 마련한 문건을 읽는 체라도 할 수밖에 없었다. 인내가 필요했다.

키신저는 48시간 동안 베이징에 체류하며 17시간을 저우언라이와 대좌했다. 고궁 방문과 잠자는 시간을 뺀 나머지 시간 거의를 저우언라이와 실랑이한 셈이다. 보안을 위해 녹음은 하지 않았지만, 궈자딩(過家鼎)이 두 사람의 대화를 숨소리 하나 놓치지 않고 기록했다. 후일 몰타공화국과 포르투갈 대사를 역임한 궈자딩은 한국전쟁 시절 미군 포로 심문과 휴전회담, 제네바 회담 등에서 능력을 인정받은, 당대 최고의 영어속기사였다.

저우언라이와 키신저 첫 회담 7시간 걸려

키신저가 먼저 입을 열었다.

"제2차 세계대전을 치르며 서구는 막대한 손실을 입었다. 일본도 철저히 실패했다. 동서가 진공상태에 빠졌다. 미국은 쫓기다시피 온갖 곳에 개입할 수밖에 없었다. 곤란이 오리라고는 예상하지 못했다. 이제는 대외정책을 조정하려 한다."

이어서 타이완과 인도차이나, 중·미관계 정상화에 관한 닉슨의 구상을 설명했다. 요점은 미군철수였다.

"미국은 2개의 중국과 타이완의 독립을 지지하지 않겠다. 단, 타이완 문제가 평화적으로 해결되기를 희망한다. 타이완에 주둔하는 미군의 3분의 2는 인도차이나 전쟁 때문이다. 미국은 전쟁을 끝내기로 결정했다. 닉슨 대통령 임기 내에 병력 3분의 2를 철수시키겠다. 중·미관계가 개선되면 나머지 철군은 당연하다."

키신저는 중국의 유엔 가입에 관한 문제도 거론했다.

"다시는 중국을 고립시키거나 질책하지 않겠다. 유엔에서 중국의 지위 회복을 지지하겠지만, 타이완 대표 축출에는 앞장서지 않겠다."

저우언라이가 응수했다.

"제2차 세계대전 이후에도 국지전이 그치지 않았다. 미국은 도처에 손을 뻗치고, 소련은 황급히 추격하느라 정신 나간 사람 같았다. 결국 미·소 양국은 곤경에서 헤어나지 못하고, 세계는 긴장과 동란이 그칠 날이 없다"면서 며칠 전 닉슨이 캔자스에서 한 연설을 상기시켰다. 저우언라이가 계속했다.

"닉슨 대통령이 세계는 군사경쟁에서 경제경쟁으로 바뀌어야 한다는 말을 했다. 경제확장은 군사확장을 야기할 수밖에 없다. 닉슨의 말대로라면 긴장과 동란이 계속될 수밖에 없다. 중국 경제는 낙후돼 있다. 강한 경제력을 갖추는 날이 와도 우리는 초강대국을 추구하지 않겠다. 새로운 방향으로 세계를 향해 뻗어나가겠다."

저우언라이가 보기에 키신저는 닉슨이 캔자스에서 무슨 말을 했는지 모르는 것 같았다. 베이징에 오기까지 키신저의 행적을 보면 충분히 그럴 수 있다는 생각이 들었다. 회담이 끝난 후 복사본을 드리라고 통역에게 지시했다. 키신저는 고맙다며 계면쩍은 표정을 지었다. 타이완 문제에 관한 한 저우언라이의 입장은 단호했다.

"타이완은 1천 년 이상 중국 땅이었다. 한국전쟁이 발발하면서 미국이 타이완을 에워쌌다. 타이완에 주둔하는 미군과 군사시설은 철수함이 마땅하다. 닉슨 대통령이 우리를 향해 한 말들을 중·미관계의 정상화를 요망하는 것으로 간주하겠다. 장제스와 체결한 모든 조약도 파기해야 한다."

두 사람의 첫 번째 회담은 밥 먹는 시간 빼고 7시간 동안 계속됐다. 첫날 회담을 마친 저우언라이는 오밤중에 마오쩌둥을 찾아갔다. 저우언라이의 보고가 타이완에 미군 일부를 남겨두겠다는 대목에 이르자 마오쩌둥은 "원숭이가 사람으로 진화하는 과정을 보면 꼬리가 가장 말썽이다. 타이완 문제도 꼬리가 남아 있지만 그 정도라면 미국은 이미 원숭이가 아니다. 원인(猿人)까지는 왔다. 꼬리가 길지 않다"며 껄껄댔다.

마오쩌둥은 인도차이나에 주둔하는 미군에 관해서도 그냥 넘어가지 않았다. 마오쩌둥은 평소 미국이 주장하던 도미노이론이 영 못마땅했다.

"미국은 새사람으로 태어나야 한다. 키신저는 우리보다 영어를 잘한다. 도미노라는 패짝이 무슨 뜻인지 물어봐라. 진보는 별 게 아니다. 움켜쥐고 있는 꽃패를 던지면 된다. 우리는 남을 때린 적이 없다. 저들이 우리를 때렸다."

마오쩌둥은 "우리 모두 제갈량에게 배워야 한다"며 미·소 간의 냉전체제를 깨고 미·중·소를 주축으로 한 신 삼국시대의 등장을 예고했다.

73세의 노구 이끌고 중·미 외교 이끈 저우언라이

저우언라이는 동틀 무렵에 마오쩌둥의 숙소를 나왔다. 그의 나이 73세, 골병이 들 만도 했다. 첫날밤을 지낸 키신저는 찐빵과 콩국 한

비밀 방문 2년 후인 1973년 5월, 중국을 찾은
키신저와 환담하는 마오쩌둥과 저우언라이.

사발, 저우언라이가 어렵게 구해온 스위스산 치즈로 아침을 때웠다.

베이징 도착 이틀째인 7월 10일 오전, 키신저 일행은 고궁(故宮)을 관람했다. 비밀방문 기간 동안 유일한 외출이었다. 간밤을 뜬 눈으로 새운 저우언라이는 그 틈에 몇 시간 눈을 붙였다.

황화와 슝샹후이가 키신저를 안내했다. 키신저는 관람객을 가장한 보안 요원들을 힐끔거리며 "유람객이 적다 보니 고궁이 유난히 조용하고 넓어 보인다"며 서구인 특유의 표정을 짓는가 하면, 기록을 남기기 위해 배치한 촬영기자가 단체사진을 찍자 "한 장이면 족하다. 백악관에서 알면 할 일 제쳐두고 놀러만 다닌 줄 알겠다"면서 모두를 웃겼다. 슝샹후이가 손짓으로 촬영을 중지시켰다.

고궁 관람을 마친 키신저는 점심을 저우언라이와 함께했다. 저우언라이는 밥 먹는 시간을 이용해 문화대혁명에 대해 상세하게 설명했다. 키신저가 "닉슨 대통령은 중국 내부의 일로 여긴다"고 했지만 저우언라이는 "중국을 이해하려면 문화대혁명을 이해해야 한다"면서 이야기를 계속했다.

두 번째 회의는 인민대회당에서 열렸다. 저우언라이가 "우리는 미국과 소련이 남과 북에서 동시에 공격해올 상황에 대비해왔다. 사태가 발생하면 차세대 교육과 인민전쟁을 진행하며 장기항전을 치르겠다. 승리한 후에 더 좋은 사회주의를 건설할 자신이 있다"고 하자 키신저가 황급히 말을 받았다.

"미국은 중국과 정상적인 교류를 원한다. 중국을 공격하는 일은 단연코 발생할 수 없다. 동맹국과 연합해 중국을 압박하는 일도 마찬가지다. 미국의 공격에 대비하기 위해 배치한 병력을 북방이나 다른 지역으로 이동시켜도 좋다."

키신저는 끝으로 저우언라이에게 말했다.

"닉슨은 1972년 여름에 중국 방문이 가능하다. 그때까지 소련 지도자들과 만나는 것을 자제하겠다. 이제부터 미국은 베이징이 먼저고 모스크바는 그다음이다."

저우언라이는 황화에게 중·미 양국이 동시에 발표할 성명서 초안을 작성하라고 지시했다. 키신저는 회담 도중 "닉슨의 중국 방문 결정은 장기간 보안 유지가 불가능하다. 빠른 시간 내에 양국이 동시에 발표해야 한다"는 말을 여러 차례 했다.

그날 밤 마오쩌둥은 황화와 슝샹후이에게 회담 결과를 보고받았다. 저우언라이는 '중·조 우호합작호조조약' 체결 10주년 기념대회 참석을 위해 베이징에 온 조선노동당 중앙위원회 서기 김중린과 북한 부수상 김만금 일행 환영만찬에 빠질 수가 없었다. 장춘차오(張春橋), 야오원위안(姚文元)과 함께 참석했다.

"쌍방이 모두 주동이 되어야 한다"고 말한 마오쩌둥

마오쩌둥이 닉슨의 중국 방문에 관한 공동발표문 내용을 황화와 슝샹후이에게 보고받을 무렵 저우언라이가 도착했다. 마오쩌둥은 "닉슨의 중국 방문은 누구도 피동이 되어서는 안 된다. 쌍방 모두 주동이 돼야 한다. 단, 내가 닉슨을 만나고 싶어한다는 말은 절대 집어넣지 말라"고 저우언라이에게 지시했다. 정말 힘든 주문이었다.

저우언라이는 '휘시'(獲悉, It is learnt 혹은 Knowing of)라는 무인칭 동사를 사용했다. 주어가 없었다.

"저우언라이 총리와 닉슨 대통령의 외교안보 보좌관 키신저 박사가 1971년 7월 9일부터 11일까지 베이징에서 회담했다. 일찍이 닉슨 대통령이 중국 방문을 희망했다는 사실을 안 저우언라이 총리는 중화인민공화국 정부를 대표해 닉슨 대통령이 1972년 5월 이전 적당한 시기에 중국을 방문해달라고 초청했다. 닉슨 대통령은 흔쾌히 초청을 받아들였다……"

'휘시'는 저우언라이의 걸작이었다. 평소 "중화의 굴기를 위해 책을 읽었다"는 저우언라이의 말은 거짓이 아니었다. "닉슨의 중국 방문 요청을 수락한다"는 초안을 보고 기겁했던 키신저도 만족했다. 베이징 시간 16일 오전 10시 30분, 양국이 동시에 발표하기로 합의했다.

7월 12일 저우언라이는 베이징에 거주하는 고급간부대회에 참석했다. 3시간 동안 국제정세와 중·미관계, 대외정책을 강의했다. 이튿날, 저우언라이는 2박 3일 예정으로 하노이와 평양 방문길에 올랐다. 키신저의 중국 방문과 회담 결과를 설명했다. 베이징에 머물고 있던 시아누크에게도 당과 정부의 결정사항을 알려줬다. 미국은 발표 1시간 전 일본에 통보했다.

아편과 혁명

중국혁명의 후유증이 한동안 세계 최대의
마약 생산기지를 만들었다.

잔여 병력 2,000명 버마로

1949년 봄부터 국·공 양군은 전력의 우열이 드러나기 시작했다. 승세를 잡은 중국인민해방군은 전군을 4개의 야전군으로 재편해 국민정부군에 총공세를 퍼부었다.

11월을 전후해 류보청(劉伯承)과 덩샤오핑(鄧小平)이 지휘하는 제2야전군은 구이저우·광시·쓰촨을 장악한 뒤 윈난을 삼면에서 포위했다.

투항을 결심한 국민당 윈난성 주석 겸 보안사령관 루한(盧漢)은 12월 9일 밤, 쿤밍(昆明)에서 긴급 군정연석회의를 개최해 인민해방군에게 투항하는 길밖에 없다며 지휘관들을 설득했다. 일부는 응했지만 8군단장 리미(李彌)는 불복했다. 루한이 리미를 붙잡고 놔주지 않자 상관의 뜻을 파악한 8군단 예하 709부대장 리궈후이(李國輝)는 병력 6만을 동원해 쿤밍을 공격했다.

쿤밍 탈환을 눈앞에 둔 리궈후이는 특공요원 출신 천겅(陳賡)이 지휘하는 부대가 몽골을 경유해 쿤밍을 향했다는 소문이 나돌자 주춤했다. 아무리 헛소문이라 할지라도 천겅이라는 이름은 공포를 상징했다. 리궈후이는 후퇴를 결정했다. 비극의 시작이었다.

리궈후이 부대는 위안장(元江) 일대에 도달했을 무렵 인민해방군 2개 사단의 기습을 받고 거의 전멸했다. 대륙에서의 마지막 전투였다. 리궈후이는 잔여 병력 2,000여 명과 그들의 가족을 이끌고 국경선을 넘어 버마(지금의 미얀마) 경내로 진입했다. 태국을 경유해 하이난다오(海南島)로 철수할 계획이었다. 국경을 넘는 것 외에는 달리 방법이 없었다.

행군은 독사와 맹수와의 싸움이었다. 전갈이 우글거리는 소택지를 앞선 사람들의 시체를 밟고 통과했다. 원주민들도 이들을 내버려두지 않았다. 마을 통과와 식량 요청을 거부하는 것은 물론이고 최후의 일인까지 창과 활로 저항했다. 리궈후이 부대는 원주민 거주 지역을 통과할 때마다 피비린내를 풍겼다. 원주민들을 몰살시킨 후라야 양식을 보충하고 행군을 계속할 수 있었다.

아편 재배 나선 국민당 정규군

샤오멍펑(小孟捧)이라는 산골 마을에 도달했을 때 또 다른 국민당 패잔부대를 만났다. 두 부대는 군관회의를 열어 합병에 합의했다. 가족을 제외한 무장군인 1,600명을 근간으로 '중화민국 부흥부대 총지휘부'를 신설했다.

부흥부대는 타이완과 통신이 재개되자 그간 있었던 과정을 보고하고 후속 지시를 요청했다. "모든 문제를 스스로 해결하라"는 장제스 명의의 전문이 왔다. 가족들을 먹여 살리고 병력을 유지해야 하는 문제에 관해서는 일언반구도 없었다. 이들은 버림받은 군대로 전락했

버마 경내에 머무르던 부흥부대의 소년병들.

지만 국민당 군모를 벗지 않고 연병장에 게양된 청천백일기를 내리지 않았다.

달 밝은 밤이면 고향 생각에 잠을 이루지 못했다. 사방에서 노래와 흐느끼는 소리가 뒤범벅이 되곤 했다. 칠흑같이 어두운 밤을 보낸 아침은 도리어 생기가 돌았다.

150여 년 전 영국인들은 인도에서 다량의 양귀비(罌粟)를 재배했다. 아편을 제조해 중국·월남 등 동남아 국가에 수출하자 금삼각(金三角), 즉 '트라이앵글'이라 불리던 버마와 태국의 북부 지역에서도 양귀비를 재배하기 시작했다. 경영은 산간 지역의 원주민 족장이나 추장들의 몫이었다. 대상(隊商)을 고용해 아편을 외부로 운반했다.

작은 왕국의 지배자들은 아편을 판 돈으로 식량과 생활용품을 구입해 의식주를 해결하고 이윤을 취했지만 운송 과정에서 무장한 소수민족이나 토비(土匪)들에게 털리기 일쑤였다. 토비들의 무장은 반수 이상이 도끼와 창이었다. 용감하고 죽음을 두려워하지 않는 것이 가장 큰 무기였다.

대상들은 부흥부대의 무장에 매력을 느꼈다. 비록 패잔병들이었지만 최신 무기를 소유한 정규군이었다. 토비나 비적들은 이들의 적수가 아니었다. 부흥부대는 아편 운송을 독점했다. 환경에 익숙해지자 저녁노을보다 더 붉은 양귀비가 이 불쌍한 왕년의 국민당 정규군들을 유혹했다. 독을 감싸고 있는 아름다움도 그들의 처지와 다를 바 없었다. 사지에 들어가야 살 길이 나온다는 고대 병법의 가르침은 만고의 진리였다. '아편을 이용해 군대를 양성'(以毒養兵)해서라도 고향에 돌아가자는 분위기가 이 외로운 부대 안에 감돌기 시작했다. 운명에 순응하는 것도 전략이라면 전략이었다.

타이완 면적의 세 배에 이르는 금삼각 지역

당시 버마는 독립된 지 겨우 2년밖에 안 되는 신생국이었다. 민족주의가 팽배해 있었다. 무장한 중국의 패잔병들이 떼거지로 자기 나라 땅에 들어와 있는 것을 용납할 리가 없었다. 버마 정부는 1만 2,000명의 병력을 동원했다. 멍싸(孟薩)에 지휘부를 설치한 후 리궈후이에게 "10일 이내에 버마를 떠나라"는 최후 통첩을 했다. 답변은 필요 없었다.

버마군은 대포와 탱크를 앞세우고 국민당 패잔병 부대의 집결지 샤오멍펑(小孟捧)을 공격했다. 비행기도 4대 출격했다. 리궈후이는 전 병력 3,000명을 이끌고 산 정상으로 철수했다. 교차사격으로 버마군 비행기 2대를 격추시켰다. 사기가 오르자 리궈후이는 병력을 양분했다. 부사령관 탄중(譚忠)이 멍싸의 버마군 지휘부를 기습했다. 지휘관은 도망갔지만 여단장 두 명 중 한 명을 사살하고 나머지 한 명을 생포했다. 1개 여단 병력 대부분을 사로잡았다.

리궈후이도 동시에 샤오멍펑을 공격했다. 병력 이동이 도저히 불가능한, 비가 장대같이 쏟아지는 밤이었다. 승리에 취해 방심하고 있던 버마군은 맥없이 무너졌고 지휘체계마저 엉망이 되어버렸다. 버마군이 수많은 전사자를 남기고 퇴각하자 국민당 패잔부대는 버마군 패잔병들을 맹렬히 추격했다.

이 싸움으로 부흥부대는 타이완 전체 면적의 세 배에 이르는 금삼각 지역을 완전히 장악했다. 이것은 살기 위한 싸움이 아니었다. 패잔병들은 전쟁다운 전쟁이나 원 없이 하다 죽자며 기를 쓰고 싸웠다. 그 동안 살려고 몸부림쳤던 것이 잘못이었다. 무서운 진리를 터득한 부대가 동남아 정글 한복판에 탄생했다.

세계를 놀라게 한 국민당 패잔부대

다수가 소수에게 처참하게 패한 기록만 세계 전쟁사에 첨가한 버마 정부군은 기력을 완전히 상실하고 국민당 패잔병이라면 겁부터 먹었다. 쌍방은 "양측의 포로를 전원 석방한다. 버마 정부는 중국인 부대가 금삼각 지역에 잠시 머무르는 것을 허락한다. 그러나 적당한 시기에 떠나주기를 희망한다"는 협정에 서명했다. 버마 측에서는 협정 내용을 비밀에 부치자고 했다. 국민들이 알았다 하는 날에는 정권이 날아가고도 남을 일이었다. 리궈후이는 마지못한 표정을 지으며 수락했다.

버마 경내에 와 있던 중국의 지주와 부농, 국민당에 종사했던 군정요원 출신들도 리궈후이 부대의 승리 소식을 듣자 제 발로 합류했다. 병력이 순식간에 9,000명으로 불어났다. 부흥부대는 멍싸에 사령부를 설치했다. 금삼각 역사에서 '리궈후이 시대'라 지칭되는 '멍싸 시대'가 정식으로 출범했다. 인근에 있던 무장 토비들은 투항하거나 근거지를 떠났다.

리궈후이는 군민혼인운동을 전개했다. 패잔병들은 현지 처녀들과 가정을 꾸렸다. 부인이 있는 지휘관들은 부족장의 아들들과 부자관계를 맺었다. 연일 잔치가 벌어졌고 닥치는 대로 양귀비를 심기 시작했다.

국민당 패잔부대의 승리는 동남아와 전 세계를 놀라게 했다. 특히 타이완을 경악하게 했다. 장제스는 하는 일 없이 빈둥대던 리미를 호출했다. "금삼각 지구에 잠입해라. 옛 부하들을 지휘해 반공 대륙의 남방기지를 건설하라"며 '윈난성 주석 겸 윈난 인민반공구국단총지휘'라는 긴 직함을 수여했다.

리미는 홍콩에 머물며 반공 인사들과 폭넓게 접촉한 후 방콕에 도착했다. 대상(隊商)으로 가장해 금삼각으로 향했다. 병력을 총지휘하라는 명령을 받았고 자신 있다고 큰소리도 쳤지만 리궈후이가 거절하면 대책이 없었다. 제 발로 금삼각에 들어갈 엄두가 나지 않았다. 버마와 태국의 국경 지역에 있는 작은 염색공장에서 리궈후이와 회담했다.

리미에게 지휘권 이양

리궈후이와 탄중은 황푸군관학교를 졸업한 정통파 군인들이었다. 장제스의 명령을 접하자 무조건 복종했다. 대륙 시절 직속 상관이었던 사병 출신의 리미에게 군말 없이 지휘권을 이양했다. 리미는 정식으로 윈난성 정부와 윈난 인민반공구국군총부의 수립을 선포했다. 옛 부하를 계승한 새로운 마약왕의 탄생이었다.

윈난성 내에 근거지를 건설하는 것이 장제스의 희망이었다. 리미는 무슨 수를 쓰건 병력을 이끌고 윈난에 진입해야 했다. 매일 밤 소수민족의 족장들을 초청해 연회를 베풀었다. 리미는 이들에게 장군 계급장과 권총을 한 정씩 선물했다. 국민당 군적에도 없는 장군과 장교들이 금삼각 지역에 무더기로 탄생했다. 장제스는 '반공구국군'이

이역 버마 땅에서 행군하고 있는 국민당 패잔부대.

라는 명칭을 하사하고 다량의 군수품을 공수했다.

리미의 군대는 윈난의 4개 현을 점령했다. 극소수의 중국인민해방군이 주둔한 보잘것없는 국경 마을들이었다. 리미는 대규모 입성식과 열병식을 거행하며 쿤밍 탈환을 호언장담했다. 타이완과 동남아의 신문들은 다른 뉴스를 실을 공간이 없었다.

중국은 한국전쟁 참전으로 경황이 없을 때였지만 해방군 2개 사단을 동원해 점령당한 지역을 포위해 들어갔다. 잽싸게 철수한 리미는 멍싸로 돌아온 후 금삼각 지역의 부족장들을 소집해 "교역세를 징수하고 양식을 징발한다. 사사로운 아편 교역을 불허한다. 출입하는 상인들은 군관구에서 발행한 통행증을 소지해야 한다"고 통보했다. 공포에 질린 부족장들은 말 한 마디 못 했다. 리미는 금삼각의 아편 생산과 판매를 완전히 장악했다.

리미는 반공구국군이 10만 명이라고 장제스에게 보고했다. 실제로는 2만 명 남짓이었다. 군수품을 보급받기 위해 간이 비행장까지 신설했다. 장제스는 지원병 700명을 공중으로 침투시켜 반공구국군을 격려했다.

장제스의 격노

리미는 군사학교도 설립했다. 장치푸(張奇夫)라는 18세 소년이 1기로 입교했다. 검열 나왔던 리미는 윈난성 다리(大理)가 원적이라는 이 소년의 총명해 보이는 눈과 민첩한 몸놀림에 반했다. 사서(四書)까지 줄줄 외위대자 넋을 잃었다. 즉석에서 장교 계급장을 달아 줬다. 장치푸는 후일 쿤사라는 이름으로 금삼각을 지배했다.

중공은 버마에 정식으로 항의했다. 국민당 패잔병들을 소탕하겠다며 국경을 넘어올 기세였다. 버마 정부는 영국인 지휘관과 3만여 명의 네팔 용병들을 동원해 공격했지만 용병들은 전멸당하고 영국인 지휘관은 자살했다.

승리에 도취한 리미는 비극을 자초했다. 방콕에 잠시 체류하던 그를 기자들이 에워쌌다. "외부에서는 장군을 '윈난왕(王)'이라고 부릅니다. 언제쯤 쿤밍으로 돌아갈 겁니까"라는 질문에 "윈난왕 되기는 힘들다. 그러나 버마왕은 당장이라도 가능하다"며 웃어댔다. 여론이 들끓고 연일 학생시위가 벌어졌다.

버마 정부는 유엔에 항의서를 제출했다. 제7차 유엔 총회에선 '골든 트라이앵글에 주둔하는 외국 군대의 철수'를 의결했다. 장제스도 리미가 독립왕국의 건설을 기도한다며 괘씸해했다. 장제스는 리미를 타이완으로 소환해 연금해버렸다. 이어 금삼각의 병력도 타이완으로 철수시킨 뒤 무장을 해제했다.

금삼각에서 현지인과 결혼한 자들은 타이완 철수를 거부했다. 영원히 귀향을 포기한 이들은 서서히 면사포를 쓴 마귀로 변해갔다. 1949년 37톤에 불과했던 금삼각 지역의 아편 생산량이 점점 늘어나기 시작했다. 중국혁명의 후유증이 한동안 전 세계 최대 규모의 마약 생산기지를 탄생시키리라고는 그 누구도 예상하지 못했다.

두웨성은 아편 운반과 판매를 통해 세력을 키워나갔다. 상하이 최대의 도박장 궁싱公興구락부를 인수하고 문화인이나 지식인 소리 듣는 사람들과 친분을 쌓아나갔다. 글줄깨나 쓴다는 언론계 인사들에게는 효도하는 데 쓰라며 매년 200만 은원銀元을 풀었다. 대도시 시장의 월급이 400위안 남짓할 때였다. 언론기관을 장악하는 것이 과일 깎는 것보다 더 쉬웠다. 두웨성은 유학儒學으로 무장된 폭력이 얼마나 무서운지를 세상 사람들에게 보여줄 심산이었는지 붓글씨와 중국 고전도 배우기 시작했다. 4년이 흘렀다. 멍샤오둥이 메이란팡과 헤어졌다는 소문이 들리자 두웨성은 "멍샤오둥이 오겠다면 잘 모셔오라"며 심복 중에서 제일 못생긴 자들을 골라 베이징으로 보냈다.

『성경』을 든 첩보의 영웅

장제스와 늘 같이하던 그가 마르크시스트였다니!

러시아로부터 사후 27년 만에 훈장 받은 옌바오항

1941년 일본의 진주만 공습과 같은 해 독일의 소련 침공, 1945년 소련 홍군의 만주 진입에 결정적인 정보를 제공한 무명의 중국인이 있었다는 이야기는 하나의 전설이다.

1991년 봄, 54년 만에 자유를 획득한 장쉐량(張學良)이 뉴욕에 도착하자 온 중화권이 들썩거렸다. 아무리 사소한 말이나 행동도 그가 하면 뉴스가 됐다. 하루는 심부름이라도 하겠다며 옆에 붙어 다니던 전 동북(東北)대학 총장과 조카에게 옌바오항(閻寶航)을 거론하며 "자녀들이 뭘 하는지 보고 싶다"는 말을 했다. 연일 옌바오항의 이름이 지면을 장식했다.

장쉐량에게 문안인사 보낼 사람을 물색하던 중공 중앙당은 항일 명장 뤼정차오(呂正操)가 옛 상관을 만나겠다며 뉴욕행을 자청하자 옌바오항의 아들 옌밍푸(閻明復)를 장쉐량 방문단에 합류시켰다.

전세기가 베이징을 출발하기 직전 국가주석 양상쿤이 공항으로 달려왔다. 옌밍푸의 귀를 잡아당기더니 그것도 모자라 구석으로 데리고 갔다.

"너 내 말 똑바로 들어라. 장쉐량에게 아버지가 어떻게 세상을 떠났는지 절대 말하지 마라. 상심해서 무슨 일이라도 생겼다간 큰 일 난다."

양상쿤의 걱정은 기우였다. 장쉐량은 옌바오항이 문혁 시절 감옥에서 사망한 것을 알고 있었다. 장쉐량은 옌밍푸에게 "네 아버지는 정말 능력 있는 사람이었다. 장제스는 우리 두 사람을 그렇게 죽이려 했지만 쑹메이링이 반대하는 바람에 뜻을 이루지 못했다"며 옌바오항기금회(閻寶航基金會) 설립을 제의했다. 휘호(揮毫)는 물론이고 자금까지 출연했다. 옌밍푸는 머리가 복잡했다. 뭐가 뭔지 알 수가 없었다. 귀국하자마자 부친의 지난 세월을 추적했다.

1995년 11월 1일, 베이징의 러시아 대사관은 꼭두새벽부터 분주했다. 이날 중국 주재 러시아 대사는 대통령 옐친을 대신해 '반파시스트전쟁 승리 50주년 기념훈장'과 증서를 27년 전 세상을 떠난 옌바오항과 그가 이끌던 공작조에게 수여했다. 옌바오항이라는 이름이 귀에 익숙한 사람들조차 동명이인이겠거니 했다.

"항일전쟁 시절 『성경』을 옆에 끼고 장제스 부부가 가는 곳마다 모습을 보이던 국민당 고관 옌바오항이 마르크시스트였다니!"

말 같지 않은 소리였지만, 사실이 아니라면 러시아가 훈장을 줄 리가 없었다. 저우언라이(周恩來)와 리커눙(李克農) 외에는 50여 년간 그 누구도 몰랐던 '홍색 특수공작원' 옌바오항의 행적이 베일을 벗기 시작했다.

1930년대 중반 장시성 난창(南昌)에서 가족들과 함께한 옌바오항(가운데 안경 쓴 이). 왼쪽 둘째 소년이 전 중공 중앙서기처 서기 겸 통전부 부장 옌밍푸.

장쉐량의 도움받아 극빈자를 위한 학교 설립

옌바오항은 동북의 빈농 출신이었다. 12세 때부터 산에 올라가 남의 집 돼지를 키웠다. 만주에서는 돼지를 방목한다. 틈만 나면 사숙에 달려가 창 밖에서 수업을 들으며 글을 깨우쳤다. 추운 가을날 해질 무렵 사숙 선생이 나오더니 소년 옌바오항을 안으로 데리고 들어갔다.

"공부는 너 같은 애가 하는 거야."

선생은 학비를 받지 않고 옌바오항을 가르쳤다.

사숙 선생은 기인이었다. 1913년, 옌바오항이 당시 동북의 최고 학부였던 펑톈(奉天)사범학교에 수석으로 합격하자 "나는 수재를 제자로 뒀던 사람이다. 마적질을 할지언정 더 이상 미련한 것들과 씨름하기 싫다"며 사숙을 걷어치웠다.

1918년 사범학교를 졸업한 옌바오항은 극빈자 자녀를 위한 무료학교를 설립했다. 선양(瀋陽)의 YMCA에서 처음 만난 동북왕(東北王) 장쭤린(張作霖)의 장남 장쉐량과 동북군 참모장 궈쑹링(郭松齡)의 후원을 받았다. 특히 펑톈여자사범학당을 졸업한 궈쑹링의 젊은 부인 한수슈(韓淑秀)는 매일 학교에 나와 온갖 궂은일을 도맡아 하며 학생들을 가르쳤다. 7년 만에 6개의 분교를 설립할 수 있었던 것은 순전히 장쉐량의 모금과 한수슈의 덕이었다.

1925년 겨울, 동북에 쿠데타가 발생했다. 모반의 주역이 궈쑹링으로 밝혀지자 옌바오항은 외국인 친구 집으로 피신했다. 하루는 낯선 사람이 찾아와 한수슈가 보냈다며 영문 『성경』을 건네줬다. 머리를 곱게 빗은 한수슈의 사진도 한 장 들어 있었다. 장쭤린은 궈쑹링과 한수슈를 총살시키고 3일간 선양역 광장에 폭시(曝尸)했다. 대신 연루자들의 명단은 찢어버렸다.

목숨을 건진 옌바오항은 학교고 뭐고 다 때려치웠다. 통곡과 술 외에는 아무것도 내키지 않았다. 장쉐량이 찾아와 "남편은 나라를 위해 죽지만 나는 남편을 위해 죽는다. 아무 유감도 없다"는 한수슈의 유언을 전하며 영국 유학을 권했다.

에든버러 대학까지 가는 동안 옌바오항은 한수슈의 마지막 선물을 깡그리 외어버렸다. 한의 숨결을 대하듯 하루도 손에서 놓지 않았던 영문 『성경』이 후일 '홍색 특공' 옌바오항의 정교하기 이를 데 없는 암호 책으로 둔갑할 줄은 본인도 몰랐다.

국민당 고관에서 공산당 비밀당원으로 변신

일본군의 만주 침략과 국·공합작으로 항일전쟁을 주장하던 장쉐량의 연금은 국민당 고관 옌바오항을 중국공산당의 비밀당원으로 변신시켰다.

1929년 영국에서 귀국한 옌바오항은 추억의 '펑톈(奉天) YMCA'를 노크했다. 미국인 총무는 독실한 기독교도가 되어 돌아온 옌바오항에게 총무직을 넘겼다. 부친이 일본군에게 폭사당한 후 동북의 군정대권을 장악하고 있던 장쉐량은 최초의 중국인 총무를 위해 사옥을 지어줬다.

옌바오항은 YMCA를 중심으로 반일 선전과 마약퇴치운동을 벌였다. 당시 동북에 와 있던 일본 건달들 중에는 아편장수들이 많았다. 관동군 관할 구역인 남만주철도 연변에 간판까지 내걸고 모르핀과 헤로인을 팔았다. 중국인들은 눈깔사탕보다 아편 구하기가 더 쉬웠다. 중독자들이 점점 늘어났다.

옌바오항은 발뺌만 하는 경찰들을 설득하고 학생조직을 동원했다. 일본군 수비대가 갖고 있던 헤로인과 아편 400냥을 압수해 외국 영사들을 초청한 자리에서 소각했다. 이 사건은 옌바오항을 전국적인 인물로 만들었다. '동북의 임칙서'(林則徐)라는 별명이 붙었다.

1931년 9월, 만주사변을 일으킨 관동군은 선양 점령 이튿날 옌바오항에게 현상금 5만 원을 내걸었다. 장제스가 초대 중공 당수 천두슈(陳獨秀)를 체포하기 위해 내걸었던 현상금이 2만 원이었던 것을 감안하면 동북에서 그의 영향력이 어느 정도였는지 짐작할 수 있다.

옌바오항은 목사 복장에 『성경』을 끼고 동북을 탈출했다. 그해 겨울 베이징에서 막내아들이 태어났다. 옌바오항은 일본군에게 유린당한 동북의 광복을 기원하며 '밍푸'(明復)라는 이름을 지어주었다.

1934년 장시성 난창에 공비섬멸 총지휘본부(南昌行營)를 설치한 장제스는 '신생활운동'을 선언했다. 본인이 '신생활운동 촉진회' 회장을, 쑹메이링은 지도장(指導長)을 맡았다. 거짓말과 둘러대는 재주를 겸비한 묘한 인간들에게 진절머리가 난 쑹메이링은 장쉐량에게 괜찮은 인물을 한 사람 추천해달라고 부탁했다. 장쉐량은 옌바오항을 소개했다.

중국어보다 영어가 더 편했고, 기독교도가 아니면 사람으로 치지도 않았던 쑹메이링은 영문 『성경』을 줄줄 외워대는 옌바오항을 촉진회 서기 겸 총간사로 천거했다. 장제스는 자신의 집무실에 책상을 한 개 더 들여놓고 옌바오항에게 육군 소장 계급장을 달아줬다.

신생활운동촉진회 총간사 시절,
장제스·쑹메이링과 함께 행사에 참석한
옌바오항(오른쪽 셋째).

최고 지도자 부부의 측근이며 2인자 장쉐량의 친구이다 보니 고관 부인들은 옌바오항에게 잘 보여야 쑹메이링과 차라도 한 잔 할 수 있다고 생각했다. 국민당 정보기관 중통(中統)과 군사위원회 정보기관 군통(軍統)의 책임자들도 옌바오항 앞에서는 눈치를 봤다.

1936년 겨울, 장쉐량의 동북군이 주축이 되어 장제스를 연금하는 시안사변은 항일전쟁을 위한 국·공 양당의 합작에는 성공했지만 장쉐량은 연금상태로 전락했다. 옌바오항은 장쉐량을 구하기 위해 장제스를 세 차례 찾아갔다. 모두 거절당했다. 면회는 허락받았지만 특무들이 둘러싸는 바람에 두 사람은 말 한 마디 제대로 나누지 못했다. 30분간 엉엉 울며 악수만 하다 장쉐량과 헤어진 옌바오항은 저우언라이를 찾아갔다. "우리 동북인들은 싸움에는 능하지만 정치에는 소질이 없다"며 공산당 입당을 자청했다.

저우언라이가 비밀당원으로 입당시켜

중국공산당은 코민테른의 지부였다. 옌바오항의 입당은 대형사건이라 코민테른의 허락이 필요했다. 코민테른은 "옌바오항은 국민당의 고위직에 있는 반동분자"라며 반대했다.

"중국인들은 속을 알 수가 없다. 다섯 살짜리 애들도 속내를 드러내지 않는다. 옌바오항은 중국사람이다. 그 속을 알 길이 없다."

코민테른은 이렇게 저우언라이의 속을 확 긁어댔다.

당내에도 "옌바오항은 인간관계가 복잡한 사람이다. 믿을 수 없다"며 재고를 요청하는 자들이 있었다. 저우언라이는 "맞는 말이다. 다들 너처럼 단순해야 한다. 옌바오항이 할 수 있는 일을 너도 할 수 있을지 잘 생각해봐라"며 한숨을 내뱉었다. 저우언라이는 옌바오항을 비밀당원으로 입당시켰다.

항일전쟁이 중반에 들어서자 국민당은 반소(反蘇)·반공(反共)을 노골적으로 드러냈다. 소련 대사관의 중국 철수도 시간문제였다. 코민테른 극동(極東) 정보국은 국민당의 군사·정치·외교·경제·문화에 관한 고급 정보를 제공해줄 수 있는 중공 당원을 옌안(延安)에 요청했다. 전시수도 충칭(重慶)에 상주하고 있던 중공 남방국 서기 저우언라이는 사회조사부장 리커눙과 머리를 맞댔다. 아무리 지혜를 짜내도 옌바오항 정도가 아니면 불가능했다.

저우언라이는 옌안에 있던 옌바오항의 큰딸을 집으로 돌려보냈다. 주변 사람들에게는 폐결핵 치료 때문이라고 둘러댔다. 충칭 교외 베이베이(北碚)의 움막 지하실에 무전기를 설치해줬다.

옌바오항은 자녀들을 데리고 매주 두 번씩 베이베이로 나들이를 갔다. 잘 차려입은 국민당 고관의 가족 소풍을 아무도 의심하지 않았다. 큰 딸의 손에는 항상 영문 『성경』이 들려 있었다.

국민당 고위층 파티 석상에서 빼낸 극비

1941년 5월 초, 국민당 고위층만을 위한 작은 파티가 열렸다. 옌바오항은 남들보다 조금 늦게 참석했다. 그날 따라 분위기가 평소와 달랐다. 다들 희희낙락하며 술잔을 주고받느라 정신이 없었다. 옌바오항은 위유런(于右任)에게 다가갔다. 현대 초서(草書)의 창시자이며 34년간 감찰원장을 지낸 위유런은 성인(聖人) 대접을 받을 정도로 만인의 존경을 받았지만 보안의식이 전혀 없었다. 본인도 그것을 흠

1957년 겨울, 마오쩌둥의 마지막 모스크바 방문을 수행한 옌밍푸(오른쪽 셋째). '홍색 공주' 쑨웨이스(孫維世·오른쪽 넷째)와 마오(오른쪽 다섯째)의 경호원이었던 태극권의 고수 리인차오(李銀橋·왼쪽 첫째)의 모습도 보인다.

이라고 생각하지 않았다. 평소 "광명 천지에 숨길 것이 없다"며 호언장담을 일삼았다.

옌바오항이 분위기가 들떠 있는 이유를 묻자 "독일이 6월 20일을 전후해 소련을 침공한다"며 입법원장 쑨커(孫科)에게 들었다고 출처까지 이야기해줬다. 쑨커는 국부 쑨원의 아들이었다.

옌바오항은 심장이 멈추는 것 같았다. 확인을 위해 쑨커 곁으로 갔다. 별 관심이 없는 척하며 물었다. 쑨커는 평생 거짓말을 해본 적이 없는 사람다웠다.

"위원장(장제스를 지칭)이 그렇게 말했다. 두 귀로 똑똑히 들었다."

황급히 자리를 떠난 옌바오항은 딸과 함께 베이베이로 달구경을 갔다. 영문『성경』에 등장하는 인명과 지명이 전파를 탔다.

'사회조사부'의 보고를 받은 옌안의 중공 지휘부는 마오쩌둥의 명의로 스탈린에게 전문을 보냈다. 소련 군사정보국은 일본·독일·스위스 등에도 정보망이 있었다. 비슷한 정보를 보내왔지만 모두 첩보 수준으로 파악하고 있었다. 중공 최고지도자가 보낸 옌바오항의 정보는 스탈린의 결심을 굳히게 했다.

6월 22일, 독일군이 소련을 침공했다. 6월 30일, 스탈린은 "정확한 정보를 제공해준 덕에 미리 조치를 취할 수 있었다"는 감사 전문을 중국공산당 중앙에 보냈다. 이 전문은 1947년 봄 중공이 옌안을 철수할 때 소각해버리는 바람에 중국 쪽에는 남아 있지 않다.

동북의 일본 관동군에 관한 기밀자료를 깡그리 빼낸 것도 옌바오항이었다. 1944년 봄, 장제스의 최측근인 군정(軍政)부장 천청(陳

誠)은 옌바오항에게 "관동군의 소련 공격 가능 여부"를 상세히 파악하라고 지시했다. 군사위원회 3청(廳)에는 어마어마한 숫자의 정보원들이 수집해온 일본군 관련 정보들이 산처럼 쌓여 있었다. 옌바오항은 천청의 지시를 빙자해 동북의 일본 관동군에 관한 자료를 요청했다. 3청 청장은 동북사람이었다. 3일 후에 반납하라며 옌바오항이 요구하는 것들을 다 내줬다.

동북에 주둔한 관동군의 각 부서와 방어계획, 요새의 위치와 병력, 소유 무기, 각급 지휘관의 이름과 경력 등 온갖 기밀이 다 들어 있었다. 옌바오항의 보고를 받은 저우언라이의 중국공산당 남방국은 사진기 아홉 대를 동원했다. 옌안은 전달받은 필름을 고스란히 소련에 넘겨줬다.

1995년, 옌밍푸가 모스크바를 방문했다. 러시아 정부는 반세기 전 옌바오항이 제공한 관동군 관련 정보의 사본을 아들 옌밍푸에게 선물했다.

정보의 천재 리커눙

호랑이 굴에 태연히 들어가고 늑대와도 춤을 출 수 있는 사람.

실전을 지휘한 적이 없지만 상장 계급장 수여

1955년 9월 27일 베이징 중난하이(中南海). 마오쩌둥 주재하에 중국인민해방군 계급 수여식이 열렸다. 28년 전 8월 1일, 장시성 난창의 무장봉기를 기점으로 장정(長征)과 항일전쟁, 국·공내전, 한국전 참전 등 무수한 전쟁터를 누빈 사람들이었지만 30년 가까이 직책은 있어도 계급은 없었다.

10원수(元帥), 10대장(大將)과 함께 55명의 상장(上將)이 탄생했다. 하나같이 그간 죽지 않고 살아 있는 게 신기할 정도로 전장에서 밤과 낮을 지새운 사람들이었다. 이날 국무원 총리 저우언라이는 마오쩌둥을 대신해 전쟁터에서 실전을 지휘한 적이 단 한 번도 없는 리커눙(李克農)에게 일급 8·1훈장, 일급 독립훈장, 일급 해방훈장과 함께 상장 계급장을 수여했다.

그로부터 7년 후 리커눙이 세상을 떠났다. 대단한 영결식이 거행됐다. 중국공산당 중앙 부주석 겸 국무원 총리 저우언라이가 제주(祭主)였고, 천윈(陳雲)·둥비우(董必武)·덩샤오핑(鄧小平)·천이(陳毅)·리셴녠(李先念)·뤄루이칭(羅瑞卿) 등 부총리 정도는 돼야 부제주(副祭主) 명단에 이름을 올릴 수 있었다. 월남의 호찌민과 북한 민족보위상 김광협(金光俠) 등의 조문이 있었고 중국 주재 각국 대사와 무관들이 전원 참석했다.

한결같이 '정보의 천재'를 잃었다고 애통해했지만 정작 그가 했던 일이 뭔지를 정확하게 아는 사람은 극소수였다. 그러나 그를 적대시하던 쪽에서는 "중국에서 가장 위험한 인물이 세상을 떠났다"며 미국 CIA가 3일간 할 일이 없어졌다고 했다.

외교부 상무부부장이라는 사자(死者)의 공식적인 지위와 지명도에 비해 지나칠 정도로 정중하고 장엄한 영결식이었지만 충분히 그럴 만한 이유가 있었다. 리커눙이 아니었더라면 저우언라이를 비롯해 이날 참석한 여러 사람들은 이미 30년 전에 세상에서 자취를 감추었을 것이다. 당(唐) 태종의 명신(名臣)이었던 방현령(房玄齡)도 리커눙에게는 미치지 못했다는 둥비우의 조시(弔詩)로 끝을 맺었다.

"붉은 간첩."

"호랑이 굴에 태연히 들어가는 사람."

"늑대와도 즐겁게 춤을 출 수 있는 사람."

리커눙에게 붙이는 별명들이었다. 국민정부 국방부 작전처장을 비롯해 국방부장과 참모총장의 '기요비서'(機要秘書)를 공산당원이 되게 했고, 상대편에서 빼낸 극비자료를 다음날 아침 아군의 해당 지휘관들 책상 위에 올려놓았던 사람이 리커눙이었다.

국·공합작과 항일전쟁 이끌어낸 지혜

리커눙은 중학생 시절 '자퇴운동'을 주도해 머리 큰 대학생 운동가

1936년 1월 옌안에서
홍군 연락처장을 맡고 있던 리커눙.

들의 넋을 잃게 한 적이 있었다. 27세 때 공산당에 가입했고, 2년 후 당의 지시로 상하이에 나왔다. 냉수와 함께 말라 비틀어진 빵을 씹으며 남들이 보지도 않는 잡지를 편집하고 극본을 썼다. 배를 곯기가 일쑤였다. 이런 리커눙을 의심하는 사람이 있을 리 없었다.

리커눙은 의사이며 연기자인 첸좡페이(錢壯飛), 영화배우 후디(胡底)와 함께 국민당 특무조직인 중앙조사통계국(중통)에 시험을 봐서 합격했다. 중통의 책임자는 김구(金九)의 『백범일지』(白凡逸志)에도 등장하는 쉬언쩡(徐恩曾)이었다.

세 사람 모두 쉬언쩡의 비서 등 최측근이 되는데 성공했다. 미국에서 건축학을 전공한 쉬언쩡은 부인을 무서워하는 주제에 여자친구가 많았다. 쉬언쩡의 부인은 수사력이 뛰어났다. 쉬언쩡은 여자친구와 몰래 만날 때마다 부인에게 현장을 급습당하는 바람에 곤욕을 치르곤 했지만 세 사람을 측근에 둔 다음부터는 걱정이 없었다. 항상 새로운 장소를 물색하고 부인을 따돌리는 리커눙 덕분에 여자친구와 맘 놓고 밀회를 즐길 수 있었다. 그 사이 집무실에 있는 기밀문서들이 통째로 털리리라곤 상상도 못했다.

1931년 4월, 공산당 중앙위원인 중앙특과의 책임자가 우한(武漢)에서 체포됐다. 상하이에 잠복해 있던 공산당 지도부의 소재지를 줄줄이 불어댔다. 일망타진될 뻔했던 지도부는 세 사람 덕에 안전하게 피신했다. 저우언라이도 여자로 변장해 피신하는 바람에 간발의 차이로 목숨을 건졌다. 세 사람을 찬양하는 '용담삼걸'(龍潭三杰)이라는 용어가 생겨났다.

첸좡페이와 후디가 장정 도중 세상을 떠나자 리커눙은 두 사람 몫까지 혼자 다했다. 동북군에 단신으로 침투해 시안사변(西安事變)을 부추긴 후 평화적으로 해결, 국·공합작과 항일전쟁을 이끌어낸 것도 그였다. 일본이 항복한 후 장제스가 제의한 충칭(重慶)담판에 마오쩌둥이 응한 것도 순전히 리커눙이 분석한 정보를 신뢰했기 때문이었다.

중국공산당 지도부가 베이핑(北平)에 입성한 후 약 80만 명에 달하던 국민당 특무를 단시일 내에 소탕한 것도 리커눙이었다.

한국전쟁 휴전담판 총지휘

리커눙의 진수는 한국전 휴전협상과 제네바 회담을 통해 보여준 협상 능력이었다. 한국전쟁 발발 1년 후인 1951년 7월 10일 정전회담이 시작됐다. 전투가 진행 중이다 보니 회담이나 협상이라기보다는 담판이었다. 마오쩌둥은 외교부 상무 부부장 겸 중앙군사위원회 정보부 부장 리커눙을 담판의 중국 측 총지휘자로 지명했다.

당시 리커눙은 천식이 심해 약을 끼고 살았다. 게다가 마오쩌둥의 장남 마오안잉(毛岸英)이 한국에서 미군의 폭격으로 전사한 후에는 밤잠을 제대로 이루지 못해 건강상태가 최악이었다.

리커눙과 마오안잉은 좀 유별난 관계였다. 건국 초기 마오쩌둥은 마오안잉을 리커눙에게 맡기다시피 했다. 리커눙은 마오안잉을 비서로 옆에 데리고 있었을 뿐만 아니라 한 집에 같이 살았다.

마오안잉은 누구와도 농담을 잘했지만 얼핏 보면 아무 생각도 없어 보이는, 두꺼비처럼 생긴 리커눙 앞에만 서면 농담은 고사하고 제대로 웃어본 적도 없었다고 한다. 마오안잉의 사망 소식을 마오쩌둥

한국전쟁 휴전회담을 지휘하기 위해 개성에 도착한
리커눙(앞줄 왼쪽 둘째), 후일의 외교부장
차오관화(앞줄 오른쪽 첫째)도 고문으로 참석했다.

1954년 4월부터 석 달간 제네바 회담에 참석한 중국 외교대표단. 왼쪽부터 리커눙, 저우언라이, 당시 외교부 부부장 장원톈.

에게 제일 먼저 전한 것도 리커눙이었다.

리커눙은 자신의 병이 깊어 판단을 그르칠 수 있다며 임무 수행을 재고해달라고 요청했다. 병중인 것을 몰랐던 마오쩌둥은 심사숙고했지만 결정을 바꾸지 않았다. 정확한 정보를 바탕으로 시안사변과 충칭담판을 성공적으로 이끌게 한 정보의 왕에게 잘못된 판단이란 있을 수 없었다.

마오쩌둥은 김일성에게 전문을 보냈다.

"담판의 주역은 중국이다. 대외적으로는 조선인민군이 담판의 주역으로 나선다. 담판의 제1선은 리커눙이 주관한다."

병 중의 리커눙은 외교부 정책위원회 부주임 차오관화(喬冠華)와 연락관 차이청원(柴成文)을 데리고 베이징을 떠났다.

7월 6일 김일성을 만난 리커눙은 중·조대표단(中朝代表團)을 구성했다. 리커눙은 북한과 중국에서 두 명씩 대표를 선정해 회담장에 내보냈다. 노출을 피하고 기밀을 유지하기 위해 대표단을 공작대(工作隊)라 했고 자신은 리(李)대장, 차오관화는 차오(喬) 지도원으로 행세했다.

휴전협정이 체결되기까지 747일간 리커눙은 한반도에서 펑더화이(彭德懷)와 함께 '일문일무'(一文一武)를 연출했다. 펑더화이는 실전을 지휘했고 리커눙은 담판의 모든 과정에 전권을 행사했다.

리커눙은 담판의 구체적인 방안을 기획했고 대표들의 발언내용과 앉고 일어서는 일까지 직접 연락관을 통해 지시했다. 2시간 12분간 침묵 대치라는 기상천외한 담판 모습을 최초로 선보였고 회의 시작 25초 만에 휴회를 선포하고 회담장을 뜨게 하는 등 온갖 계산된 변덕을 자유자재로 구사하며 상대방의 진을 빼냈다. 5차례의 중단과 58차례에 걸친 대표단 회의, 733차례 열린 소회의를 끝까지 장악했지만 담판 기간 동안 과로·천식·심장병의 재발로 한쪽 눈이 실명하기에 이르렀다.

제네바 회담도 총지휘

리커눙의 한국과의 인연은 귀국 이듬해인 1954년 4월 한국과 월남 문제를 처리하기 위한 제네바 회담에까지 이어졌다. 총리 저우언라이는 외교부장 신분으로 대표단을 이끌게 되자 리커눙에게 대표단 인선과 분담 부서, 회의 대책, 자료수집 등을 일임했다. 3일 만에 리커눙의 계획서가 완성됐다.

저우언라이는 리커눙의 건의를 그대로 수용했다. 그러나 국제문제에 관한 감각과 지식이 부족하고, 외국어를 한 마디도 못하며, 건강 때문에 제네바 회담 대표단에 참가하지 않겠다는 리커눙의 요청은 거부했다. 모든 준비공작을 그에게 일임했다.

리커눙은 각 기관에서 132명의 공작원과 29명의 기자단을 선발해 29편의 발언원고와 총 12권, 1,700만 자에 달하는 한반도·월남·중국의 상황과 내외정책에 관한 자료집을 작성해 일부 자료는 소련·북한·월남 대표단들에게도 참고하게 했다. 대표단과 공작원들을 베이징으로 소집해 의전과 스위스의 풍속·생활습관 등을 교육시키며 국민당 시절 외교 업무에 종사했던 인물들을 찾아내 그들의 외교 경험을 듣게 했다. 또 매일 밤 베이징에 주재하는 외국 특파원 중 친한 기자들을 초청해 모의 기자회견을 열었다. 모든 준비에 20일이 채 걸리지 않았다.

대표단이 제네바에 도착하자 세계의 언론이 국제무대에 처음 나온 중국 측 대표들을 주목했다. 리커눙도 양복에 넥타이를 매고 공개된 국제회의장에 처음 모습을 나타냈다. 리커눙을 국제적인 감각이 부족하다고 생각한 사람은 리커눙 자신밖에 없었다.

중화인민공화국이 수립되고 국제사회에서 인정받기까지 발생했던 굵직한 사건치고 리커눙의 그림자가 짙게 드리우지 않은 것은 없었다. 다만 드러나지 않았을 뿐이다.

댄서들의 난동

8,000명의 상하이 댄서들, 월수입도 은행장들을 능가했다.

댄서들에 멱살 잡힌 사회국원들

1948년 1월 말, 국민당 정부가 '댄스 금지령'을 발표하자 상하이(上海) 시장 우궈전(吳國楨)은 행정원에 재고를 요청했다. 행정원장도 "문제가 있다"며 공감했지만 이미 법령으로 반포한 후였다.

상하이의 댄스홀 주인들은 대대로 내려오는 부호이거나 비밀결사의 두목 등으로 평범한 사업가가 아니었다. 이들은 정부방침에 따라 업소를 폐쇄하기로 합의하고 추첨을 통해 문 닫을 업소를 선정했다. 이어 기자들을 구워삶아 언론에 발표해버렸다. 실직 위기에 처한 댄서들과 업계 종사자들이 들고 일어났다. 공산당 지하조직은 호재라고 판단했다. 정치운동으로 연결시켰다.

1월 31일, 잘 차려입은 수천 명의 댄서들이 사회국 문앞에 몰려갔다. 닥치는 대로 때려 부쉈다. 사회국은 댄스홀을 관장하는 기관이었을 뿐 댄스 금지 조치와는 아무 상관이 없었다. 그러나 이날 댄서들은 그간 공짜 술이나 마시고 용돈이나 뜯어가던 사회국원들에게 원 없이 화풀이를 했다. 단골들도 많았다.

동작이 느려 미처 도망가지 못한 사회국원들은 그간 상납받던 댄서들에게 멱살 잡히고, 따귀 맞고, 옷 찢기고, 뺨 물어뜯기는 등 온갖 봉변을 다 당했지만 이들을 원망하지 않았다.

"세상 돌아가는 것 모르는 멍청한 놈들!"

봉변당하면서 사회국원들은 정부만 원망했다.

출동한 경찰은 797명을 현장에서 체포해 연행했지만 며칠 만에 모두 석방했다. 폐쇄가 결정된 댄스 업소들도 언제 그랬냐는 듯이 영업을 계속했다.

되지도 않을 일을 법령이랍시고 반포하는 바람에 정부만 제 손으로 제 발등 찍는 꼴이 돼버렸다. 쓸데없는 말 한 마디 내뱉은 정치 지도자처럼 체면이 말이 아니었다. 민심이 서서히 국민당을 떠나고 있었다. 국·공내전에서도 국민정부의 패색이 조금씩 드러날 무렵이었다.

상하이엔 8,000여 명의 직업 댄서들이

댄스는 원래 중국인의 오락이 아니었다. 중국에 와 있던 서양인과 '매판'(외국인 업체에 종사하는 중국인)들의 파티에나 가야 볼 수 있는 신종 오락이었다. 일반인들과는 거리가 멀었다.

1920년대 초 한 광둥인이 '검은 고양이'(黑猫, Black Cat)라는 댄스홀을 상하이에 개업했다. 장소는 홍커우(虹口), 광둥인과 일본인 밀집지역이었다. 사설학원에서 댄스를 배운 경험이 있고 치파오가 잘 어울리는 여성 10여 명을 댄서로 고용했다. 새로운 직종의 출현이었다.

전통극이나 즐기고 집 안에서 마작이나 하는 게 고작이었던 중국

상하이의 대표적인 댄스홀 '바이러먼'(百樂門)의 댄서들.

인들이 새로운 오락거리를 즐기기 위해 댄스홀로 몰려들기 시작했다. 떼돈을 번 '검은 고양이'는 중심가인 난징루(南京路)로 이전했다.

중국 사회사에 남고도 남을 성아이눠(聖愛娜), 다두후이(大都會), 바이러먼(百樂門, Paramount), 셴러쓰(仙樂斯)를 비롯해 독특한 분위기의 크고 작은 댄스홀들이 우후죽순처럼 문을 열었다.

푸젠(福建) 상인 왕신헝(王新衡)이 세운 성아이눠는 위치가 좋았다. 성쉬안화이(盛宣懷), 리훙장 등 청말 명문의 후예들이 몰려 사는 곳이었다. 여름에는 공원을 빌려 늦은 밤까지 댄스를 즐기게 했다. 서민들도 삼삼오오 공원 이곳저곳에서 흉내를 내기 시작했다.

댄서 출신들이 출자해 설립한 다두후이는 규모는 크지 않았지만 은행 간부와 매판들이 주로 출입해 분위기가 좋았다. '난쉰의 4상'(난쉰南尋에서는 은 1천 만 냥 이상을 소유한 사람을 '코끼리'象라고 불렀다) 가운데 한 사람인 구롄청(顧聯承)도 댄스홀을 차렸고, 아편으로 치부한 영국계 유대인 새슨(Ellice Victor Sasson)도 바이러먼에 갔다가 홀대당하자 홧김에 셴러쓰를 차렸다. 구롄청이 은 70만 냥을 투자한 바이러먼은 호화로움과 규모가 동양 최고였다.

전화 교환수나 은행원·기자·교사 같은 직종을 시시하다며 걷어치우는 여성들이 늘어났다. 후일 미국에서 출간된 우궈전의 회고록을 보면 1948년 당시 상하이에는 약 8,000여 명의 직업 댄서들이 있었다는 기록이 있다. 월수입도 은행장들을 능가했다고 한다.

상하이 황제

두웨성은 비밀결사 청방의 300년 역사상 최고 인물이었다.

상상을 초월하는 비밀결사들의 영향력

1949년 신중국이 수립되기 전까지 상하이는 하나의 거대한 극장이었다. 마오쩌둥·장제스·장쉐량·쑨원·왕징웨이 등 희대의 수퍼스타들도 이 도시에서만은 솜씨를 제대로 펼치지 못했다. 상하이는 비밀결사 '청방'(靑幇)의 천하였다.

중국의 비밀결사는 연원을 헤아리기 불가능할 정도로 그 뿌리가 깊다. 영향력도 상상을 초월했다. 이민족 정권이 들어설 때마다 한족(漢族) 부흥운동의 배후에는 그들이 있었고, 아주 복잡한 성격의 역사적 인물들을 배출했다. 손가락 수백 개가 있어도 세기 힘들 정도의 비밀결사들이 수천 년 동안 생겨나고 몰락했지만 정부·언론·교육·군대·금융·경찰 등 사회의 모든 기관에 영향력을 행사했던 비밀결사는 '청방'이 유일했다.

가로회(哥老會) 지파인 청방은 17세기 초 만주족이 청(淸)을 건국하면서 두각을 나타내기 시작해 3세기 후인 1920~30년대엔 중국 최대의 도시 상하이를 지배하다시피 했다.

거슬러 올라가면 청방의 뿌리는 조운(漕運)이었다. 청대의 조운은

규모가 엄청났다. 1만 1,254척의 조운선이 세수(稅收)로 거둬들인 양곡을 운하를 통해 수도나 지정된 장소로 운반했다. 지주에게 땅을 빼앗긴 몰락한 농민과 소작인, 파산한 영세수공업자와 동가식(東家食) 서가숙(西家宿)하던 유랑민 출신이 대부분이었던 선원들은 굶어 죽지 않을 정도의 대우를 받았다. 가족 부양은 꿈도 꾸지 못했다.

정부와 외세에 시달리던 염효집단

불교와 도교가 혼합된 나교(羅敎)가 포교 대상으로 선원들을 주목했다. 운하 연변에 널려 있는 조운선의 전용 부두마다 암자를 설립하고 선원들에게 더운 음식과 잠자리를 제공했다. 남북을 오가며 노동과 빈곤에 허덕이던 선원들에겐 더할 나위 없는 휴식처였다. 선원들은 나교와 연합해 비밀결사 청방을 탄생시켰다.

정부는 나교를 방치하지 않았다. 암자를 허물고 간부들을 중형에 처했다. 그 와중에서도 청방은 운하 유역을 중심으로 세를 확장해나갔다. 운하 연변에는 3만여 개의 크고 작은 촌락형 도시가 있었다. 마을 전체가 청방에 가입한 경우도 허다했다

1825년, 청나라 정부는 조운을 해운(海運)으로 대체하면서 종래 사용하던 목선(木船)을 서양에서 들여온 대형 화물선인 윤선(輪船)으로 교체시켰다. 실직자들이 쏟아졌다.

실직한 선원들과 운하가 통과하는 지역의 부두 노동자들은 의지할 곳을 찾아 나섰다. 비적이나 무장한 소금 밀매원으로 변신해 패거리를 조직했다. 명칭도 염효(鹽梟), 광단(光蛋), 소호(巢湖) 등 각양각색이었지만 하는 일은 그게 그거였다. 정부는 이들을 소금밀매업자

두웨성(오른쪽)은 20세 되는 해 봄 청방에 가입했다.
청방 최고의 실력자가 된 뒤에도 공개 석상에서는
선배들을 깍듯이 대했다. 중간에 나서는 법이 없었다.
장샤오린(張嘯林·가운데)도 그와 함께 상하이 3대 두령의
한 사람이었지만 세력이나 수준이 두웨성에게는
한참 미치지 못했다. 장비(張飛)라는 별명에 걸맞게
일대일로 붙는 싸움에서는 당할 자가 없었다.

를 의미하는 염효집단(鹽梟集團)으로 단정하고 단속에 나섰다.

염효집단으로 변신한 청방은 청나라 정부의 진압과 지방관리들의 수탈에 시달렸다. 중국 땅에 슬금슬금 기어들어온 서구 세력도 이들을 핍박했다. 특히 지역의 말단 관리들은 아무리 뇌물을 바쳐도 만족해하는 기색이 없었다.

염효집단은 태호(太湖)유역을 중심으로 정부의 소금정책과 조세정책, 서구세력에 본격적으로 저항했다. 학교를 때려부수고 교회가 화염에 휩싸이는 사건들이 빈번히 발생했다. 첩(妾) 집에서 단 꿈을 꾸던 지방 부호나 관리들이 한밤중에 펄펄 끓는 물벼락을 맞거나 첩이 행방불명되는 일 따위는 사건 축에 끼지도 못했다.

혁명 세력들이 손잡다

19세기 말에 들어서자 혁명 세력들이 청방을 자기편으로 끌어들였다. 1911년 10월 10일 신해혁명이 발발하자 청방대원으로 구성된 결사대 300명을 이끌고 상하이 주둔 정부군을 와해시킨 천치메이(陳其美)는 청방의 전형적인 두령급 인물이었고, 결사대를 조직해 항저우를 점령한 청년 장제스도 청방이었다.

1916년, 대총통 위안스카이가 몰락하자 장쑤·저장 일대의 염전(鹽田) 지역을 놓고 크고 작은 군벌들 간에 쟁탈전이 벌어졌다. 염효집단은 군벌들의 동네북이었다. 이리 차이고 저리 차였다. 일부는 군벌에 흡수되거나 붕괴 직전까지 내몰렸다. 청방은 살길을 찾아 각지로 흩어졌다.

청나라 정부는 세상 돌아가는 걸 모르다 보니 무능해질 수밖에 없었다. 무능은 부패를 초래했고, 부패는 기상천외한 핑곗거리를 잘도 만들어냈다. 서구 열강이 중국의 법률과 행정권이 미치지 못하는 조계(租界)의 설립을 요구하자 관리들은 "땅덩어리가 어디로 도망가는 것도 아니고, 아주 달라는 것도 아니다. 마누라 빌려달라는 것도 아니고, 있어도 그만이고 없어도 그만인 땅 몇 조각 잠시 빌려달라는 건데 뭐가 어떠냐"며 별 생각 없이 받아들였다.

조계는 서구 열강들의 중국 침략 전초기지였지만 현대문명의 집결지 역할도 톡톡히 했다. 모든 게 특이할 수밖에 없었다. 그중에서도 치안제도는 긴 설명이 필요할 정도로 독특했다.

상하이로 몰려든 청방

청방에게 상하이는 별천지였다. 중국인 거주 지역에서 아무리 대형 사고를 쳐도 조계로 넘어만 오면 아무도 시비를 걸지 않았다. 하루에 몇 번을 들락거려도 뭐라는 자가 없었다. 호적제도 같은 것도 없었다. 천치메이가 군대를 장악하고 있는 바람에 보호도 받을 수 있었다.

군벌부대와 염전을 전전하던 청방은 상하이로 향했다. 장수성(張樹聲), 자오더청(趙德成), 장런쿠이(張仁奎), 천스창(陳世昌) 등 전국에 흩어져 있던 청방의 전설적 인물 39명과 위안스카이의 차남 위안커원(袁克文) 등이 부하들을 몰고 오는 바람에 상하이 인구는 순식간에 10만 명이 증가했다.

청방의 구성원들은 향토적 색채(土氣)가 강하고 보수적인 집단이었다. 조계의 서구적인 분위기와 충돌이 있을 법도 했지만 생존과 조직의 확산을 위해서 온 자들답게 적응력이 뛰어났다. 객관적 환경에 서서히 적응하기 시작한 청방은 조계당국의 치안유지 도구로 변신했다.

조계 설립 초기만 해도 조계에 거주하는 중국인은 거의 없었다. 중국인들이 조금씩 조계로 이주하면서 중국인과 서양인 거주지역이 나뉘었지만 시간이 지날수록 중국인들이 조계를 점령해버렸다. 1900년 한 해를 예로 들면 공동조계와 프랑스 조계에 거주하는 외국인은 7,000여 명에 불과했지만 중국인은 40만 명을 육박했다.

조계 면적이 확대되자 인구가 증가하면서 중국인 수는 더 늘어났다. 치안유지에 문제점이 한두 가지가 아니었다. "깡패, 혁명가, 도둑놈, 시동생과 도망나온 열정적인 여인들, 배우 지망생, 창녀, 얼치기 지식인, 시아버지와 함께 보따리 싸들고 집 나온 며느리, 일확천금을 노리는 모험가" 등 별난 인간들이 모여 있다 보니 서구인들은 도저히 이해할 수 없는 해괴하고 망측한 사건들이 중국인들 사이에 하루에도 수백 건씩 발생했다. 조계의 치안유지를 위해 설립한 순포방(巡捕房)은 있으나마나였다. 1891년 4월 지금의 푸저우루(福州路)와 허난루(河南路) 사이에 순포방을 총지휘하기 위해 4층 건물에 중앙포방(中央捕房)이라는 간판을 내걸었고 위용을 과시했지만 효과가 없기는 마찬가지였다.

'중국인 순포' 5천 명 공모

몇십 년간 치안문제로 골머리를 썩었던 공동조계 공부국(工部局)은 1920년대 말 10층짜리 건물을 새로 짓고 백계 러시아인 순포

1,500명과 인도인 중에서 씨크족 순포 600명을 공모했다. 가장 넓은 지역을 차지하고 있던 프랑스 조계도 프랑스 조계대로 식민지였던 월남에서 다량의 순포들을 공모했다. 그래도 효과가 기대에 못 미쳤다.

순포들은 툭하면 중국인들에게 놀림감이 되기 일쑤였고 날아온 돌덩이리에 머리통이 터지거나 죽지 않을 정도로 얻어맞고 무기를 빼앗기는 경우가 비일비재했다. 외국인 순포들이다 보니 중국인들과 언어가 통하지도 않았다. 경찰업무를 제대로 수행할 수가 없었다. "이렇게 다루기 힘든 종자들은 처음 본다"며 푸념이나 해대는 게 고작이었다.

중국인이 아니면 중국인을 다룰 수 없다고 판단했는지, 아니면 다른 이유가 있었는지는 알 수 없지만 공동조계 당국은 '중국인 순포(華捕)' 5,000명을 공모했다. 프랑스 조계도 중국인 순포를 채용한다는 공고문을 내보냈다. 하는 일 없이 빈둥대며 범법행위나 일삼던 청방과 범법자들이 떼거지로 순포가 되겠다고 응모했다. 그중에는 강도나 폭행으로 수배 중인 자들도 수다하게 끼어 있었다.

"중국인을 이용해 중국인을 통제한다(以華制華).
암흑세계만이 암흑세계를 먹어 삼킬 수 있다(以黑治黑)."

조계 당국은 이 같은 논리를 내세우면서 청방과 도시형 건달들을 순포로 채용했다.

1934년 전성기 때의 두웨성(왼쪽 첫째). 상하이 시장 우톄청(吳鐵城·오른쪽 둘째)과 상하이 경비사령관 양후(楊虎·오른쪽 첫째)도 보인다. 두웨성의 심복이었던 양후는 후일 공산당에 투항했다.

두웨성과 황진룽과 장샤오린

밤마다 남의 집 담을 넘거나 길 가는 사람들을 두들겨 패고 재물을 강탈하던 좀도둑과 강도들이 하루아침에 경찰 복장을 하고 범법자들과 대치하자 청방과 흑사회(黑社會)에서도 예상치 못했던 일이 발생했다.

순포로 임용된 청방의 두목들이 범법자나 다름없었던 부하들을 동원해 청방이 아닌 지하조직과 불량배들을 합법적으로 제압하자 폭력조직 사이에도 서열이 확실해지고 조계의 치안이 안정되기 시작했다.

각지에 흩어져 있던 청방 두령들의 상하이 집결과 조계당국의 묘한 발상이 맞아 떨어져 청방은 성립 이래 최대의 전성기를 맞이했다. 돈과 권력이 몰려들기 시작했지만 그러나 청방은 여전히 보수성이 강했다. 공동조계 순포방을 배경으로 청방을 밝은 세상으로 끌어내고 현대화시킨 사람은 엉뚱하게도 과일 도둑으로 사회생활을 시작한 두웨성(杜月笙)과 표구사 심부름꾼 출신 황진룽(黃金榮), 고향 다리 밑에서 싸구려 찻집을 하다가 일본인을 패 죽이고 상하이로 도망나온 장샤오린(張嘯林)이었다.

황진룽과 장샤오린은 두웨성과 함께 트로이카를 형성, 상하이의 낮과 밤을 지배했지만 진정한 상하이 황제(上海皇帝)는 두웨성이 유일했다.

두웨성은 '비밀결사 청방의 300년 역사상 최고 인물'이라는 평가에 걸맞은 삶을 살았다. 특히 세상에 모습을 드러내기까지의 과정과 경극예술가 멍샤오둥(孟小冬)을 향한 끝없는 추구, 최고 지도자 장제스 부부를 비롯해 중국공산당 초기 지도자들과의 얽히고 설킨 은원(恩怨)은 당대는 물론이고 후세에 수많은 이야기거리를 남겼다.

장제스와 장쉐량도 두웨성 집에 머물러

두웨성은 목욕탕이나 오락장을 운영하던 황진룽이나 장샤오린과는 격이 달랐다. 조직과 기획에 뛰어났고, 문화인이나 지식인들과 친분이 두터웠다. 천하의 장제스나 장쉐량도 상하이에 오면 두웨성의 집에 머물러야 안전을 보장받을 수 있었고 후일 루징스(陸京士)는 두웨성의 전기를 쓰며 남들이 두웨성의 충실했던 제자로 기억해주기를 소망했다. 당대 국학의 최고봉이었던 타이옌 장빙린(太炎 章炳麟)은 온갖 고전을 뒤져 새 이름과 호를 지어주며 두웨성의 고향에 사당(杜氏祠堂)을 지을 것을 고집했다.

명변호사였던 친롄쿠이(秦聯奎)는 도박으로 탕진한 거금을 돌려받자 죽어서도 영원한 부하가 되는 것이 소원이라며 두웨성의 앞에서 무릎을 꿇었다. 상하이의 대표적 언론기관도 두웨성의 계열사나 다름없었다. 『대공보』(大公報) 총편집 쉬서우청(徐壽成)은 두웨성이 세상을 떠나자 평전을 집필하며 남의 시선에 아랑곳하지 않았다. 사람들은 두웨성에게 '선생'(先生)이라는 칭호를 붙였고 그의 제자나 학생으로 자처하는 것을 영광으로 여겼다.

장빙린은 두웨성의 명예 비서였다. 물론 명예 비서는 일반 비서와는 달랐다. 식사 때 일반 비서들은 저 밑에서 밥을 먹었지만 명예 비서 장빙린은 두웨성과 같이 식사를 했고, 월급도 일반 비서보다 열 배나 많았다.

1923년 6월 장제스가 광둥을 평정한 후
장징장에게 안부를 겸해 보낸 사진.

태어난 지 3년 만에 부모 잃고

두웨성은 1888년 음력 7월 15일 상하이 푸둥(浦東)에서 태어났다. 그날따라 보름달이 어찌나 밝았던지 부모는 '웨성'(月生)이라는 아명(兒名)을 지어줬다. 그리고 3년 후 세상을 떠났다.

두웨성은 큰누나 집에 얹혀 살며 눈칫밥을 먹었다. 누나 덕에 사숙에 들어갔지만 매형의 반대로 3개월에 그쳤고 결국은 매형에게 쫓겨났다. 14세 때였다. 처남을 쫓아낸 날 밤 매형은 잠결에 똥바가지 세례를 받았다.

옷 한 벌 걸치고 상하이에 나온 두웨성은 부두와 다리 밑을 전전했다. 낚싯대로 행인들의 모자를 낚아채서 팔면 허기를 채울 수 있었다. 청방에도 가입했다. 과일가게 종업원으로 취직했지만 인상이 고약하다고 번번이 쫓겨났다. 그래도 가난에 찌든 아이들을 만나면 당장 내일 먹을 것도 없는 주제에 그냥 지나치지 않았다.

"이 돈으로 뭐든 사먹어라. 나중에 돈이 생기면 나를 먹여주기 바란다. 내가 어려움에 처했을 때 나를 도와줄 사람은 너밖에 없다".

그러면서 씩 웃었다.

자립을 결심한 두웨성은 새벽마다 낡은 부대자루를 들고 부두에 나가 외지에서 과일을 싣고 오는 작은 선박 사이를 분주하게 오갔다. 어찌나 몸이 날렵했던지 붙잡히는 법이 한 번도 없었다. 낮에는 좌판을 벌이고 해가 지면 찻집·오락장·아편굴·도박장을 돌아다니며 훔쳐온 과일을 팔았다. 단골 중에 기녀와 댄서들이 많았다. 과일 깎는 솜씨 하나는 예술에 가까웠지만 후일 상하이의 낮과 밤을 지배할 기미라고는 어느 구석에서도 찾아볼 수 없었다.

두웨성의 초기 수입원은 아편 운반과 도박장 운영이었다. 패거리가 생기자 노사분규에도 조심스럽게 개입했다. 당시 상하이에는 약 80만 명의 노동자가 있었다. 파업을 부추기고 원만히 해결한 후 노사 양쪽에서 거액을 뜯어냈다. 재산과 가족의 안전을 보호해달라고 찾아오는 상인과 공직자들이 하나둘 생겨나기 시작했다.

'겨울황제' 멍샤오둥과 첫만남

두웨성은 배운 건 없었지만 머리(頭)가 좋고 사람 보는 눈(目)이 뛰어났다. 벌어들인 돈을 주로 사람들에게 풀었다. 타고난 두목(頭目)감이었다.

1917년 7월 14일, 프랑스혁명 기념일에 맞춰 종합공연장 대세계(大世界)가 상하이의 프랑스 조계에 문을 열었다. 설립자는 서구식 제약회사와 담배공장을 운영하던 안과의사 출신 황추지우(黃楚九)였다.

내로라하는 연예인들이 몰려들었지만 제대로 된 경극 배우들은 2년이 지나도 대세계의 무대에 서려고 하지 않았다.

황추지우는 직접 경극 공연장들을 누비고 다녔다. 성황묘(城隍廟)에 있는 소극장에서 12살짜리 여자애를 발견하자 무릎을 쳤다. 그날 밤 엎치락뒤치락하며 날밤을 새운 황추지우는 새벽녘에 고향친구에게 편지를 한 통 보냈다.

"몇 달간 휘젓고 다닌 보람이 있었다. 얼굴을 보는 순간 눈알이 녹아내리는 줄 알았다. 남장은 더 아름다웠다. 목소리와 무예(武

藝)도 일품이었다. 멍샤오둥(孟小冬)이라는 이름도 예뻤다. 초겨울(小冬)에 태어났기 때문에 할아버지가 지어준 이름이라고 했다. 겨울에 예쁜 여자가 진짜 미인이다. 빨리 겨울이 왔으면 좋겠다."

다음날, 황추지우는 간판도 제대로 안 붙어 있는 극장으로 어린 소녀를 찾아가 갖은 예의를 다 갖췄다.

평소 창업의 귀재 소리를 듣던 황추지우의 눈은 정확했다. 멍샤오둥이 출연하자 대세계의 경극 공연장은 연일 관객들로 미어터졌다. 비가 억수같이 오는 날도 발 디딜 틈이 없을 정도였다. 멍샤오둥은 12월 한 달간 무려 39차례 무대에 올랐다.

1919년 12월 13일, 멍샤오둥에게는 평생 잊지 못할 일이 벌어졌다. 밤 공연이 끝나자 낯선 사람이 꽃을 들고 무대 뒤로 찾아왔다. 나이는 30살 남짓, 삐쩍 마르고 창백한 얼굴에 두 귀가 유난히 컸다. 찌꾸를 잔뜩 바르고 단정히 빗은 머리가 인상적이었다. 두 손을 앞으로 움켜쥐더니 더듬거리며 뭐라고 말했지만 잘 들리지 않았다. 공연이 있는 날마다 무대 뒤로 찾아와 싱거운 짓 하는 사람들이 있었지만 이렇게 못생기고 괴상하게 생긴 사람은 처음이었다. 평소 잘 웃지 않던 멍샤오둥은 폭소를 터뜨렸다. 후일의 '상하이 황제'(皇帝) 두웨성과 '겨울황제'(冬皇) 멍샤오둥의 첫 만남은 이렇게 시작됐다.

멍샤오둥은 2년 여를 상하이에 머물며 대세계에 출연했다. 비밀결사 청방에서 서서히 두각을 나타내기 시작한 두웨성은 공연이 있을 때마다 제일 좋은 좌석에 앉아 있었다. 사람들은 그의 앞에서 설설 기었지만 멍샤오둥은 두웨성이 하나도 무섭지 않았다. 심부름은 물

두웨성이 평생을 두고 좋아했던
멍샤오둥은 경극 명문의 후예였다.
할아버지 멍치(孟七)는 동치(同治)·
광서(光緒) 년간 일세를 풍미한 경극배우였고,
아버지도 경극배우였다. 남장(男裝)과 치파오를 입고
자전거 타는 모습은 일품이었다고 한다.
두웨성 사후 홍콩에서 제자들을 많이 양성했다.

론이고 뭐든지 시키면 시키는 대로 할 사람 같았다.

멍샤오둥에게 꼼짝 못한 두웨성

상하이를 떠난 멍샤오둥은 부모와 함께 푸젠(福建)을 거쳐 필리핀의 섬들을 떠돌아다녔다. 한커우(漢口)에서는 몇 년 후 두웨성의 네 번째 부인이 되는 야오위란(姚玉蘭)과 함께 무대에 오르며 친자매처럼 지냈다. 가는 곳마다 폭발적인 환영을 받았다. 어린 시절 경극 배우였던 할아버지 멍치(孟七)가 "우리는 천하디 천한 예인들이지만 왕공 귀족이나 서민 할 것 없이 우리의 공연을 보지 않고는 못 배긴다"고 자주 하던 말은 틀린 말이 아니었다.

1925년 6월, 멍샤오둥은 베이징으로 진출했다. 공연장이 있는 첸면(前門) 일대는 '둥황 만세'를 외쳐대며 몰려든 청년들 때문에 허구한 날 인산인해였다. 멍샤오둥의 사진을 걸어놓은 사진관들은 유리창이 성할 날이 없었다.

그해 가을 상하이 청방의 두령 황진룽의 부인 루란춘(露蘭春)이 염색공장 집 아들과 눈이 맞아 도망친 사건이 발생했다. 잡히면 물고기 밥이 되거나 팔다리가 잘려나갈 일이었다. 베이징에 있는 멍샤오둥의 집에 숨어 있다는 소문이 나돌자 두웨성이 황진룽에게 해결을 자청했다. 부하들을 몰고 베이징에 올라온 두웨성은 매일 멍샤오둥의 집이 있는 골목 입구를 서성거렸다.

지나는 사람들이 보기엔 하는 일 없이 빈둥대는 사람 같았지만 두 눈에 핏발을 세우고 감시를 게을리하지 않았다. 먼 발치에서 멍샤오둥의 모습이 보이면 후다닥 구석으로 몸을 숨겼다. 루란춘 따위야 죽건 말건 관심도 없었지만 다른 패거리들이 올라와 루란춘을 잡아가는 과정에서 멍샤오둥이 다치기라도 할까봐 그게 걱정이었다.

하루는 자전거를 타고 지나가는 멍샤오둥을 만났지만 두웨성은 추궁 한 마디 못하고 우물쭈물하기만 했다. 멍샤오둥이 "쓸데없는 짓 하지 말라"며 "다시 눈에 띄면 가만 내버려두지 않겠다"고 하자 두웨성은 군말 없이 부하들을 데리고 발길을 돌렸다. 두웨성은 몇 발자국 걷다 돌아보고, 몇 발자국 걷다간 또 고개를 돌렸다. 이러기를 여러 차례, 멍샤오둥은 두웨성이 완전히 없어지는 것을 봐야 직성이 풀릴 사람처럼 한자리에 그대로 서 있었다. 두웨성은 이날 들국화 문양의 치파오(旗袍)에 자전거 핸들을 쥐고 서 있던 멍샤오둥의 모습을 평생 잊지 못했다. 마침 계절도 초겨울(小冬)이었다.

빈손으로 나타난 두웨성은 "아무리 직접 지은 밥이라도 남의 밥그릇에 담기면 내 밥이 아니다. 포기해라. 다시 학생들 보내서 빼앗아오려 했다간 꼴만 우습게 된다"며 황진룽을 달래는 수밖에 없었다. 두웨성은 부하들을 학생이라고 부르는 습관이 있었다.

"멍샤오둥이 오겠다면 잘 모셔오라!"

1927년 봄, 두웨성은 멍샤오둥이 당대의 4대 미남의 한 사람인 경극 배우 메이란팡(梅蘭芳)과 남들 몰래 결혼식을 올리고 무대를 떠났다는 소식을 들었다.

두웨성은 아편 운반과 판매를 통해 세력을 키워나갔다. 상하이 최대의 도박장 궁싱(公興)구락부를 인수하고 문화인이나 지식인 소리 듣는 사람들과 친분을 쌓아나갔다. 글줄깨나 쓴다는 언론계 인사들에게는 효도하는 데에 쓰라며 매년 200만 은원(銀元)을 풀었다. 대도시 시장의 월급이 400위안 남짓할 때였다.

언론기관을 장악하는 것이 과일 깎는 것보다 더 쉬웠다. 두웨성은 유학(儒學)으로 무장된 폭력이 얼마나 무서운지를 세상 사람들에게 보여줄 심산이었는지 붓글씨와 중국 고전도 배우기 시작했다.

4년이 흘렀다. 멍샤오둥이 메이란팡과 헤어졌다는 소문이 들리자 두웨성은 "멍샤오둥이 오겠다면 잘 모셔오라"며 심복 중에서 제일 못생긴 자들을 골라 베이징으로 보냈다.

20세기의 여불위

"건설이 따르지 않는 혁명은 정치불량배들이나 하는 짓이다."

쑨원은 그를 '혁명성인'이라 했다

8세기 중엽에 안녹산(安祿山)의 난이 발발했다. 우선 살고 봐야겠다며 남쪽으로 터전을 옮기는 지식인들이 속출했다. 늪지대였던 장강(長江) 이남(江南)이 사람 살 만한 곳으로 조금씩 변하기 시작했다.

1127년, 여진의 후예들이 세운 금(金)나라가 송(宋) 왕조의 수도 카이펑(開封)을 점령했다. 남으로 내려온 송나라는 항저우를 중심으로 강남문화를 정착시켰다. 상상도 못했던 엉뚱한 결과였다. 중국의 부(富)가 강남으로 몰리면서 시대마다 엄청난 부를 소유한 '강남 제1가'(江南 第一家)가 속출했다.

20세기에 들어와서도 강남 제1가는 열손가락을 다 동원해도 헤아리기가 부족할 정도로 많았다. 그러나 '강남 제2가'(江南 第二家)는 저장성 후저우부(湖州府) 난쉰진(南尋鎭), 현재 후저우시(市) 난쉰구(區)의 장씨일가(張氏一家)가 유일하다.

19세기 중엽, 아편전쟁에 패한 청제국은 전승국 영국과 난징조약을 체결했다. 중국 최초의 불평등 조약이었다. 그 결과 '오구통상'(五

口通商)이 실시됐다. 광저우(廣州), 샤먼(廈門), 푸저우(福州), 닝보(寧波), 상하이(上海)는 하루아침에 자유무역항으로 변했다. 창강 삼각주(長江三角洲) 일대에서 생산되는 견직물이 상하이를 통해 수출되기 시작했다.

난쉰은 중국 최대의 생사(生絲) 집산지였다. 방직업으로 부를 이룬 거상(巨商)들이 잇달아 출현했다. 4상(四象), 8우(八牛), 72구(七十二狗)가 그들이다. 난쉰 사람들은 재산의 규모를 동물의 크기에 빗대어 코끼리·소·개로 표현했다. 100만 냥 이상이면 상(象), 50만 냥과 100만 냥 사이가 우(牛), 30만 냥은 넘지만 50만 냥에 미치지 못하면 구(狗)라고 불렀다.

장씨 집안은 4상 중 하나였지만 '민국기인'(民國奇人)이고 현대의 여불위(呂不韋) 장징장(張靜江)을 배출하는 바람에 천하에 명성을 떨쳤다. 쑨원(孫文)은 장징장을 '혁명성인'(革命聖人)이라 불렀다.

운명을 바꿔놓은 파리

장징장은 소년시절 성격이 급하고 답답한 것을 못 참았다. 좁은 골목에서 요리조리 말을 타고 질주해야 직성이 풀렸다. 낙마하는 바람에 성년이 되기 전에 다리가 망가졌고 한쪽 눈을 실명했다.

거동이 불편해진 장징장은 서화(書畵)에 열중했다. 고향 후저우가 배출한 원(元) 대의 서화가 조맹부(趙孟頫)와 명(明) 말 이웃마을 화팅(華亭) 사람으로 알려진 동기창(董其昌)을 임모(臨摹)하며 분을 삭히려 했지만 하루 이틀이라면 몰라도 평생 할 짓은 못됐다.

19세 때 결혼을 자축하기 위해 서구식 저택을 한 채 지었다. 건축

장징장(오른쪽)과 그의 부인 주이민(朱逸民).
부인은 천제루와 가장 가까운 친구였다.

자재는 유리·기와·목재 할 것 없이 모두 프랑스에서 수입했다. 집 좌우에 테니스코트와 인공호수를 만들고 호수에는 빈틈없이 연꽃을 심었다. 전형적인 강남 대부호의 자제다운 행동이었지만 비슷한 일을 오래하지는 않았다. 20세 전에 대충하고 끝내버렸다.

  1902년, 26세 때 장인(丈人) 따라 베이징에 놀러갔다가 군기대신 리훙자오(李鴻藻)의 아들 리스쩡(李石曾)을 알게 됐다. 흠차대신(欽差大臣) 쑨바오치(孫寶琦)의 수행원으로 파리에 간다는 말을 듣고 함께 가자고 졸라댔다. 장징장은 리스쩡과 함께 쑨바오치를 매수했다. 5년 전에 아버지가 10만 냥을 내고 사준 관직도 도움이 됐다.

  상무참찬(商務參贊) 자격으로 리스쩡과 함께 프랑스에 도착한 장징장은 친가·외가 할 것 없이 대대로 내려오는 상인 기질이 발동했다.

  장징장은 파리에 '통운공사'(通運公司)라는 회사를 설립했다. 중국인이 프랑스에 세운 최초의 무역회사였다. 중국의 골동품·도자기·차·비단 등을 취급했다. 헤아리기 힘들 정도로 돈이 들어왔다. 뉴욕과 런던에도 지사를 설립했다.

  프랑스는 그의 운명을 바꿔놓은 곳이었다. 무역업을 하며 아나키즘(無政府主義)에 심취했다. 리스쩡·차이위안페이 등과 함께 유럽의 중국인 유학생들에게 혁명사상을 전파한다며 잡지도 발간했다. 보는 사람마다 붙잡고 혁명을 역설했지만 워낙 맹목적이다 보니 정부에서 파견한 밀정으로 오해받기 쉬웠다. 진짜 혁명당원들에게 여러 차례 목숨을 잃을 뻔했다.

"이런 협객이 있는 한 혁명은 실패하지 않는다"

쑨원을 만난 건 우연이었다. 싱가포르에 가던 중 쑨원이 같은 배에 타고 있다는 말을 듣고 찾아갔다. "선생이 혁명에 매진한다는 소리를 들은 지 오래다. 혁명이 아니면 중국을 구제할 방법이 없다. 돈이 필요할 때 연락해달라"면서 암호를 정해줬다. 알파벳 순서대로 A는 1만 원, E는 5만 원 이런 식이었다. 헤어지며 미국에 가거든 뉴욕 5번가 566호에 가서 3만 불을 찾으라고 했다.

되건 안 되건 큰소리부터 치고 보던 쑨원도 어안이 벙벙했다. 이때부터 큰돈이 필요할 때마다 적시에 장징장이 돈을 보내왔다. 한 혁명가의 일기에 적힌 대로 "눈이 내릴 때마다 석탄을 보내준 사람"이었다. 한 번은 쑨원의 거사자금을 급히 마련하느라 파리에서 잘나가던 찻집을 헐값에 매각하기도 했다. 쑨원이 사용할 곳을 설명하려 하자 "동지간에는 묵계가 있어야 한다"며 들으려 하지 않았다. "이런 협객이 있는 한 혁명은 실패하지 않는다"는 말이 혁명당원 사이에 나돌았다.

어중이떠중이 할 것 없이 혁명을 타령하던 시대였다. 혁명과 개혁을 입에 달고 다니는 앵벌이들이 사방에 널려 있었다. 계산에 빠른 상인들은 이들을 저울질하기에 바빴지만 장징장은 쑨원을 만나는 순간부터 모든 재산을 혁명에 쏟아부었고 중국의 부(富)를 상징하던 '난쉰4상'(南潯四象)과 '8우'(八牛)의 자제 대부분을 혁명에 끌어들였다. 장징장의 외가도 상(象)이었다.

1925년 쑨원이 베이징에서 세상을 떠날 때도 장징장은 곁에 있었다. 쑨원의 뒤를 이어 국민당 중앙집행위원회 주석에 추대됐지만 얼

장징장은 한쪽 다리가 불편했지만
산에 오르기를 좋아했다.
교자를 타고 저장성 모간산(莫干山)에 올랐다.

마 후 다리가 불편하다는 이유로 장제스에게 당권을 물려주고 본격적인 중국건설에 나섰다.

"건설이 따르지 않는 혁명은 정치불량배들이나 하는 짓이다."

이것이 그의 생각이었다.

장징장의 행적은 여불위를 연상케 한다. 세상이 뒤죽박죽이던 전국시대, 인질로 버려진 한 왕손을 본 상인 여불위는 거금을 투자하며 온갖 지혜를 동원해 세상을 한번 들었다 놓은 진시황을 만들어냈지만 결국은 버림받았다.

2,000여 년 후 장징장도 한눈에 쑨원을 알아보았고 장제스라는 무명의 군인이 중국의 최고 지도자에 오르기까지 혼신을 다해 후원했지만 말년은 여불위와 비슷했다.

그가 없었다면 장제스도 없다

신해혁명 후 프랑스에서 귀국한 장징장에게 집안 조카가 장제스를 소개했다. 장제스는 조카 더완(德萬)이 경영하던 소금가게 최말단 영업소를 운영하던 사람의 아들이었다. 장제스가 입원 중인 동향선배를 찾아가 시국을 논하던 중 퇴원하면 적이 될지도 모른다는 생각이 들자 총으로 쏴 죽이고 도망다니는 신세라는 말을 들은 장징장은 "아무나 할 수 있는 일이 아니다. 잘만 다듬으면 큰 그릇이 될 인물"이라며 감탄에 감탄을 거듭했다.

장징장은 장제스를 집 안에 숨겨주고 답답해할까봐 밤마다 함께 외출도 했다. 쑨원에게도 데리고 가 싹수 있는 청년이라며 중화혁명당에 입당시켰다. 쑨원에게 가까이 갈 수 있는 길을 계속 만들어주고 어려움에 처할 때마다 달려가 신임을 사도록 했다. 황푸군관학교 교장직도 장징장의 간곡한 추천이 없었다면 장제스가 갈 수 있는 자리가 아니었다.

장징장은 "공(公)이야말로 저의 훌륭한 스승"이라는 장제스의 편지를 받을 때마다 입이 벌어졌다. 글씨도 잘 쓴다며 대견스러워했다. 장제스가 후일 군권을 장악할 수 있었던 것도 장징장이 당 원로의 자격으로 장제스를 북벌군 총사령관에 지명했기 때문이었다.

장징장과 장제스의 제휴는 혼인 문제까지 이어졌다. 장징장이 15세 소녀와 재혼하자 장제스도 장징장 부인의 친구인 천제루(陳潔如)를 따라다니기 시작했다. 장징장은 싫다는 천제루를 억지로 달래 장제스와 결혼시켰지만 장제스는 쑹메이링을 만나자 천제루와 이혼하려 했다.

장징장은 "잠시 미국에 가 있어라. 북벌에 성공한 후 혼인관계를 다시 회복하면 된다"며 장제스와 함께 천제루를 달랬고, 천제루의 미국행에 자신의 두 딸을 동행시켰다.

장징장은 원래 쑹메이링이라면 꼴도 보기 싫어했지만 여자를 오래 사귀지 못하는 장제스의 성격을 누구보다 잘 알기 때문에 잠시 그러다 말겠거니 했다. 장제스가 약속을 지키지 않고 천제루를 버리자 두 사람 사이에 조금씩 균열이 생기기 시작했다.

최후의 승자를 보는 눈이 없었을까

장제스가 국민정부를 수립하자 장징장은 '건설위원회'를 조직했다. 시후박람회(西湖博覽會)를 개최해 항저우를 관광도시로 탈바꿈

시키는 것을 시발로 국가건설에 착수했다. 각지에 발전소를 건립했고 자원의 확보를 위해 탄광을 개발했다. 강남철도와 회남(淮南)철도도 건설했다. 국제전화를 처음 개통시킨 것도 그였다. 1928년부터 10년간 '황금 10년'을 연출했지만 이 과정에서 장징장과 장제스는 회복이 불가능할 정도로 관계가 악화됐다.

장제스는 건설보다 공산당 소탕이 우선이었다. 장제스의 처남과 동서를 비롯한 새로운 세력들이 경제위원회를 만들어 명분을 앞세운 트집을 걸기 시작했다. 장징장은 권력의 핵심에서 밀려났다.

시름에 빠진 장징장은 세상만사가 귀찮았다. 불교에 심취했다. 하루는 정토종(淨土宗)의 13대 조사 인광(印光)을 만났다. 무슨 말을 들었는지 갑자기 대성통곡했다. 인광이 떠난 후에도 맨땅에 주저앉아 애먼 땅바닥만 쳐댔다.

정신을 가다듬은 장징장은 대오각성한 사람 같았다. 정계를 완전히 떠났고 여자를 멀리하기 시작했다. 염불과 참선에만 열중하며 이름도 선(禪)자가 들어가는 것으로 바꿔버렸다.

"이 세상에서 가장 흉악하고, 음흉하고, 더럽고, 난폭한 것은 정치와 여자의 생식기다."

감격이 크다 보니 표현은 평범했지만 듣는 사람들은 곤혹스러워했다.

일본이 중국을 침략하자 장징장은 제네바·파리를 거쳐 뉴욕에 정착했다. 두 눈은 완전히 실명한 채 참선하며 아무도 만나지 않다가 1950년 9월 세상을 떠났다.

소식을 접한 마오쩌둥은 "장제스의 공산당 숙청을 도왔지만 경제에 관해서는 보는 눈이 있는 사람이었다"고 장징장을 평가했다. 타이완에서는 2주일간 영당(靈堂)을 차렸다. 장제스가 까만 완장을 차고 직접 영결식을 주재했다.

장징장이 세상에 이름을 드러낸 것은 사람을 보는 눈이 있었기 때문이었다. 그가 쑨원을 만난 것은 행운이었지만 장제스를 만난 것은 불행이었다. 마오쩌둥도 여러 번 만났지만 그의 행·불행과는 아무 상관이 없었다. 사람을 보는 눈이 뛰어난 장징장이었지만 최후의 승자를 보는 눈은 없었다.

공화정을 부활시킨 차이어는 34세로 요절했다. 그의 장례는 민국 최초의 국장으로 치러졌다. 장례기간 중 상하이의 화류계 여성들은 저녁 6시엔 일제히 차이어를 기리는 노래를 불렀다. "강산을 사랑했지만 미인을 더 사랑한 사람." 화류계 여성들의 가슴에 그는 더 대단한 존재였다.

강산을 사랑했지만 미인을 더 사랑한 사람
"실패하면 죽음이 있을 뿐 망명은 하지 않겠다."

일본 육군사관학교 졸업 후

차이어(蔡鍔)는 16세 때 2원을 들고 고향 후난(湖南)을 떠났다. 베이징에 도착했을 때는 무일푼이었다. 위안스카이(袁世凱)에게 1,000원을 빌려 일본 유학을 떠났다. 시골에서 올라온 소년이 어떤 경로를 통해 북양신군(北洋新軍)을 지휘하던 위안스카이를 만났는지는 추측조차 불가능하다.

일본에 발을 디딘 차이어는 학비로 300원을 지출했고 나머지 돈은 중국인 유학생들을 위한 공공자금으로 썼다. 혼자일 때는 전차도 타지 않았다. 걸어만 다녔고 매식이나 군것질도 하지 않았다. 일본 육군사관학교에 입학해 '중국사관 3걸'(中國士官三傑) 중 으뜸이라는 소리를 들을 때마다 볼이 빨개지곤 했다. 그의 폐가 나쁜 줄을 주변 사람들은 몰랐다.

사관학교를 마치고 중국으로 돌아온 차이어는 6년간 여러 곳을 전전하며 신군을 훈련시켰다. 가는 곳마다 적토마라는 별명이 따라다녔다. 그 사이 위안스카이는 리훙장(李鴻章)의 추천으로 직례총독(直隸總督)과 북양대신(北洋大臣)을 거쳐 군기대신(軍機大臣)으로 개혁을 주도했다.

차이어는 1911년 7월 윈난(雲南) 총독의 초청으로 서남지역에 첫 발을 디뎠다. 신군의 훈련을 일임받았다. 신해혁명이 폭발하자 독립을 선언한 윈난의 관병들은 차이어를 군정부 도독(都督)에 추대했다. 이때 그의 나이 29세였다.

당시 차이어의 부하였던 주더(朱德)는 후일 "체력이 약했고 항상 창백했다. 말수가 적고 조용했으며 몸가짐은 장중했다. 얼굴은 말랐고 뺨은 여성스러웠다. 그러나 꽉 다문 입 언저리에 엄한 기운이 서려 있었다. 예리한 보검과 같았다"며 당시의 차이어를 회상하곤 했다. 차이어는 윈난을 중심으로 주변 4개 성과 5성 연합을 결성했다.

서태후 사망 후 한동안 쫓겨났던 위안스카이도 총리대신으로 정계에 복귀했다. 이듬해 1월 난징에서 임시 대총통에 취임한 쑨원은 공화제를 지지하고 황제를 퇴위시키겠다는 위안스카이의 안을 수용하고 임시 대총통직에서 물러났다. 난징의 참의원은 선거를 통해 위안스카이를 임시 대총통에 선출했다. 단 위안스카이의 권한을 제한하기 위해 내각제를 실시한다는 임시약법(臨時約法)을 통과시켰다.

공화제를 지지한 차이어

차이어는 공화제를 수용한 위안스카이를 지지했다. "강한 정부와 중앙집권만이 외환(外患)을 막을 수 있다. 적임자는 위안스카이밖에 없다"는 전문을 쑨원과 언론기관에 발송했다.

1913년 2월, 중국 역사상 최초의 선거에서 국민당은 승리했다. 내각총리는 국민당 이사장 쑹자오런(宋敎仁)의 몫이었지만 그는 상하

차이어(가운데)가 좀더 오래 살았더라면 중국은 더 시끄러웠을 거라고 말하는 사람들이 많다. 그는 중국의 전통 도덕으로 무장된 현대적인 군인의 표본이었다. 위안스카이와의 관계는 '호국대장군' '호국군혼전기' 등 영화나 드라마로 만들어져 많은 이들의 심금을 울렸다.

이역 플랫폼에서 자객의 손에 목숨을 잃었다. 위안스카이의 사주라고 단언한 쑨원은 무력을 동원한 2차혁명을 선언했다.

1913년 가을 위안스카이는 쑨원의 2차혁명을 무력으로 진압했다. 쑨원은 망명했다. 국회는 정식으로 위안스카이를 대총통에 선출했다. 얕잡아보아도 좋을 행동들을 서슴지 않는 의원들이 속출했다. 위안스카이는 "민주와 자유를 남용하는 유치한 수준의 집단"이라며 국회를 해산시키고 내각제도 총통제로 바꿔버렸다. 총통의 임기는 10년이었다. 횟수에 상관없이 연임할 수 있고 후임을 지명할 수 있도록 선거법도 바꿨다.

차이어는 암살이라는 비열한 수단을 비난했지만 군대의 동원은 반대했다. "쑹자오런은 남북의 조화를 위해 애썼다. 자신의 죽음으로 관계가 악화된다면 구천지하에서 마음이 편할 리 없다. 모든 문제는 법정에서 해결해야 한다"는 성명서를 발표했다. 윈난에 인접한 성의 도독들에게도 "총통이 모반행위를 했다면 참의원의 탄핵을 받아야 한다. 군이 간여할 일이 아니다"라는 전문을 발송했다. 위안스카이에게도 "훈장을 남발하는 것은 동포의 살상을 장려하는 행위"라며 쓸데없는 포상행위의 중지를 요구했다.

차이어를 무서워하면서 편애한 위안스카이

동향 친구가 위안스카이는 황제를 하려 할 테니 두고보라며 약을 올렸다. 차이어는 "그러면 나도 서남에서 황제를 칭하겠다"면서 웃었다. 차이어는 "부패한 관료세력"과 "저질들로 구성된 난폭한 세력"이 중국의 수준을 떨어뜨린다는 량치차오(梁啓超)의 말에 공감했다. 쑨원을 후자로 단정했다.

위안스카이는 차이어를 베이징으로 불러들였다. 지방세력의 확장을 우려한 나머지 병권을 탈취하기 위해서였다고들 하지만 위안스카이는 군사가들을 중요시 여겼고 사람 보는 눈이 비범했다. 차이어를 무서워하면서도 편애했다. 참모총장이건 육군총장이건 뭐든지 시키려 했다. 북양원로들이 반대했지만 위안스카이는 차이어의 양 어깨에 가장 높은 계급장을 달아줬다.

정점에 도달한 사람만이 느끼는 위기감이 위안스카이를 엄습했다. 최강의 무장집단인 북양군이 위안스카이 정권의 원천이었다. 공화제가 존속하는 한 과도기일 수밖에 없었다. 위안은 모험을 시도했다.

1915년 여름부터 위안스카이를 황제에 추대하기 위한 단체들이 생기기 시작했다. 차이어는 그 어떤 정견도 발표하지 않았다. 베이징 최대의 환락가 바다후퉁(八大胡同)을 제집처럼 들락거리며 창기(娼妓)들과 어울렸다. 몇 개월 후 베이징을 탈출, 호국군(護國軍)을 설립해 위안스카이의 무덤을 팔 사람이라고는 보이지 않았다.

1915년 8월 '주안회'(籌安會)라는 단체가 탄생했다. '전국청원연합회' 등 온갖 명칭의 단체가 뒤를 이었다. 포주들은 '기녀청원단'을 결성했고 거지 왕초는 '거지청원단'을 발족시켜 조직력을 과시했다. 공화제를 폐지하고 군주제를 부활시키자는 서명운동이 전국적으로 벌어졌다.

차이어의 위장

차이어도 "중국의 국체는 군주제가 됨이 마땅하다"며 12명의 장군

위안스카이가 설립한 북양군은 20세기 초
중국 최대의 군사집단이었다.
정식 명칭은 '북양상비군'으로 봉건적인 성격이 강했다.

들이 작성한 성명서의 첫머리에 서명했다. 백주에 기녀들과 공원을 산책하며 자신을 외부에 노출시켰다. 항상 단정하고 근엄했던 차이어의 망가진 행동에 관한 정보를 보고받을 때마다 위안스카이는 긴장했다.

차이어도 위안스카이가 미혹되리라고 믿지 않았다. 위안스카이는 "황제를 하건 말건 네 멋대로 해라. 나는 관여치 않겠다"는 의미로 단정했다. '등극대전주비처'(登極大典籌備處)는 위안스카이의 황제 등극이 이듬해 1월 1일이라고 발표했다. 국호는 중화제국(中華帝國)이었다.

차이어는 "따뜻하고 공기 좋은 곳에 가서 치병에 전념하겠다"며 병가를 청했다. 얼굴에 병색이 완연했다. 위안스카이는 일본으로 갈 것을 허락했다. 호랑이를 풀어준 장본인은 위안스카이였다. 차이어는 11월 11일 베이징을 떠났다. 목적지는 2년 전까지 자신의 근거지였던 윈난(雲南)이었다.

차이어가 떠난 후 위안스카이는 "명석하고 예민함은 당대에 차이어를 따를 자가 없다. 황싱(黃興)과 쑹자오런을 합친다 해도 그에게는 미치지 못한다"는 말을 주위사람들에게 했다. 리훙장이 세상을 떠나며 "당대의 재자(才子)들 가운데 위안스카이를 능가할 인물은 없다"며 위안스카이에게 애정을 표현했듯이 위안스카이도 차이어에 대한 배려가 지극했다.

상하이에 도착한 차이어는 윈난의 지휘관들에게 "선혈을 뿌리며 이룩한 공화제가 군주제로 돌아가는 것은 4억 중국인의 수준과 인격에 관한 문제"라는 서신을 발송했다. 차이어는 일본·타이완·홍콩·하노이를 경유해 12월 19일 새벽 쿤밍에 도착했다. 서른세 번째 생일 다음날이었다.

상하이에 있던 량치차오는 차이어가 일본을 떠나며 보낸 편지를 받았다.

"실패하면 죽음이 있을 뿐 망명은 하지 않겠습니다. 성공하면 은퇴하겠습니다. 그 어떤 관직에도 나가지 않겠습니다."

간단하지만 무서운 내용이었다.

위안스카이가 황제에 즉위하려 하자 전국이 요동을 쳤다. 차이어도 군주제 복귀에 찬성했다는 소문이 돌자 윈난의 군인들 사이에는 유언비어가 난무했다. 쌀값이 폭등하고 뭐든지 부르는 게 값이었다. 차이어가 쿤밍에 돌아오고 나서야 물가가 안정을 되찾았다.

차이어는 윈난 전역의 지휘관들에게 "군주제 복귀는 국체에 대한 반역이다. 12월 25일 독립을 선포하고 동시에 거병하자"는 친필서신을 발송했다. 이의가 있을 리 없었다. 이어서 지휘관들을 쿤밍에 소집해 호국군을 결성했다. "중국인의 인격을 위해 어쩔 수 없이 하는 전쟁이다. 다투는 자는 승리하지 못한다"며 "권력을 놓고 분쟁을 일으키지 않겠다"는 선서에 서명을 요구했다.

12월 24일 차이어는 위안스카이에게 보내는 '나는 통곡한다'(痛哭陳詞)라는 성명서를 발표했다. 그간의 은혜와 보살핌에 감사를 표하며 시세(時勢)와 양심(良心)의 압박으로 공의(公義)와 사정(私情)이 함께 할 수 없음을 통탄했다.

위안스카이는 1916년 1월 1일 황제에 즉위했다. 차이어는 쓰촨(四川)으로 진군했다. 충칭(重慶)을 거쳐 청두(成都)에 진입한 후 위안스카이에게 "목숨은 살려준다. 당장 퇴위하고 출국해라. 황제 즉위를 공모한 주안회 회원들을 처형해라. 등극대전과 용병에 소요된 비용을 사재와 주안회 회원들의 개인 재산을 몰수해 국가에 환급해라. 증손자까지 공민권을 박탈한다"는 내용의 최후통첩을 했다. '국적'(國賊)이라는 용어를 처음 사용했다. 위안스카이도 대황군(大皇軍) 10만을 편성했다.

차이어가 직접 출전했다는 소식을 접한 황싱은 딸에게 보낸 편지에서 "차이어라면 호응할 사람들이 많다. 워낙 진퇴가 분명한 사람이라 권위가 넘친다. 총리건 도독이건 뭔들 감당 못하랴만 안중에도 없으니 그게 문제다"라며 안타까움을 감추지 못했다.

상하이 화류계 여성들은 그를 기리는 노래를 불렀다

차이어와 대치한 대황군의 지휘관은 "차이어의 말고삐를 잡아보는 게 평생 소원이었던 내가 어쩌다 이렇게 됐는지"라며 한숨을 내뱉었다. 워낙 진심이다 보니 좀 모자란 듯한 말이 저절로 나왔다. 호국군은 가는 곳마다 환영을 받았고 전국에 반제운동(反帝運動)을 불러일으켰다. 3월 22일, 위안스카이는 퇴위를 선언했다.

위안스카이는 베이징에 와 있는 일본 언론인이 중국어로 발행하던 『순천시보』(順川時報)의 애독자였다. 매일 아침 한 자도 빼놓지 않고 읽었다. 전 국민이 황제 즉위를 환호하고 차이어를 비난하는 기사가 대부분이었다. 거리에서 파는 만두를 좋아하는 위안스카이의 딸에게

1917년 4월 상하이 항구에 도착한
차이어의 영구(靈柩)와 추모 인파.

하녀가 사다준 만두의 포장이 『순천시보』였다. 위안스카이를 매도하는 글로 도배가 되어 있었다.

위안스카이가 보던 신문은 장남이 따로 만든 가짜였다. 위안스카이는 장남을 반죽음이 되도록 두들겨 팬 다음날 퇴위를 선언했고 1916년 6월 6일 요독증과 울화병으로 세상을 떠났다. 농사나 짓던 진짜 어리숙한 큰형님이 위안스카이는 첩 자식이라며 선영에 안장하는 것을 허락하지 않았기 때문에 위안스카이는 죽어서 고향에도 돌아가지 못했다.

차이어는 위안스카이가 죽자 호국군을 해체하고 은퇴했다. 위안스카이의 뒤를 이어 총통에 취임한 리위안홍(黎元洪)이 쓰촨 성장에 임명했지만 거절했다. 쓰촨성 전체가 들끓자 어쩔 수 없이 부임했다. 차이어가 들것에 실려 경내에 들어오는 날 성 전역에 국기를 게양했다.

차이어는 밤마다 피를 토했다. 일주일 만에 성장직을 사직하고 도일(渡日)했다. 1916년 11월 8일 후쿠오카에서 폐가 갈기갈기 찢어진 채 세상을 떠났다. 이듬해 봄 고향으로 돌아왔다. 후난성 창사의 웨루서원(岳麓書院)에 빈소를 설치했다. 1706년 전 35세의 젊은 나이에 피를 토하고 세상을 떠난 주유(周瑜)를 연상케 하는 만장들이 도처에 펄럭였다. 차이어의 생애는 주유보다도 1년이 짧았다.

장례는 민국 최초의 국장이었다. 공화제를 부활시킨 사람에게 정부가 해줄 거라곤 그게 고작이었다.

장례기간 중 상하이의 화류계 여성들은 저녁 6시엔 일제히 차이어를 기리는 노래를 불렀다.

"강산을 사랑했지만 미인을 더 사랑한 사람."
愛江山更愛美人

화류계 여성들의 가슴에 그는 더 대단한 존재였다.
후일 홍군의 아버지 주더는 "훌륭한 스승이며 좋은 친구는 차이어와 마오쩌둥뿐이었다"며 차이어를 회상했다.

위안스카이와 한국인 부인들

"작은 사람이 큰 사람을 지배한다."

기억력이 뛰어나고 눈빛이 영롱한 독재자

위안스카이(袁世凱)는 오척 단구였다. 다리가 짧고 상체는 통통했다. 걸음도 항상 팔자로 걸었다. 서 있을 때나 걸을 때나 모두 두꺼비처럼 안정감이 있었다. 어릴 때부터 표정이 풍부하고 몸놀림이 민첩했다. 툭하면 화부터 내는 습관이 있었지만 생각은 합리적이었다. 중국인들은 옛날부터 이런 유형의 사람을 일컬어 꾀가 많고 매사에 정력적이라고 했다. 이런 사람과는 절대 싸우지 말라고 했다. 위안스카이 스스로도 평생토록 작은 사람이 큰 사람을 지배한다는 말을 굳게 믿었다.

위안스카이의 눈은 일품이었다. 맑고 우아하면서도 예리했다. 적의가 없는, 호기심에 가득 차 있는 눈이었다. 내방객은 위안스카이의 눈빛에서 경고를 느끼지 못했다. 당시 중국 주재 미국 공사는 "총통의 눈에서는 빛이 났다. 눈동자를 보면 그가 얼마나 총명하고 건강하며 심리적으로 안정된 상태인지 알 수 있다"고 본국에 보고했다.

서태후(西太后)와 리훙장(李鴻章)은 위안스카이를 귀여워하고 믿음직스러워했다. 청일전쟁에 패배한 후 위안스카이에게 '신건육군'

(新建陸軍)의 훈련을 맡겼다. 7,000여 명의 무장 병력을 안겨준 셈이었다. 톈진(天津) 인근의 작은 마을이 훈련장이었다.

위안스카이는 기억력이 뛰어났다. 그냥 뛰어난 게 아니라 경이로울 정도였다. 특히 인명과 지명은 한 번 들으면 잊어버리는 법이 없었다. 몇 년 전에 잠깐 만났던 사람의 이름과 관향(貫鄕)은 물론이고 당시의 세세한 상황과 취향까지 기억해내곤 했다.

아는 것도 많았다. 위안스카이의 박학함과 기억력에 놀라움을 금치 못했다는 기록이 허다하다. 그래서인지 위안스카이를 처음 만나는 사람들은 이 작고 눈빛이 영롱한 독재자에게 편안함을 느꼈다. 두 번째 만났을 때는 감동하며 심복했고 그 다음부터는 무서워했다.

양손에 칼과 돈을 들고 병사들을 쥐락펴락

1901년 말, 11개국과의 불평등조약에 서명한 리훙장이 베이징의 유서 깊은 사찰에서 피를 토하고 세상을 떠났다. 서태후는 신정(新政)을 추진하던 중이었다. 관제개혁, 상공업 장려, 공직기강 확립, 학제개혁 등 지금도 개혁가라 자처하는 사람들이 대책은 없이 구호처럼 외치다 흐지부지되는 그런 것들이었다.

산둥(山東) 순무(巡撫)였던 위안스카이는 '군비 증강'을 포함한 '신정10조'(新政十條) 방안을 조정에 제출했다. 구체적인 방법을 제시하고 실천한 최초의 지방관이었다.

서태후는 리훙장의 죽음으로 공석이 된 직례총독(直隷總督) 겸 북양대신(北洋大臣)에 위안스카이를 임명했다. 이어서 전군의 훈련을 책임지라며 연병대신(練兵大臣)도 겸하게 했다.

맑고 우아하며, 총명한 눈빛을 지닌 위안스카이.
몇 마디 말로 정의할 수 없는 복잡한 인물이었다.

위안스카이는 6만 명의 상비군을 편성했다. 보병·포병·공병 병과를 신설하고 독일에 군인 유학생을 파견했다.

위안스카이는 책 안에 뭐든지 다 있다고 믿는 사람이었다. 군사교육을 받은 적이 없지만 전술 관련 서적을 탐독하며 야외 훈련장에 살다시피 했다. 서재에 틀어박혀 끙끙대며 문장을 만드는 것보다 훨씬 쉬웠다.

강군의 비결이 '절대복종'이라는 것을 단시간 내에 파악한 위안스카이는 양손에 칼과 돈을 쥐고 병사들을 단련했다. 복종하면 계급과 재물이 보장됐다. 복종하지 않으면 칼을 삼켜야 했다. 언제 다른 곳으로 갈지 모르는 지휘관이 아니라 의식주를 해결해주는 부모였다. 기억력이 뛰어난 위안스카이는 최말단 지휘관의 이름과 성격, 취미와 장단점을 완전히 파악하고 봉급도 직접 나눠 주었다.

1911년 10월 10일, 후베이성에서 혁명의 총성이 새벽 하늘을 가른 이후 장제스(蔣介石)가 지휘하는 북벌(北伐)군에게 패하기까지 16년간, 중국의 정권을 장악하고 대총통을 줄줄이 배출한 북양군(北洋軍)은 저절로 탄생한 게 아니었다.

몇 마디로 정의할 수 없는 복잡한 인물

위안스카이는 19세기 말에서 20세기 초반에 이르기까지 중국의 정치무대를 종횡무진했다. 국가의 운명을 좌우할 만한 대형 사건마다 그가 어느 편에 서느냐에 따라 판도가 변했다. 서로 같은 편으로 끌어들이려 했지만 성사는커녕 위안스카이에게 먹혀버리기 일쑤였다.

위안스카이는 어디를 가든 항상 주역이었다. 조역으로 출발한 일도 결과는 마찬가지였다. 쑨원(孫文), 황싱(黃興), 량치차오(梁啓超), 장빙린(章炳麟), 차이위안페이(蔡元培) 등 일세를 풍미한 대혁명가와 정론가들을 조롱하며 손안에 갖고 놀았다. 이들은 위안스카이에게 농락당하느라 정신이 없었다. 그저 한숨만 내쉬며 위안스카이의 이름 앞에 붙일 '나라를 훔쳐먹은 큰 도둑놈'(竊國大盜), 몰염치한 '매국적'(賣國賊), '전제폭군'(專制暴君), 흉악한 '음모가'(陰謀家) 등의 용어나 생각해내는 게 고작이었다.

위안스카이는 정통 유가(儒家)들이 말하는 표준형 인물은 아니었지만 자극적인 말 몇 마디로 정의내릴 수 있는 간단한 인물도 아니었다. 풍부한 행정 경험을 갖춘 개명한 정치가였다. 공화제를 최초로 실현했고 비록 만장일치였지만 중국 역사상 최초로 투표에 의해 총통에 당선된 인물이기도 했다. 현대식 경찰제도를 처음 도입한 사람도 위안스카이였다. 그러나 민주(民主)를 '무주'(無主)로, 공화(共和)를 '불화'(不和)로 단정한 명쾌하면서도 복잡한 사람이었다.

아홉 명의 첩 가운데 세 명의 한국여인

위안스카이는 집안을 다스리는 법도 특이했다. 나름대로 절도가 있었다. 부인은 하나지만 '이타이타이'(姨太太: 정식으로 혼례를 올리지 않고 한 집에서 독립적으로 생활하는 부인들)는 많으면 많을수록 좋다는 것이 지론이었다. 부인 외에 9명의 이타이타이가 있었다.

부인 위(于)씨는 위안스카이의 고향인 허난(河南)의 지주집안 출신이었지만 문맹이고 신구(新舊)의 예절도 잘 몰랐다.

위안스카이는 중화민국 대총통에 취임한 후 외국 공사들과의 첫

총통 시절 외교사절들을 접견하는 위안스카이.

번째 접견을 위씨와 함께했다. 한 외교사절이 위씨에게 정중히 악수를 청하자 "꿱" 소리를 지르며 손을 뒤로 홱 감췄다. 눈 깜짝할 사이에 벌어진 일이었다. 깜짝 놀란 위안스카이는 이후 무슨 일이 있어도 위씨와는 동행하지 않았다.

장남 위안커딩(袁克定)이 위씨의 유일한 소생이었다. 위안커딩은 독일에 유학했고 영어도 유창했지만, 위씨는 독일이 중국의 어느 구석에 있는 지역 명칭이고, 영어나 독일어도 중국의 숱한 방언 가운데 하나인 줄 알았다.

위안커딩은 위안스카이가 총통 시절 엉뚱한 짓을 많이 했다고들 하지만 1937년 베이징을 점령한 일본군의 회유에 차라리 죽이라며 기절(氣節)을 과시했고, 중화인민공화국 수립 이후에도 찐빵과 맹물로 허기를 달래며 독서로 일관한 교양인이었다. 그의 아름다웠던 만절(晩節)을 칭송하는 중국인들이 아직도 많다.

위안스카이의 이타이타이 중 첫 번째인 다이타이타이(大姨太太)는 위안스카이가 젊었을 때 도움을 준 기녀 출신이었고 둘째와 셋째, 넷째가 한국 여인이었다. 위안스카이는 조선 말기 조선 주재 상무대표(駐朝商務代表)로 한반도에서 권세를 휘두를 때 양반집 딸 김(金)씨를 부인으로 맞았다. 김씨 집안에서는 하녀 둘을 딸려 보냈다. 이(李)씨와 오(吳)씨였다. 귀국 후, 위안스카이는 하녀들도 이타이타이로 삼으며 서열을 나이순으로 정했다. 하녀 이씨가 둘째가 되고, 양반집 딸 김씨는 셋째가 됐다. 이씨는 4남 2녀, 김씨는 2남 3녀, 오씨는 1남 3녀를 낳았다. 위안의 자녀 32명 중 15명이 한국인 이타이

타이들의 소생이었다. 이들은 모두 고관 자녀들과 혼인했다.

위안스카이의 차남으로 당대 최고의 풍류객이며 대수장가였던 위안커원(袁克文)은 김씨 소생이었다. 위안커원이 유산 한 푼 남기지 않고 세상을 떠나자 그의 아들 위안자류(袁家騮)는 미국에 건너가 고학으로 물리학을 공부하던 중 양전닝(楊振寧), 리정다오(李政道), 리위안저(李遠哲) 등 노벨상 수상자들을 키워낸 '중국 물리학계의 제1부인' 우젠슝(吳健雄)과 결혼했다.

위안자류 부부 외에도 위안스카이의 손자 70여 명과 그 자손들 중에는 괄목할 업적을 낸 이들이 많다. 1973년 총리 저우언라이는 "대(代)를 이어 발전을 거듭하는 게 위안스카이 집안의 특징"이라며 한국인을 할머니로 둔 위안자류와 우젠슝 부부에게 덕담을 건넨 적이 있다.

별명으로 조롱받던 군벌들

북양군벌의 설립자 위안스카이가 사망하자 크고 작은 군벌들 사이에 혼전(混戰)이 벌어졌다. 군벌들은 증오의 대상일 수밖에 없었다. 서민들은 군벌 개개인의 생리적 결함이나 추문을 소재로 별명을 지어 부르며 즐거워했다. 할 수 있는 것이라곤 그것밖에 없었다. 학생들이 무서운 선생님들에게 입에 담기도 힘든 별명 부르며 재미있어 하는 것과 매한가지였다.

총리를 네 번 역임했고 총통을 지낸 돤치루이(段祺瑞)의 별명은 '왜비장군'(歪鼻將軍)이었다. 코가 삐뚤어져 얻은 별명이지만 돤치루이의 코는 평소에는 정상이었다. 대노(大怒)했을 때만 왼쪽으로 찌그러졌다. 한 번 찌그러지면 안마를 받아야 조금씩 제자리로 돌아왔다.

돤치루이는 코가 삐뚤어진 적이 네 번 있었다. 심복을 총통 위안스카이에게 국무원 비서장으로 추천했다. 거절당하는 게 당연했지만 코가 삐뚤어졌다. 총애하던 부하가 피살됐다는 보고를 받았을 때 코가 삐뚤어졌고, 국회에 제출한 동의안에 도장을 찍지 않아 반려됐을 때도 코가 왼쪽으로 삐뚤어졌다. 네 번째 부인과 아들이 눈이 맞아 함께 도망갔을 때는 안마를 오랫동안 받은 후에야 코가 원래의 모습을 찾았다.

총통 대리까지 지낸 펑궈장(馮國璋)은 시(詩)와 서예(書藝)에 능하고 고전에도 해박했지만 눈치 없기로 유명했다. 위안스카이에게 애인을 겸한 미모의 영어 가정교사가 있었다. 하루는 참모총장인 펑궈장에게 "영어 몇 마디는 배워야 외국인들 다루기가 수월하다"며 자신의 가정교사를 소개시켜줬다.

펑궈장은 보면 볼수록 예뻤던지 영어 선생을 안사람들 명단에 합류시켰다. 위안스카이는 가만히 앉아서 참모총장의 일거수 일투족을 보고받았다. 펑궈장은 죽는 날까지 위안스카이가 가정교사를 소개시켜준 이유를 몰랐고, 영어도 한 마디 못했다. 별명이 '호도장군'(糊塗將軍)이었다. 어리석고 미련하다는 뜻이다.

5성 연합군 사령관이었던 쑨촨팡(孫傳芳)은 일본 육군사관학교를 졸업한 동맹회(同盟會) 회원이었다. 별명은 '웃는 호랑이'(笑虎)였다. 항상 웃는 얼굴이었고 누구에게나 겸손했지만 냉혹하고 잔인했다. 1925년, 장쭤린(張作霖)의 동북군(東北軍)과 전투할 때 상대방

전선사령관이 그의 포로가 됐다. 칠십이 넘은 고령의 장군이었다. 쑨찬팡은 만면에 웃음을 띠며 그의 손을 잡고 말했다.

"안후이성에 빈자리가 있습니다. 지금 부임하시지요."

포로는 어안이 벙벙해하는 순간 쑨찬팡의 칼에 목이 떨어졌다. 역으로 가는 도중 차 안에서 총살당했다는 소문도 있지만, 쑨찬팡은 이 일을 계기로 훗날 포로의 딸에게 목숨을 잃었다.

산둥성 사람들의 술좌석에 아직도 등장하는 인물이 장쭝창(張宗昌)이다. 산둥 군벌 장쭝창은 모르는 게 세 가지 있었다. 부하가 몇 명이고 재산이 얼마인지를 몰랐다. 부인이 몇 명인지도 몰랐다.

장쭝창의 군대는 모병도 했지만 마을 청년들을 통째로 끌어오기도 했다. 도망가고 잡아오기를 반복했다. 투항한 외국인 병사도 많았다. 워낙 구성원이 복잡한 데다 수시로 편제를 바꿨기 때문에 정확한 인원을 파악할 수 없었다. 재산도 거의 강탈해온 것이었고 지출에 공사가 불분명하다 보니 재산을 계산할 방법이 없었다.

장쭝창의 부인들은 네 부류가 있었다. 공식·비공식 부인들, 장기(長期)·단기(短期)로 나누어졌기 때문에 장쭝창 본인도 누가 누군지 분간을 못했고 전부 몇 명인지를 몰랐다. '삼불장군'(三不將軍)이 그의 별명이었다.

위안스카이의 심복이었던 왕화이칭(王懷慶)의 별명이 가장 지저분했다. '변소장군'이었다. 그는 위장병이 심해 온종일 변소에 쭈그리고 앉아 볼일을 보며 매사를 보고받고 지시했다. 불편한 점이 한두 가지가 아니었다.

왕화이칭은 직접 설계한 대변기를 집무실에 설치했다. 업무용 탁

정계 은퇴 후 톈진의 조계에서
한가한 시간을 보내는 돤치루이.
평소 당구를 즐겼다.

자를 대변기 앞에 놓고 변기에 앉아 보고받고 방문객들을 만났다. 손님들을 초청해 밥 먹고 차 마실 때도 마찬가지였다.

군벌들 중에는 한때 국가원수를 지냈거나 그에 버금가는 권세를 휘두른 걸물들이 많았지만 주변 사람들만 기용했고 멀리서부터 인재를 찾아 들여올 줄 모르는 공통점이 있었다. 군대 지휘관이라면 몰라도 국가경영 능력은 없는 사람들이었다. 결국 국민들의 조롱거리가 되었고 만년은 쓸쓸했다. 개중에는 쑨촨팡처럼 암살로 삶을 마감하기도 했다.

북양군벌들과 같은 시대를 살았던 후스(胡適)는 "군단장 정도였다면 전 세계 어디에 내놔도 손색이 없을 인물들이 총통이 될 수밖에 없었던 것이 중국의 비극"이라며 국가와 군벌들의 운명을 애통해했다.

푸이의 황후와 황비

"다시는 부인네들을 국정에 간여하게 해서는 안 된다."

개를 좋아한 서태후

서태후는 경극(京劇)과 예쁜 신발, 개(狗)와 옥(玉)을 좋아했다. 여름에 즐겨 머물던 이화원(頤和園)의 경극 공연장을 직접 설계했고 신발에 수를 놓아 비빈(妃嬪)이나 여관(女官)들에게 선물하기도 했다. 그러나 경극과 신발도 개와 옥에는 미치지 못했다.

개를 좋아했을 뿐만 아니라 혈통 보존과 감별에 관한 연구는 일가를 이룰 정도였다. 황실견(皇室犬) 사육장인 어구옥(御狗屋)에 볼일이 생기면 조회도 대충 끝내버리곤 했다.

어느 날 아침 조회를 기다리던 대신들은 두 손을 움켜쥐고 태후의 처소로 달려 들어가는 태감(太監)의 황급한 모습을 보았다. 다들 천재지변이나 반란이라도 발생한 줄 알았다.

잠시 후 간편한 복장을 걸치고 나타난 태후가 화려하게 차려입은 대신들 사이를 빠른 걸음으로 지나쳤다. 태후의 발길이 앞을 스칠 때마다 꿇어 엎드려 머리를 땅에 조아리고 직함과 성명을 외쳐대는 소리들이 장관을 이루었지만 태후는 거들떠보지도 않았다. 태감의 보고는 태후가 귀여워하는 흑옥(黑玉)이 새끼를 네 마리 낳았다는 것이었다.

대나무로 만든 사합원(四合院) 모양의 어구옥에 거의 도달했을 때 태후는 옆에 있는 더링(德齡)에게 "장구한 역사가 있는 종자들이다. 우리 만주인들은 오래전부터 '하바'(哈巴)라 부르며 애완용으로 키웠다. 우리 조상들이 만리장성을 넘어 중원(中原)으로 들어올 때 이들도 함께 왔다. 그 후로 '베이징 개'(北京狗)라고 부르게 되었다"고 말했다.

태후가 올 때마다 개들은 주인을 알아봤다. 조련사의 구령에 따라 요란하게 짖어대며 소리와 앞발을 드는 것이 다를 뿐 조정의 대신들이 하는 것과 흡사한 예를 행했다. 20마리를 초과하게 되면 태후는 이상이 있는 개들을 지적했다.

태후의 지적은 퇴출을 의미했지만 절대로 죽이거나 잡아먹지는 못하게 했다. 시장에 데리고 나가 팔게 했다. 황실에서 나왔기 때문에 고가로 팔려나갔다.

태후는 갓 태어난 네 마리 가운데 이마에 흰 점이 있는 한 마리에게만 반옥(斑玉)이라는 이름을 지어주었다.

"네 마리가 태어나면 세 마리는 불량품이게 마련이다. 커가면서 다리가 짧거나 몸통이 길거나 털이 거칠다. 7일 만에 눈을 떠야 10일 만에 꼬리를 잘라줄 수 있다."

서태후 사후 더링은 장편의 영문 회고록에서 "7일 만에 눈을 뜬 것은 반옥 하나였다"고 당시를 회상했다.

출타 길의 서태후(가운데) 앞에
애견 '하바'가 쭈그리고 앉아 있다.

"아름다운 옥은 늙은 몸에 어울리지 않는다"

서태후는 노년에 들어서도 자색(姿色)에 자신이 있어 했고 장신구에 신경을 많이 썼다. 대신이나 총독, 혹은 외국 대사들이 예물로 보낸 것을 주로 착용했다. 태후는 그중에서 옥(玉)으로 만든 것을 제일 좋아했다.

여러 곳의 총독과 군기대신을 역임한 장즈둥(張之洞)은 소문난 옥광석(玉鑛石) 수장가였다. 수집해놓았던 천연 옥광석 중에서 태후를 위해 미옥(美玉)을 한 덩어리 추출해냈다. 완벽한 녹옥(綠玉)이었다. 초승달 모양의 귀걸이와 수촉(손가락 끝에 끼는 장신구)을 만들어 예물로 보냈다. 태후는 감탄했다.

"소장품 중에 이보다 뛰어난 것은 없다."

시중을 들던 여관들은 태후가 바로 착용할 줄 알았지만 결과는 반대였다. 거울을 보고 귀걸이와 수촉을 응시하기를 반복하다가 말했다.

"내 얼굴이 흠집 하나 없는 옥귀걸이와는 어울리지 않는다. 손에도 주름이 많다. 젊고 아름다운 여자에게 어울릴 물건을 늙은이가 착용하면 고목 같은 몰골만 더 드러난다. 창고로 보내라. 가끔 가서 보기만 하겠다."

장즈둥의 심미안은 탁월했다. 총명하고 세심한 사람이었다. 여름이 임박했고 태후가 아직 젊다는 것을 찬미하기 위해 젊은 여자에게 어울리는 옥을 예물로 선택했다. 그러나 서태후는 더 총명했다.

27세 때 권력을 장악한 자희태후

중국은 5천 년간 25개의 정통 왕조가 있었다. 개국 황제들은 자기 분수가 뭔지를 생각해본 적이 없는 사람들이었다. 되는 일은 없어도 큰소리부터 치고 보는, 건달기와 용의주도함을 동시에 갖춘 비범한 인물들이 대부분이었다.

가끔 이런 생각이 든다. 시세를 꿰뚫어볼 줄 알고, 나름대로 판단이 서면 차마 못할 짓도 거리낌없이 해치워버리는, 온갖 풍상을 다 겪은 개국황제들이 꿈에도 생각 못했던 것이 있다면 어린 황제와 수렴청정(垂簾聽政)이 아니었을까.

기원전 221년, 진시황(秦始皇)이 황제를 칭한 이래 494명의 황제가 중국을 통치했다. 사후에 추증(追贈)된 73명을 빼면 실제로 황제 자리에 앉았던 사람은 421명, 이들 가운데 29명이 열 살이 안 돼 황제에 올랐다.

청(淸, 1636~1911) 왕조는 어린 황제가 가장 많았다. 12명의 황제 중에서 창업기 2명(順治·康熙)과 말기 3명(同治·光緒·宣統) 등 모두 5명의 어린 황제가 있었다. 순치제는 여섯 살, 강희제는 여덟 살 때 황제 자리에 올랐다.

동치제도 여섯 살 때 즉위했다. 함풍제(咸豊帝)의 유일한 아들로 우리에게 서태후(西太后)로 더 잘 알려진 자희(慈禧)태후 소생이었다. 자희는 아들이 황제가 되는 바람에 태후가 되고 동태후(東太后) 자안(慈安)과 함께 수렴청정을 했지만 실권은 없었다. 함풍제가 8명의 대신에게 어린 동치제를 보좌하게 했기 때문이다.

자희는 시동생인 공친왕(恭親王)과 순친왕(醇親王)을 같은 편으로 끌어들여 정변에 성공했다. 고명대신들을 제거하고 제대로 된 수렴청정을 폈다. 27세 때였다.

동치제는 열아홉 살 때 세상을 떠났다. 아들이 없었기 때문에 형제 중에서 황위 계승자를 정하는 게 도리였다. 자희는 1대 순친왕의 둘째 아들로 갓 세 살을 넘긴 짜이톈(載湉)을 황제로 지명했다. 청의 11대 황제 광서제(光緒帝)가 즉위하자 자희는 수렴청정에 복귀했다.

광서제의 재위기간은 34년이었지만 친정(親政)은 중간 10여 년에 불과했다. 북양신군 설립자 위안스카이(袁世凱)를 동원해 자희의 추종자들을 제거하고 친정을 펴려 했지만 위안스카이의 배신으로 실패했다. 마지막 10년은 말이 황제지 감금이나 다름없는 생활을 했다. 온갖 병마에 시달리며 시름시름 앓는 날이 많았다.

"여자의 정치 간여를 규제해야 한다"

광서제도 동치제처럼 자식이 없었다. 자희는 병상에서 일어날 가망이 없는 광서제 사후를 서둘렀다. 1908년 11월 13일 조서를 발표했다.

"2대 순친왕 짜이펑(載灃)을 감국섭정왕(監國攝政王)에 임명하고 그의 아들 푸이(溥儀)에게 황위를 계승하게 한다. 단, 군국정사(軍國政事)는 나의 훈시를 받아 시행한다."

혼수상태에 빠져 있던 광서제는 이날 정신이 반짝했다. "일국의 군주가 되는 것은 슬픈 일이지만 태후의 선택은 틀리지 않았다"며

중국의 마지막 황제 두 명은
모두 세 살 때 황위에 올랐다. 망할 징조였다.
황제에 갓 즉위한 광서제가 말을 타고 있다.

즐거워했다. 짜이펑은 광서제의 친동생이었다.

다음날 광서제는 "황제의 아들이나 동생이 아니면서 황위를 계승한 최초의 황제. 중국 역사상 황제로 세상을 떠난 마지막 황제"라는 두 가지 기록을 남기고 세상을 떠났다.

하늘의 계산법은 인간사회의 것과 달랐다. 광서제 사망 하루가 지났다. 11월 15일, 늦은 점심을 마치고 자리에서 일어서던 자희가 맥없이 주저앉았다. 가벼운 현기증이었다. 정신이 돌아오자 권신들을 소집했다. 그 와중에서도 권력 안배를 잊지 않았다.

"어제 순친왕을 감국섭정왕에 봉하며 나의 지시를 따르라 했다. 지금 내 병세가 위중하다. 일어날 기력이 없다. 국정에 관한 모든 것을 섭정왕에게 이양한다. 중요한 일은 태후 룽위(隆裕)와 의논해라."

룽위는 광서제의 황후였다.

해질 무렵 자희는 주먹만한 흑진주를 입에 물고 세상을 떠났다. 74세, 국정을 장악한 지 48년 만이었다. 그날 따라 저녁 노을이 유난히 붉었다. 임종 직전에 마지막 말을 남겼다.

"여자는 정치에 적합하지 않다. 다시는 부인네들을 국정에 간여하게 해서는 안 된다. 황조의 가법에도 어긋나는 일이다. 엄하게 규제해야 한다. 환관들에게 농단당하면서도 모르기 쉽다. 명나라 말기를 귀감으로 삼아야 한다."

역시 자희였다. 뱀의 심장을 품은 노부인다웠다.

천문학에 심취한 섭정왕 짜이펑

대청제국은 짜이펑과 세 살짜리 젖먹이 황제 푸이의 시대로 진입했다. 대제국의 조야(朝野)와 서구열강의 시선이 25세의 만주족 섭정왕을 주목했다. 당시 베이징에 와있던 영국인 시사평론가는 "섭정왕 짜이펑은 광서제를 추종하다 몰락한 유신파들의 지지를 끌어낼 수 있는 유일한 인물"이라는 글을 상하이의 영자신문에 기고했다.

한 미국인 선교사도 청년 짜이펑의 인상을 실감나게 표현했다.

"큰 키에 행동거지가 단정했다. 눈빛은 영롱하고 신기마저 있어 보였다. 말수가 적고 굳게 닫은 입술은 좀처럼 열릴 것 같지 않았다. 앉아 있을 때는 물론이고 걸을 때도 온몸이 꼿꼿했다. 친왕의 기품이 넘쳤다."

짜이펑은 베이징 주재 각국 공사관 만찬에도 자주 모습을 드러냈다. 말이나 기품이 모두를 압도했다. 서구 외교관들에게 스치듯이 던지는 외국어도 발음이 정확했다. 귀부인들은 짜이펑과 얼굴이 마주치기라도 하면 금세 홍당무가 됐다. 가는 곳마다 골동품 냄새 풍기고 다니는 황족이나 만주 귀족들과는 수준이 달랐다.

관건은 정치력이었다. 짜이펑은 정치에 적합한 인물이 아니었다. 섭정왕으로 있으면서도 평소 증오하던 위안스카이를 내친 것 외에는 소견을 명확히 밝힌 적이 없었다. 집안일도 귀찮은 것을 싫어했다.

사람도 골라서 만났다. 『자치통감』을 즐겨 읽었지만 땅 위에서 벌어지는 일보다 하늘의 조화에 관심이 더 많았다.

셋째 딸 원잉(韞穎)의 구술에 의하면, 짜이펑은 천문학(天文學)에 심취해 모르는 별 이름이 없고, 별은 사람과 같다는 말을 자주했다고 한다.

"아버지는 여름밤을 특히 좋아했다. 거의 잠을 자지 않았다. 우리를 데리고 정원에 앉아 별들에 얽힌 온갖 이야기들을 해줬다. 아버지 말을 듣다 보면 아무리 작은 별이라도 사연 없는 별은 하나도 없었다. 나도 죽으면 별이 될 거다, 내가 그리우면 하늘에 있는 별을 봐라, 어딘가에 내가 있다는 말을 하곤 했다. 우리가 훌쩍거리면 어쩔 줄을 몰라 했다."

딸의 말 그대로라면 짜이펑은 영혼이 아름다운 사람이었다. 가장 세속적이고 너절할수록 유리한 정치판에는 전혀 어울리지 않는 사람이었다.

패물을 팔아먹은 광서제의 황후 룽위

1911년 10월, 신해혁명으로 청 제국이 멸망했다. 3년 만에 권력을 내려놓은 짜이펑은 도리어 홀가분해했다. 집에 돌아와 "오늘부터 아들을 아들이라 부르고 맘 놓고 안아볼 수 있게 됐다"며 즐거운 표정을 지었다. 부인이 나라가 망했다며 울고 불고 난리를 쳐도 거들떠보지 않았다. 혁명에 저항하지 않았고, 푸이가 일본의 괴뢰 황제로 있던 만주국에도 참여하지 않았다.

짜이펑은 중화인민공화국 수립 후에도 적당한 대접을 받다가 1951년 68세로 세상을 떠났다. 총리 저우언라이는 "우리는 우수한 천문학자를 한 사람 잃었다"며 아쉬워했다.

자희가 짜이펑에게 국정을 의논하라고 한 룽위는 자희의 친정 조카였다. 19세 때 자금성에 들어와 이듬해 광서제의 황후가 됐다. 수줍어하고 부끄러움을 잘 탔지만 자희를 믿고 우쭐거릴 때가 많았다.

광서제는 룽위를 꼴도 보기 싫어했다. 툭하면 자희에게 달려가 일러바치는 룽위를 자희의 밀정 정도로 여겼다. 감정이 좋을 리 없었다. 보기만 하면 온갖 신경질을 부렸고 모든 화풀이를 룽위에게 했다. 말대꾸한다며 룽위가 꽂고 있던 비녀를 뽑아 돌바닥에 패대기 치는 바람에 건륭제(乾隆帝) 때부터 내려오던 소중한 물건을 산산조각 낸 적도 있었다.

황제의 총애를 받지 못하는 데다 자희의 몸종 비슷하다 보니 눈치 하나로 먹고 사는 왕공(王公) 귀족의 부인들에게 무시당하기 일쑤였다.

룽위는 경제적으로도 어려움이 많았다. 사람을 시켜 베이징의 전당포에 패물을 저당잡히곤 했다. 베이징 거리에 황후의 패물을 착용하고 다니는 전당포 안주인들이 심심찮게 있었다.

말이 황후일 뿐 비참한 궁중생활이었다. 소일거리라곤 양잠과 병아리 키우는 일이 유일했다. 부화에 성공한 병아리를 볼 때마다 쓰다듬으며 어린애처럼 좋아했다.

광서제와 자희가 하루 간격으로 세상을 떠나자 상황이 변했다. 섭

자녀들과 함께한 2대 순친왕 짜이펑(가운데).
뒷줄 오른쪽이 푸이의 친동생 푸제(溥傑).

환관들에 둘러싸여 있는 룽위태후.
푸이에게는 친자식 이상의 애정을 쏟았다.

정왕 짜이펑의 타고난 성격 탓에 룽위는 중요 정책을 결정할 기회가 많아졌다.

룽위는 생각이나 수완이 자희에게 미치지 못했다. 자희의 장점을 제대로 배울 기회가 없었다 보니 나쁜 점만 그대로 따라했다. 국상(國喪) 기간 중 대형 토목공사를 시작해 오락 기능 외에는 아무 쓸모도 없는 수정궁(水晶宮)을 축조했고, 짜이펑이 임명한 대신들을 며칠 만에 갈아치우곤 재미있어 했다. 신군(新軍) 창설로 군비 지출이 압박할 때였지만 그런 건 아랑곳하지 않았다.

자희가 태감(太監) 리롄잉(李蓮英)을 총애하고 믿었던 것처럼 룽위 역시 장란더(張蘭德), 일명 샤오더장(小德張)이라는 내시를 총애했다. 그가 하는 말이라면 무조건 믿었다.

공화제를 표방한 신해혁명

1911년 신해년, 남방에서 공화제를 표방한 혁명군이 봉기했다. 진압을 위해 재기용된 위안스카이나 혁명세력들은 무력충돌을 바라지 않았다. 황실 우대조건을 제시하며 황제 퇴위를 압박했다.

룽위는 끝까지 진압을 주장했지만 위안스카이에게 매수당한 장란더가 "공화제가 돼도 태후와 황제의 존엄에는 손상이 없다. 섭정왕만 날아갈 뿐"이라는 말에 귀가 솔깃했다.

위안스카이는 한 술 더 떴다. "혁명세력이 요구하는 황실 우대조건을 받아들이자"며 난생 처음 들어보는 프랑스혁명을 예로 들었다.

"혁명을 일으킨 사람들이 황제와 황비의 목을 이상한 기계로 잘라버렸다."

군권을 장악한 위안스카이의 협박 반, 회유 반에 룽위는 선택의 여지가 없었다. 황족들의 접견 요청을 광서제가 자신에게 했던 것처럼 "더 이상 꼴도 보기 싫다"며 거절하고 황제 퇴위조서를 발표해버렸다. 동시에 '임시공화정부' 조직의 전권을 위안스카이에게 일임했다. 위안스카이는 공화제를 하겠다는 명목으로 민국(民國)을 선포했다.

청 황제 붕괴했지만 아직도 황제

청 왕조는 붕괴됐지만, 룽위와 푸이는 여전히 궁궐에 머물며 황태후와 황제의 존호를 유지했다. 위안스카이가 제시한 황실 우대조건 8개조를 수용했기 때문이다.

"대청 황제는 퇴위 후에도 황제 존호를 그대로 사용한다. 중화민국은 황제를 외국 군주의 예로 대우한다. 정부는 1년에 400만 원을 지급한다. 황제는 잠시 자금성에 거주한다. 기회를 봐서 이화원으로 옮긴다. 시위들은 종전처럼 근무한다. 종묘와 역대 황제들의 능침은 정부가 병력을 파견해서 보호한다. 현재 진행 중인 황제의 능침조성 경비도 정부가 지출한다. 자금성에 근무하는 관원들은 종래의 직책을 유지한다. 단, 내시들은 더 이상 충원할 수 없다. 황제의 사유재산은 중화민국 정부가 특별 보호한다. 금위군은 중화민국 육군부에 편입시킨다."

룽위는 염불을 하거나 태감, 궁녀들과 궁궐 안을 산책하며 노는 것 외에 딱히 할 일이 없었다. 생활이 정상 궤도를 벗어나기 시작했다.

기거와 음식에 절제력을 상실했다. 시종들은 룽위가 움직일 때마다 침구와 음식을 싸들고 뒤를 따랐다.

룽위는 때와 장소를 가리지 않았다. 졸리면 자고 눈만 뜨면 먹는 게 일이었지만 푸이 하나만은 친자식 못지않게 챙겼다. 건강이 엉망이었지만 푸이가 놀 때는 옆을 떠나지 않았다. 자신의 경험에 미루어 음식도 절제시켰다. 만두를 많이 먹으면 먹지 못하게 빼앗아 먹을 때가 많았다. 교육도 게을리하지 않았다. 환관들에게 푸이 뒤를 따라다니며 『삼자경』(三字經)을 읽게 했고 황궁에서 벌어졌던 온갖 이야기들을 직접 들려줬다.

룽위는 오래 살지 못했다. 1913년 2월, 무절제한 탐식으로 위장이 팽창하는 바람에 46세로 세상을 떠났다. 이때 푸이의 나이 여덟 살, 퇴위 1년여 만이었다.

수천 년 중국 역사상 마지막 태후답지 않은 쓸쓸한 죽음이었지만 장례식은 어느 황후나 황태후 못지않게 융숭하고 정중했다.

총통 위안스카이는 이 고마운 여인을 위해 전국에 사흘간 조기를 게양하게 하고 27일 동안 직접 상복을 입었다. 그래도 부족했던지 왕위를 선양한 요순(堯舜)에 비유해 '여자요순'(女中堯舜)이란 네 글자를 영당(靈堂) 한가운데 드리우고 '전 국민 애도대회'까지 열었다.

한날에 두 여인과 결혼한 황제 푸이

룽위가 세상을 떠난 후에도 푸이는 여전히 자금성 안에서 황제 노릇을 했다. 1921년, 열여섯 살이 되자 태비들이 황후감을 물색했다. 퇴위 10년이 지나도 황제는 황제였다. 명문 집안 딸들의 사진이 자금성으로 쇄도했다. 대총통 쉬스창(徐世昌)과 선양(瀋陽)에 있던 동북군벌 장쭤린(張作霖)도 딸들의 사주와 사진을 보냈지만 "누르하치의 후예는 한족과 통혼을 안 한다"는 이유로 정중히 거절당했다.

룽위태후가 없다 보니 결정권은 세 명의 태비가 쥐고 있었다. 그 가운데 돤캉(端康)과 징이(敬懿) 태비는 룽위가 세상을 떠난 후부터 사사건건 충돌이 잦았다. 나머지 한 명 룽후이(榮惠) 태비는 두 태비가 싸울 적마다 조정자 역할을 하며 이익을 챙겼다. 오랫동안 궁중에서 잔뼈가 굵은 모략과 지혜가 출중한 여인들이었다.

태비들은 네 명의 사진을 추려 푸이에게 건넸다. 푸이는 지독한 근시였다. 희미한 상태에서 보니 다들 그게 그거였다. 누가 누군지 구분이 안 갈 정도로 얼굴이 작고 복장이 비슷했다. 옷 색 외에는 비교할 게 없었다. 결혼에 관심이 없던 푸이는 별생각 없이 한 장을 집어 동그라미를 쳤다. 징이가 추천한 몽골족 출신 원슈(文繡)였다.

돤캉이 기를 쓰고 반대했다. "못 생기고 집안이 가난하다. 내가 추천한 완룽(婉容)이 키도 크고 훨씬 예쁘다. 집안도 좋다"며 고집을 부렸다. 짜이펑은 당연히 발언권이 있었지만 침묵으로 일관했다. 완룽은 군기대신을 역임한 룽루(榮祿)의 손녀였다. 집안이나 용모가 원슈에 비할 바 아니었다.

두 태비의 싸움은 8개월이 지나서야 룽후이의 절충안을 받아들였다.

"완룽을 황후로 하자. 원슈는 황제가 한 번 선택했다는 소문 때문에 결혼 길이 막혔다. 황비가 마땅하다."

푸이는 한날 두 명의 여인과 결혼했다. 푸이와 완룽은 17세 동갑,

원슈는 13세였다. 완룽은 미인이었으나 샘이 많고, 의지가 약했다. 원슈는 장난기 넘치는 용모에 고집이 셌지만, 드러내는 성격은 아니었다.

푸이는 이들을 거의 찾지 않았다. 완룽은 푸이가 보이지 않으면 원슈에게 가 있는 줄 알았다. 원슈도 마찬가지였다. 푸이의 관심은 외국에 쏠려 있었다. 특히 영국의 입헌군주제에 흥미를 많이 느꼈다. 영국인 가정교사에게 영국 이야기를 들을 때마다 눈이 휘둥그레졌다. 인도 시인 타고르를 만나서도 영국 이야기만 물어봤다. 일본 간토(關東) 대지진 때는 30만 달러어치의 골동품을 의연금조로 보내기도 했다. 일본도 영국처럼 섬나라였다. 천황을 하늘처럼 떠받드는 일본 국민들이 기특했다. 배울 게 많은 나라였다. 변발(辮髮)도 제 손으로 잘랐다.

시간이 지나면서 완룽에겐 엘리자베스라는 영어 이름도 지어주고 가끔 자전거도 타게 했지만 원슈는 거들떠보지도 않았다. 카메라도 완룽만 만지게 하고 원슈는 손도 못 대게 했다. 초콜릿도 완룽하고만 먹었다. 완룽과 원슈는 1924년 가을, 푸이가 베이징정변(北京政變)으로 쫓겨날 때까지 2년을 자금성에서 함께 살았다.

베이징정변으로 자금성에서 쫓겨난 푸이

1924년 10월 21일, 서북군 총사령관 펑위샹(馮玉祥)이 출정 중이던 22여단장 루중린(鹿鍾麟)에게 회군을 지시했다. 루중린은 교외에서 베이징경비사령관과 회합했다. 다음날 밤 성문이 소리 없이 열렸다. 루중린은 모두가 꿈속을 헤매는 시간에 총 한 방 쏘지 않고 베이

자금성 시절의 완룽(가운데)과
원슈(오른쪽 셋째).
완룽은 청말 세도가 집안 출신이었지만,
원슈는 몰락한 귀족 집안의 딸이었다.

징을 점령했다. 총통부를 봉쇄하고 요소마다 병력을 배치했다. 새벽에 거리에 깔린 병사들을 발견한 시민들은 신병(神兵)이 출현했다고 쑤군댔다.

베이징정변은 성공한 쿠데타였다. 11월 2일, 새로운 내각이 출범했다. 펑위샹은 정변의 최대 공로자 루중린을 베이징 위수사령관에 임명했다.

루중린의 눈에 비친 푸이는 애물단지였다. 청 왕조가 붕괴한 지 13년이 지났지만 여전히 자금성에서 외국 국가원수에 준하는 대우를 받으며 황제 칭호를 사용하고 있었다. 푸이를 황궁에서 내쫓지 않는 한 진정한 공화제의 수립은 불가능했다.

어차피 해야 할 일이라면 다들 정신이 없을 때 후다닥 해치워야 군말이 없는 법, 신중을 기한다며 시간을 질질 끌면 될 일도 안 되는 경우를 수없이 보아온 루중린은 총리 황푸(黃郛)를 재촉했다. 긴급 국무회의를 열어 '청실 우대조건 수정안'을 의결하게 했다. 신내각 출범 이틀 만이었다.

"오늘부터 대청 선통 황제의 황제 칭호를 영원히 폐지한다. 대신 법률적으로 중화민국 국민의 권리를 누릴 수 있다. 즉시 자금성을 떠나야 한다. 거주지 선택의 자유가 있다. 모든 부동산은 정부에 귀속시킨다."

11월 5일 아침, 루중린은 군경 40명을 대동하고 자금성을 향했다. 프랑스에서 두부장수하던 리스쩡(李石曾)도 국민대표 자격으로 동행했다. 리스쩡은 "푸이를 내쫓고 고궁을 박물관으로 만들어야 한다"고 주장해온 무정부주의자였다.

외부와의 연락을 차단시키기 위해 전화줄부터 끊어버린 루중린은 푸이의 장인 룽위안(榮源)과 내무부대신 사오잉(紹英)에게 수정안을 건넸다. 푸이의 서명을 받아오고 세 시간 안에 출궁할 것을 명령했다.

완룽과 사과를 먹으며 노닥거리던 푸이는 수정안을 보자 얼굴이 누렇게 변했다. 막 깨문 사과를 바닥에 떨어뜨렸다. 일단 서명은 하고 시간을 오후 3시까지 연장해달라고 요구했다. 그 사이에 어떻게 해볼 생각이었다.

연락을 받고 달려온 푸이의 생부 짜이펑은 수정안에 서명했다는 말을 듣자 쓰고 있던 관모를 벗었다 "이제 다 끝났다"며 "휴" 하고 한숨을 내쉬었다. 근심에서 나오는 한숨이 아니라 안도의 한숨이었다. 생각이 있는 사람인지 없는 사람인지 알 수가 없었다.

이런 날일수록 시간은 빨리 가는 법이다. 시간이 임박하자 사오잉이 황급히 달려왔다. 루중린의 말을 전했다.

"20분간 여유를 주겠다. 갈 곳을 정해라. 이행되지 않을 경우 징산(景山)에서 대포를 갈기겠다."

루중린의 엄포는 효과가 있었다. 룽위안은 포탄을 피한다며 작은 구멍 속에 들어가 아무리 불러도 나오지 않았다. 이날 이후 정신병으로 두 달 동안 입원을 했다. 다른 왕공대신들도 비슷한 행태를 연출했다. 푸이는 부친의 집으로 가겠다는 말을 전했다.

루중린은 차량 5대를 준비해놓고 있었다. 푸이는 두 번째 차에 탔

1961년 10월 9일, 신해혁명 50주년 기념식에서
우연히 만난 푸이와 루중린.
톈진에 가면 루중린의 기념관이 있다.

다. 목적지에 도착하자 선두 차량에서 내린 루중린이 다가왔다. 첫 대면이었다. 악수를 청하며 물었다.

"푸이 선생, 당신은 황제입니까 아니면 평민입니까?"

푸이는 현명했다. "평민"이라고 답했다. 루중린의 입에서 "하오"(好) 소리가 터져나왔다.

"나는 군인이다. 국민을 보호할 의무가 있다. 이제부터 내가 보호하겠다."

루중린은 이어서 "지금은 중화민국이다. 공민에게는 선거권과 피선거권이 있다. 국가를 위해 뭘 하느냐에 따라 대총통이 될 수도 있다"는 말을 18세 청년에게 남기고 자리를 떴다.

신해혁명 50주년 기념식에 참석한 푸이

자금성에서 쫓겨난 푸이는 생부 짜이펑의 집으로 갔지만 오래 머무르지 않았다. 베이징을 떠나 톈진의 일본 조계(租界)로 거처를 옮겨 6년간 머물렀다. 청조의 유신(遺臣)과 몰락한 정객, 일본 특무들의 발길이 끊이지 않았다. 만주를 점령한 일본이 만주국 황제로 추대하자 선뜻 받아들였다.

톈진 시절부터 원슈에 대한 완룽의 행패가 심해졌다. 자금성에 살 때는 충돌할 기회가 별로 없었지만 톈진 시절은 모든 게 협소했다. 원슈는 이혼소송을 제기했다. 위자료 5만 위안을 받았다. 상하이의 4인 가족 한 달 생활비가 40위안을 넘지 않을 때였다.

원슈는 변호사와 친지들에게 위자료로 받은 돈 대부분을 강탈당하다시피 했다. 원슈 나이 23세 때였다. 베이징으로 돌아온 원슈는 초등학교 교사, 『화베이일보』(華北日報)에 교정 일을 봤지만 가는 곳마다 신분이 알려지는 바람에 오래 붙어 있지 못했다. 결국은 생계를 위해 공사장에서 막노동을 하고 길에서 사탕을 팔기도 했다.

푸이는 회고록에서 원슈의 이혼 요구가 위자료를 탐낸 친지들의 부추김 때문이었고 다시는 결혼하지 않았다고 했다. 그러나 원슈는 태평양전쟁이 끝난 뒤 군 장교와 결혼했고, 1953년 심근경색으로 숨졌다. 푸이가 푸순(撫順)의 전범수용소에서 개조교육을 받고 있을 때였다. 완룽은 1946년 아편중독으로 만신창이가 된 채 세상을 떠났다.

1961년 10월 9일, 신해혁명 50주년 기념식이 베이징 인민대회당에서 열렸다. 대청제국을 뒤집어엎은 것을 기념하는 식장이었다. 푸이도 '신중국 정치협상회의 문사(文史)공작자' 신분으로 참석했다. 10년간 전범 감옥에서 재교육을 받고 특사로 출감한 지 2년이 지난 후였다.

푸이는 톈진 대표로 참석한 루중린을 발견했다. 37년 만에 또 우연히 만난 두 사람은 손을 마주잡고 애들처럼 즐거워했다. 루중린은 이런 인연이 없다며 '치위'(奇遇)를 연발했다. 푸이의 회고록은 1959년까지만 기술돼 있다. 이날의 심정은 기록으로 남기지 않았다.

참고문헌

紀念 李大釗, 北京大學圖書館, 首都博物館 編, 文物出版社, 1985.
秦燕春, 青瓷紅釉, 福建教育出版社, 2010.
梁柱, 賀新輝, 生死絶戀, 中共黨史出版社, 2008.
李開周, 君子愛財, 上海三聯書店, 2011.
舒衡哲, 張申府訪談錄(美), 北京圖書館出版社, 2001.
廣東文史資料, 廣東人民出版社, 1981~
陳芳明, 植民地台灣, 麥田出版社(臺灣), 1998.
張寧, 塵劫, 明報出版社(香港), 1997.
徐沢, 江南小鎭, 作家出版社, 1993.
聶華苓, 三生三世, 皇冠出版社(香港), 2005.
楊天錫 編, 史事探幽(上·下), 上海辭書出版社, 2005.
蔡登山, 何處尋你, INK(臺灣), 2008.
馬長林 編, 民國社會名流舊宿, 上海書店, 1999.
林蘊暉, 國史札記 事件 篇, 東方出版中心, 2008.
馬嘶, 百年冷暖, 北京圖書館出版社, 2003.
陳元珍, 陳友仁, 三聯書店(香港), 2009.
千家駒, 七十年的經歷, 鏡報文化企業有限公司(香港), 1992.
王明, 王明自傳, 巴蜀書社, 1993.
王若望, 王若望自傳, 明報出版社(香港), 1991.
張世林 編, 爲學術的一生, 廣西師範大學出版社, 2005.

徐城北, 直上三樓, 湖北長江出版集團, 2008.
何兆武, 上學記, 生活·讀書·新知 三聯書店, 2006.
高文閣, 台灣與大陸風雲四十年, 吉林文史出版社, 1991.
張曼菱 編, 西南聯大啓示錄, 人民文學出版社, 2003.
鄧偉, 中國文化人影錄, 三聯書店(香港), 1986.
愛新覺羅毓嶦, 末代皇帝的二十年, 中國社會科學出版社, 2000.
高拜石, 春風樓瑣記(1~8), 作家出版社, 2004.
謝泳, 儲安平與『觀察』, 中國社會出版社, 2005.
黃苗子, 苗老漢聊天(1~4), 生活·讀書·新知 三聯書店, 2006.
張祖道, 1956 潘光旦調查行脚, 上海錦·文章出版社, 2008
王煥林, 黃永玉年譜, 上海大學出版社, 2006.
金一南, 走向輝煌, 中華書局, 2011.
劉振夏, 情畫未了, 生活·讀書·新知 三聯書店, 2006.
沈昌文, 也無風雨也無情, 大塊文化(臺灣), 2012.
陳存仁, 津津有味譚, 廣西師範大學出版社, 2006.
李銳, 我心中的人物, 生活·讀書·新知 三聯書店, 1996.
張典婉, 大平輪一九四九, 生活·讀書·新知 三聯書店, 2011.
劉曉寧 編著, 話説民國, 鳳凰出版社, 2008.
陳芳明, 謝雪紅評傳, 前衛出版社(臺灣), 1991.
李菁, 往事不寂寞, 生活·讀書·新知 三聯書店, 2009.
李菁, 活在別人的歷史裏, 文彙出版社, 2010.
張倩儀, 另一種童年的告別, 商務印書館(臺灣), 1997.
陳志讓, 軍紳政權, 三聯書店(香港), 1983.
陳嘉庚, 南僑回憶錄, 草原出版社(香港), 1979.
高平叔, 蔡元培年譜, 中華書局, 1980.
茅盾, 我走過的道路(上·中·下), 人民文學出版社, 1981.
陳玉慧, CHINA, INK(臺灣), 2009.
李政亮, 中國, 夏日出版社(臺灣), 2011.

張麗佳, 馬龍(Calum MacLeod), 說吧 · 中國, Oxford(香港), 1999.
葉飛, 征戰紀事, 上海文藝出版社, 1988.
楊國宇, 第二野戰軍紀事, 上海文藝出版社, 1987.
包天笑, 釧影樓回憶錄, 大華出版社(香港), 1971.
任桐君, 一個女教師的自述, 生活 · 讀書 · 新知 三聯書店, 1995.
吳大猷, 回憶, 聯經出版社業公司(臺灣), 1987.
李平書, 李平書七十自敍, 上海古籍出版社, 1989.
夏衍, 瀨尋舊夢錄, 生活 · 讀書 · 新知 三聯書店, 1985.
秦德純, 秦德純回憶錄, 傳記文學出版社(臺灣), 1967.
張治中, 張治中回憶錄, 中國文史出版社, 1985.
陶菊隱, 武夫當國, 海南出版社, 2006.
中國共產黨第七次全國代表大會名錄, 中共黨史出版社, 2011.
馬南邨, 燕山夜話, 北京出版社, 1979.
鄭孝胥日記(1~5), 中華書局, 1993.
馮玉祥日記(1~5), 中華書局, 江蘇古籍出版社, 1992.
胡適日記(1~8), 安徽教育出版社, 2001.
丁士源 等, 近代史料筆記叢刊, 中華書局, 2007.
楊春時, 走出迂迴, 天地圖書(香港), 1995.
中國文化世家, 湖北教育出版社, 1995.
蔣作賓日記, 江蘇古籍出版社, 1990.
近代史資料, 中國社會科學出版社, 1987.
一九四八年以來的政策彙編, 中共中央東北局, 1949.
珍稀黨史資料, 於惠曾, 1949.
中華民國建國史討論集(1~6), 1981.
李默 主編, 新中國大博覽, 廣東旅遊出版社, 1993.
薄一波, 若幹重大決策與事件的回顧, 中共黨史出版社, 2008.
張國燾, 我的回憶(1~3), 明報月刊出版社(香港), 1971.
巴金 等, 長河不盡流, 湖南文藝出版社, 1989.

文史精華(1~10), 河北人民出版社, 2010.
文史資料選集(1~136), 中國文史出版社, 1999.
良友畫報(影印本, 1926年2月~1945年10月), 上海書店.
北洋畫報(影印本, 1926年7月~1937年7月), 書目文獻出版社.
申報畫刊(影印本, 1~3), 上海書店, 1988.
觀察(影印本, 1~5), 黃山書社.
周偉 主編, 歷史草稿(1~6), 光明日報出版社, 2003.
歷史在這裏沉思(1~6), 華夏出版社, 1987.
中華人民共和國風雲實錄(上·下), 河北人民出版社, 1994.
中華人民共和國外交部外交史編輯室編, 新中國外交四十年, 1989.
段連城 等編, 大陸滄桑, 新天出版社(香港), 1990.
魏宏運 主編, 民國史紀事本末(1~7), 遼寧人民出版社, 2000.
魏宏運 主編, 國史紀事本末(1949~99, 1~7), 遼寧人民出版社, 2003.
張憲文 等, 中華民國史(1·4), 南京大學出版社, 2006.
老新聞-共和國往事, 天津人民出版社, 1998.
晉察冀文藝研究會 編, 東北解放戰爭, 遼寧美術出版社, 1992.
晉察冀文藝研究會 編, 華北解放戰爭, 遼寧美術出版社, 1993.
中共上海市委黨史研究室 編, 紅色印痕, 上海人民出版社, 2004.
中共中央黨史研究室 編, 中國共產黨歷史圖志(1·3), 上海人民出版社, 2001.
黃仁元 主編, 蔣介石與國民政府(上·中·下), 商務印書館(臺灣), 1994.
鄭超麟, 鄭超麟回憶錄(上·下), 東方出版社, 2004.
徐景賢, 十年一夢, 時代國際出版有限公司(香港), 2006.
任弼時, 偉人之初·任弼時(章學新 蔡新慶 著), 浙江人民出版社, 1991.
李宗仁, 李宗仁回憶錄, 廣西人民出版社, 1991.
周作人, 知堂回想錄, 安徽教育出版社, 2008.
沈從文, 從文自傳, 人民文學出版社, 1981.
李默庵, 出紀之履—李默庵回憶錄, 中國文史出版社, 1995.
李逸民, 李逸民回憶錄, 湖南人民出版社, 1986.

俞大維, 俞大維傳, 臺灣日報社, 1993.
金景旁, 金景旁自傳, 巴蜀書社, 1993.
曹聚仁, 我與我的世界, 三育圖書文具公司(香港), 1973.
徐懋庸, 徐懋庸回憶錄, 人民文學出版社, 1982.
陶菊隱, 記者生活三十年, 中華書局, 1984.
陶希聖, 潮流與點滴, 傳記文學出版社(臺灣), 1964.
陳香梅, 往事知多少, 時報文化出版社企業有限公司(臺灣), 1994.
陳布雷, 陳布雷回憶錄, 天行出版社(臺灣), 1962.
齊如山, 齊如山回憶錄, 中國戲劇出版社, 1989.
齊白石, 白石老人自述, 岳麓書社, 1986.
馮友蘭, 三松堂自序, 生活·讀書·新知 三聯書店, 1984.
鄭逸梅, 逸梅隨筆, 黑龍江人民出版社, 1988.
蔣夢麟, 西潮, 白華書店(臺灣), 1986.
聶榮臻, 聶榮臻回憶錄, 明報出版社(香港), 1991.
何虎生, 蔣介石傳(上·下), 華文出版社, 2005.
陳冠任, 蔣氏父子, 東方出版社, 2004.
徐浩然, 青年蔣經國, 華文出版社, 2011.
陶涵(Jay Taylor), 林添貴 譯, 蔣經國傳, 華文出版社, 2010.
葉淺予, 葉淺予自傳, 中國社會科學出版社, 2006.
崔錫麟 等, 幫會奇觀, 中國文史出版社, 1989.
唐振常 主編, 近代上海繁華錄, 商務印書館(香港), 1993.
Lynn Pan, SHANGHAI, Hai Feng Publishing Co(HK), 1993.
郭緒印, 舊上海黑社會, 上海人民出版社, 1997.
楊壽清, 中國出版界簡史, 永上印書館, 1946.
葛力群 主編, 難忘的瞬間, 遼寧美術出版社, 1988.
許錦文, 一個真實的孟小冬, 東方出版社, 2008.
李湘文 編, 毛澤東家世, 南粵出版社(香港), 1990.
陳存仁, 銀元時代生活史, 上海人民出版社, 2000.

林賢治, 五四之魂, 漓江出版社, 2012.
劉統, 中國的1948年, 生活·讀書·新知 三聯書店, 2006.
愛新覺羅 溥儀, 我的前半生, 群衆出版社, 2007.
愛新覺羅 浩, 流浪王妃, 南粵出版社(香港), 1986.
李治亨 主編, 清代皇帝軼事, 山西經濟出版社, 1998.
龍翔·泉明, 最後的皇族, 北京大學出版社, 2011.
章詒和, 最後的貴族, OXFORD(香港), 2004.
陳瑞雲, 現代中國政府, 吉林文史出版社, 1983.
克萊恩, 我所知道的蔣經國, 聯經出版事業公司, 1990.
張寄濂, 聯大長征, 新星出版社, 2010.
朱仲麗, 春露潤我, 北方婦女兒童出版社, 1987.
王丹, 中華人民共和國史十五講, 聯經出版社(臺灣), 2012.
楊奎松, 民國人物過眼錄, 廣東人民出版社, 2009.
金沖及, 轉折年代(中國的1947年), 生活·讀書·新知 三聯書店, 2009.
羅海岩 編, 王光美私人相冊, 新華出版社, 2010.
蔣碧微, 蔣碧微回憶錄, 作家出版社, 1988.
張健初, 孫多慈與徐悲鴻, 江蘇文藝出版社, 2008.
蔣華強, 徐悲鴻的嘯馬悲歌, 東方出版社, 2008.
周汝昌, 我與胡適先生, 漓江出版社, 2005.
耿雲志 編, 胡適及其友人, 商務印書館(香港), 1999.
李淑賢·王慶祥, 愛新覺羅·溥儀畫傳, 上海人民出版社, 1990.
童小鵬 主編, 第二次國共合作, 文物出版社, 1984.
潘公凱·楊力 主編, 中央美術學院(1918～2008), 河北教育出版社, 2008.
上海圖書館 編, 上海圖書館藏歷史原照, 上海古籍出版社, 2007.

잡지(期刊)

明報月刊(香港)・七十年代(香港)・九十年代(香港)・明鏡月刊(香港)
爭鳴(香港)・鏡報(香港)・INK(臺灣)・歷史月刊(臺灣)・文訊(臺灣)
中國論壇(臺灣)・二十一世紀(香港)・記憶(北京)・民族文彙(烏魯木齊)
文史參考(北京)・炎黃春秋(北京)・三聯生活週刊(北京)・廣角鏡(香港)
新民周刊(上海)・新世紀周刊(海口)・中國新聞周刊(北京)・中國周刊(北京)
南方人物周刊(廣州)・ 案春秋(上海)・鳳凰週刊(香港)・縱橫(北京)
看天下(銀川)・舊聞讀者(宜昌)・新華文摘(北京)・開放(香港)・溫故(桂林)

영상자료

The Great Emigration in 1949.
CHINA. A CENTURY OF REVOLUTION.
CHINA AND THE FORMER SOVIET UNION 九州音像出版公司.
劉少奇中共中央文獻研究室 編.
劉少奇與新中國(複製本).
紅色中國的外國人士 九州音像出版公司.
決定晚清運命五大風雲人物 鳳凰衛視歷史品鑒系列.
文革十年(上・下), 2006 PRODUCTION.
新中國外交秘 , 鳳凰衛視及鳳凰影視(深圳)有限公司.
晚清新政第一人袁世凱, 鳳凰大視野.
毛澤東1949, 國家 案局中央 案館.
百年留學, 州立香港三區完整版, 州立影視有限公司.
Puppet Manchukuo Secret History, 鳳凰衛視有限公司.
民國遺案, 中國唱片上海公司.
風花雪月的往事(1・2), 中國國際電視總公司.
麗人行(民國名流往事), 中國國際電視總公司.